Medieval China

中古中國研究

〔第四卷〕

文本的歷史肌理：新文獻學的構建

余欣 主編

中西書局

圖書在版編目（CIP）數據

中古中國研究. 第四卷，文本的歷史肌理：新文獻
學的構建專號／余欣主編. —上海：中西書局，2023
ISBN 978－7－5475－2077－2

Ⅰ.①中… Ⅱ.①余… Ⅲ.①中國歷史—中古史—文
集 Ⅳ.①K240.7－53

中國國家版本館 CIP 數據核字（2023）第 041634 號

中古中國研究（第四卷）

文本的歷史肌理：
新文獻學的構建專號

余欣 主編

責任編輯	吳志宏
裝幀設計	黄　駿
責任印製	朱人傑
出版發行	上海世紀出版集團 ®中西書局（www.zxpress.com.cn）
地　　址	上海市閔行區號景路 159 弄 B 座（郵政編碼：201101）
印　　刷	常熟市人民印刷有限公司
開　　本	700 毫米×1000 毫米　1/16
印　　張	18.5
字　　數	275 000
版　　次	2023 年 8 月第 1 版　2023 年 8 月第 1 次印刷
書　　號	ISBN 978－7－5475－2077－2 / K·423
定　　價	80.00 元

本書如有質量問題，請與承印廠聯繫。電話：0512－52601369

主 編

余 欣

編委會

目　　録

書評

從物質形態與文本構成論
敦煌寫本僧傳文學

鄭阿財

（四川大學中國俗文化研究所）

一、研 究 旨 趣

近年中西方學術界對於文獻與文本的研究發展，逐漸從傳統的物質文本研究朝向與非物質文本結合。物質文本的研究也從紙質文本開展到與非紙質文本的統整。紙質文本，包含了寫本、刻本、拓本與印本等，傳統的文獻學、文本學研究主要以傳世的刻本、印本爲主；20 世紀以來，敦煌吐魯番文獻的發現，寫本文獻、文本的研究快速成爲時代潮流與研究核心。與此同時，非紙質文本的物質文獻、文本，包含了金石、簡牘、陶瓷、磚刻，等等，也先後大量出土，在整理研究的同時，也促進了傳統研究方法的提升。1925 年王國維"二重證據法"①的提出，主要倡導地下材料與傳世典籍的互證，實際上就是紙質文本與非紙質文本的結合應用。

佛教信仰的傳播，佛陀人物事迹是主要的文本内容之一。佛傳是佛教傳記文學的主體，隨着佛教的發展，崇拜佛陀、學習佛陀、實踐佛法的僧人，既是佛教弘法布道的載體，其學習、實踐佛法的歷程與成道的典範更是佛教傳播的見證與宣傳。

---

① 1925 年王國維於清華大學國學講座《古史新證·總論》中，即提出了"二重證據法"，他説："吾輩生於今日，幸於紙上之材料外，更得地下之新材料。由此種材料，我輩固得據以補正紙上之材料，亦得證明古書之某部分全爲實録，即百家不雅訓之言亦不無表示一面之事實。此二重證據法惟在今日始得爲之。"

漢傳佛教的發展，僧傳文學逐漸蔚爲大宗。佛教全盛時期的唐代，各式各樣的僧傳文學作品大爲發展，可惜受到正統文學觀念的影響，大多未受重視，隨時代遷移而散亡。

敦煌文獻的發現提供給我們瞭解僧傳文學發展演變具體的實物材料。囿於篇幅，本文僅先行描述敦煌僧傳文學的物質文本，并以早期西域來華的高僧佛圖澄爲例，針對其有關的僧傳文本以寫本原生態的視角進行考察，展開寫本物質形態、文本構成情況的析論及現象解讀；論述敦煌物質文本所見僧傳文學的流布。特別關注寫本物質形態在僧傳文學傳播中的使用，以及敦煌寫本僧傳文學在同一寫本中與其他文本合抄的情形。

二、敦煌僧傳文學的物質文本

佛教傳入中國後，佛教傳記文學益趨發達，其範圍隨着佛教在中國的盛行與普及，高僧大德輩出，加上中國傳統史傳文學發達的影響，《名僧傳》《高僧傳》等一類僧傳作品遞增，使佛教傳記文學的範疇更爲寬廣，體類更加豐富，僧傳文學進而成爲中國佛教傳記文學的大宗。

中國佛教全盛時期的唐代，更出現各式各樣的僧傳文學作品，其中《高僧傳略》《高僧贊》《高僧因緣記》，可説是佛教在中國傳播後所衍生的佛教傳記文學的奇葩。敦煌文獻與石窟，保存有與這些僧傳文學相關的寫本文獻及非紙質的壁畫。這些遺存提供給我們瞭解僧傳文學流布及發展演變具體的實物材料。

（一）紙質文本

敦煌文獻中保存的僧傳文學有《高僧傳略》《高僧贊》《高僧因緣記》等一類寫本，此類文本内容簡短，且多與其他文本共同抄寫，構成一件集合同質性文本的文獻或文本群。今所得見，大致如下：

1. 高僧傳略

敦煌寫本 S.3074 有康僧會、鳩摩羅什、竺道生、法顯、佛圖澄等節錄梁慧皎《高僧傳》以成篇的《高僧傳略》，S.381 也有《鳩摩羅什傳略》。①

　　佛教弘傳的過程中，高僧足以垂示世人的種種事迹，往往被穿插在法會儀軌中作爲對高僧的贊嘆。這些贊頌高僧的參考文本，自然以歷代《高僧傳》最爲完備便利。不過基於法會時序、節目及傳誦、贊咏時間的種種制約，這些文本篇幅要相應簡短，内容需要概括凝練。因此，每每從《高僧傳》中選擇所要贊頌高僧的傳記文本截取適當篇幅，以充當贊頌之用，或據以刪簡改易，無需另行撰作。此類文獻是基於使用場合與功能的需求，就已有的《高僧傳》進行適當剪裁，以達到高僧大要事迹記述的加工創作。

　　S.3074《高僧傳略》殘卷中，竺道生部分前題有"宋揚都龍光寺法師竺道生圖贊"，鳩摩羅什部分前題有"羅什法師譯經院"，據此推測此蓋配合高僧畫像節録或釐括高僧傳内容、文字作爲圖像解説的贊文。由此可見這些高僧贊也是配合高僧圖像的説明，極可能是在寺院道場懸掛諸佛、菩薩、歷代高僧及祖師畫像以供法會禮拜時，由法師進行一一禮拜贊頌。因此可結爲一體，書寫於畫像下，也可抄録以備法師歌咏贊頌之用。

　　2. 高僧贊

　　今敦煌文獻保存有：佚名《佛圖澄羅漢和尚贊》S.276v、P.3355，《釋道安贊》P.3355v，釋金髻《羅什法師贊》S.276 v、S.6631v、P.2680、P.4597，《稠禪師解虎贊》P.4597、P.3490，《南山宣律和尚贊》P.3570v，釋利濟《唐三藏贊》S.6631v、P.2680、P.4597，釋金髻《義净三藏法師贊》S.6631v、P.2680、P.3727、P.4597，《寺門首立禪師贊》S.1774v、P.2680、P.3490v、P.3727 等，大抵爲佛教寺院法事活動中莊嚴道場、贊頌高僧之用。

　　佛教弘傳的發展歷程中，贊頌佛陀及其弟子，自爲首要。當佛教在中國廣泛流行後，佛教贊頌文學更爲豐富，除了接受印度佛教贊頌佛陀成道、佛子出家等題材之外，也開始陸續出現大量贊揚中土高僧的贊文，可説是佛教在中國傳播後所衍生的佛教傳記文學的豐碩成果。

---

① 如《英藏敦煌文獻》卷五（成都：四川人民出版社，1992 年，第 5—7 頁）、《英藏敦煌社會歷史文獻釋録》第十五卷（北京：社會科學文獻出版社，2017 年，第 199—208 頁）著録 S.3074 均擬作《高僧傳略》。

　　從寫本榜題文字稿與《高僧贊》《高僧因緣記》乃至《高僧傳略》合抄的情形，又説明了高僧壁畫、圖像與高僧贊的密切關係，既可獨立閲讀，又能依據法會活動的實際需求結合使用。

　　3. 高僧因緣記

　　敦煌文獻中題名或擬名爲"因緣記""因緣傳"的寫卷，以今所知見，主要有：《佛圖澄和尚因緣記》（S.1625、P.2680、S.3074）、《劉薩訶和尚因緣記》（P.2680、P.3570v、P.3727、日本杏雨書屋羽698）、《隋净影寺沙門惠遠和尚因緣記》（P.2680、P.3570v、P.3727）、《法照和尚因緣傳》（P.2130）、《靈州龍興寺白草院史和尚因緣記》（P.2680、S.276v、S.528、S.3570v、P.3727、P.3902）、《聖者泗州僧伽和尚元念因緣記》（P.3727）等。"因緣記""因緣傳"是以散文體史傳形式記叙高僧成道因緣及神通事迹的中國新生的僧傳文學。P.2680、P.3570中有多種《高僧因緣傳／記》的彙抄，同時還與《付法藏傳》《歷代法寶記》及《高僧贊》合抄，其中還有聖者、高僧畫像的榜題文字稿。

　　特別是 P.2971《壁畫榜題底稿》，寫卷中有些聖者或高僧名字，其旁後加有畫像特徵的標示。其中"第十八無著菩薩、第十九世親菩薩、第二十羅什法師、第二十一佛圖澄、第二十二劉薩訶、第二十三惠遠和尚"與 P.3727《付法藏傳》合抄的情形相吻合，可見除二十五代付法藏人聖者外，還有十大弟子、羅什法師、佛圖澄、劉薩訶、史和尚、慧遠、元念等是敦煌當地普遍信仰的高僧。今莫高窟第72窟（五代），龕外南側上畫《聖者泗州和尚》、龕外北側上畫聖者《劉薩訶像》，有明確榜題"聖者劉薩訶和尚"，另南壁上畫垂幔，中有《劉薩訶因緣變相一鋪》可爲明證。可見，《高僧因緣記》除具有閲讀與宣講備用提示功能外，還兼有寺院石窟圖像繪製、僧人禮拜祖師及解説聖僧圖像之參考。

（二）非紙質文本

　　敦煌藏經洞的發現保存不少僧傳文學的紙質文本，同時也有刺綉畫、絹本畫，藏經洞與石窟外壁畫同時出現有與這些僧傳文學相應的高僧史迹畫、高僧人物畫，更加彰顯了僧傳文學與圖像在敦煌佛教傳播中多元的文化功能與意涵。這些刺綉畫、絹本畫、石窟壁畫蓋屬於非紙質的物質文本，主要是以綫條、色彩構成的圖像文本，其情形如下：

1. 石窟圖像

敦煌僧傳文學文本呈現在石窟圖像中，目前所見主要有西域來華的高僧佛圖澄及中國南北朝前期中土出家成道的高僧劉薩訶的事迹壁畫。這些圖像文本與敦煌寫本僧傳文學同樣是弘法宣教的重要載體之一。

莫高窟現存 735 個洞窟中，保存繪有佛圖澄顯神通事迹的壁畫，以初唐時期開鑿的 323 窟最受關注，此窟是目前敦煌史迹壁畫年代最早的洞窟。主室南北兩壁繪製有內容豐富的佛教史迹故事畫。南壁由東至西繪有隋曇延法師故事及東晋水中發現阿育王放光像、西晋發現二石佛浮江（爲劉薩訶故事情節）等，情節以山水作區隔，采連環漫畫式的構圖方式。北壁存有五個不同故事。由東而西，依序爲康僧會故事、阿育王拜塔、佛圖澄故事、釋迦曬衣故事、西漢武帝拜金像。其中佛圖澄的神異事迹繪製於北壁東側中部，以全景式連環畫描繪。壁畫高 1.29 米，寬 5.36 米。全畫從西向東由五組內容不相銜接的畫面組成，每組有一幅或幾幅畫面。每一畫面附有一方榜題。

莫高窟第 323 窟

另外，有關晋末南北朝初期高僧劉薩訶出家學佛、由凡入聖事迹的文本，敦煌寫本有《劉薩訶和尚因緣記》加以記叙。相傳劉薩訶於涼州地區發現倚山石佛像，此石佛像能預測社會興衰、人世治亂以及吉凶福禍，極具靈驗；敦煌、河西地區多有相關“瑞像”主題石窟與壁畫的營建與繪製，學界多所研究。日本肥田路美對番禾瑞像相關文物進行全面統計，以爲“唐至宋、西夏時期有關番禾瑞像的圖例約有 50 例之多”①。莫高窟第 72 窟、203 窟、231 窟、300 窟、332 窟等也都有相關瑞像的呈現，學界多稱之爲“凉州瑞像”。

尤其是第 72 窟《劉薩訶與凉州瑞像變》，蓋本於道宣《續高僧傳》根據《姚道安製像碑》的記述：劉薩訶“行及凉州番禾郡東北望御谷而遥禮之”，曾預言：“此崖當有像現，若靈相圓備，則世樂時康；如其有闕，則世亂民苦。……爾後八十七年至正光初，忽大風雨，雷震山裂，挺出石像。”以及道宣《集神州三寶感通録》所稱的“元魏凉州山開出像者”、《廣弘明集》所稱的

MAS，0.1129 凉州瑞像圖

“凉州西番禾縣瑞石像者”。劉薩訶信仰流行下的文學文獻、壁畫關係密切，保存的榜題與壁畫內容，與因緣記文本可互釋、互補。

2. 絹畫

1900 年莫高窟藏經洞偶然的發現，爲數六萬多號的寫本文書震爍古今。此外還伴隨着不少卷本、紙本、刺綉等佛教畫像，大部分被英國人斯坦因帶走。其中有一件高 241 厘米、寬 160 厘米的巨幅刺綉，編號 MAS，0.1129（斯坦因編號 Ch.00260）。此畫自來被定名爲《靈鷲山佛説法圖》②，近年經學者依據內容研究，以爲不是《靈鷲山佛説法圖》，應該定名爲《凉

---

① 肥田路美著，牛源譯：《凉州番禾縣瑞像故事及造型》，《敦煌學輯刊》第 2 期，2006 年，第 165—180 頁。

② 如韋陀、秋山光和《西域美術——大英博物館斯坦因搜集品》第三卷，圖版 1 及第 277—280 頁圖版説明。（東京：講談社，1984 年）

州瑞像圖》。①

　　劉薩訶信仰盛行於河西地區,殆自唐武周時期開始,河西地區出現大量涼州瑞像造像碑石和石窟,敦煌莫高窟也有大量以涼州瑞像爲主題洞窟的營造,其中繪製有巨幅的涼州瑞像壁畫,同時還出現了大幅的涼州瑞像刺繡。這些都是劉薩訶信仰在河西地區流行盛況的最佳説明。

　　3. 石刻

　　僧傳文學除了物質文本如寫卷、石窟壁畫之外,石刻碑記也是其中的一

涼州御山石佛瑞像因緣記

---

① 見《敦煌文物珍品(4):敦煌刺繡〈涼州瑞像圖〉》,敦煌研究院-敦煌學研究-敦煌石窟公共網 2016－05－13。

種載體。1979 年 5 月於武威發現的《凉州御山石佛瑞像因緣記》碑，僅存下半段，上段及碑額、碑座皆缺。殘碑高 152 厘米、寬 115 厘米、厚 37 厘米。正面真書文字 25 行，現存計一千餘字。碑文内容記叙有關劉薩訶和尚在河西走廊進行宗教活動，及凉州番禾縣御山谷中石佛瑞像出現的故事，①是可與敦煌寫卷及敦煌石窟壁畫、絹畫有關的劉薩訶各種文本相互參照的寶貴資料。

三、敦煌寫本僧傳文學文本構成情況及其流布

《高僧傳》與《高士傳》《孝友傳》《列女傳》《神仙傳》等單獨成書的類傳，史志列入雜傳，以區別於正史之紀傳。早期西域來華的高僧佛圖澄，是少數僧人入正史傳記的。不僅梁慧皎《高僧傳》有傳，唐房玄齡等撰的正史《晋書》也有傳。一爲僧傳，一爲史傳，專博有別，撰寫立場不同，因此内容多有詳略、異同。《晋書》的編撰晚於《高僧傳》，其記述佛圖澄事迹，多參閲《高僧傳·佛圖澄傳》當是極自然，只是兩者編撰目的有所不同，内容各有所重。慧皎爲高僧立傳，當求真實記載高僧生平、事迹；房玄齡等編撰官修的《晋書》以政治史事爲核心，除求紀實外，有些編撰者也好采詭謬事，且廣納異聞，兩者自然有所差異。敦煌僧傳文學中也有有關佛圖澄的傳略、贊、因緣記的遺存，因以此爲例，論述敦煌寫本僧傳文學文本的構成，析論其流布的情況。

1. 佛圖澄傳略

S.3074，卷子本，正背書。

正面：《高僧傳略》（擬），原卷無標題，首尾俱殘。存 57 行，行約 23 字。起："釋迦者，净飯王子"，訖："詣澄講説更"。殘存有康僧會（1—9 行）、鳩摩羅什（一）（10—15 行）、鳩摩羅什（二）（15—26 行）、竺道生（26—35 行）、法顯（36—44 行）、弘明（45—52 行）、佛圖澄（53—59 行）等，内容大抵係節録梁慧皎《高僧傳》以成篇，因擬題爲《高僧傳略》。

---

① 全文及相關研究，參見孫修身、党壽山《〈凉州御山石佛瑞像因緣記〉考釋》，《敦煌研究》創刊號，1983 年，第 102—107 頁。

卷背:《吐蕃時期某年五月至十二月某寺斛斗破歷》。

正反兩面書體似爲一致,當出自同一人所抄。當爲吐蕃占領時期(786—848)抄本。佛圖澄部分自來多視爲《佛圖澄傳略》,經仔細查核比對,確定内容文字與 S.1625v 及 P.2680 等兩件《佛圖澄和尚因緣記》完全相同,實際上是《佛圖澄和尚因緣記》,而非《佛圖澄傳略》。

2. 佛圖澄和尚贊

敦煌寫本中有關《佛圖澄和尚贊》,計有 S.276 及 P.3355 兩件。

S.276 號,卷子本,正背書。正面抄有《長興四年癸巳歲具注曆日》。背面分抄: 1.《阿難陁總持第一》《摩訶迦葉頭陁第一》, 2.《第一代付法藏大迦葉》, 3.《靈州史和尚因緣記》, 4.《佛圖澄羅漢和尚贊》(見右圖), 5.《羅什法師贊》, 6. "第廿五代付法藏人聖者舍那波斯"。按,除《靈州史和尚因緣記》《佛圖澄羅漢和尚贊》《羅什法師贊》外,餘均出自元魏西域三藏吉迦夜共曇曜譯《付法藏因緣傳》中印度傳法世系二十八代之中。

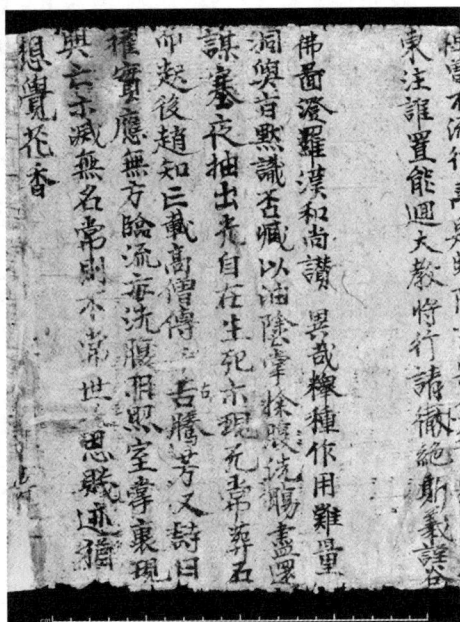

P.3355,卷子本,正背書。正面抄北魏曇摩流支譯《信力入印法門經》卷第二,卷背抄有《十大弟子贊》《付法藏傳》等。《十大弟子贊》《阿那律天眼第一》《付法藏傳》《第七代付法藏人聖者伏陀難提》間夾抄有《彌天釋道安第一》《佛圖澄聖僧贊》,文字與 S.276《佛圖澄羅漢和尚贊》大同小異,而無贊末附詩。

3. 佛圖澄和尚因緣記

有關《佛圖澄和尚因緣記》的寫本計有 S.1625、P.2680 及 S.3074 三件。内容主要記述佛圖澄和尚在華行事與神通,内容與文字較《高僧傳·佛圖澄傳》略簡。其寫卷抄寫情形如下:

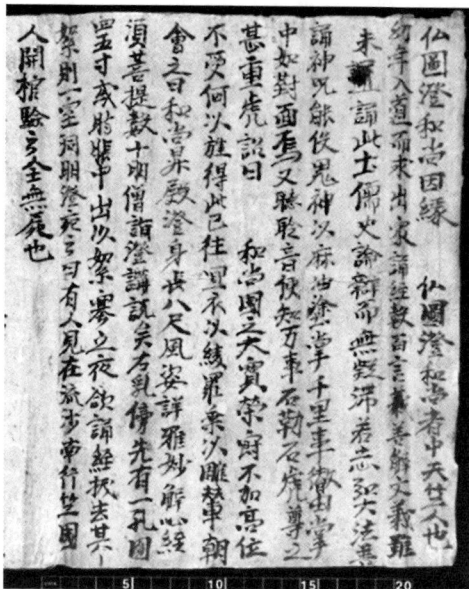

1）S.1625

卷子本，正背書。正面爲《天福叁年十二月六日大乘寺諸色斛斗入破歷計會》。卷背分抄有：《佛圖澄和尚因緣》《唐京師大莊嚴寺僧釋智興》。《佛圖澄和尚因緣》，首尾俱全，計 12 行，行約 20 字。首題《佛圖澄和尚因緣》。起：“佛圖澄和尚者，中天竺人也”；迄：“開棺驗之，全無尸也”。（見左圖）

2）P.2680

卷子本，存 12 紙，長 311.5 厘米，高 25.9—31.3 厘米。正背書。正面分抄十六種文書（見下頁圖），分別爲：

①《唯識論師世親菩薩本生緣》1—24 行。

②《唯識大師無著菩薩本生緣》25—39 行。

③《寺門首立禪師贊》39—49 行。

④《靈州龍興寺白草院和尚俗姓史法號增忍以節度使李公度尚書立難刺血書經義》（原題）50—64 行。今擬題爲《靈州龍興寺白草院史和尚因緣記》。

⑤《付法藏傳》65—83 行。

　Ⅰ《第廿三代付法藏人聖者鶴勒那夜奢》65—75 行。

　Ⅱ《第廿四代付法藏人聖者師子比丘》76—83 行。

⑥《劉薩訶和尚因緣記》84—111 行。

⑦ 榜書底稿 112—114 行。內容有“佛告目連（旁有加字大目連）：汝是天竺輔相之子，其母好食豆，子因而豆也”，“妻子寢臥迦葉行道時，迦葉寢臥金色女人行道時”，“迦葉往□□□□女莊一會像從黃色□願□夫妻金色女時”等字句。

⑧《大唐義净三藏贊》115—117 行。

⑨《佛圖澄和尚因緣記》117—127 行。

⑩《大唐三藏贊》127—129 行。

⑪《羅什法師贊》130—135 行。

⑫《隋净影寺沙門惠遠和尚因緣記》135—151 行。

⑬《遠公和尚緣起》151—154 行。

⑭《四威儀》155—168 行。

⑮《八部衆》169—178 行。

⑯《雜寫》179—180 行"歸義軍節度都頭内親從守常樂縣令銀青光禄大夫"。

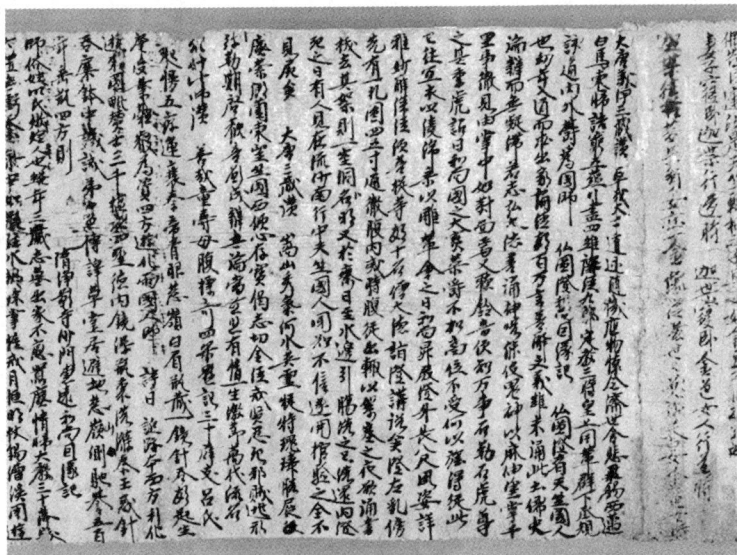

上舉有關佛圖澄文本抄寫的構成，其中 S.276、P.2680、P.3355 三件均出現《高僧傳略》《高僧贊》《高僧因緣記》與《付法藏因緣傳》抄寫在同一寫卷，形成相同性質的文本集合而成僧傳文學的文本群。

高僧贊主要爲《佛圖澄羅漢和尚贊》《羅什法師贊》《唐三藏贊》《義净三藏法師贊》，其中《羅什法師贊》《義净三藏法師贊》《唐三藏贊》同爲吐蕃統治敦煌時期金光明寺僧人所撰，前二贊爲釋金髻所撰，①後贊爲

① 釋金髻，俗姓薛，吐蕃時期出家於敦煌金光明寺，後爲釋門副教授。

釋利濟所撰。① 是此寫卷出自敦煌金光明寺，極可能爲金光明寺佛教活動所使用。

《付法藏因緣傳》②列舉從佛滅度時以最勝法咐囑大迦葉起，至師子止，印度傳法世系二十四人，依次爲：大迦葉、阿難、摩田提、商那和修、憂波毱多、提多迦、彌遮迦、佛陀難提、佛陀蜜多、脅比丘、富那奢、馬鳴、比羅、龍樹、迦那提婆、羅睺羅、僧伽難提、僧伽耶舍、鳩摩羅馱、闍夜多、婆修槃陀、摩奴羅、鶴勒那、師子。隋、唐時，天台、禪宗的法統説，均以本傳爲依據。禪宗要籍敦煌本《六祖壇經》更依《付法藏傳》，略加增減，構成二十八祖之説。即在“師子”後加“舍那婆斯、優婆崛、僧迦羅、須婆蜜多”，下接禪宗初祖菩提達摩到六祖惠能。③ 加上同卷還彙抄有其他禪宗史料，除説明吐蕃統治敦煌時期禪宗的流行外，也顯示《高僧贊》《高僧因緣記》在當時寺院佛事活動中被廣爲運用的具體情形。

再者 S.3074《高僧傳略》（擬）殘存有康僧會、鳩摩羅什、竺道生、法顯、釋弘明等部分，内容大抵節録梁慧皎《高僧傳》以成篇，其中竺道生部分前題有“宋揚都龍光寺法師竺道生圖贊”，鳩摩羅什部分前題有“羅什法師譯經院”，據此推測此蓋配合高僧畫像節録《高僧傳》文字作爲圖像解説的贊文。由此可見這些高僧贊也是配合高僧圖像的説明，極可能是在寺院道場懸挂諸佛、菩薩、歷代高僧及祖師畫像以供法會禮拜時，由法師進行一一禮拜贊頌。因此可結爲一體，書寫於畫像下，也可抄録以備法師歌咏贊頌之用。

寺院與石窟是滿足佛教僧徒日常修行、説法及進行各種宗教儀式活動等需求而産生的建築。因此，石窟除了安置佛像、繪製經變畫外，也會繪製諸佛、菩薩、歷代高僧畫像，以供法會禮拜之需，并莊嚴道場。上舉九件中

---

① 釋利濟，俗姓姚，吐蕃時期敦煌金光明寺僧人，據 S.1520《法門名義集》、BD01046《四分律删補隨機羯磨》卷下等寫卷，知是當時敦煌地區重要的寫經僧。

② 《付法藏因緣傳》，又作《付法藏傳》，或《付法藏經》，歷代經録記載不一。梁僧祐《出三藏記集》著録云：“《付法藏因緣經》六卷（闕）。”隋費長房《歷代三寶記》著録有《付法藏傳》四卷、《付法藏因緣傳》六卷。唐道宣《大唐内典録》、智昇《開元釋教録》著録承襲《歷代三寶記》。

③ 法海問言：“此頓教法傳授，從上已來，至今幾代？”六祖言：“初傳受七佛，釋迦摩尼佛第七，大迦葉第八，……南天竺國王子第三子菩提達摩第三十五……弘忍第三十九，惠能自身當今受法第四十。”（見潘重規《敦煌壇經新書》，臺北：佛陀教育基金會，1994 年，第 202—204 頁）

P.2680、P.3355 均抄有壁畫榜題文字稿,其中 P.3355 六則榜題子目旁分別標有"把經""把杖""念珠""香爐""把如意仗""嚙枝"等畫像人物形象的標志特徵,無疑是高僧壁畫、圖像繪製的明證。從寫本榜題文字稿與《高僧贊》《高僧因緣記》乃至《高僧傳略》合抄的情形,又説明了高僧贊與高僧壁畫、圖像的密切關係,既可獨立閲讀,又能依據法會活動的實際需求結合使用。又 P.2971《壁畫榜題底稿》性質相同,其中部分聖者或高僧名字旁加有畫像特徵的標示,也可作有力的佐證(見下圖)。

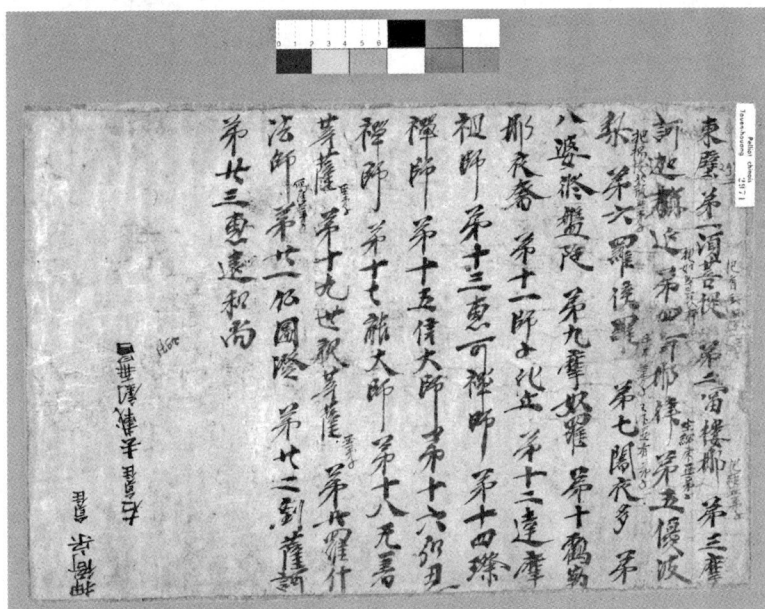

東壁第一須菩提(把香鈴無弟子)、第二富樓那(把經無弟子)、第三摩訶迦旃延(把如意杖有弟子)、第四阿那律(坐繩床無弟子)、第五優波梨(把楊枝水瓶無弟子)、第六羅侯羅、第七闍夜多、第八婆修盤陁、第九摩奴羅、第十鶴勒那夜奢、第十一師子比丘、第十二達摩祖師、第十三惠可禪師、第十四璨禪師、第十五信大師、第十六弘忍禪師、第十七能大師、第十八無著菩薩(無弟子)、第十九世親菩薩(無弟子)、第二十羅什法師(寫經無弟子)、第二十一佛圖澄、第二十二劉薩訶、第二十三惠遠和尚。

這樣的譜系,既可用以證明其僧團的法統傳承,而歷代祖師圖像的繪製又可讓弟子瞻仰祖師尊容,明瞭自己的法統血脉。上舉 P.2971《壁畫榜題底稿》中，第十九世親菩薩之後有"第二十羅什法師、第二十一佛圖澄、第二十二劉薩訶、第二十三惠遠和尚"均是漢傳佛教的高僧，且敦煌僧傳文學《高僧傳略》《高僧贊》《高僧因緣記》多有記叙，顯示中土與西天祖師的法脉延續，期盼佛法代代相傳，弟子繁昌。

　　P.2775 殘卷，正面爲《付法藏因緣傳》，卷背最後 12 行分別抄有"義净三藏／卓哉大士／白草院史和尚／劉薩訶和尚／惠遠和尚／佛圖澄"及"稠禪師解虎龍樹菩薩贊　寺門手立禪師頌　隋净影寺沙門惠遠　／靈州史和尚　佛圖澄和尚　羅什法師　唐大莊嚴寺僧釋智興　／大唐三藏法師 大唐義净法師　劉薩訶　宣律和尚"。（見下圖）"義净三藏／卓哉大士"也是《義净三藏法師贊》贊文首句，這也可作爲旁證。按《付法藏傳》是元魏吉迦夜共曇曜所譯，内容主要列舉從佛滅度時以最勝法咐囑大迦葉起，印度傳法世系二十四聖者，用以説明歷代祖師付囑心法的傳承。此書傳入中土後，成爲隋唐期間禪宗、净土宗等宗派祖師法統世系發展的基礎。有據以增減而成二十四祖、二十八祖、二十九祖之説。唐代寺院、石窟也多有據以繪製圖畫、塑像，用以説明祖師及高僧來歷，并供禮拜瞻仰。敦煌文獻中保存有此類相關文獻寫本 20 多件，大體可分《付法藏因緣傳》《付囑法藏傳略抄》二系，另有少數節略及夾抄壁畫圖像説明文字的榜題，充分反映了敦煌當地佛教傳法世系的流行與發展。敦煌寫本《付法藏傳》法系與圖像緊密關連的則是與榜題的合抄。從見西天歷代祖師外，中土高僧也被引入法系，并有圖像繪製，與此同時也配有篇幅簡短、概括典範性强的贊或因緣，贊揚高僧或祖師之功德，爲圖像以之解説。

　　此外，《高僧贊》則用於寺院或道場法會儀式之間，贊頌對象爲歷代高僧或寺院的祖師。基於此一功能特性，《高僧贊》的内容表現，主要呈現褒贊稱美平生的要旨，以簡筆勾勒來彰顯儀容，并細選行事以抒寫性情，因此顯示出較强的紀傳功能指向。

　　從以上可見敦煌僧傳文學的流布空間，主要在寺院；傳播場合，或在祖師法堂，或在道場，或在齋會；傳布對象，以僧衆爲主，兼有一般信衆；傳播方式，或抄寫，或題寫壁畫，或配圖懸挂，或文字閲讀，或音聲贊頌，或口頭宣講。

P.2775v

四、敦煌佛圖澄文字文本與圖像文本的互文性

法國文學理論家羅蘭·巴特(Roland Barthes)對於"文本"(lisible)的提法,有所謂"可讀性文本"(texte lisible)與"可寫性文本"(texte scriptible)兩種。"文本"和"物質"都可具"文本性","物質"可以是複數意義上的,包涵各種類型的物質載體。"文本性"本身也可以包括不同文類和具體文本間通過互文或差異而產生的關聯性意義。[1] 同爲物質文本的文字形態與圖像形態,除了可以相互印證外,其彼此又具有互文性。

中國佛教的弘傳,僧傳文學是一大特色,其文本的流布,主要以紙質的文字文本爲主體,其次是非紙質的圖像文本的傳播,除了繼承原有佛傳、本生、因緣之外,叙事文學、圖像的經變畫與俗講變文是漢傳佛教獨特的創發,在佛傳傳統與中國佛教傳播發展的實際歷程中,歷代彰顯高僧修行典範與弘法行迹的僧傳文學,更在中國固有史傳文學發達的影響下,蓬勃發展,逐漸成爲中國佛教傳記的主流,也是佛教文學與圖像表述的新題材。

佛教文獻是佛教教義、思想及傳播發展的主要載體;佛教文學則爲佛教傳播與體悟主要的呈現方式。兩者既同屬佛學領域,又屬文獻學與文學的交叉學科。佛教的傳播,除了經典外,同時也選擇經典內容,或以語言、文字爲媒介,經由口頭講説或文學記述來進行文學傳播。在這傳播的過程中,既存在着理解、詮釋與表達的差異,也受到媒介工具材質、時間、空間等制約,因此,文獻、文學與圖像之間也就出現了所謂的互文關係。[2] 以下謹以敦煌僧傳文學中的佛圖澄爲例,説明如下:

---

① 參陸揚《文本性與物質性交錯的中古中國專號導言》,《唐研究》第 23 卷,2017 年,第 1—5 頁。

② "互文性"是 20 世紀 60 年代西方文學理論提出的新術語。通常被用來指示兩個或兩個以上文本間發生的互文關係。它包括:兩個具體或特殊文本之間的關係(一般稱爲 transtexuality);某一文本通過記憶、重複、修正,向其他文本產生的擴散性影響(一般稱作 intertexuality)。

（一）敦煌佛圖澄文字文本的互文

《佛圖澄羅漢和尚贊》與《佛圖澄和尚因緣記》贊頌與記述的對象同爲西晉來華傳教以神異見稱的名僧佛圖澄。《佛圖澄羅漢和尚贊》爲韻文,計 99字,含四言贊體 14 句 56 字,及五言詩 8 句 40 字;《佛圖澄和尚因緣記》爲散文,計 250 字。以下特將兩者對照表列,標示其内容故事情節之異同如下:

《佛圖澄羅漢和尚贊》99 字	《佛圖澄和尚因緣記》250 字
異哉釋種,作用難量,洞興旨奥,默識否臧。以油塗掌,探腹洗腸;盡還謀塞,夜抽出光;自在生死,示現無常;葬石而起,後趙知亡。載《高僧傳》,後代騰芳。 　又詩曰: 　權實應無方,臨流每洗[腸];腹[孔]明照室,掌裏現興亡。 　示滅無□□,名常則不常;世人思賤迹,猶想覺花香。	佛圖澄者,中天竺國人也。幼年入道,而求出家,誦經數百萬言,善解文義,雖未誦此土儒史,論辯而無疑滯。若志弘大法,善誦神咒,能役鬼神,以麻油塗掌,千里事徹見由掌中,如對面焉。又聽鈴音,便知萬事。石勒、石虎尊之甚重,虎詔曰:"和尚,國之大寶,榮爵不加,高位不受,何以旌德? 從此已往,宜衣以綾錦,乘以雕輦,朝會之日,和尚升殿。" 　澄身長八尺,風姿詳雅,妙解深經,須菩提等數十名僧大德詣澄講説矣。澄左乳旁先有一孔,圓四五寸,通徹腹内,或時腸從中出,輒以絮塞之。夜欲誦書,拔去其絮,則一室洞明。又于齋日至水邊引腸洗之,已洗還内。 　澄死之日,有人見在流沙南行。中天竺國人聞知,不信,遂開棺驗之,全不見尸矣。

由于兩者同樣是用作配合佛圖澄畫像的文字,或穿插於法會活動中贊頌講説使用,所以篇幅均較爲簡短。對所贊頌的對象與記述的人物高僧佛圖澄的事迹仍極具概括性。除作爲閱讀之用外,於法會活動中,贊爲唱誦,因緣記爲講説,儀式功能與屬性各有所主,各有所重,出現同題異文的作品乃極自然。

雖然《贊》《因緣記》乃至《高僧傳・佛圖澄傳》均以佛圖澄神異事迹作爲叙事核心,《贊》不求情節的完整,側重整體印象,故人物刻畫較爲概括;《因緣記》則故事情節叙述相對完整,以利提示,方便講説者之鋪陳演繹;至於《高僧傳》的記述因篇幅較長,叙述力求完整而詳盡,且對相關情節的因果始末多所詮釋,展現了佛教歷史傳記的本質與特色。

梁慧皎《高僧傳・佛圖澄傳》,篇幅長達 5 000 多字。《因緣記》僅 250

字，内容、文字大抵取自《高僧傳》，或摘録，或裁剪；有些片段甚至一字不漏地抄録搬用。謹將《因緣記》與《高僧傳》兩者文字内容對照表列，以説明文本關係：

《佛圖澄和尚因緣記》	《高僧傳·佛圖澄傳》
佛圖澄者，中天竺國人也。幼年入道，而求出家，誦經數百萬言，善解文義，雖未誦此土儒史，論辯而無疑滯。	竺佛圖澄者，西域人也，本姓帛氏。少出家，清真務學，誦經數百萬言，善解文義。雖未讀此土儒史，而與諸學士論辯疑滯，皆暗若符契，無能屈者。
若志弘大法，善誦神咒，能役鬼神，以麻油塗掌，千里事徹見由掌中，如對面焉。又聽鈴音，便知萬事。	志弘大法。善誦神咒，能役使鬼物，以麻油雜胭脂塗掌，千里外事，皆徹見掌中，如對面焉，亦能令潔齋者見。又聽鈴音以言事，無不效驗。
石勒、石虎尊之甚重，虎詔曰："和尚，國之大寶，榮爵不加，高位不受，何以旌德？從此已往，宜衣以綾綿，乘以雕輦，朝會之日，和尚升殿。"	虎傾心事澄，有重于勒。下書曰："和上，國之大寶，榮爵不加，高禄不受，榮禄匪及，何以旌德。從此已往，宜衣以綾錦，乘以雕輦。朝會之日，和上升殿，常侍以下，悉助舉輿。"
澄身長八尺，風姿詳雅，妙解深經，須菩提等數十名僧大德詣澄講説矣。澄左乳旁有一孔，圍四五寸，通徹腹内，或時腸從中出，輒以絮塞之。夜欲誦書，拔去其絮，則一室洞明。又于齋日至水邊引腸洗之，已洗還内。	澄左乳傍有一孔，圍四五寸，通徹腹内。有時腸從中出，或以絮塞孔。夜欲讀書，輒拔絮，則一室洞明。又齋日輒至水邊，引腸洗之，還復内中。澄身長八尺，風姿詳雅。妙解深經，傍通世論。
澄死之日，有人見在流沙南行。中天竺國人聞知，不信，遂開棺驗之，全不見尸矣。	或言澄死之月，有人見在流沙，虎疑不死，開棺不見尸。

從對照表中可知《因緣記》的内容當是剪裁自《高僧傳》。其叙述的重點有：幼年出家，善解文義，論辯無疑滯，具備預知之神通，深受石勒、石虎的尊崇，異於常人（乳旁有孔），開棺不見尸等，篇幅短小，極具概括性。其中，有

關佛圖澄顯神通的記述則有：善誦神咒、能役鬼神、掌中見事、聽鈴知事、腹中洞明、水邊洗腸、開棺不見尸等。

《高僧傳》有大量高僧神通事迹的情節叙事，這是其文學表現的主要特色。佛教所謂的"神通"，是由修持而獲得的特異功能，計有六種，分別是：神足通、天眼通、天耳通、他心通、宿命通、漏盡通等。佛教典籍記述，佛弟子各有神通，其中以大目犍連神通第一爲最著名，且影響佛教傳播與文學題材的擴展，更是佛教文學的熱門故事與情節。《因緣記》250 字所記述的幾乎都是佛圖澄顯神通的事迹。

《高僧傳》將當時在佛教傳播與實踐具重要表現的高僧，分別立傳。分作"譯經、義解、神異、習禪、明律、亡身、誦經、興福、經師、唱導"十科，《佛圖澄傳》被安置在"神異"中的第一傳，以記述佛圖澄預知事件等種種神通爲主，此外還集中在佛圖澄與石勒、石虎之間的互動，以凸顯其在促進後趙的佛教信仰乃至佛教在中國傳播的影響與貢獻。

（二）敦煌佛圖澄文字壁畫與榜題的文本互文

莫高窟 323 窟，是初唐時期開鑿的石窟。主室南北兩壁繪製有内容豐富的佛教史迹故事畫。南壁上部畫千佛；中部畫佛教史迹畫，自西向東依次爲：1. 西晋吴淞江石佛浮江，2. 東晋揚都金像出渚，3. 隋文帝迎曇延法師入朝；下部畫菩薩七身。北壁上部畫千佛；中部畫佛教史迹畫，自西向東依次爲：1. 漢武帝獲得匈奴祭天金人與張騫出使西域，2. 釋迦浣衣池與曬衣石，3. 佛圖澄之神異事迹，4. 阿育王拜外道尼乾子塔，5. 康僧會感應故事；下部畫菩薩七身。佛圖澄神異事迹爲第三組，以四幅畫面展現三段情節。

第一段情節壁畫以兩幅畫面來呈現：

第一幅畫面描繪的是：一王者端坐胡床上，雙手憑几觀望。胡床一側另置一小胡床。臣屬七人侍於左右，其中一人持傘蓋。衆人皆注目觀看前立的僧人施法。僧人手中升起一團烏雲，向前移動。

畫面上有一則榜題，作："幽州四城門被天火燒，□澄法/師與後主説法之次，忽□驚/愕遂即索酒，乃于東方鑰之，/其酒變爲大雨，應時而至，其火即□/滅,雨中并有酒氣。"

　　榜題説明此畫面描繪的内容乃佛圖澄幽州滅火的神異事迹。詳見《高僧傳》卷九神異上《佛圖澄傳》:"澄又嘗與虎共升中臺,澄忽驚曰:'變!變!幽州當火災。'乃取酒灑之。久而笑曰:'救已得矣。'虎遣驗幽州云:'爾日火從四門起,西南有黑雲來,驟雨滅之,雨亦頗有酒氣。'"

　　第二幅畫面描繪的是:一方形城廓,門樓聳立。城中火起,烈焰升騰。上部烏雲密布,驟降大雨將火熄滅。

　　有一則榜題,唯文字已漫漶不清。畫面内容當爲第一幅畫面的接續,描繪的情景乃幽州城大火爲佛圖澄酒雨所滅。

　　第二段情節壁畫以一幅畫面呈現:

　　畫面描繪的是:山間一座九層寶塔,塔檐懸鈴。塔前有一高僧以手指塔鈴向二人講説,二侍者立於後。

　　有榜題一則。惜文字已漫漶不清。

　　畫面描繪的内容是佛圖澄能"聽鈴音,以言吉凶,莫不效驗"等神異事迹。事詳《高僧傳》《晉書·佛圖澄傳》,《佛圖澄因緣記》也有記述。

　　第三段情節壁畫以一幅畫面呈現:

　　畫面描繪的是:一僧人袒上身,盤腿坐於水邊,右手將腹中之腸引出,就水洗之。

　　有榜題。文字已漫漶,存"澄法師右乳中有孔衣/出光明白照至水□"。

　　是繪佛圖澄法師右乳會放光的故事。畫面描繪的内容是佛圖澄以水洗腸,是佛圖澄諸多神異中最爲稱著者。事見《高僧傳·佛圖澄傳》,《佛圖澄和尚贊》《佛圖澄因緣記》也有記述。

　　佛教弘傳的過程既産生精彩的叙事文學,這些文學同時也被畫家們繪製爲動人的叙事圖像,推動着佛教的通俗化。敦煌寫本保存的《佛圖澄和尚贊》《佛圖澄因緣記》,莫高窟史迹畫佛圖澄顯神通的畫面,提供了佛教傳播手法及傳播實況極其珍貴的實證。佛圖澄幽州滅火、聞鈴斷事、探腹洗腸等情節,既爲僧俗信衆所喜聞樂道,更是寺院壁畫莊嚴道場、展示中國佛教史迹的熱門題材。兩者雖然載體不同,然於弘法布道之效用則顯無二致,且可相輔相成,發揮互文與互釋之功能。

五、小　結

宗教人物事迹的流傳，一般爲正史所罕載，六朝以來乃有雜傳，記録如《高士傳》《列女傳》《高道傳》《名僧傳》《高僧傳》《先賢傳》《耆舊傳》等正史史傳之外的人物事迹，高僧傳即在其列。此類傳記主要是以類相從的傳記集。至於有關《高僧傳略》《高僧贊》《高僧因緣記》等僧傳文學，篇幅短小，都是單篇、散録，既不成集，且未有編纂集録，其流布主要在寺院、道場、齋會之間，寫本文本構成呈現與實際應用的場合相應的特色。不同文類的文本與圖像文本間，彼此具有共性與殊性，既可互證互釋，又可互補。

寫本文本主要透過文字記叙以供僧衆、信徒閲讀或贊頌講説。除了紙本、石刻等文字記録的物質文本流傳外，基於廣大受衆多爲一般信衆或不識字者，或不便閲讀或無緣閲讀，因而還有以綫條、色彩、造型繪製的圖畫，或透過傳説、歌謠等口耳相傳，在民間廣爲傳播，這些文本有别於文字載體的物質性，甚至保存在信仰民俗之間，是流動變異的非物質文本。因此我們在從敦煌寫本的物質形態與文本構成研究僧傳文學時，除了要關注歷史載籍、寫本文獻、石窟壁畫等物質文本外，民俗、信仰、語言、歌謠、民間傳説等非物質文本也值得進一步追尋與探索。所謂"多重證據法"的運用，也就是物質文本與非物質文本的關連研究。

Biographical Literature in Dunhuang Manuscripts: Studies on Material Forms and Textual Structure

CHENG A-Tsai

This paper focuses on materiality of texts by studying both paper texts and non-paper texts. It examines the original forms of biographical literature in Dunhuang manuscripts including *Biographical Excerpts of Eminent Monks*, *Eulogies to Eminent Monks*, and *Records on the Affinity of Eminent Monks*, analyzing their material forms, textual structure and tracing their spread as material texts. It also offers a case study on the texts about Fotudeng, a monk from the Western Regions and interprets the use of material forms of manuscripts in the spread of biographical literature. By combining these types of manuscripts with other texts on the same manuscripts, this paper aims to illustrate the actual situation about the spread of biographical literature in Buddhism. In the meantime, it also looks into the non-paper materials such as caves and wall paintings. By an inter-textual study, this paper sheds new light on the diverse development and spread of Chinese Buddhist biographical literature.

黑水城出土文獻慈覺禪師著作
及其相關問題研究

王三慶

（成功大學文學院）

一、緒　　論

　　有關宗賾慈覺禪師的研究篇章，嚮來以日本學者居多數，中國臺灣地區也有部分學者涉及，然而皆以《禪苑清規》一書作爲探討課題，主要原因還是日本存有長久研究佛學的優良傳統，尤其該書被收入《卍新纂大日本續藏經》第 63 册，①研究上自然得到不少的便利。從研究成果來看，大家都肯定該書是繼百丈懷海著述的古清規亡佚後，現存最早的清規之作，其在中國佛教清規史上的貢獻，毋庸置疑。也因如此，蘇軍乃就宗賾留下的這部作品進行點校，又初步輯錄了該書以外的相關篇章作爲附錄，并且重新排印出版，使大家便於應用。② 隨着大足石刻寶頂大佛灣第 15 號龕鐫有"慈覺大師"及勸孝文字的發現，侯冲便先後撰寫了《宗賾〈孝行錄〉及其與大足寶頂勸孝石刻的關係》③一文和《宋僧慈覺宗賾新考》的後續之作，④可説又結合了雲南在地發現的新材料，予以更進一程的論述與新的發明。另外劉賢高也有《寶

---

① 《（重雕補註）禪苑清規》，《卍新纂大日本續藏經》第 63 卷，No. 1245《（重雕補註）禪苑清規》卷 1（CBETA 2019.Q2, X63, no. 1245, p. 527a12//Z 2: 16, p. 442d17//R111, p. 884b17）。
② 宗賾著，蘇軍點校：《禪苑清規》，鄭州：中州古籍出版社，2001 年。
③ 《中國佛學》1999 年第 2 期；後又收入《西南石窟文獻》第五卷，《中國西南文獻叢書》第八輯，第 234—254 頁。
④ 《大足石刻研究文集》第五輯，重慶出版社，2005 年，第 261—272 頁。

頂大佛灣第 15 號龕鐫"慈覺大師"考略》①、陳明光則撰述了《大足寶頂山〈報恩經變〉慈覺禪師宗賾溯源——探宗賾生平及其與宗頤異同辨》②，兩篇都是針對大足石刻問題的後續探討及確認宗賾籍貫及"頤""賾"名字異文的考辨。至於温玉成、劉建華所撰寫的《佛教考古兩得》③篇章，乃是發現宗賾《蓮華勝會錄文》原碑石的報導。以上相關篇章的研究成果，還是植基於大足寶頂石刻及雲南民間佛教文獻的發現纔樹立了國内一己的研究方向，逐漸脱離日本學者的研究範疇。

隨着《俄藏黑水城文獻》前六册漢文部分的出版，④中國學者的確占有地利之便，捷足先登，而有李輝、馮國棟聯名所撰寫富有創見的文章《俄藏黑水城文獻〈慈覺禪師勸化集〉考》⑤；後來又加寫了更爲詳細的《慈覺宗賾生平著述考》⑥一文，補充前文論述之未及，也使慈覺禪師宗賾的著述益形完備。此外，李小榮復據北京大學出版的《全宋詩》加以搜檢，對於慈覺禪師宗頤的佚詩也再給予補輯。⑦

雖然如此，海外的文獻資料仍然不可忽略，根據椎名宏雄的介紹，早在 1942 年，大屋德城就簡單介紹過韓國京城崔南善收藏的高麗版的《慈覺禪師語録》三卷三册，所以日本學者據此報導，將該則書志消息編入 1963 年出版的《新纂禪籍目録》中；1969 年又再次收録於《韓國古書綜合目録》。以上三則書志消息是同一來源，且都説明該書存藏於亞細亞問題研究所的六堂文庫中，至於"六堂"則是崔南善的室號。可是該書却遲遲未曾出現，也無人追索，直到研究禪宗的著名學者椎名宏雄始又再次尋訪該書，經過多方打聽，知道該文庫已經寄存於首爾高麗大學，所以在 1986 年訪問該校時，專程探詢

① 《大足石刻研究文集》第三輯，北京：中國文聯出版社，2002 年，第 301—308 頁。

② 《佛學研究》2004 年總第 13 期，第 252—260 頁。

③ 《佛學研究》2002 年第 11 期，第 354—358 頁。

④ 俄羅斯科學院東方研究所聖彼得堡分所、中國社會科學院民族研究所、上海古籍出版社編，上海古籍出版社，1996—2000 年。

⑤ 《敦煌研究》2004 年第 2 期，第 104—106 頁。

⑥ 《中華佛學研究》（臺灣）第八輯，2004 年，第 235—248 頁。

⑦ 李小榮：《慈覺禪師宗頤佚詩補輯》，《古籍研究》卷上（總第 45 期），2004 年，第 142—150 頁。

大學院圖書館的六堂文庫，只是該書已經消失無蹤。根據同行李平來追索的結果，該書於 1950 年朝鮮戰爭之際斷絕消息。没想到江田和雄在其父親亡逝後，將遺書捐贈駒澤大學，成立了江田文庫，遺書中居然出現了一本高麗版《慈覺禪師語録》三卷三册的寫本，書上并無崔南善及六堂的任何印記或可藉以探討的綫索，筆者懷疑此本是據原藏書的過録本。不過椎名宏雄還是將全書作了《慈覺禪師語録（翻刻）》①的移録，且又發表了《長蘆宗賾撰〈慈覺禪師語録〉の出現とその意義》②這篇文章，針對該書作了初步的基礎研究，也爲宗賾研究作出最大的貢獻。

　　難能可貴的是在這段時間，河北師範大學宋坤針對《慈覺禪師勸化集》撰寫了一篇碩士學位論文，③并參考了蘇軍所點校的《禪苑清規》。總體的研究成果綜合來説，的確又比以往存有些許的進步，尤其最大的貢獻應該是將《慈覺禪師勸化集》重新整理點校，雖然存有多處可待商榷之處，至少大家有了可以利用的清本。隨後，他自己也擷取了部分精要的研究成果，發表了《慈覺禪師生平補考》④一文。另外，上海師範大學陽珺也在導師侯冲的帶領下研讀《慈覺禪師語録》，并進行了分段標點，修正椎名宏雄不少句讀可資商榷的地方。更利用以上發現的文獻或相關的研究成果，重新檢視慈覺禪師宗賾的生平，以及《禪苑清規》中的禮佛齋供儀式，而有了《宋僧慈覺宗賾新研》⑤。這篇學位論文從作者生平的探討、文本的分段與句讀，以及綜合的研究成果，的確爲宗賾之學術研究作出了不少的貢獻。

　　至於椎名宏雄後來也注意到《慈覺禪師勸化集》一書的出版，除了對文本進行整理外，也針對該書撰寫了《黑水城文獻〈慈覺禪師勸化集〉の出現》⑥這篇論文，更利用掌握《慈覺禪師語録》的優勢，展現其研究高度，只是對於文本的整理，基本上不如宋坤的整理本。畢竟漢字還是非其慣用的母

①《駒澤大學禪學研究所年報》2008 年第 20 號，第 172—224 頁。

② 以上參見《印度學佛教學研究》2009 年第 117 號，第 744—750 頁。

③ 宋坤：《俄藏黑水城宋·慈覺禪師〈勸化集〉研究》，河北師範大學 2010 年碩士學位論文。

④《西夏研究》2010 年第 4 期，第 20—26 頁。

⑤ 陽珺，上海師範大學 2012 年碩士學位論文。

⑥《駒澤大學佛教學部研究紀要》2014 年第 62 號，第 15—41 頁。

語，因此遇到《大正藏》或蘇軍校點句讀過的《禪苑清規》，若都已有收錄，還因有迹可循，可以借助，否則遇到無文可資參考時，下筆點斷不免存有需待斟酌處。此外，閔庚三則在洛陽發現了一篇五代時期閩人王氏遷居高麗過程的墓誌銘，因而進行考釋，雖是新史料，却非直接關涉本論題，也就不再多說了。

　　也因筆者整理研究《五杉練若新學備用》一書，曾經涉及宗賾個人及《禪苑清規》的喪葬禮俗，在研讀部分資料與論文之後，覺得宗賾的相關問題仍有可待深入探討之處，因此特別借此"絲綢之路寫本文化與多元文明國際學術研討會"發表個人淺見，以便就教於大方之家。

二、慈覺禪師宗賾的生平履歷

　　有關慈覺禪師宗賾的生平，歷來語焉不詳，最早記錄其生平者當以南宋四明石芝沙門宗曉（1151—1214）編次之《樂邦文類》爲最早，凡有三處，一是卷二收錄了《蓮華勝會錄文》，下署"慈覺禪師宗賾"①。第二處是最重要的錄文，即卷三所記錄的《蓮社繼祖五大法師傳》，其第五位乃爲宗賾云：

　　　　蓮社之立，既以遠公（334—416）爲始祖，自師歸寂，抵今大宋慶元五年（1199）己未，凡八百九年矣。中間繼此道者乃有五師：一曰善導師，二曰法照師，三曰少康師，四曰省常師，五曰宗賾師。是五師者，莫不仰體佛慈，大啓度門，異世同轍，皆衆良導。傳記所載，誠不可掩，以故錄之，爲繼祖焉。
　　　　一、善導師者。【……中略……】
　　　　五、宗賾師者，師賜號慈覺。元祐（1086—1094 年 4 月）中，住真州

① 參見《大正藏》第 47 卷，第 177 頁中欄（CBETA, T47, no. 1969A, p. 177b20）。又明宗本集《歸元直指集》卷 1《長蘆賾禪師勸參禪人兼修净土　十二》，《卍新纂大日本續藏經》第 61 卷（CBETA, X61, no. 1156, pp. 434c12 - 435b10//Z 2：13, pp. 122d6 - 123b16//R108, pp. 244b6 - 245b16），以及明李贄集《净土决》引用"長蘆賾禪師勸人曰"，《卍新纂大日本續藏經》第 61 卷（CBETA, X61, no. 1157, p. 499b17 - c22//Z 2：13, p. 187a3 - b14//R108, p. 373a3 - b14）都轉錄了《蓮華勝會文》，然有詳略的不同，文字也稍有差異，可以相互補校。

長蘆寺,宗説俱通,篤勤化物。有《葦江集》行于世,内列種種佛事,靡不運其慈念。蓋師自他俱利,願力洪深,故能遠紹佛化也如此,人或不知,返嫌忉怛,悲夫！師居長蘆,海衆雲臻,爰念無常之火,四面俱焚,豈可安然坐而待盡,乃遵廬阜之規,建立蓮華勝會,普勸修行念佛三昧。其法日念阿彌陀佛,或百千聲,乃至萬聲,回願往生西方浄土。各于日下,以十字記之。當時即感普賢、普慧二大菩薩預會,證明勝事,非所作所修契聖,曷至是耶！靈芝稱爲近代大乘師,信乎！其爲大乘師矣。

　　以上五師,紹隆大法行業如此,繼遠爲祖,孰曰不然乎！①

這是有關宗賾生平的最早記録與蓮宗祖師地位的認定,其重要性不言而喻。至於卷五文字僅是《勸念佛頌(四首)　慈覺禪師　宗賾》這一題目的著録,②有目無文,就不是那麽重要了。其後,國學進士王日休(？—1173)撰述的《龍舒增廣浄土文》卷11也收録了《真州長蘆賾禪師勸參禪人兼修浄土》③一文,實爲《蓮華勝會録文》之别稱異名。

　　此後,普度在至大元年(1308)序編的《廬山蓮宗寶鑑》卷4中也録有"長蘆慈覺禪師"條云:

　　　師諱宗賾,號慈覺,襄陽人也。父早亡,母陳氏鞠養于舅氏。少習儒業,志節高邁,學問宏博。二十九歲,禮真州長蘆秀禪師出家,參通玄理,明悟如來正法眼藏。元祐中,住長蘆寺,迎母于方丈東室,勸母剪髮,甘旨之外,勉進持念阿彌陀佛。日以勤志,始終七載。母臨終際,果念佛,無疾吉祥而逝。師自謂報親之心盡矣,乃製《勸孝文》,列一百二十位。撰《葦江集》《坐禪箴》。仍遵廬山之規,建蓮花勝會,普勸僧俗同修念佛,導以觀想。其次立法,預會日,念阿彌陀佛,自百聲至千聲,千聲至萬聲,回向發願,期生浄土。各于日下,以十字計之,以辦功課。師一夕夢一人,烏巾白衣,風貌清美,可三十許。揖謂師曰:欲入蓮花會,告書一名。師乃取會録問曰:何姓名。答曰:普慧。書已,白衣又云:

――――――――――――――

① CBETA 2019.Q2, T47, no. 1969A, pp. 192c18–193c26.

② CBETA 2019.Q2, T47, no. 1969A, p. 214b1.

③ CBETA, T47, no. 1970, p. 283c28.

家兄亦告上一名。師曰：令兄何名？答曰：普賢。言訖，遂隱。師覺已，謂諸耆宿曰：《華嚴經離世間品》有普賢、普慧二菩薩助揚佛法，吾令建會共期西方。感二大士幽贊。乃以二大士爲會首云。于是遠近皆向化焉。①

以上這段文字若持與上篇引文比較，有可以互補之處，并成爲後來諸書共同援引的源頭。至於稍晚的著作，如自序於清順治己亥（1659），周克復所纂的《净土晨鐘》卷10，説他“撰《坐禪箴》《葦江集》，又有《勸孝文》一百二十則，大意以勸親修净業，爲出世間孝。靈芝照公稱爲近代大乘導師，信哉！臨寂，念佛坐化”②。也可資參考。至於明朱時恩的《佛祖綱目》卷37“宗賾”條③、清俞行敏重輯的《净土全書》卷2④ 文字，則等同書鈔；或如宋志槃《佛祖統紀》卷27《往生高僧傳》中僅録“宋長蘆宗賾禪師”⑤之名，其他如《阿彌陀經疏鈔》卷1⑥、《西方直指》卷3《持名往生》⑦、《净土聖賢録》卷3⑧、《西舫彙征》卷1⑨ 等，這些後來編集的作品既無補實，也僅是前面諸書或篇章的轉録或節略，了無新意，就可不必多討論了。

　　倒是最稱完整詳實的記録，并輯衆書之長，而序於明崇禎甲申年（1644）明河所撰述的《補續高僧傳》卷18“長蘆賾禪師傳”條云：

　　　　宗賾，襄陽孫氏子，父早亡，母携還舅氏家鞠養。長成習儒業，志節高邁，學問宏博。年二十九，幡然曰：“吾出家矣。”遂往真州長蘆，從秀圓通落髮，學最上乘。未幾，秀去而夫繼。師得旨于夫，遂

① CBETA, T47, no. 1973, pp. 324c16 – 325a7.

② CBETA, X62, no. 1172, p. 89a14 – b2//Z 2：14, p. 152c14 – d8//R109, p. 304a14 – b8.

③ CBETA 2019.Q2, X85, no. 1594, p. 731b6//Z 2B：19, p. 358a3//R146, p. 715a3.

④ CBETA, X62, no. 1176, p. 185a22 – b4//Z 2：14, p. 247a3 – 9//R109, p. 493a3 – 9.

⑤ CBETA 2019.Q2, T49, no. 2035, p. 271c1.

⑥ CBETA, X22, no. 424, p. 621a2 – b9//Z 1：33, p. 182b17 – d12//R33, pp. 363b17 – 364b12.

⑦ CBETA, X61, no. 1163, p. 638a14 – b21//Z 2：13, pp. 322c8 – 323a3//R108, pp. 644a8 – 645a3.

⑧ CBETA, X78, no. 1549, pp. 248b15 – 249b12//Z 2B：8, pp. 126b11 – 127b8//R135, pp. 251b11 – 253b8.

⑨ CBETA, X78, no. 1551, p. 355c14//Z 2B：8, p. 233d3//R135, p. 466b3.

爲夫嗣,而紹長蘆之席,一法窟父子,接踵弘闡者三世,雲門之道大震,江淮之間幾無別響。師上堂曰:"金屑雖貴,落眼成翳;金屑既除,眼在甚處。"

拈拄杖曰:"還見麽?"

擊香卓曰:"還聞麽?"

靠却拄杖曰:"眼耳若通隨處足,水聲山色自悠悠。"

啓示明切如此。

師性孝,于方丈側別爲小室,安其母于中,勸母剪髮,持念阿彌陀佛號。自製勸孝文,曲盡哀懇。師雖承傳南宗頓旨,而實以净土自歸。至感普賢、普慧二大士,夢求入社,其精誠可知矣。其母臨終,果念佛吉祥而逝。始卒數十年間,以安養一門攝化,緇白從化,臨終正念,如其母者,蓋不知幾何人。師持勤匡道一念,得自天性,以言難及遠,往往托筆墨以致心焉。其勸供養則曰:"若無有限之心,則受無窮之福。"其勸坐禪則曰:"一切善惡,都莫思量。念起即覺,覺之即失,久久忘緣,自成一片。"又曰:"道高魔盛,逆順萬端。但能正念現前,一切不能留碍。"其警游談則曰:"既乖福業,無益道心。如此游言,并傷實德。"其警撥無則曰:"麤解法師,不通教眼;虛頭禪客,不貴行門,此偏枯之罪也。"又曰:"宗説兼通,若杲日麗虛空之界,心身俱静,如琉璃含寶月之光。可謂蓬生麻中,不扶自直;衆流入海,總號天池。其言意至,味一臠可以知全鼎矣。未詳所終。"①

這篇補續宗賾爲高僧的傳記凡分三大段落,首段談到他的生平與出道經過,接近《廬山蓮宗寶鑑》卷4上的文字,但立場稍有不同。宗賾原籍到底是在

---

① CBETA 2019.Q2, X77, no. 1524, pp. 492c13－493a14//Z 2B:7, p. 147a9－b16//R134, p. 293a9－b16.按首段參禪公案在慈覺禪師侍者祖大所録的《真州長蘆崇福禪院慈覺禪師語録》卷上部分,個人給予的編號第1.029條作:"上堂。云:'金屑雖貴,落眼成翳。金屑既除,眼在什麽處? 若如是者,棒頭取證,未出荆棘林中;喝下承當,正是金蜂窠裏。'"以及編號第1.030條作:"上堂。云:'樓外紫金山色秀,門前甘露水聲寒。古槐陰下清風裏,試爲諸人再指看。'乃拈起拄杖云:'還見麽?'擊香臺一下,云:'還聞麽?'靠却拄杖云:'眼耳若通隨處足,水聲山色長悠悠。'"又按以下三段如"若無有限之心,則受無窮之福"乃出《(重雕補註)禪苑清規》卷8.1《龜鏡文》。其後兩段引文則出08《坐禪儀》。最後三處恐爲佚失文字。

襄陽一地，還是洺州？或如下文《建中靖國續燈錄》一書所説的洛州？若以宋代文獻史料來看，其出家前後及傳道活動範圍，都在真州、洺州區域了無疑義，因此大家據此否定籍貫隸屬襄陽的説法。只是此一説法根據并未考慮《廬山蓮宗寶鑑》及《補續高僧傳》的記録，畢竟籍屬襄陽也不能視爲空穴來風。有無可能是在生父早亡後，因受困於生計問題，於是母親帶他投靠舅父家，而在洺州成長，於是就被誤認爲洺州纔是他所屬的籍貫地。至於洛州乃是洺州一字之形近訛誤。其次説他早年習儒，頗具弘毅之器，學養深厚，見識廣博，直到二十九歲纔幡然決定出家。於是往真州長蘆寺從秀圓通禪師落髮，學最上乘。没多久，圓通離寺而去，再從應夫廣照禪師。後因投機一頌悟道，深得印可，成爲應夫繼嗣，而接掌長蘆法席，正所謂“一法窟父子，接踵弘闡者三世，雲門之道大震，江淮之間幾無別響”。

然而《樂邦文類》將他列爲“蓮社繼祖五大法師”之一，《廬山蓮宗寶鑑》或净土等書也都收録了他的生平及相關著作，甚至明大佑集《净土指歸集》卷1《蓮社立祖》、《角虎集》卷2[1] 等都將他列名諱於七祖牌次。[2] 還有因隨師承上的需要插隊而把他擠列八祖者，如《净土生無生論註》“次聲聞僧”所謂：“長蘆宗賾禪師則稱八祖也”[3]，《净土紺珠》同。[4] 凡此諸書一再説明，這位雲門禪宗的宗賾，在蓮社净土中也有崇高的地位。

其實，宋惟白集《建中靖國續燈錄》卷18《真定府洪濟禪院宗賾禪師》即有一段説明云：

> 姓孫氏，洛州永年人也。少習儒業，禀性超然，滿禪師勉令奉佛，投圓通禪師出家。未幾，祝髮披緇，參廣照禪師。屢扣宗猷，未有開發，足方躓墀，忽然悟道，投機頌曰：
>
> 舉足上甎墀，分明遮個法。黄楊木畔笑呵呵，萬里青天一輪月。
>
> 遂陳其所悟，照乃可之。待制楊公畏（1044—1111）命師出世，曾魯

---

① CBETA, X62, no. 1177, pp. 210c14 - 211a1//Z 2：14, p. 272c14 - d7//R109, p. 544a14 - b7.

② CBETA 2019.Q2, X61, no. 1154, p. 372b9//Z 2：13, p. 60d9//R108, p. 120b9.

③ CBETA, X61, no. 1167, p. 834a2 - b21//Z 2：14, pp. 2c6 - 3a13//R109, pp. 4a6 - 5a13.

④ CBETA, X62, no. 1202, pp. 666c24 - 667a9//Z 2：15, p. 192b6 - 15//R110, p. 383b6 - 15.

公宅奏賜椹服。①

這段有關宗賾的生平與蓮宗净土的叙述重點不同,一者强調少習儒業,以禀性超然,所以元豐清滿禪師纔勉令奉佛。先後接受秀圓通、應夫廣照禪師的禪學教誨。也因如此,《補續高僧傳》纔有第二段上堂參禪的機鋒文字,只是這段文字在禪宗燈系文獻如宋惟白集《建中靖國續燈録》卷18《真州長蘆崇福應夫廣昭禪師法嗣:真定府洪濟禪院宗賾禪師》②、宋普濟集《五燈會元》卷16《真州長蘆宗賾慈覺禪師》③或《五燈嚴統》卷16④、《五燈全書》卷35⑤ 等書的載録都是分散數處,如今盡被捏合爲一;而明河撰述時也都割裂混乱,改動了文字,完全失去語録文獻的原來面貌。如上頭"金屑雖貴,落眼成瞖"一段,從法眼文益禪師(885—958)以來,已經成爲參禪悟道者無所分別心,以及不能貴耳賤目的討論命題。至於"眼耳若通隨處足,水聲山色自悠悠"則是上堂機頌"樓外紫金山色秀,門前甘露水聲寒。古槐陰下清風裏,試爲諸人再指看"的結語。這兩段是在不同時空裏的上堂文字,無論是棒頭取證,或者喝下承當,重點都在於眼耳會通的禪悟意境。雖有合也有分,處理時必須慎重。

至於《補續高僧傳》的第三段落談到"師性孝,于方丈側别爲小室,安其母于中,勸母剪髮,持念阿彌陀佛號。自製勸孝文,曲盡哀懇",不但顯示其早年受到儒學教養的根底,也可看到儒釋合化的表現。甚至"師雖承傳南宗頓旨,而實以净土自歸",《如來香》卷4《參究念佛門》也説:

> 長蘆宗賾禪師云:"念佛不礙參禪,參禪不礙念佛,法雖二門,理同一致。上智之人,凡所運爲,不着二諦;下智之人,各立一邊,故不和合,多起紛争。故參禪人破念佛,念佛人破參禪,皆因執實謗權,執權謗實,

---

① CBETA 2019.Q2, X78, no. 1556, p. 754c13 - 19//Z 2B:9, p. 133c10 - 16//R136, p. 266a10 - 16. 籍貫洛州之説已辯證於前。

② CBETA 2019.Q2, X78, no. 1556, pp. 754c13 - 755a19//Z 2B:9, pp. 133c10 - 134a4//R136, pp. 266a10 - 267a4.

③ CBETA 2019.Q2, X80, no. 1565, p. 343b24 - c16//Z 2B:11, p. 317b16 - c14//R138, pp. 633b16 - 634a14.

④ CBETA 2019.Q2, X81, no. 1568, p. 149a13 - b5//Z 2B:12, p. 355a2 - 18//R139, p. 709a2 - 18.

⑤ CBETA 2019.Q2, X82, no. 1571, p. 21a11 - b7//Z 2B:13, p. 412a4 - b6//R140, p. 823a4 - b6.

　　　　二俱道業未成，地獄先辦也。"①

因此禪净雙修對宗賾而言，不成問題，而對世俗以儒釋教化，更是方便，以至於以安養一門攝化，而持勤匡道一念，則是他念兹在兹的急務，縱使言語難以及遠的情況下，也往往托筆墨而致心焉。這點與宗門向來"不立文字"的主張稍有不同，而門人普惠編著"鎮陽洪濟禪院慈覺和尚勸化文并偈"，且由"朝請大夫前通判成德軍府事上柱國賜紫金魚袋崔振孫"於崇寧三年（1104）爲《慈覺禪師教化集》作序，甚至書中也收入了輔國大師所撰的《人生未悟歌》及郎思的《未悟歌》等非師門的輔教之作，慈覺生前似乎也没反對，足見其對文字的重視。故《補續高僧傳》還摘録數段名言，以備嘗鼎一臠，然後以未詳所終作結。

三、慈覺禪師宗賾新資料的出現及其意義

　　著作多方，先後住持過洺州普會禪苑、真州長蘆崇福禪苑，以及真定府洪濟禪苑的這位著名禪師，既受蓮宗推奉爲歷來著名的五位導師之一，往後雖然被後推爲七祖或八祖，仍然不失蓮宗祖師群中的行列，却是僅見零星的篇章收録入傳統佛典的文獻角落，幾乎淹没不見。幸好海外保存了《禪苑清規》這部完整的著作，也在佚名編者《續傳燈録》中録下了如下的嗣法門人：

　　　　長蘆宗賾禪師法嗣九人：洪濟瓊禪師、北京照禪師、玄沙智章禪師、净慈惟一禪師、蔣山善欽禪師、本覺道如禪師、天寧子深禪師、瑞峰延禪師、僧忍和尚（已上九人無録）。②

　　另外道忞編修、吳侗集的《禪燈世譜》卷8録其師承長蘆應夫外，其法嗣九人名字也是遞相承襲，③由於這批法嗣并非赫赫有名的高僧，以至於没有再多的文字可以追索宗門的消息。

---

① CBETA 2019.Q2, D52, no. 8951, p. 401b1 – 6.
② 卷18（CBETA, T51, no. 2077, p. 591c13 – 19）。
③ CBETA, X86, no. 1601, pp. 441a24 – 442a4//Z 2B：20, p. 318a1 – c1//R147, pp. 635a1 – 636a1.

　　近年來,隨着黑水城出土文物的刊行,居然在這西北偏遠的西夏國度裏,挖出了由門人普惠爲他編集署名的《鎮陽洪濟禪院慈覺和尚勸化文并偈頌》,又稱《慈覺禪師教化集》,以北宋傳統的刊本板式印行,每半葉 8 行,行 15 字,有板框雙邊,板心題署"化文　一",第一葉除了附有"《慈覺禪師教化集》　朝請大夫前通判成德軍府事上柱國賜紫金魚袋崔振孫撰""崇寧三年(1104)九月初八日序"文外,接下來則爲十六篇的目錄。再者,也出現了另一貴重文獻,即《慈覺禪師語録》的複寫抄本。這兩本重要的作品都是出於宗賾門人手上編輯,椎名宏雄發現後曾有《慈覺禪師語録(翻刻)》的移録,①接着又發表《長蘆宗賾撰〈慈覺禪師語録〉の出現とその意義》②這篇研究文章;更在不斷的追索下,繼續撰寫《黑水城文獻〈慈覺禪師勸化集〉の出現》③,可説對於宗賾作品的文本整理或基礎研究,都有可觀的成果。至於上海師範大學陽珺也在導師侯冲的帶領下研讀了《慈覺禪師語録》,完成了分段標點,對於椎名宏雄的句讀作了不少的修正。於是利用以上新發現的文獻史料,或相關的研究成果,重新檢視慈覺禪師宗賾的生平和《禪苑清規》中的禮佛齋供儀式,撰寫了《宋僧慈覺宗賾新研》④的學位論文,其研究成果的確作出不少貢獻。也因如此,筆者重新檢視相關資料,且在上述這些基礎上,將宗賾的生平大致編成如下一個簡表:

慈覺禪師生於景祐四年(1037),此根據 04070"人生百歲,七十者稀"這條文字反推。《五燈會元》卷 16 云其洛州孫氏子,⑤《五燈全書》卷 35 承襲其説;⑥惟白所集《建中靖國續燈録》卷 18《真定府洪濟禪院宗賾禪師》云:"姓孫氏。洛州永年人也。"⑦《五燈嚴統》卷 16《真州長蘆宗賾慈覺禪師》則稱

---

① 《駒澤大學禪學研究所年報》2008 年第 20 號,第 172—224 頁。
② 《印度學佛教學研究》2009 年第 117 號,第 744—750 頁。
③ 椎名宏雄:《黑水城文獻〈慈覺禪師勸化集〉の出現》,《駒澤大學佛教學部研究紀要》2014 年第 62 號,第 15—41 頁。
④ 陽珺,上海師範大學 2012 年碩士學位論文。
⑤ CBETA 2019.Q2, X80, no. 1565, p. 343b24//Z 2B: 11, p. 317b16//R138, p. 633b16.
⑥ CBETA 2019.Q2, X82, no. 1571, p. 21a11//Z 2B: 13, p. 412a4//R140, p. 823a4.
⑦ CBETA 2019.Q2, X78, no. 1556, p. 754c13//Z 2B: 9, p. 133c10//R136, p. 266a10.

"洺州孫氏子"①。若以其晚年活動區域看,洛州當爲洺州一地之形訛。惟此一系説法皆未及其父早亡,母陳氏携子投奔舅父。故普度在至大元年(1308)序編的《廬山蓮宗寶鑑》及明河撰述的《補續高僧傳》卷18皆説湖北襄陽人,或者另有根據也未可知。

治平二年(1065)二十九歲(虛歲),依法秀禪師出家,後轉投應夫禪師門下。

元豐中(1078—1085),參加衛州壇山六度寺濟律師增戒會。

01001 元豐八年(1085)三月到元祐三年(1088)之間,出任洺州普會禪院住持,奉養母親於方丈東室,勸母念佛,凡有七年。

> 01002 在洺州保壽院受請

> 01003 解夏上堂

> 01008 寒食日上堂

> 01011 重五日上堂

> 01013 開爐日上堂

> 01017 長蘆寺方面第一次派專使持書并法衣往見宗賾

> 01019 冬節上堂

> 01028 解夏上堂

> 01031 受知縣李瑗(字宣德)之請升座

> 01032(師)退普會、衆請居定晋岩上堂

元祐四年(1089)冬,結蓮池勝會,作《蓮池勝會文》。

02001 紹聖二年(1095)四月十八日,正式住持真定府洪濟禪院,得賜紫衣,賜號慈覺。

> 02002 師於磁州武安縣百法院授疏(補)

> 02004 到邢州

> 02005 過卧佛院

> 02006 拂袖離鴛水,回頭望鵲山。

> 02007 到趙州

> 02008 到欒城柴侯寺

---

① CBETA 2019.Q2, X81, no. 1568, p. 149a13//Z 2B: 12, p. 355a2//R139, p. 709a2.

02009 入院日上堂（補）

02010 到永泰院

02016 解夏日上堂

02024 受機宜大夫葛繁之請上堂

02030 中秋日上堂

02040 歲旦上堂

02043 結夏上堂

02045 宗慧上座爲先住禪師作齋上堂

02051 上元日升座

02056 寒食日上堂

02057 受牡丹會施主之請到嚴福院上堂

02065 曾宅（即曾孝寬，字令綽）夫人奏到命服（紫衣），客省使高客省士敦制法衣受請上堂。

02066 施主慶紫衣受請上堂

02067 冬至日上堂

02070 歲旦上堂

02071 上元日升座

02073 佛涅槃日上堂

紹聖三年（1096），摭諸家所集，刪補詳定，編成《水陸儀文》四卷。

02075 紹聖四年（1097）或元符元年（1098）三月五日，神宗皇帝忌日，受知府吳安持之請上堂。

02077 承事公高綏爲父祈福受請上堂

02078 聞廣照和尚遷化上堂

02080 佛國（惟白）禪師到院上堂

02081 天演高客省夫人普圓請上堂

02082 中秋日上堂

02086 駙馬都尉王詵（1036—1093）奏師號（“慈覺”），茅朝散評制疏文送到上堂。

02088 新普會長老（備頭陀）升座

　　02089 送備長老上堂

　　02091 郭教授薦妻請上堂

02094 元符二年(1099)《禪苑清規》編寫中

02097 元符三年(1100)二月一日,宋徽宗繼位登基上堂

　　02100 謝雨上堂

　　02106 重陽日上堂

　　02110 水陸齋上堂

　　02111 水陸齋上堂

　　02117 普會長老專使設茶筵請上堂

元符三年(1100)十一月一日作《誡洗麵文》①

　　02121 歲旦上堂

　　02127 獲鹿縣施主請上堂

　　02140 齊州崇貴大德自五臺山回,設齋請上堂

　　02145 蔡承議碩請上堂

　　02148 通判宋朝奉修年爲亡女請上堂

　　02153 施主設水陸請升座

　　02168 定州施主請上堂

　　02182 夏末上堂

　　02186 權府提刑張近奏留上堂

　　02187 施主薦母受請上堂

崇寧元年(1102)洪濟院厨前井邊安濾羅濾水

崇寧二年(1103)八月十五日,《禪苑清規》編成并作序,署"真定府十方洪濟禪院住持傳法慈覺大師宗賾集"。

崇寧三年(1104)《慈覺禪師教化集》刊行,署"鎮陽洪濟禪院慈覺和尚勸化文并偈"

04001 崇寧四年(1105)出任真州長蘆崇福禪院住持,於真州崇寧禪寺開堂

　　04002 臨濟受帖日

---

① 如邕續集:《緇門警訓》卷 8《賾禪師誡洗麵文》(CBETA 2019.Q2, T48, no. 2023, p. 1082c29)。

04009 師到六合縣香積禪院,知縣請升座

04015 到靈岩法義禪院升座

04016 因出院上堂

04017 結夏上堂

04029 水陸上堂

04032 提刑入寺堂

04045 因雪上堂

04046 全椒寶林輝和尚到院升座

04047 送珉長老赴滁州崇寧上堂

04048 天寧節上堂

04051 爲米鋪施主上堂

04055 請化主上堂

04058 舉密首座住真州資福禪院上堂

04059 次日再爲上堂

04061 謝首座上堂

04062 冬節上堂

04065 臘八日上堂

04067 送化主上堂

04070 崇寧五年(1106)除夕,師云:"黃公山下三芝秀,陶令門前五柳春。"師乃云:
"人生百歲,七十者稀。一年三百六十日,唯餘一日在。過此已往,便是孟春猶寒。"

04072 因火上堂

04073 上堂。云:"今朝二月一。"

04077 佛涅槃日上堂

04081 病起上堂

崇寧五年(1106)九月,遷化,世壽七十(實歲六十九)。① 故《續傳燈録》卷 23
《台州萬年雪巢法一禪師》載録云:

---

① 此表乃據駒澤大學圖書館公布之《慈覺禪師語録》作底本,并參考陽珺所編年表增補而成,
　特此説明。又以上各則編號乃筆者後加,前二位數乃指卷數,後三位則指其則次。

　　台州萬年雪巢法一禪師，太師襄陽郡王李公遵勉之玄孫也。世居開封祥符縣。母夢一老僧至而產。年十七試上庠從祖仕淮南，欲官之不就，將棄家，事長蘆慈覺賾禪師。祖弗許。母曰，此必宿世沙門，願勿奪其志。未幾慈覺没。大觀改元，禮靈岩通照願禪師祝髮登具，依願十年迷悶不能入。謁圓悟于蔣山，悟曰，此法器也。悟奉詔徙京師天寧，師侍行。靖康末謁草堂于疏山，一語之及大法頓明。①

據此條文，慈覺當没於宋徽宗“大觀改元”（1107）之前，於是雪巢法一禪師改禮靈岩通照願禪師，衡量文獻上的時間記録，若合符節也。②

四、慈覺禪師宗賾的著作

　　有關慈覺禪師宗賾的完整作品除了南宋末年嘉泰壬戌（1202）大字重雕的十卷本《禪苑清規》外，僅存零星的詩文和偶然收録於燈系書籍的部分偈頌，的確與其在佛教宗門上的地位大不相牟，何以會有如此的反差，讓人百思不解。這個疑問隨着近年來絲路沿綫黑水城文物的公布，以及近十年來《慈覺禪師語録》的出現，讓我們瞭解其生平就如上節表列。在景祐四年（1037）出生以後，因父早亡而隨母投靠舅氏，來到了洺州，直到崇寧五年（1106）九月遷化爲止的七十年歲月中，并没有出走他處。因此大足寶鼎灣所題署的孝行文字跟他關涉不大，只能説是別人選用他的作品，作爲推廣勸化世俗的孝道而已。元明以後的文獻，如《廬山蓮宗寶鑑》及《補續高僧傳》説他是襄陽人也許是早年的出生地點，至於其後來成長及活動區域，實不出河北西路，出家後更長期駐錫於洺州普會禪院、真州長蘆的崇福禪院、真定府洪濟禪院，盡屬於宋代北方長城的内緣。也因如此，其所傳承的法脉大都屬於來自邊塞地區的居民，雖有法嗣九人，但在佛教界影響不大。尤其靖康亂後，文物散佚特別嚴重，必須倚靠着諸多文獻的鈎輯，或者今日地下材料

---

① CBETA 2019.Q2, T51, no. 2077, p. 625c7 – 15.
② 此一説法與侯冲主張相同。

的重新出土,以及域外的異地保存,纔能看到宗賾比較完整的著作面貌。其
實,宋代以後的禪宗在一花五葉之發展過程中,青原行思下之根本主脉并非
雲門。至於宗賾出家以後又長居塞北,活動區域的三個禪苑不出洺州、真
州及真定府。也因如此,有如《真州長蘆崇福禪院第八代慈覺賾和尚語
錄‧序》所説:"先覺許其出世,後學願以爲師。住塞北之道場,一方從化;
徙江干之法席,四衆如歸。""廣雲門之法乳"。這裏所謂的江干乃指長蘆
寺一地,并非江南或杭州。換句話説,宗賾居於塞北的邊疆地區,并非文化
中原區域;再者,影響更大的事件是在宗賾死後不久,宋史上發生了天翻地
覆的靖康巨變(1126—1127),徽、欽二宗爲金人北擄,高宗即位於應天府
(今河南商丘),改元建炎,然後遷都臨安(杭州),於是整個政經文化也更
往南遷移。以至於法嗣悉數留住於金地,大部分的著作更是未能南傳。若
非嘉泰壬戌二年(1202)虞八宣教,以《禪苑清規》舊本因磨滅而重刻;而原
來西夏國都的黑水城又出土了一批文物,其中也留下僅缺半葉又不純的一
卷本《慈覺禪師勸化集》(全45葉);日本駒澤大學同時也在江田俊雄子嗣
寄藏品中發現了韓國高麗大學原藏的三卷本複寫的《慈覺禪師語錄》,至
於大足石刻及雲南阿吒力教經典與孝道有關的文字,以及失傳的《葦江
集》都可能保留部分的作品。如果一一細述,未免拖沓冗長,今特作如下
表列,以見一斑:

篇名次　　各書卷	《禪苑清規》卷八以後篇次	《慈覺禪師勸化集》篇次	其他出處
《龜鏡文》	08.01		
《坐禪儀》	08.02	08①	《緇門警訓》卷1

---

① 此篇《(重雕補註)禪苑清規》卷8題作《坐禪儀》,參見CBETA, X63, no. 1245, pp. 544c19－
545b4//Z 2:16, pp. 460c6－461a3//R111, pp. 920a6－921a3。《緇門警訓》卷1亦見載,題
作《長蘆慈覺賾禪師坐禪儀》,參見CBETA, T48, no. 2023, p. 1047b11－c20,今據底本移錄
外,一律援用《大正藏》之舊稱;又《敕修百丈清規‧卷第五》(CBETA, T48, no. 2025, p.
1143a3－b2)亦有存錄。

續　表

各書卷 篇名次	《禪苑清規》 卷八以後篇次	《慈覺禪師勸 化集》篇次	其他出處
《自警文》	08.03	09①	《緇門警訓》卷 1
《一百二十問》	08.04		
《誡沙彌》	08.05		
《沙彌受戒文》	09.01		
《訓童行》	09.02		
《勸檀信》	10.01	10 在家 修行儀②	卷 1
《齋僧儀》	10.02		
《百丈規繩頌》	10.03		即增 07《百丈規繩頌》③【62 首+3】
《新添濾水法(并頌)》	10.04		
《蓮華勝會錄文》		01④	《樂邦文類》02、《如來香》卷 12、《歸元直指》卷 1《勸參禪人 兼修净土》、石碑文

---

① 本篇《(重雕補註)禪苑清規》卷 8 亦録,參見 CBETA, X63, no. 1245, pp. 549c19－550a6//Z 2:
16, p. 465c3－14//R111, p. 930a3－14,今并取作校本。《緇門警訓》卷 1 亦曾見載,題作《自警
文》,參見 CBETA, X63, no. 1245, p. 545b5－13//Z 2:16, p. 461a4－12//R111, p. 921a4－12。

② 本篇《卍新纂大日本續藏經》第 63 册 No. 1245《(重雕補註)禪苑清規》卷 10 載録,題作《勸
檀信》,參見 CBETA, X63, no. 1245, p. 549c19//Z 2:16, p. 465c3//R111, p. 930a3。
CBETA, X63, no. 1245, pp. 549c19－550a6//Z 2:16, p. 465c3－14//R111, p. 930a3－14。

③ 本篇自《(重雕補註)禪苑清規》卷 10 輯出,參見 CBETA, X63, no. 1245, pp. 550a15－
553b23//Z 2:16, pp. 465d5－469a17//R111, pp. 930b5－937a17。

④ 此篇《樂邦文類》卷 2(CBETA, T47, no. 1969A, pp. 177b20－178c17)、《歸元直指集》卷 1
題《長蘆賾禪師勸參禪人兼修净土　十二》(CBETA, X61, no. 1156, pp. 434c12－435b10//
Z 2:13, pp. 122d6－123b16//R108, pp. 244b6－245b16),文字已經刪節簡化,且多異文。
《净土决》(CBETA, X61, no. 1157, p. 499b17－c22//Z 2:13, p. 187a3－b14//R108, p.
373a3－b14)僅載末段,今據《慈覺禪師勸化集》原題。"蓮池"《大正藏》作"蓮華",雖可通,
未若底本佳勝,故題目及内文均用底本而不改動。

續　表

各書卷篇名次	《禪苑清規》卷八以後篇次	《慈覺禪師勸化集》篇次	其他出處
《念佛懺悔文》		02①	《華嚴經海印道場懺儀》卷42《附慈覺懺悔文》
《念佛發願文》		03②	《樂邦文類》02《念佛回向發願文》、《如來香》卷12、《禮念彌陀道場懺法》卷7
《發菩提心文》		04③	
《勸念阿彌陀佛防退方便　辨頌二（四）首》		05《念佛防退方便》④	《樂邦文類》05、《蓮邦詩選》
《净土頌》【13首】		06⑤	《樂邦文類》05、《蓮邦詩選》
《戒酒肉文》		07⑥	

---

① 本篇《華嚴經海印道場懺儀》卷42所附未校本甲原題《附慈覺懺悔文》，參見 CBETA，X74，no. 1470，p. 354a21－c12//Z 2B：1，pp. 353d3－354b6//R128，pp. 706b3－707b6。

② 本篇《樂邦文類》（【原】寬永七年刊宗教大學藏本，【甲】刊本，宗教大學藏）卷2載錄，題作《念佛回向發願文　同前》，置於上篇及下篇之後，參見 CBETA，T47，no. 1969A，p. 178b16－c17。又清西吳唐時（宜之）手輯本［1671年刊，國家圖書館善本佛典第52冊 No.8951《如來香》（簡稱"國圖本"）］卷12作《念佛回向發願文　宗賾》。另《卍新纂大日本續藏經》第74冊 No.1467《禮念彌陀道場懺法》（簡稱"日藏禮念本"）卷7（CBETA，X74，no. 1467，p. 108a8－b15//Z 2B：1，pp. 107c17－108a12//R128，pp. 214a17－215a12）雖不署名，文字相同。

③ 本篇諸書不載，彌足珍貴。

④ 此篇《大正藏》第47冊 No. 1969A《樂邦文類》（CBETA，T47，no. 1969A，p. 219b11－19）以【原】寬永七年刊宗教大學藏本及【甲】刊本，宗教大學藏，移錄校勘，其中卷5亦錄本文，題作《勸念佛頌（四首）》，其中第一、二首即爲《辨頌二首》，第三、四首則誤攔於《西方净土頌》最後一首末句"此惡未嘗聞"之後，今據以移回補入，并改"二首"爲"四首"。又底本無"西方"二字，據《大正藏》補，以醒文意。又《蓮邦詩選》（CBETA，X62，no. 1207，p. 799b1－5//Z 2：15，p. 320d13－17//R110，p. 640b13－17）僅選錄前二首，疑受此集影響。

⑤ 此篇《大正藏》第47冊 No. 1969A《樂邦文類》（CBETA，T47，no. 1969A，p. 165a7）以【原】寬永七年刊宗教大學藏本及【甲】刊本，宗教大學藏，移錄校勘，其中卷5亦錄本文，題作《西方净土頌》，共13首，參見 CBETA，T47，no. 1969A，pp. 219b20－220a14。

⑥ 本篇諸書不載，深具輯佚價值，彌足珍貴。椎名宏雄整理本文句須待斟酌。

續　表

各書卷 篇名次	《禪苑清規》 卷八以後篇次	《慈覺禪師勸 化集》篇次	其他出處
《事親佛事》		11①	
《豪門佛事》		12②	
《軍門佛事》		13③	
《鄽中佛事　普勸 諸行百戶，修真實 慈悲行。》		14④	
《公門佛事　并頌 【10首】》		15⑤	
《人生未悟歌二道》 輔國大師撰 《未悟歌》郎師		16.1⑥ 16.2	已明註輔國大師撰，非宗賾 作品 已明註郎師，非宗賾作品
《誡洗麵文》及 40 首詩偈⑦	增補 1		《緇門警訓》卷 8
《水陸緣起》⑧	增補 2		《施食通覽》
《父母恩重經變經 文偈頌》⑨	增補 3		《如來廣孝十種報恩道場儀》雲 南阿吒力教經典
《投佛祈求嗣息》	增補 4		+大足十恩德

① 本篇諸書不載，深具輯佚價值，彌足珍貴。椎名宏雄整理本文句須待斟酌。

② 本篇諸書不載，深具輯佚價值，彌足珍貴。椎名宏雄整理本文句須待斟酌。

③ 本篇諸書不載，深具輯佚價值，彌足珍貴。椎名宏雄整理本文句須待斟酌。

④ 本篇諸書不載，深具輯佚價值，彌足珍貴。椎名宏雄整理本文句須待斟酌。

⑤ 本篇諸書不載，深具輯佚價值，彌足珍貴。椎名宏雄整理本句讀多誤。

⑥ 本篇及下篇諸書不載，亦非慈覺大師宗賾作品，故題目下署"輔國大師撰""郎師撰"，椎名宏雄整理本文句須待斟酌。

⑦ 本篇據《緇門警訓》卷 8 移錄，參見 CBETA，T48，no. 2023，pp. 1082c29 - 1084a10。

⑧ 本篇見《施食通覽》援引，參見 CBETA，X57，no. 961，pp. 114b13 - 115a22//Z 2：6，pp. 221b13 - 222a16//R101，pp. 441b13 - 443a16。

⑨ 本篇據《父母恩重經變經文偈頌》移錄，原篇題《投佛祈求嗣息》，參見 CBETA，ZW04，no. 36，pp. 292a19 - 293a7。

續　表

各書卷 篇名次	《禪苑清規》 卷八以後篇次	《慈覺禪師勸 化集》篇次	其他出處
《金光明經‧序》	增補 5		No. 663［Nos. 664, 665］ （CBETA, X57, no. 961, pp. 114b13 – 115a22//Z 2：6, pp. 221b13 – 222a16//R101, pp. 441b13 – 443a16）
《孝行録》	增補 6		《如來廣孝十種報恩道場儀》雲 南阿吒力教經典
《投機頌》等禪機語 録①+3			《建中靖國續燈録》卷 18
《長蘆宗賾師頌》			?
《十六觀頌》			?

五、慈覺禪師宗賾著作的通俗化和頌詩的哲理化

　　大乘佛教認爲教法流傳凡有三個時期：所謂正法（梵語：sad-dharma；巴
利語：sad-dhamma）、像法（梵語：sad-dharma-pratirūpaka；巴利語：sad-
dhamma-patirupaka）和末法時期。② 正法者《善見律毗婆沙》卷 6 云：

---

① 本文據《建中靖國續燈録》卷 18 移録，參見 CBETA, X78, no. 1556, pp. 754c13 – 755a19//Z
2B：9, p. 133c13 – 14//R136, p. 266a13 – 14，該書作者爲宋法雲寺住持佛國禪師惟白編集
於建中靖國元年（1101）。再者，南宋雷庵正受編《嘉泰普燈録》卷 5 在"真定府洪濟慈覺宗
賾禪師"之後亦録其禪機語録，參見 CBETA, X79, no. 1559, p. 319c8 – 23//Z 2B：10,
p. 51b14 – c11//R137, pp. 101b14 – 102a11；另杭州靈隱寺普濟於南宋淳祐十二年（1252）所
集《五燈會元》卷 16《真州長蘆宗賾慈覺禪師》（CBETA, X80, no. 1565, p. 343b24 – c16//Z 2B：
11, p. 317b16 – c14//R138, pp. 633b16 – 634a14）亦編載其語録，而明編通容集《五燈嚴統》卷
16《真州長蘆宗賾慈覺禪師》則全文襲用，一字不易。凡此三系，内容互有別異，據年代，以
《建中靖國續燈録》爲底本，與《嘉泰普燈録》内容全然不同，故可合編爲一，至於《五燈會元》
乃二書内容之選本，僅是不影響文義的個別字差異。
② 《佛光大辭典》。

　　問曰："何謂學正法久住?"

　　答曰："學三藏一切久住。佛所説,是名正法。于三藏中,十二頭
陀、十四威儀、八十二大威儀戒、禪定三昧,是名信受正法久住。四沙門
道果及涅槃者,是名得道正法久住。如來結戒故,令比丘隨順;若隨順
者,具足而得聖利,是故學爲初正法久住。爲愛重律者,有結戒故,覆藏
毗尼、棄捨毗尼、調直毗尼、結戒毗尼,此四毗尼極爲愛重。是故律本所
説,愛重毗尼藏。"①

《阿毗達磨大毗婆沙論》卷 183 也説:

　　此中有二種正法。一世俗正法。二勝義正法。世俗正法謂名句
文身。即素怛纜毗柰耶阿毗達磨。勝義正法謂聖道即無漏根力覺支
道支。行法者亦有二種。一持教法。二持證法。持教法者謂讀誦解
説素怛纜等。持證法者謂能修證無漏聖道。若持教者相續不滅能令
世俗正法久住。若持證者相續不滅能令勝義正法久住。彼若滅時正
法則滅。②

　　一旦正法衰滅,以迄末法時代,則僧風濁亂。這是宗賾所以繼百丈禪師
之後,根據當時宗教界發展的需要及社會現狀,調整綱紀戒律,著作《禪苑清
規》的主要原因。

　　再者,佛教之推廣固然需要依托帝王政治勢力作爲推手,以收上行下效
的風氣和作用,然而歷經三武之禍,釋門不免也會有所警惕,故有房山石經
的鎸刻。更不能僅靠少數上層菁英分子對佛教的信仰,還需要廣大庶民群
衆的接受與推動。所以這部既有半葉缺殘又不純的一卷本《慈覺禪師勸化
集》,是以"勸化"爲名,更收入了輔國大師和郎師撰寫的悟化詩歌,他們都是
當時赫赫有名的佛教界高僧大德,於是將悟化也收編於勸化書中,其意義非
常深遠。我們可以看到佛教已從聖壇下凡人間,并且與儒道文化相結合,成
爲中國文化當中一股堅實的力量。

---

① CBETA, T24, no. 1462, p. 715b6 – 15.
② CBETA, T27, no. 1545, p. 917c20 – 28.

　　尤其宗賾著作體現的文學化與哲理化現象更值得注意，"以文爲詩"，自韓愈等開其端，至歐陽修、梅堯臣等人以迄王安石、蘇軾、黄庭堅而達極致，於是蔚爲有宋一代有别於唐韵的獨特詩風。然而若論宋詩的特點，主要還是議論化、散文化，這種詩文的説理散文化與偈頌的哲理詩化的相融，豈能説與惠洪、滄浪等以禪喻詩、評詩的發展毫無關係，尤其語録體式以詩語形式的參禪悟道，已大異於往昔的偈頌。换句話説，宋詩雖然趨向於哲理化外，儘管有少數拗救詩律的論調，畢竟還是遵守近體詩的格律爲主流。這種偈頌體式若從詩律學的角度加以觀察，便可看見佛教文學從印度式没有四聲的聲頌體式，逐漸向中國傳統的詩歌律調演化，既有合乎近體詩格律的平仄規式，更講求押韵與律對，使偈頌逐漸接近中國近體詩的格律，這種偈頌的詩律化與在此之前的《祖堂集》或《景德傳燈録》等燈系書載録的頌體并不完全相同，其所以如此，也必與接受了傳統儒教經典養成之後，直到廿九歲纔出家接受具足戒的宗賾息息相關。有關這點，我將另以專文探討，在此就不再多説了。

參考文獻：

一、古籍

《俄藏黑水城文獻》，俄羅斯科學院東方研究所聖彼得堡分所、中國社會科學院民族研究所、
　　上海古籍出版社編，1996—2000 年。

（宋）宗賾著，蘇軍點校本：《禪苑清規》，鄭州：中州古籍出版社，2001 年。

日本大正一切經刊行會輯：《大正新修大藏經》正編，臺北：新文豐出版公司，1993 年。

《卍新纂大日本續藏經》大藏新纂卍續藏經，臺北：白馬精舍印經會、新文豐出版公司，
　　1993 年。

二、近人論著

小坂機融，1972，《〈禪苑清規〉の變容過程について——高麗版〈禪苑清規〉の考察を介し
　　て》，《印度學佛教學研究》40，第 225—229 頁。

小坂機融，1972，《金澤文庫本〈禪苑清規〉と高麗版〈禪苑清規〉との關連について》，《金澤
　　文庫研究》192，第 1—8 頁。

日置孝彦，1978，《長蘆宗賾にみられる念佛の理解》，《印度學佛教學研究》52，第 337—
　　340 頁。

永井政之，1983，《北宋禪林の行事について——〈禪苑清規〉の一段をめぐつて》，《印度學
　　佛教學研究》63，第 284—288 頁。

永井政之，1985，《中國禪の民衆教化について——長蘆宗賾の場合》，《印度學佛教學研究》67，第 291 頁。

成河峰雄，1989，《〈禪苑清規〉尊宿遷化の研究〈二〉》，《禪研究所紀要》17，第 73—110 頁。

佐藤達玄，1973，《〈禪苑清規〉よりみた叢林の生活威儀》，《佛教學研究》30，第 7—82 頁。

李輝、馮國棟，《俄藏黑水城文獻〈慈覺禪師勸化集〉考》，《敦煌研究》2004 年第 2 期，第 104—106 頁。

李小榮，《慈覺禪師宗賾佚詩補輯》，《古籍研究》（安徽大學出版社《古籍研究》編輯部，2004 年 7 月），卷上（總第 45 期），第 142—150 頁。

宋坤，《俄藏黑水城宋・慈覺禪師〈勸化集〉研究》，河北師範大學 2010 年碩士學位論文。

宋坤，《慈覺禪師生平補考》，《西夏研究》2010 年第 4 期，第 20—26 頁。

林德立，2008，《〈禪苑清規〉の研究——編者長蘆宗賾の生没年を中心として》，《印度學佛教學研究》116，第 71—74 頁。

林德立，2008，《〈禪苑清規〉は如何に變遷してきたのか——高麗版の卷頭及び卷尾を介して》，《印度學佛教學研究》114，第 729—732 頁。

近藤良一，1966，《長蘆宗賾について》，《印度學佛教學研究》28，第 280—283 頁。

近藤良一，1967，《〈禪苑清規〉に於ける淨土思想》，《北海道駒澤大學研究紀要》1，第 25—44 頁。

侯冲，《宗賾〈孝行錄〉及其與大足寶頂勸孝石刻的關係》，《中國佛學》1999 年第 2 期；後又收入《西南石窟文獻》第 5 卷，《中國西南文獻叢書》第 8 輯，第 234—254 頁。

侯冲，2005，《宋僧慈覺宗賾新考》，《大足石刻研究文集》第 5 輯，重慶出版社，第 261—272 頁。

柴田泰，1999，《蓮社列祖としての延壽と宗賾》，《印度學佛教學研究》95，第 190—195 頁。

陳明光，《大足寶頂山〈報恩經變〉慈覺禪師宗賾溯源——探宗賾生平及其與宗頤異同辨》，《佛學研究》2004 年總第 13 期，第 252—260 頁。

馮國棟、李輝，2004，《慈覺宗賾生平著述考》，《中華佛學研究》（臺灣）第 8 輯，第 235—248 頁。

温玉成、劉建華，《佛教考古兩得》，《佛學研究》2002 年第 11 期，第 354—358 頁。

陽珺，《宋僧慈覺宗賾新研》，上海師範大學 2012 年碩士學位論文。

椎名宏雄，1967，《北宋叢林の經濟生活について——〈禪苑清規〉中心の考察》，《印度學佛教學研究》30，第 158—159 頁。

椎名宏雄，1993，《宋元版禪籍の研究》，大東出版社。

椎名宏雄，2004，《〈禪苑清規〉成立の背景》，《印度學佛教學研究》105，第 149—157 頁。

椎名宏雄，2008，《慈覺禪師語錄（翻刻）》，《駒澤大學禪學研究所年報》第 20 號，第 172—224 頁。

椎名宏雄，2009，《長蘆宗賾撰〈慈覺禪師語錄〉の出現とその意義》，《印度學佛教學研究》117，第 744—750 頁。

椎名宏雄，2014，《黑水城文獻〈慈覺禪師勸化集〉の出現》，《駒澤大學佛教學部研究紀要》62，第 15—41 頁。

趙哲偉，2005，《長蘆宗賾及其〈禪苑清規〉初探》，《新亞論叢》7，第 18—24 頁。

劉賢高,2002,《寶頂大佛灣第 15 號龕鐫"慈覺大師"考略》,《大足石刻研究文集》第 3 輯,北京:中國文聯出版社,第 301—308 頁。

鏡島元隆,1968,《金澤文庫本〈禪苑清規〉について》,《金澤文庫研究》144,第 1—6 頁。

三、電子佛典

CBETA 電子佛典　臺北市　中華電子佛典協會 2018 年版

後記:

　　本篇論文原受邀參加 2019 年 6 月 15 日—16 日復旦大學歷史學系、復旦大學中古中國共同研究班主辦之"絲綢之路寫本文化與多元文明國際學術研討會"發表一過,隨後因疫情關係,兩岸隔絶,在未知刊登時日下,重加改寫,投稿後發表於如下刊物,則可視作此一論文之續編:

2021.9《慈覺禪師宗賾生平及著作之相關考釋》,《成大中文學報》(成功大學中文系主編)第 74 期,第 133—184 頁。

2021.6《從慈覺禪師的相關作品看禪宗燈書的編纂問題》,《故宮學術季刊》第 38 卷第 4 期,臺北故宮博物院,第 31—68 頁。

The Related Studies on the Works of Ci Jue Chan Shi, from the Unearthed Documents in Khara-Khoto

WANG San-ching

Unearthed documents in Khara-Khoto (Black City) was excavated by 克兹洛夫 (Пётр Кузьми́ч Козло́в,), and was studied with great efforts by 聶歷山 (涅夫斯基 HHKoTaii ATekcaHApoBITH HeBcKnii Nikolay Alexandrovich Nevsky), Lev N. Menshikov (孟列夫) and so on. Although these scholars gained productive results, however, it was difficult to be fully investigated for the Chinese parts among the unearthed documents, which was clarified in the preface of the book edited by 克恰諾夫 (Е.И.Кычанов) and Shi Jin Bo (史金波), and the academic value of which was enumerated in the preface by the editor of Shanghai Ancient Book Publishing House (上海古籍), Li Wei Guo (李偉國), in the other preface. However, subject to formal restrictions, their works on these documents were still incomplete. Therefore, once the documents published, the related studies in the form of thesis or monograph flocked out.

Among various documents, *Ci Jue Chan Shi Quan Hua Ji* (《慈覺禪師勸化集》), No.TK132, undoubtedly was the one of the centers of attention. After Li Hui (李輝) and Feng Guo Dong (馮國棟) delivered "The Appearance of E Cang Hei Shui Cheng Wen Xian *Ci Jue Chan Shi Quan Hua Ji*" (《俄藏黑水城文獻〈慈覺禪師勸化集〉考》), with modification and expansion, works such as "*E Cang Hei Shui Cheng Wen Xian* Liao Dai Gao Seng Hai Shan Si Xiao Zhu Zuo Kao" (《〈俄藏黑水城文獻〉遼代高僧海山思孝著作考》)) and

"Ci Jue Chan Shi Zong Ze Yi Shi Bu Ji"（《慈覺禪師宗賾佚詩補輯》）by Li Xiao Rong（李小榮）have solved most of literature problems. As for "Zong Ze *Xiao Xing Lu* Ji Qi Yu Da Zu Bao Ding Quan Xiao Shi Ke De Guan Xi"（《宗賾〈孝行錄〉及其與大足寶頂勸孝石刻的關係》）by Hou Chong（侯冲），"Xin Kao"（《新考》），"Chang Lu Zong Ze Zhuang *Ci Jue Chan Shi Yu Lu* の出現とその意義"（《長蘆宗賾撰〈慈覺禪師語錄〉の出現とその意義》）by Shiina Koyu（椎名宏雄），and "Ci Jue Chan Shi Yu Lu（printed version）"（《慈覺禪師語錄（翻刻）》）were important discovery of new historical material. Because of this，there were "E Cang Hei Shui Cheng Song・Ci Jue Chan Shi *Quan Hua Ji* Yan Jiu"（《俄藏黑水城宋・慈覺禪師〈勸化集〉研究》）by Song Kun（宋坤）and Yang Jun's（陽珺）master's thesis，"Song Seng Ci Jue Zong Ze Xin Yan"（《宋僧慈覺宗賾新研》）.

When I studied "Wu Shan Lian Ruo Xin Xue Bei Yong"（《五杉練若新學備用》）by Shi Ying Zhi（釋應之），the *Chan Yuan Qing Gui*（《禪苑清規》）by Zong Ze（宗賾）was involved but needed more investigations. Thus I sorted out the life of Zong Ze（宗賾），and collected related works，becoming aware that popularization and philosophical theorization of his poems had corresponded with development of literature of Song Dynasty，no matter in the form or content.

"惡王"傳説

——"法滅故事"諸版本的時代綫索 *

劉 屹

（首都師范大學歷史學院）

一、引 言

所謂"法滅故事"，是指印度佛教認爲：在佛滅之後若干年，會發生佛法在世間的徹底消亡；預言中這一悲劇的發生地，是在恒河流域"中國"之地的憍賞彌國，此即"憍賞彌國法滅故事"。在憍賞彌國最終發生"法滅"之前，還有一個重要的前奏，即憍賞彌國國王擊敗了入侵印度的幾位外國國王。在不同的"法滅"故事版本中，漢譯版本通常稱他們是"惡王"或"夷王"；本文所謂的"惡王"，就是指這些在"法滅故事"中作爲憍賞彌國國王敵對勢力的異族入侵者。他們主要從北、西、南三方（只有一個版本説是從東、南、西、北四方）入侵印度，破壞塔寺，殺戮僧徒。"惡王"顯然是佛教的敵人，他們最終都被憍賞彌國國王擊敗。頗具深意的是，最終導致佛法在世間消亡的直接原因，竟然不是"惡王"的入侵和對佛教的破壞，而是戰勝"惡王"之後，僧團內部發生口頭紛爭所引起的相互攻殺。

對印度佛教"法滅"傳統的研究做出重要貢獻的是拉蒙特（Étienne

* 本文是國家社科基金重點項目（19AZS015）的階段性成果。

Lamotte）①和那體慧（Jan Nattier）②，他們當年的傑出工作，使我們今天可以相對容易地在其基礎上再進一步。就本文關注的"惡王"話題而言，拉蒙特、那體慧已基本確定各"惡王"在歷史上所對應的各種印度之外的異族勢力，以及其所依托的歷史背景。但他們并未將"惡王"作爲一個特定的論題來看待，故其研究更多起到奠基作用。印順法師根據"惡王"在歷史上出現的時代背景，來推論相關"法滅故事"版本的成書時間，可以説是別開生面。③ 不過，他似乎是把佛教文獻中出現的"惡王"作爲完全真實的歷史記録來看待。正因爲以往的研究尚待深入，因此在哪一部佛教文獻是"法滅故事"最早的版本這個問題上，拉蒙特認爲是《阿毗達磨大毗婆沙論》，那體慧認爲是《佛使比丘迦旃延説法没盡偈百二十章》，印順則認爲是《阿育王傳》。可見，如何合理運用"惡王"這一具有歷史背景的特定歷史綫索來推進對"法滅故事"諸版本的年代區分，仍然是一個有待深入探討的話題。

　　本文將在前輩既有工作基礎上，進一步對這些"惡王"傳説中真實與虛構成分進行分析。不僅説明出現在"法滅故事"中的這些"惡王"的排列組合，原本都是有特定的歷史背景和時代印記的，而且還希望爲判斷各種版本"法滅故事"的先後次序，提供一個可供參考的時代綫索。由於印度早期佛教歷史研究的客觀條件尚不充備，故本文的討論仍是嘗試性的。

二、"惡王"最初的虛像

　　那體慧梳理了總計 13 種不同版本的"憍賞彌國法滅故事"。其中，漢語《摩訶摩耶經》關於"法滅"故事的描述，直接講述俱閃彌（"憍賞彌"的早期譯法）國僧團内部發生口角，引發僧徒之間相互攻殺，没有提及此國的先後

① Étienne Lamotte, *History of Indian Buddhism: From the Origins to the Śaka Era*, first version in French, 1958; translated by Sara Webb-Boin, Institute Orientaliste Louvain-La-Neuve, 1988.

② Jan Nattier, *Once Upon a Future Time: Studies in a Buddhist Prophecy of Decline*, Berkeley, California: Asian Humanities Press, 1991.

③ 印順：《北印度之教難》，初刊於《妙雲集》，1991 年；此據《印度佛教論集》，北京：中華書局，2010 年，第 293—317 頁。

兩任國王,以及俱閃彌國王如何戰勝"惡王"的經過。故對此經,本文暫且不議。此外,還有 12 種漢語、于闐語和藏語的佛教文獻,都具體提到了入侵印度、威脅佛教的"惡王"名號。根據這些"惡王"名號的時代性,我將這 12 種版本的"法滅故事"進一步分成三組來討論。

　　第一組是目前看來時代最早的"法滅故事"版本《佛使比丘迦旃延説法没盡偈百二十章》(簡稱《迦旃延偈》)及其衍生版本《迦丁比丘説當來變經》(簡稱《迦丁比丘經》)。以往學者認爲這兩經的關係非常緊密,只是偈頌體和散文體之分。但實際上兩者的關係并不如此簡單。我已另有專文討論。① 在此只把我主要的結論介紹如下,以便與另外 10 種版本的"法滅故事"作比較。這兩部經"法滅故事"中的"惡王"與憍賞彌國王的部分,可通過下表顯示。

	方位一	方位二	方位三	憍賞彌國
(漢)迦旃延偈	前:大秦 (羅馬)	中:安息 (波斯)	後:撥羅 (帕提亞)	中國君
(漢)迦丁比丘經	北:捷秋 (?)	南:耶來那 (希臘)	——	中國天子

　　《迦旃延偈》徑稱這些入侵印度的外族勢力爲"惡王"或"夷王",這也是本文"惡王"一詞的主要依據。《迦旃延偈》中三"惡王"的方位與後來各版本不同,大約只有這一版本是按"前、中、後"的位序排列。經文明確説三位"惡王"都是來自"北方",他們從北向南入侵印度的"中國",被"中國君"擊敗。這裏的"中國君"就是此後各版本的憍賞彌國王。《迦旃延偈》所列的"大秦""安息"和"撥羅",可分別比定爲:羅馬帝國(羅馬人)、安息帝國和帕提亞帝國(帕提亞人)。實際上,帕提亞帝國與安息帝國本是同一部族、同一王室建立的王朝。公元前 3 世紀中期(前 240 年代),帕提亞帝國剛剛從伊

---

① 詳見拙稿《〈迦旃延偈〉"法滅故事"形成的時代和地域》,《宗教學研究》2019 年第 3 期,第 89—96 頁。

朗高原東北部的帕提亞地區興起，然後主要是從東向西，向伊朗高原發展，直到形成重心在伊朗高原西部的安息帝國。在安息帝國發展歷程中，基本上未曾向東入侵過印度。只有在公元前 1 世紀中葉至公元 1 世紀中葉，從安息帝國東部分裂出的一部分帕提亞勢力，入侵阿拉霍西亞（坎達哈）、呾叉始羅等地，建立了"印度—帕提亞王國"。① 這些人被印度的記錄稱爲 Pahlavas。《迦旃延偈》提及了"安息""拔羅"，則其成書必在公元前 3 世紀中期帕提亞興起之後。原本可以把時間上限進一步下延至 1 世紀中期"印度—帕提亞王國"的結束，但因"大秦"和"安息"實際上都未曾入侵過印度，也就不能認定這裏的"撥羅"所指，一定是真正入侵印度西北的"印度—帕提亞王國"（Pahlavas）。這裏所列處在北方的三"惡王"，更有可能是基於對某一時期印度北方外族勢力分布的一種并不準確的認知，并非基於真正的外族入侵歷史。看來，《迦旃延偈》出現的"惡王"，并不是嚴格根據實際入侵印度的外族勢力來定的，這與後續"法滅故事"諸版本是有差別的。而這恰恰是前輩學者研究時未曾強調的一個重要問題，他們都把"法滅故事"中的"惡王"當作有歷史依據的可靠記錄。由是觀之，《迦旃延偈》很可能是現存最早的一個"法滅故事"版本，其"法滅"部分形成的時間，不會早於公元前 3 世紀中期。又要比公元前 2 世紀開始的一系列外族入侵事件要早。考慮到印度古代文化對於自身歷史記載的特點，通常不會有某種可以延續幾百年之久的歷史記錄。或許可以認爲，某個歷史事件發生後的一兩百年内，印度古代人還能有所記憶，再久遠的歷史記憶就很難準確和有意義。我推測《迦旃延偈》"法滅"部分所對應的歷史背景，應爲公元前 240 年代至公元前 180 年代之間。這可看作是《迦旃延偈》成書的時間上限。②

———————————————

① 本文有關外族入侵印度的歷史背景，參考的是雅諾什·哈爾馬塔主編《中亞文明史》第二卷《定居文明與游牧文明的發展：公元前 700 年至公元 250 年》，聯合國教科文組織 1994 年英文初版，此據徐文堪等人漢譯本，北京：中國對外翻譯出版公司，2002 年的相關論述。下不一一注明。

② 《迦旃延偈》僅存的漢譯本，被認爲是不晚於公元 300 年之前譯出。這也是其成書的時間下限。但現存的漢譯本有些内容明顯是根據中國佛教的實際情況寫出的。全經的形成過程和成書時間也許是非常複雜的一個問題。保守地説，《迦旃延偈》的"法滅"部分形成上限不早於公元前 3 世紀中期，這是目前各版本"法滅故事"中相對較早的一個參考時間。

《迦丁比丘經》的"法滅故事"則明顯是有缺文的,它本想表達的是"破壞天下"的三"天子"與"中國天子"之間的對抗,現存的漢譯本却遺漏了一位"天子"的名號。"捷秋"之名有些莫名其妙,在此也不去過多推測。值得注意的是"耶來那"的首次出現。"耶來那"一般是指希臘人不錯,但并非是指公元前4世紀末亞歷山大東征時的希臘人。這時期的希臘人,在印度文獻,特別是佛教文獻中基本没有留下踪迹。出現"耶來那"一詞時,最早也是指亞歷山大東征之後留在中亞的希臘化"希臘—巴克特里亞王國"時代的希臘人(Yavanas),"耶槃那""閻無那""葉婆那"等各語種的不同音譯,都是指這同一股外族勢力。此國從塞琉古帝國分裂出來的時間,與帕提亞帝國的興起大體同時,此後一直占據在中亞的巴克特里亞地區。公元前2世紀早期,此國開始入侵印度西北部。這部分希臘人在印度西北部形成一個"印度—希臘王國",占據印度西北地方的時間是公元前的兩個世紀。大月氏從公元前2世紀中期開始入侵巴克特里亞,先滅亡"希臘—巴克特里亞王國",隨後在1世紀初滅亡"印度—希臘王國"。因此,"耶來那"所指應是公元前2世紀至公元1世紀初入侵和占據過印度西北的兩個希臘人王國。則《迦丁比丘經》的成書時間上限應在1世紀初以後。從此,"耶來那"就成爲"法滅故事"中固定下來的"惡王"之一。

如果比較《迦㮇延偈》和《迦丁比丘經》的"惡王"名號就會發現,"大秦"從未入侵過印度。"安息""撥羅"兩者實際爲一,安息帝國也未曾入侵過印度,"印度—帕提亞王國"占據印度西北的時間,要晚於"耶來那"的入侵。考慮到此後"法滅故事"版本中相對固定的"惡王"組合所對應的歷史事件,都是"耶來那"、塞人和"印度—帕提亞"人的入侵,顯然在《迦㮇延偈》成書時,還没有出現這樣固定的組合。因此,我認同那體慧的看法,即《迦㮇延偈》應是目前最早的"法滅故事"版本,其中的"惡王"只是根據對當時北方外族勢力的粗淺瞭解而擬定。當時并未發生實際的外族入侵,"惡王"的形象對當時的印度佛教,還只是一種虛像而已。

三、"惡王"組合的固定化

在佛陀時代的印度,經濟文化發展最快的是恒河流域的"中國"地區,佛教率先在這一地域興起,也與這裏的經濟文化發展狀况密切相關。當佛教要從"中國"向周邊地區傳播時,就會受到印度次大陸自然地理條件的限制。從恒河流域的"中國",向東是沼澤地,向南是高原、荒漠,向北是大雪山,只有向西比較容易到印度河流域。佛教早期傳播的路綫,也主要是從恒河流域西傳印度河流域。[①] 印度西北(今巴基斯坦、阿富汗地區)遭受外族入侵,有史可考的歷史背景,應以公元前 6 世紀波斯帝國入侵爲最早。公元前 522—公元前 486 年間,波斯人控制了印度河流域。由於波斯人對當地的婆羅門教傳統并未加以干涉,且當時佛教尚未傳出恒河流域,故此次波斯帝國的入侵,在佛教文獻中似乎没有留下多少痕迹。公元前 4 世紀的亞歷山大東征,在佛教文獻中也没有留下踪迹。波斯和馬其頓的入侵,并没有成爲"惡王"的素材,一方面是因爲佛教尚未在這些經歷入侵之地傳播,因而没有這方面的歷史記憶。另一方面也可能是因爲對於公元前 3 世紀以降的佛教來説,這兩次外族入侵對他們來説都嫌太遥遠了。

　　公元前 3 世紀前期,阿育王時代的孔雀帝國盛極一時,恒河與印度河流域基本統一在一個帝國之下,佛教正式向印度西北地方的犍陀羅、迦濕彌羅等地傳播。隨着孔雀帝國的衰落,從公元前 2 世紀開始,一直到公元前後,頻繁出現入侵印度西北地方的異族强權。除前述"耶來那"希臘人和"撥羅那"帕提亞人外,還有塞人(Saka),分作幾個部族,從不同方向入侵印度,建立不同的塞人王國。塞人在 1 世紀滅亡了"印度—希臘王國",占據印度西北。公元前 1 世紀到公元 1 世紀,在旁遮普和印度河流域形成了一個"印度—斯基泰王國"。這一地帶的塞人王國,先是被帕提亞人征服,隨後很快又被大月氏征服。塞人的另一部則沿印度河南下到烏闍衍那(古印度阿槃提首府,今印度摩爾瓦)一帶立國。到貴霜帝國時期,變成了名義上臣服於貴霜的"西部總督區",保持自己的相對獨立性。塞人的入侵,反映在"法滅故事"中,就是"惡王"當中的"釋迦""釋拘"或"尸古那"。從而形成了 Yavanas,Pahlavas,

---

① 平川彰:《佛滅年代論——佛陀の入滅年代に関する資料の評價について》,1988 年英文初刊,此據《平川彰著作集》第二卷《原始佛教とアビダルマ佛教》,東京:春秋社,1991 年,第 5—82 頁。

Sakas 這三大外族勢力構成的、相對固定的"惡王"組合。

　　這一組合至少體現在 8 種不同語言的"法滅故事"版本當中。直接呈現出來的有 5 種版本,即漢譯《雜阿含經》、漢譯《阿育王傳》、于闐語《贊巴斯塔書》、藏譯《月藏經》、梵語藏譯的《百業經》。儘管排序和方位有所不同,但列舉的都是這三位"惡王"的名號。另 3 種版本中,漢譯《大毗婆沙論》對"惡王"表現得比較隱晦;漢譯《月藏經》有兩個"惡王"固定不變,還出現一個新的"惡王";藏語《于闐阿羅漢授記》則只保留一個固定組合中的"惡王",其他兩個都是虛指。如下頁表所示。

　　《雜阿含經》本來可以視作最早的佛教經本之一,其漢譯是求那跋陀羅在 433 年完成的。在求那跋陀羅譯本中的卷二十三和二十五,出現了多篇阿育王傳說的小經,但阿育王的時代要晚於佛滅之年一兩百年,《雜阿含經》原本的内容本不該出現阿育王。故一般都不承認卷二十三和二十五是《雜阿含經》原有的内容。我注意到至少在比求那跋陀羅去世只晚了 50 年左右的釋僧祐《出三藏記集》和《釋迦譜》等作品中,都毫不遲疑地把這些阿育王故事的小經,確認出自漢譯的《雜阿含經》。這說明很可能求那跋陀羅的漢譯本就是這樣不可思議地把阿育王的内容包含在《雜阿含經》中的。[①] 佛教經録中雖然把《阿育王傳》歸爲西晋安法欽譯,但我對此說也抱持極大的懷疑。《雜阿含經》卷二十五是唯一一個出現四"惡王"的版本。東方的"兜沙羅"之稱,僅此一見。印順認爲這是漢譯者爲了滿足四方的均衡要求而附加的。[②] 拉蒙特推測這個漢譯詞對應的或許是"吐火羅"的梵語,并把這個"兜沙羅"認作是"貴霜"。[③] 但孤證難立,且將貴霜與吐火羅等同起來,應是已經過時的看法。

　　漢譯《雜阿含經》卷二十五和《阿育王傳》出現的"惡王",除"兜沙羅"是孤例外,其他"三惡王",高度一致,分別指在公元前後確曾入侵過印度西北

① 詳見拙文《印度"Kauśāmbī 法滅故事"在中國的傳播與影響》,《絲路文明》第 2 輯,上海古籍出版社,2017 年,第 189—204 頁。

② 印順:《北印度之教難》,第 295 頁。

③ Lamotte, *History of Indian Buddhism*, pp.201－202.

	北　方	南　方	西　方	東　方	憍賞彌老王	憍賞彌新王
（漢）《雜阿含經》卷二十五	耶縣那（希臘）	釋迦（塞人）	鉢羅婆（帕提亞）	兜沙羅	摩因陀羅西那	難當
（漢）《阿育王傳》	閻無那（希臘）	釋拘（塞人）	撥羅擾（帕提亞）	—	大軍	難可看視
（漢）《月藏經》	善意釋迦（塞人）	波羅帝（帕提亞）	百祀（波斯）	—	大軍	難看
（于闐語）贊巴斯塔書第24章①	śśakuuṇä（尸古那）	yavanä（閻無那）	Palvalä（撥羅那）	—	mahindrarsenä	duspraysavä
（藏）《百業經》②	ya-ba-na（耶縣那）	sha-ka'i mi（釋迦）	ba-lhi-ka（撥羅那）	—	dbang-chen-sde 大自在部	bzod-par dka'-ba 難忍
（藏）《月藏經》③	ya-bha-na（耶婆那）	pa-la-ba（波羅波）	shag-ku-na（尸古那）	—	mhen-dra-se-na	drus-spra-sa-ha
（藏）《于闐阿羅漢授記》④	北方國王	ya-ba-na 葉婆那	西方國王	—	—	俱閃彌國王

① 此據 Ronald E. Emmerick, ed. and trans., *The Book of Zambasta: A Khotanese poem on Buddhism*, London, Oxford University Press, 1968, p.399。

② 《百業經》歷史上沒有出現漢譯本，現有索達吉堪布的一個現代版漢譯本《百業經》，拉薩：藏文古籍出版社，2012年，可參。

③ 藏語《月藏經》有那體慧的英譯可參，見 *Once Upon A Future Time*, pp.239–255。不過那體慧把三"惡王"直接英譯爲 Greek, Parthian, Saka (p.242)。雖然附了各藏語版本的音譯詞，但對於本文來說，可能還是利用《布頓佛教史》對《月藏經》的引述更爲直接。此據布頓著，蒲文成譯《布頓佛教史》，西寧：青海人民出版社，2016年，第153頁。

④ 此據朱麗雙根據藏語的漢譯本，見《〈于闐阿羅漢授記〉對勘與研究》，《張廣達先生八十華誕祝壽論文集》，臺北：新文豐出版公司，2010年，第656頁。

的希臘人、塞人和帕提亞人。他們入侵的時間都在貴霜帝國建立之前。印順正是據此認爲《阿育王傳》所列的"惡王"地理分布,一定反映的是公元前三五十年時諸王對峙的態勢。此前和此後的形勢都發生了變化。因此,他把《阿育王傳》看作是"法滅故事"中最早的版本。① 不過,我覺得"法滅故事"中出現的"惡王",都應是對這些外族入侵事件在特定時期内的歷史記憶,本身并非歷史事件的即時性記録。只能説這些事件的發生是"法滅故事"版本形成的時間上限,根據這些歷史記憶形成"法滅故事"中的"惡王"固定組合,也是發生在特定的歷史時期内。關鍵是如何確定這一時間的下限。

　　首先值得一提的是,從《雜阿含經》開始的"憍賞彌國國王"及其父王,在諸版本中大體固定不變。而這位有着"難看""難當""難忍"等各種名號的"憍賞彌國王",身上有諸多阿育王的影子,應該是在阿育王去世後根據阿育王的某些事迹改編出來的形象。此點值得另文專門探討。如若成立,則所有"法滅故事"中出現這位"憍賞彌國國王"的版本,都應是阿育王時代之後纔産生的。此外,幾乎所有"法滅故事"版本,都不曾把貴霜大月氏人視作"惡王"。② 而在歷史上,接續 Yavanas, Pahlavas, Sakas 入侵印度的,正是貴霜大月氏人。貴霜帝國的建立是在 1 世紀中期,衰亡則從 3 世紀中期開始。貴霜在鼎盛時期,幾乎繼承了所有前述三種外族勢力入侵印度時所占據的地理範圍。貴霜帝國從一開始就不排斥佛教,2 世紀前期的迦膩色迦王時,對佛教的尊奉達到頂峰。而同時期印度本土則有對佛教的打壓和婆羅門教的復興,佛教發展的重心已從印度本土轉移到犍陀羅和迦濕彌羅等印度西北地方。因此雖然"法滅故事"一直是以憍賞彌國作爲佛教歷史的最終完結之地,但這只是對先前傳統的一種遵循。當時的"中國"地區,已没有再堅持佛教"法滅"傳統,或撰作新的"法滅故事"版本的條件和需求。因此,有興趣或有條件發展和充實"法滅故事"版本的佛教中人,大約就是貴霜帝國時期生活在印度西北地方的佛教徒。很可能是在貴霜迦膩色迦王時代或稍後,印度西北的佛教形成了"三惡王"固定的組合。

_____

① 印順:《北印度之教難》,第 294、297 頁。
② 我覺得《迦丁比丘經》中的"捷秋"或許與貴霜王"丘就却"有關,但材料太少,聊備一説。

四、"達絮、薆戾車王"

恰有一個版本的"法滅故事"與迦膩色迦王有關,即直接提及迦膩色迦王的《大毗婆沙論》。依木村泰賢的研究,《大毗婆沙論》的成書應在迦膩色迦王與龍樹之間,即大約公元 150 年前後的 2 世紀中期。① 《毗婆沙論》篇幅巨大,先後有三個不同的漢譯本傳世。但涉及"法滅故事"的内容,却只見於玄奘在 7 世紀初的漢譯全本。其中卷一八三有一問一答云:

> 問:如來正法,云何滅耶?
>
> 答:如來正法,將欲滅時,此贍部洲,當有三王出世。一王有法,二王無法。其有法者,生在東方,威德慈仁,伏五印度。其無法者,生在達絮、薆戾車中。性皆頑囂,憎賤佛法,相與合縱。從西侵食,漸入印度,轉至東方。志與佛法,爲大衰損。隨所到處,破窣堵波,壞僧伽藍。殺苾芻衆,多聞、持戒,無得免者。燒滅經典,無有遺餘。時東方王,聞彼達絮、薆戾車王,侵食印度,漸至東方,乃率兵士,與之交戰。彼王軍衆,即時退走,擒獲二王,皆斷其命。尋時遣使,遍諸方維,召命一切沙門、釋子,請都集會,住我國中。我當盡形供給,奉施衣服、飲食、卧具、湯藥,及餘所須,令無乏短。于是,一切贍部洲中,所有苾芻,皆來集會憍餉彌國。②

最早注意到這條材料的是拉蒙特,他認爲《大毗婆沙論》的這段描述,是所有"法滅故事"中最樸素的一個版本,③暗示這是此後諸版本的淵源所在。那體慧不同意此説,認爲《迦旃延偈》纔是目前最早的"法滅故事"版本。④ 我目

---

① 參見木村泰賢《關於大毗婆沙論結集之因緣》,1922 年初版,後收入《木村泰賢全集》第五卷,此據釋依觀漢譯本《阿毗達磨論之研究》,新北:臺灣商務印書館,2018 年,第 124—153 頁。迦膩色迦王在位年代仍存爭議,即以最晚的公元 140 年代論,也不影響《毗婆沙論》在公元 2 世紀集成的推論。

② 《大毗婆沙論》卷一八三,《大藏經》第 27 册,此據 CBETA 電子佛典,第 918 頁。

③ Lamotte, *History of Indian Buddhism*, pp.198 – 200.

④ Nattier, *Once Upon a Future Time*, pp.157 – 168, 224 – 225.

前也傾向於那體慧的看法。

《大毗婆沙論》這一版本的“法滅故事”的確有其簡樸的一面。例如，只提及有“三王”，其中一王“有法”，即信仰佛法。從下文可知，此“有法”之王，就是生於東方、威德伏於五印的憍賞彌國國王。另兩位“無法”之王，是“從西侵食，漸入印度”，故應位於印度的西方。可見，這裏呈現出以五印度爲“東方”，與“西方”對立的關係。只有兩位西方的“無法”之王作爲憍賞彌國王的敵手，而其他諸版本中，憍賞彌國王的對手通常有北、西、南方的三位“惡王”。《大毗婆沙論》稱這兩位“無法”之王是“達絮、蔑戾車王”，這并不是兩位“無法”之王的正式名號。

“達絮”（Dasyu，梵語 *dāsa*）之稱在《梨俱吠陀》等早期吠陀經中就已出現，本義是“敵人”“奴僕”，也被譯爲“魔鬼”“野蠻人”等。關於其具體所指，尚無定論。既有可能是指雅利安人入侵印度時遇到的當地土著，也可能是指在雅利安人進入印度之後，曾經侵擾印度西北地方的來自里海東南岸的部族。“蔑戾車”（Mleccha，梵語：*mleccha*）一詞，在印度歷史上不同時期的具體所指也不固定。最初是指印度河流域那些非雅利安種族和文化的居民，後專指各種入侵印度的外來異族，包括希臘人、塞人、帕提亞人、嚈噠人等；後期甚至指伊斯蘭教徒，或是不信奉印度教的所有異教徒。唐代慧琳《一切經音義》釋“達絮”云：“奴雅反，有經文有作‘絮’，思預反。書寫人誤也。此即梵語也。亦是邊夷戎羯，下賤惡種，不知禮義，如禽獸之類也。”[1]又釋“蔑戾車”云：“上眠鱉反，次蓮結反，下齒遮反。此邊方梵語，訛略不正也。正梵音應云：‘畢㗚嗟’。此譯爲貪樂垢穢之物，邊方下賤，不信正法之人也。”[2]後晋可洪《藏經音義隨函錄》釋“達絮”云：“息憲反。亦云‘達㴱’。言此等人，微識佛法，不能堅固修行也。”[3]接着又釋“蔑戾車”云：“上一莫結反，正作‘篾’，亦云‘彌離車’，唐言‘樂垢穢人’。言此等人，全不識佛法。”可見，印度的佛教文獻繼承了此前就已存在的“達絮”和“蔑戾車”的用法和

---

① 此據 CBETA 電子佛典《大藏經》第 54 册，第 336 頁。
② 此據 CBETA 電子佛典《大藏經》第 54 册，第 327 頁。
③ 此據 CBETA 電子佛典《高麗大藏經》第 34 册，第 635 頁。

意義,在佛經中都是對印度邊鄙之地那些不能信奉佛法,或信佛法而不虔誠之人的蔑稱。

　　既然"達絮""蔑戾車"的淵源甚早,是否可以説明《大毗婆沙論》中的"法滅故事"版本也相對較早? 恐怕未必。這裏體現出憍賞彌國王與"無法"之王的關係,既是"東—西"地理方位上的關係,也是"中心—邊緣"的文化優劣上的差異。但這裏所説的"達絮、蔑戾車",又不應是指印度河流域的部族和文化。一是這裏顯然不可能追溯到公元前 1500 年前雅利安人剛剛進入印度時期;二是印度河流域也屬於"五印度"之内;三是佛教在恒河流域興起時,印度河流域還有强大的婆羅門教傳統存在,佛教對印度河流域的文化傳統,似乎還不敢用"達絮、蔑戾車"而蔑視之。故這裏應該是籠統而言的"西方",指的是印度西北方位上的邊地民族。考慮到《大毗婆沙論》集成的時間,肯定已在公元前後一連串外族入侵事件之後。而在印度歷史上,這些外族入侵者,通常也被稱爲"達絮"和"蔑戾車"的入侵。①

　　《大毗婆沙論》大約是 2 世紀迦濕彌羅地區佛教説一切有部的作品,雖然書中使用的是"達絮""蔑戾車"這樣淵源很早的稱呼,但其所指的具體内涵却并非是這兩詞的本來意義。迦濕彌羅本就是歷史上外族入侵印度西北部的主要地區之一,這裏遺留着多元文化和多種族文明的遺迹。甚至在《大毗婆沙論》編集之時,這裏也還處於外族入侵建立的貴霜帝國統轄之下。彼時彼地的佛教徒,把 2 世紀以前入侵印度的外族,僅以"達絮""蔑戾車"概稱之,實際上是一種模糊化的處理方式。這其中有何具體原因,目前還不清楚。《大毗婆沙論》中的"法滅故事"看似簡單,但并非體現其原始的狀貌,而是對此前"法滅故事"版本所作的特殊統編處理。無論從成書時間還是從對"法滅故事"的特殊處理方式來看,《大毗婆沙論》的"法滅故事"都應該不是最早的版本。

　　從已知的成書時間來説,《大毗婆沙論》應是晚於《迦旃延偈》。從"惡王"組合的角度來説,《大毗婆沙論》又比漢譯《雜阿含經》卷二十五和《阿育王傳》所依據的印度原典稍稍早一些。同在公元前後一系列的異族入侵之後,《大毗婆沙論》僅以籠統的"達絮、蔑戾車"代稱兩個"無法之王",而《雜

――――――――――――――――――

① 《贊巴斯塔書》第 24 章在列舉耶來那、釋迦、撥羅那三種勢力後,稱他們是"three Mlecchas"。

阿含經》卷二十五、《阿育王傳》則進一步明確"三惡王"的具體所指,此後就形成固定的組合模式一直傳衍下去。這或許是一種比較符合邏輯的看法,當然還只是推測。

五、"惡王"的變異與更新

隨着印度本土佛教的逐漸式微,"法滅故事"和"三惡王"的組合,逐漸成爲一種印度佛教過往的歷史傳統。失去印度本土佛教的支撐,這一傳統在向印度之外傳播的過程中,必然要被接受地佛教根據需要而隨意改編重組。5 世紀以後的"法滅故事"版本,都在不同程度上體現了對這一失去根基的佛教傳統的若即若離。

漢譯《月藏經》是那連提耶舍 566 年在北齊鄴城譯出,其原初的經本很可能是來自于闐,而非來自印度。《月藏經》對"惡王"的地理方位編排顯得很隨意:此前版本的塞人都是在"南方",而《月藏經》將塞人安置在"北方",帕提亞人被安置在"南方"。塞人至少還有一個政權在烏闍衍那一帶存在了幾個世紀,說塞人在"南方",似乎也不能算是毫無根據。但帕提亞人處於"南方",則是完全不顧歷史實際的説法。如果"百祀"可以比定爲"波斯",[①]則也應是指 240—410 年間的"印度—薩珊波斯"。薩珊波斯嚴重削弱了貴霜的力量,使貴霜帝國最終在 425 年左右亡於嚈噠人(白匈奴)。但"法滅故事"各版本中也從未出現"嚈噠"或"匈奴"人,故肯定不會晚至 5 世紀以後。這也可以作爲以"三惡王"固定組合,出現在貴霜帝國時期而不會更晚的證據之一。《月藏經》提及了"百祀",其成書上限應在 3 世紀中期以後。烈維注意到《月藏經》中描述的西域地理應該是 4 世紀的態勢。[②] 故《月藏經》的成書時

---

① 印順將此"百祀"認作是希臘的訛誤,見《北印度之教難》,第 296 頁。那體慧認爲指"波斯",見 *Once Upon a Future Time*, p.177, n.79。

② Sylvain Lévi, "Notes chinoises sur l'Inde, V. Quelques documents sur le bouddhisme indien dans l'Asie Centrale (Première partie)", *Bulletin de l'École Française d'Extrême-Orient*, Tome V, N°3‐4, 1905, pp.253‐305. 此據馮承鈞中譯文《大藏方等部之西域佛教史料》,1932 年初刊,收入《西域南海史地考證論叢九編》,北京:商務印書館,1995 年影印版,第 160—234 頁。

間就當在 4—6 世紀之間。正因爲《月藏經》的成書地域遠離了印度本土，成書時間也離公元前後的外族頻繁入侵有了幾百年的距離，所以這個版本的"法滅故事"對"惡王"的描述，就不再完全遵循印度佛教的固定傳統。同時也預示了此後新出的"法滅故事"版本，"惡王"組合將會不斷更新。

　　藏語《月藏經》理所應當地和漢語《月藏經》存在某些對應關係。而于闐語《贊巴斯塔書》第 24 章所見的"法滅故事"，則很可能是對《月藏經》最初在于闐形成文本的直接徵引。① 這三種不同語言的文獻之間，有着相較其他版本更緊密的關聯。但實際上在細節之處，三者之間却有一些明顯的差異。就以"惡王"名號和位置而言，彼此間都有差異。説明在傳譯過程中，這部分的靈活性較大。不過，相較而言，于闐語和藏語文本，"三惡王"基本上都是指 Yavanas，Pahlavas，Sakas。包括藏譯《百業經》，其梵語原本雖然時代尚不明確，但都體現了印度佛教自貴霜時代奠定下的"三惡王"固定組合。這樣的傳統，幾乎只有在漢譯時被輕微地改變：漢譯《雜阿含經》加了"兜沙羅"，漢譯《月藏經》加了"百祀"。這大概都是漢譯者根據自己所處時代的知識信息所作的補充或更新。到 8、9 世紀，對這一傳統的改篡更可説是徹底顛覆式的。

	北方	南方	西方	東方	憍賞彌國老王	憍賞彌國新王
（藏）僧伽伐彈那授記②	*stag-gzig*（大食）	*drug-gu*（突厥）	*Bod*（吐蕃）	——	——	*bzod-dka'* 難忍
（藏）于闐教法史③	*rgya*（漢）	*bod*（吐蕃）	*Hor*（回鶻）	——	*man-'dre-seng-ge* 大軍	*'dre-spe-sad* 難當

① 現存四種語言的《月藏經》：漢譯本《大集經·月藏分》和藏語《月藏經》相對完整，梵語《月藏經》只有幾個殘片。于闐語《贊巴斯塔書》第 24 章徵引的大段文字，與梵語和藏語文本都有差別。我認爲很可能于闐語《月藏經》纔是原本，後來再譯成梵語、漢語和藏語。不過，《月藏經》的原本究竟是梵語還是于闐語？目前還不能得到確證。

② 此據朱麗雙漢譯本《〈阿羅漢僧伽伐彈那授記〉譯注》，《敦煌吐魯番研究》第 18 卷，上海古籍出版社，2019 年，第 475 頁。

③ 此據朱麗雙漢譯本，見榮新江、朱麗雙《于闐與敦煌》附録二《〈于闐教法史〉譯注》，蘭州：甘肅教育出版社，2013 年，第 451 頁。

　　自《贊巴斯塔書》以下的 6 種非漢語的現存版本,都是在 8 世紀至 9 世紀中期形成的。① 除原本的《百業經》是梵語,形成時代不明外,其他 5 種,都可説是于闐佛教,而非印度佛教的産物。《贊巴斯塔書》的成書時代,傳統認爲不早於 7 世紀。雖有學者認爲可以將其提早到 5 世紀,但我目前認爲,還是傳統看法更有説服力。《百業經》的藏譯大體可認定在 9 世紀初。《月藏經》的藏譯要早於兩種《授記》,《僧伽伐彈那授記》是 9 世紀初藏譯,《于闐阿羅漢授記》是 9 世紀中期藏譯,《于闐教法史》的成書在 9 世紀中後期。這 6 種非漢語文獻,頗有與漢語文獻相通的地方,如"惡王"的名號與漢語文獻相比,基本相同;顯示出一個相對固定的共同淵源。但也逐漸有了與漢語文獻不同之處:如基本上不再强調南、北、西的方位,還出現了更貼近其成書時代的、新的"惡王"名號。可以看到,《于闐阿羅漢授記》只提及了傳統"惡王"組合中的"葉婆那",其他兩位"惡王"僅以方位代稱。其實在此時,"惡王"的方位已經完全失去了實際意義。而《僧伽伐彈那授記》和《于闐教法史》則徹底摒棄了印度佛教傳統的"惡王"組合,代之以時代更晚近的、對于闐造成實際威脅的、新的外族勢力。

　　在新的"惡王"組合中,吐蕃、突厥、回鶻、大食和漢,幾乎囊括了東、西、南、北四方的主要勢力。這顯然不再是以印度的"中國"爲中心,而是以于闐爲中心的視角。這一視角的轉換,其實蘊含極大的深意。于闐佛教自己追溯的教法源頭,更主要是來自犍陀羅地區的佛教。3 世紀以降,于闐更已是西域大乘佛教的中心。西域諸國中,大約只有于闐有資格撰作新的"法滅故事"版本,并可以任意變換叙事的視角。在于闐佛教"法滅故事"版本中,"惡王"入侵之地仍然是印度,而非于闐。這也很有象徵意義,表明于闐佛教仍然在相當大的程度上遵循了印度佛教關於"憍賞彌國法滅"的固有傳統。只是時過境遷,入侵印度西北的希臘、塞人和帕提亞人,對于闐佛教來説太過遙遠和陌生。于闐佛教根據自己所認知的周邊的國族勢力,來構想傳説中印度佛教所面臨的威脅。

---

① 這些非漢語文獻的時代問題,請參見拙文《憍賞彌國法滅故事在于闐和吐蕃的傳播(文獻篇)》,《敦煌吐魯番研究》第 18 卷,上海古籍出版社,2018 年,第 425—451 頁。

除漢地中原王朝和吐蕃曾先後控制于闐外,大食、突厥和回鶻幾乎都未曾實際染指過于闐。于闐佛教在此所列的"惡王",如同最早的《迦旃延偈》一樣,只是列舉當時所知的外族勢力,并不一定真有這些"惡王"入侵甚至是危及于闐。于闐一直與中原王朝關係密切,之所以在"惡王"中出現了"漢",也是在9世紀前期吐蕃一度完全占領于闐的背景下,于闐和中原的關係被人爲扭曲的結果。"吐蕃"在《僧伽伐彈那授記》和《于闐教法史》中兩次都在"惡王"之列,這當然有吐蕃一度占領于闐的歷史背景。然而在《僧伽伐彈那授記》《于闐阿羅漢授記》《于闐教法史》這三部文獻中,吐蕃既是進犯憍賞彌國的"惡王"之一,同時也是佛教在"憍賞彌國法滅"結局之前的一個重要中轉站。當于闐佛教徒被迫離開于闐時,他們曾經集體遷徙至吐蕃,并得到了來自漢地的信佛公主和吐蕃贊普的短暫庇護。公主死後,贊普纔改變了對佛教的態度。這背後有8世紀唐朝金城公主遠嫁吐蕃的歷史背景,原本和"憍賞彌國法滅故事"是不同的源流。現在被編排在一起,體現了于闐佛教將多種不同來源的故事資源整合的努力。

總之,諸種非漢語文獻明顯可以分爲兩種情況:一是4—6世紀間《月藏經》原初本及其各種譯本,于闐語和藏語的《月藏經》,即《贊巴斯塔書》第24章所徵引和藏譯《月藏經》,還有藏譯的《百業經》,基本延續印度佛教傳統的"法滅故事"和"惡王"組合。這體現出于闐佛教對印度佛教繼承和遵循的一面。二是9世紀開始出現在于闐佛教中的新的"法滅故事"版本,《僧伽伐彈那授記》《于闐阿羅漢授記》《于闐教法史》,明顯摒棄了印度傳統的"惡王"組合,代之以從于闐角度重新排列的"惡王"組合。雖然對舊有的"憍賞彌國法滅故事"作了極大的補充,形成了"于闐—吐蕃—犍陀羅—憍賞彌國法滅故事",但在總體上,仍沒有突破佛教最終要在印度"憍賞彌國法滅"的結局。

六、結　語

現在看來,"法滅"的預言很可能并非出自佛陀親口所言,而應是在佛滅之後相當一段時間,纔被印度佛教提出來的。如果《迦旃延偈》"法滅"部分的內容,真的可以早到公元前3世紀中期至公元前2世紀早期,亦即目前所知最早的一個"法滅故事"版本。那時不僅"惡王"還只是對印度北方邊地民族的模糊印象,而且"中國君"也還是個含糊的形象。

貴霜帝國時期形成了相對固定的"法滅故事"框架結構。一方面,"三惡王"組合,是犍陀羅、迦濕彌羅等地佛教對公元前2世紀至公元1世紀大約三百年間各種外族入侵事件的歷史記憶。另一方面,代表印度佛教正法的"中國君"身上,也集合了阿育王的某些事迹形成固定的"憍賞彌國王"形象。結合歷史背景似可認爲:有明確"三惡王"組合的"法滅故事"版本的形成,最有可能是2世紀迦膩色迦王時代或其稍後時代的産物。這樣的固定組合一直影響到《百業經》和于闐作成的《月藏經》。

4、5世紀時,印度本土佛教開始衰落,在向東傳播到于闐和中原漢地時,"法滅傳統"受到不同的對待。于闐佛教一開始還基本上遵從印度佛教的傳統,6世紀以前的于闐佛教文獻可以看到,"惡王"的名稱、方位和整個"法滅故事"都還與印度佛教有很強的相似性。但也開始做出局部的改寫和更正。漢地佛教則從一開始接受"法滅"的預言,到6世紀發展出"末法思想"來化解"憍賞彌國法滅"的危機。[1]

8、9世紀的于闐佛教,仍然在相當程度上成爲繼承和發展印度"法滅"傳統的重要佛教力量。于闐佛教在複雜的西域政局形勢下,根據于闐面臨的實際情況,對印度佛教"法滅"傳統做出了明顯的改變。即不再以印度本土的視角,而是從于闐的視角來重構"三惡王"的組合。即便如此,于闐佛教仍然承認:儘管于闐、吐蕃和犍陀羅都要經歷佛教的興衰成敗,但各地佛教還是要回歸到印度本土的憍賞彌國去迎接"法滅"的最終結局。這也是很有象徵意義的一個觀念。

梳理"惡王"的歷史背景時可以發現,"惡王"中并不包括實際入侵過印度的波斯帝國和亞歷山大帝國,也不包括貴霜(大月氏人)和嚈噠(白匈奴人),這説明"法滅故事"挑選的"惡王"具有明顯時代性。考慮到從1世紀開

---

[1] 參見拙文《佛滅之後:中國佛教末法思想的興起》,《唐研究》第23卷,北京大學出版社,2017年,第493—515頁。Liu, Yi, "After the Buddha's Nirvāṇa: the Mofa concept of Chinese Buddhism and its rise to prominence", *Studies in Chinese Religions*, Vol. 4, No. 3, 2018, pp.277－306。

始,印度佛教的重心就已轉移到印度河流域乃至更北的犍陀羅、迦濕彌羅等地區,這些地方的佛教部派,也成爲"法滅故事"最主要的撰作者。他們提及這些"惡王"時,并不是對印度歷史從整體上作追溯,而只是對印度歷史上某個特定時期外族入侵的歷史記憶感興趣。

　　總之,"法滅故事"中的"惡王"傳説,是對現存各版本進行時代區分的重要綫索。這對於印度佛教文獻的研究是值得嘗試的一種路徑。其背後蘊含的某種佛教看似固定化的傳統,如何在印度本土生成和發展,并在向外傳播的過程中,被不同地域佛教做出不同程度的修訂甚至是改篡,或許可以作爲佛教如何沿絲路傳播的一個生動事例。

Legends of "Evil Kings": The Order Clue of 12 "Extinction of Dharma" Buddhist Literatures

LIU Yi

In the Indian Buddhist prophecy, there would be a proemial scene before the final result of the "extinction of Dharma", that the King of Kausambi who believed Buddhism would have defeated and killed other three or four evil Kings who destroyed the Buddhism. Étienne Lammote and Jan Nattier have studied the basic literatures focused on this Buddhist prophecy. But they couldn't agree with each other on some basic ideas, such as which literature would be the earliest one in more than 10 kinds of different languages Buddhist literatures. Lammote suggested that the *Mahavibhasa*, while Nattier believed that *Prophecy of Kātyāyana* would have been the earliest one. But they didn't give us the sufficient evidences to prove their ideas. They had noticed that the "Evil Kings" images were made by the authors based on the historical events of the foreign Kings who had invaded northwest India areas. There were many different ethnic groups of the foreign Kings invasion events in ancient Indian history. The Empire of Persia and the Great Alexander, the Empire of Kushan and Kingdom of Hephthalites, who had indeed invaded into northwest India while they hadn't been called "evil King". While the Yavanas, Sakas, and Pahlavas had been recognized the stereotyped version of "evil Kings". Why these kings? Not those kings? In this paper, I hope I can observe 12 versions of "Evil Kings", and find a clue of the orders of these different language literatures. This work will be a basic prepare for the topic on the Indian Buddhist prophecy of Extinction of Dharma.

古代月令類文獻中的動物知識[*]

熊　鈿

（河南大學歷史文化學院）

月令亦可稱"時令"，"月"指以月繫事，"令"兼具時令、政令之義，其對四時更替下的萬物進行集中描述，將自然、社會、政治等諸要素置於統一的解釋框架之中，反映出時間經驗下古人的思維方式。月令上可爲君主提供施政綱領，下可爲民衆提供生活指導，是一套古人在長期生産生活實踐中形成的龐大知識體系，兼具政治性、禮儀性及世俗性。

我們瞭解古代的月令知識，主要通過《夏小正》《詩·七月》《逸周書·時訓解》《管子·幼官》《管子·四時》《禮記·月令》《吕氏春秋·十二紀》《淮南子·時則訓》《四民月令》《荆楚歲時記》《玉燭寶典》《四時纂要》等各類傳世文獻。[①] 經比對，《夏小正》記述較爲簡單，主要爲每月星象和物候，呈現出"原始"的面貌；《吕氏春秋·十二紀》《淮南子·時則訓》與《禮記·月令》基本相同，篇章結構具有系統性；而《管子·幼官》和《管子·四時》與其他諸篇體例差異較大，應屬於另一知識系統。[②]

圍繞月令文本，學界已在天文曆法、時令禮俗、政治制度等方面取得了相當豐碩的研究成果。如20世紀30年代日本學者能田忠亮的《禮記月令天

*　本文爲教育部人文社會科學研究青年基金項目"博物學視野下的早期中國動物史研究"（21YJC770035）的階段性成果。

① 關於傳世月令文獻的梳理，可詳參楊寬《月令考》，收入氏著《楊寬古史論文選集》，上海人民出版社，2003年，第463—510頁；劉宗迪《古代月令文獻的源流》，《節日研究》第2輯，濟南：山東大學出版社，2010年，第102—111頁。

② 參看李零《〈管子〉三十時節與二十四節氣——再談〈玄宫〉和〈玄宫圖〉》，《管子學刊》1988年第2期，第18—24頁。

文考》是研究月令天文的名作,其依次考察《月令》的天象記事、二十四節氣、二十八宿等,推測出《月令》十二月初的日躔記録反映年代大致爲公元前 620年前後。① 國内學者潘鼐與陳久金從天文角度對《夏小正》進行過研究闡發,據其中的天象資料分别得出《夏小正》記録年代與夏文化考古年代相合及《夏小正》是十月太陽曆的認識。② 余欣、周金泰《從王化到民時:漢唐敦煌地區的皇家〈月令〉與本土月令》一文從月令運用層面,通過考察經典《月令》地方化的過程,揭示了敦煌地區的政治生態和民衆日常生活的面貌。③ 在月令與政治制度關係上,邢義田、楊振紅綜合運用傳世文獻與出土資料對漢代月令内容及其對政治的影響進行了深入探究,薛夢瀟則關注月令對"時間"的整合作用,發掘其在構建統一國家中的重要意義。④

總體而言,學界對月令的研究較爲成熟,但對其中所關涉的動物則措意不多。月令中常以動物活動來標識自然界寒來暑往的季節變化,指導人們生產生活的節奏。我們不妨將重點移至月令文本中的動物記載上,既然作爲時節的重要標志,那麽月令中選取的一定是當時較爲常見、爲人所熟識的動物,據此我們可以瞭解古代有哪些動物深刻"介入"人類生活中,有哪些作爲"常識性"的動物知識,又有哪些動物活動進入人們的觀察視野。

一、《夏小正》中的動物紀時

先看《尚書·堯典》中與時令相關的部分:

① 能田忠亮:《禮記月令天文考》(東方文化學院京都研究所研究報告,第 12 册),京都:東方文化學院京都研究所,1938 年。
② 具體討論見潘鼐《中國恒星觀測史》,上海:學林出版社,2009 年,第 7—9 頁;陳久金《論〈夏小正〉是十月太陽曆》,《自然科學史研究》1982 年第 4 期,第 305—319 頁。
③ 余欣、周金泰:《從王化到民時:漢唐間敦煌地區的皇家〈月令〉與本土時令》,《史林》2014年第 4 期,第 58—69 頁。
④ 詳見邢義田《月令與西漢政治——從尹灣集簿中的"以春令成户"説起》《月令與西漢政治——重讀尹灣牘"春種樹"和"以春令成户"》,收入氏著《治國安邦:法制、行政與軍事》,北京:中華書局,2011 年,第 125—179 頁;楊振紅《月令與秦漢政治再討論——兼論月令源流》,《歷史研究》2004 年第 3 期,第 17—38 頁;薛夢瀟《早期中國的月令與"政治時間"》,上海古籍出版社,2018 年。

乃命羲和,欽若昊天,數象日月星辰,敬授人時。分命羲仲,宅嵎夷,曰暘谷。寅賓出日,平秩東作。日中星鳥,以殷仲春。厥民析,鳥獸孳尾。申命羲叔,宅南交。平秩南訛,敬致。日永星火,以正仲夏。厥民因,鳥獸希革。分命和仲,宅西,曰昧谷。寅餞納日,平秩西成。宵中星虛,以殷仲秋。厥民夷,鳥獸毛毨。申命和叔,宅朔方,曰幽都。平在朔易。日短星昴,以正仲冬。其民隩,鳥獸氄毛。帝曰,咨汝羲暨和,期三百有六旬有六日,以閏月正四時成歲。①

其春夏秋冬所對應的物象分别爲"鳥獸孳尾""鳥獸希革""鳥獸毛毨"和"鳥獸氄毛"。此處"鳥獸"或可代指全體動物,大意是仲春時鳥獸開始生育繁殖;仲夏時鳥獸的毛羽變得稀疏;仲秋時鳥獸又生出新的整齊的毛羽;仲冬時,鳥獸的毛羽細軟濃密。這一記録雖然大致符合動物生長的規律,但較爲粗略,還僅停留在原始的觀察層面,不過這恰好顯示出古人以動物活動作爲時節判斷依據的較古淵源。

再看《夏小正》所載一年間各月動物活動情形:②

正月:雁北鄉。雉震呴。魚陟負冰。田鼠出。獺獻魚。鷹則爲鳩。雞桴粥。

二月:昆小蟲,抵蚔。來降燕,乃睇。有鳴倉庚。

三月:羊羊。穀則鳴。田鼠化爲駕。鳴鳩。

四月:鳴杞。鳴蜮。

五月:浮游有殷。鴂則鳴。良蜩鳴。鳩爲鷹。唐蜩鳴。

六月:鷹始摯。

七月:貍子肇肆。寒蟬鳴。

八月:丹鳥羞白鳥。駕爲鼠。

九月:遰鴻雁。陟玄鳥蟄。熊羆貊貉鼱鼬則穴,若蟄而。雀入于海爲蛤。

----

① 王肅、孔安國傳,孔穎達等正義:《尚書正義》卷二,阮元校刻《十三經註疏》,北京:中華書局,1980年,第119頁。

② 摘自方向東《大戴禮記匯校集解》卷二,北京:中華書局,2008年,第139—304頁。

　　　十月：黑鳥浴。玄雉入于淮爲蜃。

　　　十一月：隕麋角。

　　　十二月：鳴弋。玄駒賁。隕麋角。

《夏小正》是中國現存最早的一部曆書，其文收入西漢《大戴禮記》，在唐宋時散佚，現存文本乃爲宋代傅嵩卿據其所藏之兩個版本《夏小正》彙集而成，并同時將注釋的傳文混入經文中，構成今所見經、傳兩部分混雜的面貌。雖然其成書年代歷來有所爭議，但從文本內容所呈現的形態來看，與後來其他月令類文獻相比而言較古，大致可以反映先秦人們對自然認識及對時間把控的情形。

　　《夏小正》中所載動物包括了鳥獸蟲魚四類，具體有雁、雉、魚、田鼠、鷹、鳩、雞、燕、倉庚、羊、天螻、駕、蟬、鹿、馬、熊羆等，涉及的動物行爲有遷飛、鳴叫、啓蟄、生殖等，上半年集中於對鳥、蟲、魚類的觀察，而下半年則主要記錄獸類活動。其中有幾處細節需予以關注。

　　其一，動物鳴叫行爲記錄最多。如正月"雉震呴"（野雞鼓翼鳴叫）；二月"有鳴倉庚"，倉庚有時亦作"商庚"或"鶬鶊"，即黃鶯，《詩經·豳·七月》言"春日載陽，有鳴倉庚"[1]；三月"穀則鳴"（天螻鳴）、"鳴鳩"；四月"鳴杝""鳴蜮"，杝即蜺，《爾雅》"蜺，蛁"，《疏》云"一名蜻蜻，如蟬而小"，《方言》亦稱"蟬小者謂之麥蚻"，而此處的"蜮"不同於《山海經》中躱在水中含沙射人的害人蟲，鄭注《周禮》"蜮讀爲蟈，蝦蟇也"[2]；五月"鳩則鳴""良蜩鳴""唐蜩鳴"，鳩即伯勞鳥，良蜩和唐蜩均爲蟬，據徐世溥的説法，各品種之蟬區別在於"五色具者曰蜋蜩，黑者曰馬蜩，小而青赤綠者曰茅蜩，小而青赤者曰寒蜩，首有花冠者曰蜻蜩，通謂之蟬[3]；七月"寒蟬鳴"；十二月"鳴弋"，弋爲"鳶"之省寫。十二個月中有七個月記載當月鳴叫的動物，所占比重最大，推測是因早期先民對聲音更爲敏感，故多以不同動物發聲作爲判斷時間的標識。

---

① 高亨：《詩經今注》，上海古籍出版社，2009 年，第 199 頁。

② 方向東：《大戴禮記匯校集解》卷二，第 226—227 頁。

③ 方向東：《大戴禮記匯校集解》卷二，第 241 頁。

其二,注重鳥類遷飛及其他行爲對時間的指示作用,其中以候鳥最具代表性。以鳥爲紀的傳統早已有之,《左傳》記載郯子朝見魯昭公時,曾道出早期人們分辨時節方法的演變過程:

> 昔者黄帝氏以雲紀,故爲雲師而雲名;炎帝氏以火紀,故爲火師而火名;共工氏以水紀,故爲水師而水名;大暤氏以龍紀,故爲龍師而龍名。我祖少暤摯之立也,鳳鳥適至,故紀于鳥,爲鳥師而鳥名。鳳鳥氏,歷正也;玄鳥氏司分者也,伯趙氏司至者也,青鳥氏司啓者也,丹鳥氏司閉者也。①

上古時以雲、火、水、龍等物標識時節,後有少暤"紀于鳥":鳳鳥爲百鳥之首,掌管整套紀時系統;玄鳥(燕子)春分來、秋分去,爲紀春分、秋分之鳥;伯趙(伯勞)夏至鳴、冬至止,爲紀夏至、冬至之鳥;青鳥(鶬鶪)立春鳴、立夏止,爲司啓之鳥;丹鳥(鷩雉)立秋來,立冬去,爲司閉之鳥。可知先民們很早就已經掌握了候鳥的遷徙規律,以此紀時。《夏小正》中也記有大雁和玄鳥的遷移活動,正月"雁北鄉"、九月"遄鴻雁",大雁在一月往北,九月往南去;二月"來降燕"、九月"陟玄鳥蟄",燕子在二月飛來,九月飛走。此外,還有六月"鷹始摯"和十月"黑鳥浴"等具有季節特征性的鳥類活動記録,所謂"鷹始摯"意爲鷹開始學習攫搏之事,"黑鳥浴"之"浴"指"飛乍高乍下也"。

其三,透露出萬物"自化"思想。正月"鷹則爲鳩",五月"鳩爲鷹";三月"田鼠化爲駕",八月"駕爲鼠";九月"雀入于海爲蛤",十月"玄雉入于淮爲蜃"。古人認爲宇宙萬物都處於變化之中,如《莊子·秋水》"物之生也若驟若馳,无動而不變,无時而不移。何爲乎,何不爲乎? 夫固將自化"②,莊子不僅認爲萬物在變化,而且是"自化"。對這一觀念有進一步發揮的,可見於《列子·天瑞》,其言"故生物者不生,化物者不化。自生自化,自形自色,自智自力,自消自息"③,亦强調事物的自生自化。或許正因"自化"思想,導致中國古代并没有産生嚴格意義上的生物進化觀,《莊子·至樂》有一段討論

---

① 杜預集解,孔穎達等正義:《春秋左傳正義》卷二四八,阮元校刻《十三經註疏》,第2083頁。
② 王先謙:《莊子集解》卷四,北京:中華書局,1987年,第144頁。
③ 楊伯峻:《列子集釋》卷一,北京:中華書局,1979年,第4—5頁。

動物間轉化的經典文字：

> 種有幾？得水則爲㡭，水土之際則爲鼃蠙之衣，生于陵屯則爲陵
> 舄，陵舄得鬱栖則爲烏足，烏足之根爲蠐螬，其葉爲蝴蝶。胡蝶，胥也化
> 而爲蟲，生于竈下，其狀若脱，其名爲鴝掇。鴝掇千日爲鳥，其名曰乾餘
> 骨。乾餘骨之沫爲斯彌，斯彌爲食醯。頤輅生乎食醯，黄軦生乎九猷，
> 瞀芮生乎腐蠸。羊奚比乎不箰，久竹生青寧，青寧生程，程生馬，馬生
> 人，人又反入于機。萬物皆出于機，皆入于機。①

因文字古奧，要完全讀懂并非易事，郭郛曾綜合胡適、李約瑟、夏緯英等學者
的意見，將該段轉譯成了白話，大意是：有水就能生長出微生物，在水土交會
的場所可以生成蛙和蚌的外衣——青苔；生長在陸地丘陵就會成爲車前草，
在糞壤中生成射乾，射乾的根部生出金龜子的幼蟲蠐螬，射乾的葉子變成蝴
蝶；蝴蝶尸體腐化成蟲，名字叫鴝掇；鴝掇經過千日變成一種名爲乾餘骨的
鳥；乾餘骨的碎末轉化成肉糜，（液化後）成爲食醋（郭注爲“肉醬”，似不妥，
“食醯”應作食醋解）；蟭生活在食醋裏，埋葬蟲生活在腐爛的泥鰌（或狗）的
尸體裏，蚋生活在腐敗的守瓜尸體裏；羊奚（一種食竹根的幼蟲；一解爲羊奚
草）栖息在不生箰的老竹子上，久之可以轉化成蟬；蟬轉化爲虎豹；虎豹轉化
生成馬；馬轉化生成人，人終究復歸於自然；萬物都從自然生發，又回歸自
然。②這種演化現在讀來比較費解，不知所由，總體而言似乎暗含了一條微生
物—植物—昆蟲—鳥—獸的閉合循環的演進路綫，但其要旨并非在于真正
揭示動物間精確的轉化規律。將看似毫無關聯的動物聯繫在一起，意在説
明自然界萬物自生自化的情形。

《夏小正》中言九月“雀入于海爲蛤”，大概是因寒露時節雀鳥消失隱匿
起來，古人不知其所踪，而恰逢這時到了海中盛産蛤蜊的季節，加之蛤蜊外
殼上的顏色與紋路與雀鳥十分相近，於是古人便以爲雀在天冷後入海化成

---

① 王先謙：《莊子集解》卷五，北京：中華書局，1987 年，第 153—155 頁。
② 具體參見郭郛、李約瑟、成慶泰《中國古代動物學史》，北京：科學出版社，1999 年，第 323 頁，
　　部分解釋細節有所改動。另可參考李約瑟著，何兆武等譯《中國科學技術史·第 2 卷·科學
　　思想史》，北京：科學出版社，上海古籍出版社，1990 年，第 88 頁。

了蛤蜊,同理還有十月"玄雉入于淮爲蜃"。《太平廣記》引《述異記》"淮水中,黄雀至秋化爲蛤,至春復爲黄雀,雀五百年化爲蜃蛤"①,對《夏小正》中由雀到蛤的單綫叙事進行了補充。另有正月"田鼠出",三月"田鼠化爲駕"、八月"駕爲鼠",同樣是因古人將動物隨季節之消長誤以爲"化生"所致。

　　總結言之,《夏小正》中動物指時知識已初步形成體系,雖然在某些方面受條件制約認識有誤,但仍表明當時人們已基本掌握了常見動物的活動規律。除動物紀時外,在《夏小正》400 餘字的篇幅中,還逐月記録了天象、氣候、相應的農事活動等,開創了按月記載物候信息與農事安排的體例。

二、《禮記·月令》中的動物記述

　　《吕氏春秋·十二紀》《淮南子·時則訓》《逸周書·時訓解》與《禮記·月令》在各時動物活動記載上較爲相近,此處選用《禮記·月令》爲代表加以討論。

　　《禮記·月令》(以下簡稱《月令》)亦稱《明堂月令》,在收入《禮記》前作爲單篇流行於世。東漢蔡邕撰《月令章句》認爲其乃周公所作,爲《月令》作注的鄭玄、孔穎達等人則認爲是禮家抄和秦時《吕紀》而成,這一看法在古代長期作爲官方經學觀念備受推崇。近人顧頡剛提出不同主張,强調"《月令》全篇文字皆王莽時所作",《吕氏春秋·十二紀》《淮南子·時則訓》等亦由劉歆、王莽等人將《月令》文字竄入形成。② 楊寬在總結了月令文獻源流的六種觀點後,提出新見,認爲《禮記·月令》當爲晋人後裔所書,與《詩經·七月》《夏小正》一脉相承,爲戰國末期陰陽家的作品。③

　　本文無意糾纏《月令》生成的具體年代,就其文本形態來看,年代當晚於《夏小正》,至遲爲秦漢時期的作品無疑。我們關注的焦點乃在於:《月令》

---

① 李昉等編:《太平廣記》卷四六五《水族二》,北京:中華書局,1961 年,第 3836 頁。

② 具體討論詳見顧頡剛《中國上古史研究講義》,北京:中華書局,2009 年,第 217—235 頁。

③ 楊寬:《月令考》,收入氏著《楊寬古史論文選集》,上海人民出版社,2003 年,第 463—510 頁。

中的動物記述與《夏小正》有何不同,其背後又隱藏着怎樣的思維認識上的變遷。

摘録相關内容繪表如下:①

時間	關於動物的記述
孟春	其蟲鱗。蟄蟲始振,魚上冰,獺祭魚,鴻雁來。乃修祭典,命祀山林川澤,犧牲毋用牝。毋覆巢,毋殺孩蟲、胎、夭、飛鳥,毋麛,毋卵。
仲春	其蟲鱗。倉庚鳴,鷹化爲鳩。玄鳥至。蟄蟲咸動。(行夏令)蟲蝗爲害。
季春	其蟲鱗。田鼠化爲鴽。鳴鳩拂其羽,戴勝降于桑。以勸蠶事。是月也,乃合累牛、騰馬,游牝于牧。犧牲、駒、犢,舉書其數。
孟夏	其蟲羽。螻蟈鳴,蚯蚓出。是月也,驅獸毋害五穀,毋大田獵。行春令,則蝗蟲爲災。
仲夏	其蟲羽。螳蜋生,鵙始鳴,反舌無聲。游牝別群,則縶騰駒。班馬政。鹿角解,蟬始鳴。(行春令)百螣時起。
季夏	其蟲羽。蟋蟀居壁,鷹乃學習,腐草爲螢。命漁師伐蛟、取鼉、登龜、取黿。(行冬令)鷹隼蚤鷙。
中央	其蟲倮。
孟秋	其蟲毛。寒蟬鳴,鷹乃祭鳥,用始行戮。(行冬令)介蟲敗穀。
仲秋	其蟲毛。鴻雁來,玄鳥歸,群鳥養羞。蟄蟲坏户。(行夏令)蟄蟲不藏。
季秋	其蟲毛。鴻雁來賓,爵入大水爲蛤,豺乃祭獸戮禽。是月也,天子乃教于田獵,以習五戎,班馬政。蟄蟲咸俯在内,皆墐其户。
孟冬	其蟲介。雉入大水爲蜃。(行夏令)蟄蟲復出。
仲冬	其蟲介。鶡旦不鳴,虎始交。馬牛畜獸有放佚者,取之不詰。山林藪澤,有能取蔬食,田獵禽獸者,野虞教道之。蚯蚓結,麋角解。(行春令)蝗蟲爲敗。
季冬	其蟲介。雁北鄉,鵲始巢,雉雊,雞乳。征鳥厲疾。(行秋令)介蟲爲妖。

① 鄭玄注,孔穎達等正義:《禮記正義》卷一四——一七,阮元校刻《十三經註疏》,第1352—1388頁。

《夏小正》中的動物指時知識在《月令》中幾乎全部保留下來,不僅説明了兩者之間先後的承繼關係,亦反映出這套知識在當時應有着較高的接受度。不同在於,首先,《月令》采用四時和五行框架對以往動物叙述進行整合,具體表現爲春夏秋冬四季分別與鱗、羽、倮、毛、介五蟲相配,是一種與"真實性物候"無關的模式化叙事方式。其次,《月令》中的動物指時及活動規律成爲政令的一部分,更具教化意味,如勸導人們季春"合累牛、騰馬,游牝于牧"、季秋時節"天子乃教于田獵,以習五戎,班馬政"等。另外,《月令》中補入了動物違時災異的内容,采用"反向叙事",天子頒行的政令若不合時宜,則將出現諸如"蟲螟爲害""介蟲爲妖"等災異,在此不必對災異是否會確實發生進行追討,其本質在於以這種模式化、結構化的表達强調"合時"的重要性,并對君主政治行爲起到預警作用。①

不過,仔細對比《夏小正》與《月令》中的時令物候,發現有幾處記載偏差,如"鷹爲鳩""雁北鄉""雉震呴""雞桴粥"等現象在《夏小正》中是於正月出現,但《月令》却將其打亂分別放入仲春、季冬時節,推測大概是因後來經文竄亂的緣故。

在《月令》中,我們還能見到些許帶有"動物保護"色彩的表述,其明確孟夏時"驅獸毋害五穀,毋大田獵",表現出對資源進行有意識的控制。《孟子·梁惠王上》言"不違農時,穀不可勝食也;數罟不入洿池,魚鱉不可勝食也;斧斤以時入山林,材木不可勝用也。穀與魚鱉不可勝食,材木不可勝用,是使民養生喪死無憾也。養生喪死無憾,王道之始也"②,對此進一步發揮的,還有《荀子·王制》:

> 君者,善群也。群道當則萬物皆得其宜,六畜皆得其長,群生皆得其命。故養長時則六畜育,殺生時則草木殖,政令時則百姓一,賢良服。聖王之制也,草木榮華滋碩之時則斧斤不入山林,不夭其生,不絶其長也;黿鼉、魚鱉、鰌鱣孕別之時,罔罟毒藥不入澤,不夭其生,不絶其長

---

① 關於漢唐間違時災異的討論可參余欣、周金泰《從王政到時妖:漢唐間正史〈五行志〉中違時災異記録》,《學術月刊》2018 年第 7 期,第 173—184 頁。

② 趙岐注,孫奭疏:《孟子註疏》卷一,阮元校刻《十三經註疏》,第 2666 頁。

也；春耕、夏耘、秋收、冬藏四者不失時，故五穀不絕而百姓有餘食也；污池、淵沼、川澤謹其時禁，故魚鼈優多而百姓有餘用也；斬伐養長不失其時，故山林不童而百姓有餘材也。①

無論是孟子的"王道之始"還是荀子的"聖王之制"，均體現了在"不夭其生""不絕其長"思想下有限度地獲取自然界資源，敬天順時是先秦以來思想家們对國家治理的一貫主張。

一個是以物候指時的自然空間、一個是天子發布時令的政治空間、一個是生産生活的世俗空間，在此種意義上，《月令》完成了時間秩序、自然節律、政治秩序與生活秩序的同構，其叙事表現出"時間"—"物候"—"政令"—"違時災異"的固定模式。如果説《夏小正》表現的還只是對自然界寒往暑來動物活動的直觀感受的話，那麼《月令》將其中的動物物候知識全盤接受，并納入陰陽五行、敬天順時、取之有道等思想和君主行爲規範的内容，則是對那時共同觀念和公共知識的一次系統化整理，豐富了月令文本的内容，是秦漢時月令類文獻的典型代表。

三、《四民月令》與《荆楚歲時記》中的動物知識

崔寔乃東漢時人，著有《四民月令》，該書歷三國兩晋南北朝直至唐代，流行世間，《隋書・經籍志》《舊唐書・經籍志》《新唐書・藝文志》等均有著録。《宋史・藝文志》無録，説明文稿在宋元時散佚。《四民月令》在賈思勰《齊民要術》中多有引用，隋人杜臺卿撰寫《玉燭寶典》時亦有鈔録，唐人韓鄂撰《四時纂要》也曾加以引述，這些爲後世輯録《四民月令》提供了可能。清乾隆年間，任兆麟、王謨先後作兩個輯本。嘉慶中，嚴可均根據任、王的輯佚本，進一步搜集整理，輯成《四民月令》一卷。民國時，唐鴻學認爲嚴本多有遺誤，故以《玉燭寶典》爲主，嚴本爲輔，作出《四民月令》新輯本。1965 年，石聲漢在先賢輯佚基礎上著《四民月令校注》，1981 年繆啓瑜又出版《四民月令

---

① 王先謙撰，沈嘯寰、王星賢點校：《荀子集解》卷五《王制》，北京：中華書局，1988 年，第165 頁。

輯釋》，繆本體例規範，校記與注釋分別標序，考訓名物精審，故本文選用《四民月令輯釋》作爲考察的文本基礎。

從體例來看，《四民月令》與《夏小正》《月令》區別顯著。因前文論述時僅截取文獻中的動物部分，脱離了文本語境，没能展現文本全貌，爲了更好地理解三種月令文本間體例上的差别，以正月爲例，排比材料如下：

《夏小正》正月　啓蟄。雁北鄉。雉震呴。魚陟負冰。農緯厥耒。初歲祭耒，始用暘。囿有見韭。時有俊風。寒日滌凍塗。田鼠出。農率均田。獺獻魚。鷹則爲鳩。農及雪澤。初服于公田。采芸。鞠則見。初昏參中。斗柄縣在下。柳稊。梅杏杝桃則華。緹縞。雞桴粥。①

《禮記·月令》孟春　孟春之月，日在營室，昏參中，旦尾中。其日甲乙，其帝大皞，其神句芒，其蟲鱗，其音角，律中大蔟。其數八，其味酸，其臭羶，其祀户，祭先脾。東風解凍，蟄蟲始振，魚上冰，獺祭魚，鴻雁來。天子居青陽左个，乘鸞路，駕倉龍，載青旂，衣青衣，服倉玉，食麥與羊，其器疏以達。是月也，以立春。先立春三日，大史謁之天子曰："某日立春，盛德在木。"天子乃齊。立春之日，天子親帥三公、九卿、諸侯、大夫以迎春于東郊，還反，賞公、卿、諸侯、大夫于朝。命相布德和令，行慶施惠，下及兆民。慶賜遂行，毋有不當。乃命大史守典奉法，司天日月星辰之行，宿離不貸，毋失經紀，以初爲常。是月也，天子乃以元日祈穀于上帝。乃擇元辰，天子親載耒耜，措之于參保介之御間，帥三公、九卿、諸侯、大夫躬耕帝藉。天子三推，三公五推，卿、諸侯九推。反，執爵于大寢，三公、九卿、諸侯、大夫皆御，命曰勞酒。是月也，天氣下降，地氣上騰，天地和同，草木萌動。王命布農事：命田舍東郊，皆修封疆，審端徑、術，善相丘陵、阪險、原隰土地所宜，五穀所殖，以教道民，必躬親之。田事既飭，先定準直，農乃不惑。是月也，命樂正入學習舞。乃修祭典，命祀山林川澤，犧牲毋用牝。禁止伐木。毋覆巢，毋殺孩蟲、胎、夭、飛鳥，毋麛，毋卵。毋聚大衆，毋置城郭。掩骼埋胔。是月也，不可以稱兵，稱兵必天殃。兵戎不起，不可從

---

① 方向東：《大戴禮記匯校集解》卷二，第 139—140 頁。

我始。毋變天之道,毋絕地之理,毋亂人之紀。孟春行夏令,則風雨不時,草木蚤落,國時有恐;行秋令,則其民大疫,猋風暴雨總至,藜、莠、蓬、蒿并興;行冬令,則水潦爲敗,雪霜大摯,首種不入。[1]

　　《四民月令》正月　正月之旦,是謂正日。躬率妻孥,潔祀祖禰。前期三日,家長及執事,皆致齊焉。及祀日,進酒降神畢,乃家室尊卑,無小無大,以次列坐先祖之前,子、婦、孫、曾,各上椒酒於其家長,稱觴舉壽,欣欣如也。謁賀君、師、故將、宗人父兄、父友、友親、鄉黨耆老。是月也,擇元日,可以冠子。百卉萌動,蟄蟲啓戶,乃以上丁,祀祖于門,及祖禰,道陽出滯,祈福祥焉。又以上亥,祠先穡,以祈豐年。上除若十五日,合諸膏、小草續命丸、法藥及馬舌下散。農事未起,命成童以上入大學,學五經;師法求備,勿讀書傳。研凍釋,命幼童入小學,學書篇章。命女紅趣織布。自朔暨晦,可移諸樹:竹、漆、桐、梓、松、柏、雜木;唯有果實者及望而止。雨水中,地氣上騰,土長冒橛,陳根可拔,急菑強土黑壚之田。可種春麥、𤖾豆,盡二月止。可種瓜、瓠、芥、葵、𧀦、大、小蔥、蓼、蘇、苜蓿及雜蒜、芋。可種韭。可別𧀦、芥。糞田、疇。上辛掃除韭畦中枯葉。是月,盡二月,可剝樹枝。命典饋釀春酒,必躬親潔敬,以供夏至、初伏之祀。可作諸醬。上旬䴵豆,中旬煮之。以碎豆作末都,至六七月之交,分以藏瓜。可以作魚醬、肉醬、清醬。自是月以終季夏,不可以伐竹木,必生蠹蟲。收白犬及肝血。[2]

《夏小正》語言最爲簡煉,更側重於對當月自然物候的記録,而後再加入一些農事活動的安排。《月令》雖然保留了《夏小正》中的時令物候,但其更注重強調天子的行爲及應如何頒行合時的政令,在表達上多用"命""毋""不可"等帶有强制性與規範性的政治語言。我們可以看到,以往《夏小正》和《月令》中的那套動物物候知識,在《四民月令》中幾乎蕩然無存,蓋因當時已有成熟的"四時一十二月二十四節氣"的時間劃分體系,人們無須再依賴動物

---

[1]　鄭玄注,孔穎達等正義:《禮記正義》卷一四——一七,阮元校刻《十三經註疏》,第1352—1357頁。

[2]　繆啓愉:《四民月令輯釋》,北京:農業出版社,1981年,第1—3頁。

指時。《四民月令》一改《月令》中濃厚的王官意味，人事活動的主體由天子轉變爲普通民衆，内容更貼近生活本身，涉及農事、女紅、祭祀、人倫、食品加工、釀造、製藥、童蒙教育等諸多方面。如果説《夏小正》和《月令》分别代表着"自然時間"與"政治時間"的書寫，那麽《四民月令》則構築了一套"生活時間"，動物在月令文本中不再以指時性角色出場。至此，我們可以藉機探討另外一種民間動物知識。①

摘録《四民月令》中關於動物記述部分：②

正月：蟄蟲啓户。收白犬骨及肝血（可以合法藥）。

二月：玄鳥巢，刻塗墙。

三月：清明節，命蠶妾治蠶室，塗隙穴，具槌、持、薄、籠。穀雨中，蠶畢生，乃同婦子，以勴其事，無或務他，以亂本業；有不順命，罰之無疑。

四月：立夏節後，蠶大食。取鮦魚作醬。蠶入簇。布穀鳴，收小蒜。

五月：取蟾諸（蟾諸，京師謂之蝦蟇，北州謂之去甫，或謂苦蠪；可以合惡疽創藥也），以合創藥，及東行螻蛄（螻蛄，去刺，治産婦難，兒衣不出）。夏至之日，薦麥魚于祖禰。日至後，可糶黍糳曝乾，置甖中，密封塗之，則不生蟲，至冬可以養馬。

六月：齊、饌、掃滌，如薦麥魚。

八月：以祠太社之日，薦黍豚于祖禰。厥明祀冢，如薦麥魚。

十一月：冬至之日，薦黍羔，先薦玄冥于井，以及祖禰。齊、饌、掃滌，如薦黍豚。買白犬養之，以供祖禰。

十二月：臘日，薦稻雁。前期五日殺豬，三日殺羊。遂合耦田器，養耕牛，選任田者，以俟農事之起。去豬盍車骨（後三歲可合創膏藥），及臘時祠祀炙簁、東門磔白鷄頭。求牛膽（合少小藥）。

歸納起來，其中涉及的動物知識主要包括三個方面。其一，與家庭生産活

---

① 關於對四民月令之"四民"的理解，傳統解釋爲"士農工商"，雷耀宗認爲"四"指"一年四季"，"民"乃"編户民"，所謂"四民月令"是指編户民於一年四季的生産生活安排，當以此説爲是。具體詳見雷耀宗《〈四民月令〉之"四民"新解》，《史學月刊》2017 年第 6 期，第 131—133 頁。

② 摘自繆啓愉《四民月令輯釋》。

動有關的動物養殖知識，特別是養蠶部分着墨較多，從清明開始“治蠶室”到穀雨時節蠶卵全部孵化成幼蠶，再到立夏前後蠶迅速生長至最後入簇作繭，對養蠶的重要時間節點及養育過程進行了詳細記録；此外，還提醒人們在年末時要開始挑選并精心養護適合田事的耕牛，以準備來年的農業生産活動。

其二，與民間祭祀活動有關的動物知識。夏至用麥魚、八月用黍豚、冬至用黍羔、十二月用稻雁等祭祀，至於爲何在不同時期選用不同動物，蔡邕《獨斷》中有解，“春薦韭卵，夏薦麥魚，秋薦黍豚，冬薦稻雁，制無常性，取與新物相宜而已”①。

其三，動物製藥知識。白犬骨及肝血可以混合，製作法藥，在古代，白犬血有辟邪功能，應劭《風俗通義》言“今人殺白犬以血題門户，正月白犬血辟除不祥”②，《四民月令》中也記載十一月“買白犬養之”以供祭祀，在人們觀念中，白犬具有某種神聖性力量。《晉書·五行志》載元帝永昌二年“百姓訛言行蟲病，食人大孔，數日入腹，入腹則死；療之有方，當得白犬膽以爲藥”③亦是。同理“磔百雞頭”也可合法藥，在古代氣化宇宙論、陰陽五行思維框架下，犬與雞均作爲陽物，如《初學記》引《春秋考異郵》“狗三月而生，陽主于三，故狗各高三尺”④，又《春秋説題辭》曰“雞爲積陽，南方之象，火陽精，物炎上，故陽出雞鳴，以類感也”⑤。正因雞犬爲盛陽之物，故雞頭狗血是常用以破除妖氣、辟邪禳災的法寶。

此外，《四民月令》還提到蟾諸即蝦蟇可用來製作治愈惡疽的創藥、螻蛄去刺可治難産、豬盍車骨能合膏藥、牛膽可作少兒藥等。所謂“盍車骨”即牙床骨，《本草綱目》引《普濟方》“豬牙車骨年久者，椎破，燒令脂出，乘熱塗之”，可治“浸淫諸瘡”。

要言之，《四民月令》中的動物知識較前述兩種月令文獻，内容更爲駁

---

① 蔡邕：《獨斷》卷上，《四部叢刊三編》景明弘治本。
② 應劭撰，王利器校注：《風俗通義校注》，北京：中華書局，1981 年，第 378 頁。
③ 房玄齡等撰：《晉書》卷二八，北京：中華書局，1974 年，第 836 頁。
④ 徐堅等著：《初學記》卷二九，北京：中華書局，1962 年，第 712 頁。
⑤ 徐堅等著：《初學記》卷三〇，第 728 頁。

雜,更具生活化與實踐性,所涵蓋的諸如犬、雞、魚、羊、牛、豬等都是常見動物,體現了普通大衆對動物的利用情况。

　　從文本風格與閱讀目標人群出發,可將月令文獻劃分爲皇家政令類月令與民間農家月令兩種,《夏小正》與《禮記·月令》側重於"政",而《四民月令》則更像是農家日常生活的"指導手册",《隋書·經籍志》即明確將《四民月令》(爲避諱改成《四人月令》)歸入農家。① 有學者認爲《月令》以政令爲核心,將陰陽五行、物候、星象曆法等内容緊密結合,當屬王朝政令性文獻,并從所載物候判斷其應爲戰國時黄河中下游諸國的太史所作,而秦漢以來再無類似《月令》那樣的著述,轉而分別形成律令、農書、陰陽五行等類型的專書。② 此論的確點出了月令類文本由"政令"到"農書"性質變化的大趨勢,但其未必是單綫式的轉變,而應看作分別演進形成的兩種不同月令類型,一種是面向統治者的官修月令,一種是面向民衆的農家月令,以後歷史中仍可看到兩種月令形態交織并行。月令文本性質的流轉,實質上亦與中古時經典文本世俗化之大背景相配合。

　　先看漢以後官方月令,北宋時孫奭言"洎唐李林甫作相,乃抉摘微瑕,蔑棄先典。明皇因附益時事,改易舊文,謂之御删定月令,林甫等爲注解,仍升其篇卷,冠於禮記,誠非古也"③,可知唐玄宗時有《御删定禮記月令》,是官方對月令文本作出的一次調整。④ 雖然唐代官修月令的具體内容今已散失,但在史書的一些片段記載中仍提示了少量綫索,"太宗貞觀十四年春正月庚子,命有司讀春令,詔百官之長,升太極殿列坐而聽之。開元二十六年,玄宗命太常卿韋絳每月進《月令》一篇。是後每孟月視日,玄宗御宣政殿,側置一榻,東面置案,命韋絳坐而讀之。諸司官長,亦升殿列座而聽焉。歲餘,罷之。乾元元年十二月丙寅立春,肅宗御宣政殿,命太常卿于休烈讀春令。常參官

① 魏徵等撰:《隋書》卷三四,北京:中華書局,1973 年,第 1010 頁。
② 具體討論參見湯勤福《〈月令〉祛疑——兼論政令、農書分離趨勢》,《學術月刊》2016 年第 10 期,第 131—143 頁。
③ 李燾:《續資治通鑑長編》卷八五,北京:中華書局,2004 年,第 1950 頁。
④ 趙永磊曾對《御删定禮記月令》做過研討,推定其約在開元十三年至二十六年(725—738)間成文,具體參見趙永磊《曆術、時令、郊社制度與〈唐月令〉》,《文史》2018 年第 4 期,第 139—162 頁。

五品已上正員，并升殿預坐而聽之"①，唐代不僅官修月令，還有召集重要官員聽讀月令之制。

宋人對唐禮繼承較多，《宋大詔令集》中載有徽宗時期的月令，以政和八年（1118）正月爲例：

> 孟春之月，月建甲寅。日在虛，昏胃中，曉房中。朔日甲申，七日庚寅、立春。盛德在木，其帝太皞，其神勾芒，其色蒼，其音角，其數八，律中太簇。東風解凍，蟄蟲始振，魚上冰，獺祭魚，鴻雁來，草木萌動。是月也，天氣始亨，地氣始發。……是月也，朔告于廟，皇帝大朝會于路寢。命有司以上辛祈穀于上帝，配以太宗。祀感生帝，配以宣祖，以立春祀青帝、東太一。祀東方岳鎮海瀆，祀鮇鼎，祀戶。命州縣出土牛示農早晚。……皇帝載耒耜以玉輅，率公卿大夫躬耕帝籍，播時稑秬……命監司牧守各舉勸農御筆以督所部，察其勤惰。命宗正以宗藩慶系録來上，戶部核戶口登耗之實，刑部遣郎吏督繫囚留獄，都水以河隄固狀上于工部。凡關津幾察，城門啓閉，司門舉其禁令……孟春行夏令，則雨水不時，草木早落；行秋令則民大疫，猋風暴雨總至，藜莠蓬蒿并興；行冬令，則水潦爲敗，雪霜大至，首種不入。②

從摘録文字不難看出，唐宋時期官方月令的書寫基本上承襲了《禮記・月令》。此種作爲政令性質的月令有較爲固定的叙述模式，出場的動物物候只是起"陪襯"和充當"背景"的作用，成爲套話式的點綴。與此同時，出現了以崔寔《四民月令》爲代表的民間月令，動物知識更貼近鮮活的日常。

接下來，我們將關注焦點轉移至農家月令，既然農家月令以服務普羅大衆爲初衷，而不同地域物種、氣候、民俗等又不盡相同，因而需要考慮到民間月令的地域性問題。楊振紅在《月令與秦漢政治再探討》中指出《管子》雖然成書年代尚不能確定，但其所述爲齊國制度當無疑議，并推測"青川秦律和《國語・周語》所代表的月令體系是否反映的是前帝國時代黄河中上游地區

---

① 劉昫等撰：《舊唐書》卷二四，北京：中華書局，1975 年，第 914 頁。
② 司義祖整理：《宋大詔令集》卷一二六，北京：中華書局，1962 年，第 437—438 頁。

的農業習俗？相對的，《管子》《吕紀》是否代表着前帝國時代黄河下游的月令體系"①，楊氏區分"月令"體系所屬不同區域的看法，頗有啓發意義。

在民間動物物候知識推廣上，南北朝時出現的《月令》組詩發揮了一定的教化功能，在地域上跨越了江南和敦煌。如題爲梁蕭統撰的《錦帶書》（一作《錦帶書十二月啓》），逐月鋪陳天文、節令、物候等，文藻華麗，清毛晋引休圃翁注《錦帶》序言其"實濟時之端，助文之備也，遂錄諸棄以作兒曹月課"，表明其作爲習文教本的性質。② 此外，還有《唐人月儀帖》及敦煌本《朋友書儀》中的《辨秋夏春冬年月日》等。

農家月令中，最具地域性的，當推宗懍的《荆楚歲時記》。宗懍祖籍涅陽（今河南鄧縣），西晋永嘉之亂時，八世祖宗承遷居江陵，因而《荆楚歲時記》是作者及其家族親歷荆楚地區歲時活動的寫照，記載了從正月初一至除夕的歲時節令和風物故事。《荆楚歲時記》已亡佚，今存本乃輯佚而成，除宗懍原注外，還有杜公瞻的注文，作者和注者一南一北，時間上前後相續，注文不僅解釋了原作，且將南北民俗相互比照，一同爲我們勾勒出中古時期中國民間歲時民俗的畫卷。

那麼，南方荆楚地區的農家月令文本中，又會記載有什麽樣的動物知識呢？ 兹臚列相關内容如下：③

> （正月一日）鷄鳴而起，先于庭前爆竹、燃草，以辟山臊惡鬼。……各進一鷄子。

> 帖畫鷄，或斫鏤五采及土鷄于户上，懸葦索于其上，插桃符其傍，百鬼畏之。

> 正月夜，多鬼鳥度。家家捶床打户，挼狗耳，滅燈燭以禳之。按《玄中

---

① 楊振紅：《月令與秦漢政治再探討——兼論月令源流》，《歷史研究》2004 年第 3 期，第 17—38 頁。

② 《錦帶書》全文見嚴可均輯《全上古三代秦漢三國六朝文·全梁文》卷一九，北京：中華書局，1991 年，第 3062—3063 頁。相關討論參廖美玉《唐代〈月令〉組詩的物候感知與地志書寫》，《國文學報》2015 年 12 月第 58 期，第 73—98 頁。

③ 宗懍撰，杜公瞻注，姜彦稚輯校：《荆楚歲時記》，北京：中華書局，2018 年，第 1、7、23、28、32、37、38、49、67、81、82 頁。

記》云："此鳥名姑獲，一名天帝女，一名隱飛鳥，一名夜行游女，一名鈎星。衣毛爲鳥，脱毛爲女，好取人女子養之。有小兒之家，即以血點其衣以爲志，故世人名爲鬼鳥。荆州彌多。"斯言信矣。姑獲夜鳴，聞則揜耳。

春分日，民并種戒火草于屋上。有鳥如烏，先鷄而鳴："架架格格。"民候此鳥則入田，以爲候。

鬥鷄，鏤鷄子，鬥鷄子。按《玉燭寶典》曰："此節，城市尤多鬥鷄卵之戲。"《左傳》有季、郈鬥鷄，其來遠矣。古之豪家，食稱畫卵。今代猶染藍茜雜色，仍加雕鏤，遞相餉遺，或置盤俎。《管子》曰："雕卵然後瀹之，所以發積藏，散萬物。"張衡《南都賦》曰："春卵夏笋，秋韭冬菁"，便是補益滋味。其鬥卵則莫知所出。董仲舒書云："心如宿卵，爲體內藏，以據其剛"，仿佛鬥理也。

三月三日，杜鵑初鳴，田家候之。此鳥鳴晝夜，口赤，上天乞恩。至章陸子熟乃止。然則章陸子未熟以前，爲杜鵑鳴之候，故稱夜呼。

杜鵑初鳴，先聞者主離別。學其聲，令人吐血于厠溷上。聞者不祥。厭之法，當爲狗聲以應之。

四月也，有鳥名穫穀，其名自呼。農人候此鳥，則犁杷上岸。

（五月）取鸜鵒教之語。（此月鸜鵒子毛羽新成，俗好登巢取養之。必先剪去舌尖，以教其語也。）

（十月）此月内一雨，謂之液雨，百蟲飲此而藏蟄，俗呼爲藥水。

八蠶繭出日南，至秋猶飼以柘。荆楚則早晚二蠶，則五月而已。

鱸魚作膾白如玉，一時之珍。

鄧水鳥，鶩是也。

與《四民月令》中動物養殖、祭祀、食品製作等内容不同，特別是在《四民月令》中占據重要位置的祖先祭祀，在《荆楚歲時記》裏幾乎空白。《荆楚歲時記》中的動物多與巫鬼信仰有關，側重於以巫術手段對鬼靈進行驅除與防範。《吕氏春秋·安死》有"荆人畏鬼而越人信禨"[1]，《漢書·地理志》亦云

---

[1] 許維遹集釋，梁運華整理：《吕氏春秋集釋》卷一〇，北京：中華書局，2009年，第230頁。

楚人"信巫鬼,重淫祀"①,巫鬼觀念是自楚漢以來荊楚地區的信仰傳統。

（1）雞。《荊楚歲時記》中"雞"出現的場合最多,共三處。正月一日,特需雞鳴之時而起,《周易緯通卦驗》云"雞,陽鳥也;以爲人候四時,使人得以翹首結帶正衣裳也",在新年之始雞鳴之時這一特殊時刻,於庭院前燃爆竹、燃草,可以辟除山臊惡鬼。其注引《神異經》"西方山中有人焉,其長尺餘,一足,性不畏人,犯之則令人寒熱,名曰山臊",若爆竹則可使之驚憚。此外,這天還需進雞子及雞蛋一枚,周處《風土記》謂"正旦,當生吞雞子一枚,謂之煉形",又《煉化篇》載"正月旦,吞雞子、赤豆各七枚,辟瘟氣"。此前在《四民月令》中曾説到雞與犬爲盛陽之物,可以辟除不祥,在荊楚之地亦然,如在正月粘貼畫雞,或斬土雞挂於户上,并在其上挂葦索、其旁插桃符,可辟百鬼。

另,每逢寒食節,荊楚即有鬥雞、鏤雞子、鬥雞子之俗。鬥雞早在先秦就已十分流行,據《左傳》載,季平子與郈昭伯是鄰居,二人鬥雞時,季氏往雞上撒了芥末粉,郈氏給雞後爪套上金屬尖刺以增加殺傷力,雙方爲此發生爭執,季平子一怒之下侵占了郈伯氏的宮邸,并導致了後續一系列的政治風波。② 又《戰國策》記"臨淄甚富而實,其民無不吹竽、鼓瑟、擊筑、彈琴、鬥雞、走犬、六博、蹹踘者"③。秦漢以降,鬥雞游戲繼續廣受社會各階層喜愛,學界對此相關討論甚多,在此不再贅述。④ 而所謂鏤雞子和鬥雞子,是指將煮熟的雞蛋進行雕刻或上色繪畫的技藝比賽,唐代駱賓王有詩題名《鏤雞子》"幸遇清明節,欣逢舊練人。刻花爭臉態,寫月競眉新。暈罷空餘月,詩成并道

---

① 班固:《漢書》卷二八,北京:中華書局,1962 年,第 1666 頁。

② 杜預集解,孔穎達等正義:《春秋左傳正義》卷五一,阮元校刻《十三經註疏》,第 2109—2111 頁。

③ 何建章:《戰國策注釋》卷八,北京:中華書局,1990 年,第 326 頁。

④ 對鬥雞文化内涵或圖像的研究,可參朱章義《成都石羊鄉出土王莽時期鬥雞圖》,《農業考古》1999 年第 1 期,第 303—305 頁;高耀德著,張振軍、孔旭榮譯《鬥雞與中國文化》,北京:中華書局,2005 年;楊孝鴻《鬥雞及其内在的文化意義與社會時尚——以南陽英莊漢畫像石〈鬥雞圖〉爲中心》,《中國漢畫學會第十三屆年會論文集》,鄭州:中州古籍出版社,2011 年,第 190—195 頁;金愛秀《南陽英莊漢畫像石墓"鬥雞"圖考辨》,《農業考古》2012 年第 6 期,第 246—248 頁;朱智武《試論河西魏晋十六國墓葬壁畫對漢畫像的新變——以鬥雞、駐馬等非典型圖像題材爲中心》,《南京曉莊學院學報》2016 年第 3 期,第 35—41 頁;楊孝鴻、楊赫《文化視域下的鬥雞風俗及其墓葬圖像》,《藝術探索》2018 年第 5 期,第 79—87 頁。

春。誰知懷玉者,含響未吟晨"[1],白居易亦有詩句"何處春深好,春深寒食家。玲瓏鏤雞子,宛轉綵球花"[2]。

（2）狗。目前《荊楚歲時記》中所見與犬有關的記錄僅存兩條,即"正月夜,多鬼鳥度。家家捶床打户,捩狗耳,滅燈燭以禳之"和聽到杜鵑鳴不祥當爲狗聲加以破除。古人觀念中,夜晚是鬼神最易出没之時,特別是在正月一日夜晚,多鬼鳥,這種鬼鳥被認爲會對家中小兒不利,可用捶床打門户、捏狗耳、滅燈等方式加以禳除。以狗禳除鬼怪的巫術出現較早,先秦時就有以犬"寧風"[3]和禳除災疫的行爲,如睡虎地秦簡《日書》甲種《病》篇云"庚辛有疾,外鬼傷死爲祟,得之犬肉,鮮卵白色,甲乙病,丙有間,丁酢",王子今認爲犬肉具有某種潛在的神秘力量,能够破除鬼怪帶來的危害。[4] 又《詰咎》篇言"取故丘之土,以爲僞人犬,置牖上,五步一人一犬,環其宫,鬼來陽灰鼗箕以㱥之,則之","大神,其所不可尙也,善害人,以犬矢爲完,操以㱥之,見其神以投之,不來矣",古人不僅相信土做的人、犬可以防邪驅鬼,還以爲"犬矢"亦能辟邪祛害。[5]《山海經·西山經》載"有獸焉,其狀如狸而白首,名曰天狗,其音如榴榴,可以禦凶"[6],《淮南子·説林訓》"譬若旱歲之土龍,疾疫之芻狗,是時爲帝者也",高誘注云"土龍以求雨,芻狗以求福,時見貴也"[7],顧頡剛指出芻狗即爲束芻所作的狗,用以謝過求福和禳解疾疫。[8]

此外,"殺犬于門"可以禳災,[9]《史記·封禪書》記載秦德公時"磔狗邑

① 彭定求等編:《全唐詩》卷七八,北京:中華書局,2006 年,第 846 頁。
② 白居易撰,謝思煒校注:《白居易詩集校注》卷二六,北京:中華書局,2006 年,第 2082 頁。
③ 宋鎮豪:《夏商社會生活史》,北京:中國社會科學出版社,1994 年,第 488—489 頁;井上聰:《先秦陰陽五行》,武漢:湖北教育出版社,1997 年,第 183—187 頁。
④ 王子今:《睡虎地秦簡〈日書〉甲種疏證》,武漢:湖北教育出版社,2003 年,第 183 頁。
⑤ 劉樂賢:《睡虎地秦簡日書研究》,台北:文津出版社,1994 年,第 235 頁。
⑥ 袁珂:《山海經校注》（最終修訂版）卷一,北京聯合出版公司,2014 年,第 47 頁。
⑦ 何寧:《淮南子集釋》卷一七,北京:中華書局,1998 年,第 1169—1170 頁。
⑧ 顧頡剛:《周漢風俗和傳説瑣拾——讀〈吕氏春秋〉及〈淮南子〉筆記》,載《顧頡剛全集:顧頡剛民俗論文集》,北京:中華書局,2011 年,第 553 頁。
⑨ 相關討論參王建勇《疾疫與禳災:〈左傳〉"殺犬于門中"考》,《中國俗文化研究》第十五輯,成都:四川大學出版社,2018 年,第 15—25 頁。

四門,以禦蠱菑"①,應劭《風俗通義》專有"殺狗磔邑四門"一節,其文云"狗別賓主,善守禦,故著四門,以辟盜賊也","蓋天子之城,十有二門,東方三門,生氣之門也,不欲使死物見于生門,故獨于九門殺犬磔禳"②。此前《四民月令》中記載可用狗血療病除魅,《本草綱目》"術家以犬爲地厭,能禳辟一切邪魅妖術"。干寶《搜神記》裏有華佗用犬治瘡的故事:

> 瑯邪劉勳爲河內太守,有女年幾二十,苦脚左膝裏有瘡,癢而不痛。瘡愈,數十日復發。如此七八年。迎佗使視,佗曰:"是易治之。當得稻糠黃色犬一頭,好馬二匹。"以繩繫犬頸,使走馬牽犬,馬極輒易。計馬走三十餘里,犬不能行,復令步人拖曳。計向五十里,乃以藥飲女,女即安臥,不知人。因取大刀,斷犬腹近後脚之前,以所斷之處向瘡口,令二三寸停之。須臾,有若蛇者從瘡中出,便以鐵椎橫貫蛇頭。蛇在皮中動搖良久,須臾不動,乃牽出。長三尺許,純是蛇,但有眼處,而無童子,又逆鱗耳。以膏散著瘡中,七日愈。③

這個故事看似荒誕不經,不過裏面涉及用犬血引瘡中之蛇的內容倒是有趣,此處的蛇或許是某種寄生蟲,狗在劇烈運動後的血格外熾熱,可用狗血之氣將寄生於創口中的蟲子引出。關於以狗血破妖氣,民間廣爲流行,此僅舉一例説明,唐僖宗廣明元年(880)"西川節度使陳敬瑄素微賤,報至蜀,蜀人皆驚,莫知爲誰。有青城妖人乘其聲勢,帥其黨詐稱陳僕射,馬步使瞿大夫覺其妄,執之,沃以狗血,即引服,悉誅之"④,講的是青城有妖冒充陳敬瑄,被瞿大夫所發覺,并用狗血將其制服。

用狗祛邪的風俗在當代一些少數民族地區仍可尋到踪迹,如雲南景洪縣雅奴寨基諾族每年在舉行祭祀活動時,"在村寨出入口樹立兩木椿,約高一丈,上插當留兩個,殺狗兩條,雞兩三隻,狗血、雞血塗在當留上,狗毛、雞毛貼於其上,狗頭狗脚挂在插當留的木椿上……祈求寨神和其他山神地神保

---

① 司馬遷:《史記》卷二八,北京:中華書局,1982 年,第 1355 頁。
② 應劭撰,王利器校注:《風俗通義校注》卷八,第 377 頁。
③ 干寶撰,李劍國輯校:《新輯搜神記》,北京:中華書局,2007 年,第 624—625 頁。
④ 司馬光:《資治通鑑》卷二五三,北京:中華書局,1956 年,第 8226 頁。

佑全寨老幼和家畜清吉平安"①。

　　古代早期巫、醫界限并不分明,用狗醫治疾病或破除妖氣鬼怪的思想與實踐活動在歷史過程中長期延續。但《荊楚歲時記》中通過捏狗耳避開鬼鳥危害的做法,極具地域性特點,爲其他地方所未見,但其中所包含的基本觀念即狗乃驅邪之物却是與他地具有内在一致性的。

　　(3) 杜鵑。又稱子規、子鵑、謝豹、杜宇等。《史記》載"昔自在古,曆建正作于孟春。于時冰泮發蟄,百草奮興,秭鳺先滜",司馬貞索隱"言子鳺鳥春氣發動,則先出野澤而鳴也。……鳺音弟,鳺音桂。楚詞云'慮鵜鳺之先鳴,使夫百草爲之不芳',解者以鵜鳺爲杜鵑"②。據《荊楚歲時記》,杜鵑有兩個顯著特征,一是春夏之際晝夜啼鳴;二是赤口,即口腔和舌頭呈紅色。中古詩文中常見杜鵑鳥意象,杜甫有詩題名《杜鵑行》,詩云"君不見昔日蜀天子,化爲杜鵑似老烏。寄巢生子不自啄,群鳥至今爲哺雛。雖同君臣有舊禮,骨肉滿眼身羇孤。業工竄伏深樹裏,四月五月偏號呼。其聲哀痛口流血,所訴何事常區區。爾豈摧殘始發憤,羞帶羽翮傷形愚。蒼天變化誰料得,萬事反覆何所無。萬事反覆何所無,豈憶當殿群臣趨"③;又唐代王建《夜聞子規》"子規啼不歇,到曉口應穿。況是不眠夜,聲聲在耳旁"④。兩首詩均突出了杜鵑徹夜啼鳴的特點,再加之其口赤,激起人們無限遐思,認爲它在淒涼哀怨地悲啼,聲聲不斷,以至於滿嘴流血,如白居易《琵琶行》中提及"住近湓江地低濕,黃蘆苦竹繞宅生。其間旦暮聞何物,杜鵑啼血猿哀鳴"。

　　古代傳説杜鵑鳥乃爲古蜀帝杜宇魂魄所化,李商隱詩云"莊生曉夢迷蝴蝶,望帝春心托杜鵑"。前有東晉常璩《華陽國志》記"(蜀)後有王曰杜宇,教民務農……巴國稱王,杜宇稱帝。號曰望帝,更名蒲卑……會有水災,其相開明,决玉壘山以除水害。帝遂委以政事,法堯舜禪授之義,禪位于開明。帝升西山隱焉。時適二月,子娟鳥鳴。故蜀人悲子娟鳥鳴也。巴亦化其教

---

① 宋恩常等:《景洪縣雅奴寨基諾族宗教調查》,載《雲南民族民俗和宗教調查》,昆明:雲南民族出版社,1985 年,第 192 頁。

② 司馬遷:《史記》卷二六,第 1255 頁。

③ 杜甫著,仇兆鰲注:《杜詩詳注》卷一〇,北京:中華書局,1979 年,第 837—838 頁。

④ 王建撰,尹占華校注:《王建詩集校注》卷四,成都:巴蜀書社,2006 年,第 176 頁。

而力農務。迄今巴蜀民農,時先祀杜主君"[①],北宋樂史《太平寰宇記》對這一傳説有更爲詳細的記録,其寫道:

> 蜀之先肇于人皇之際,至黄帝子昌意娶蜀山氏女,生帝嚳。後封其支庶于蜀,歷夏、商、周,始稱王者,縱目名蠶叢,次曰柏灌,次曰魚鳧。其後有王曰杜宇,宇稱帝,號望帝。自以功德高諸王,乃以褒斜爲前門,熊耳、靈關爲後户,玉壘、峨眉爲城郭,江、潜、綿、洛爲池澤,以汶山爲畜牧,南中爲園苑。時有荆人鱉泠死,其尸隨水上,荆人求之不得。鱉泠至汶山下,忽復生,見望帝,帝立以爲相。時巫山壅江,蜀地洪水,望帝使鱉泠鑿巫山,蜀得陸處。望帝自以德不如相,因禪位于鱉泠,號開明,遂自亡去,化爲子鵑鳥,故蜀人聞子鵑鳴曰"是我望帝也"。"鱉泠"或作"鱉靈","子鵑"爲"子巂",或云杜宇死,子規鳴。[②]

望帝禪位後不忘蜀地,日夜思念,悲鳴不止,這一典故使杜鵑鳥披上一層悲劇性色彩,正因其嘴角紅色,又晝夜鳴叫不止的緣故,纔附會出啼血之説。杜鵑與血有關的傳説往往會附會人事,《荆楚歲時記》中未明載這一故事,但從"杜鵑初鳴,先聞者主離别"一句,似乎可隱約看出暗含有該傳説的影子,且"聞者不祥",更不可學其聲,否則會令人吐血,若聽到的話,可模仿狗叫加以破解。南朝劉敬叔《異苑》亦云"杜鵑始陽相催而鳴,先鳴者吐血死。常有人山行,見一群寂然,聊學其聲,便嘔血死"[③],當時南方以聞杜鵑初鳴、學杜鵑叫聲爲大忌。

除上述具有"巫鬼"性質的動物知識外,《荆楚歲時記》中也包含了一些與農事有關的動物物候知識,如春分日有如烏之鳥鳴叫聲"格格架架",當地人聽聞此鳥入田,開啓一年的農業生産活動。該鳥或爲戴勝鳥,清人羅汝懷在文集中解釋"戴勝"時寫道:"《爾雅》鵖鴔、□鵖注:小黑鳥,鳴自呼,江東名为烏賜,李時珍曰□鵖,音批及,又曰鴡□,戴勝也。一曰鵯□,訛作批頰鳥,羅願曰即祝鳩也。江東謂之烏臼,又曰鵶臼,小于烏,能逐烏,今俗謂之

① 常璩著,任乃强校注:《華陽國志校補圖注》卷三,上海古籍出版社,1987 年,第 118 頁。
② 樂史撰,王文楚等點校:《太平寰宇記》卷七二,北京:中華書局,2007 年,第 1457—1458 頁。
③ 劉敬叔:《異苑》卷三,北京:中華書局,1991 年,第 55—56 頁。

駕犂。五更輒鳴曰架架格格，滇人呼爲榨油郎，亦曰鐵鷚鷜，能啄鷹鶻鳥鵲，乃隼屬也，汴人呼爲夏雞。古有催明之鳥名喚起者，即此。其鳥大如燕，黑色長尾有岐，頭上戴勝，所巢之處其類再巢必鬥。"①又文中提到穫穀鳥，即布穀鳥，"農人候此鳥，則犂杷上岸"。不過物候性的動物記錄所占比重不高，《荆楚歲時記》中披上一層巫靈鬼怪色彩的動物知識，有些極具地方特色，向人們展示了當時民間動物知識的另一面貌。

結　語

月令集物候、政令、農事活動於一體，順時施政、順時安排農事活動是貫穿其中的思想内核。藉由月令文本，我們可觀察古人在經驗時間中是如何認識和理解外部世界與自身關係的。

《夏小正》中的動物知識豐富，文本素材采自民間，源於對自然物候現象的直接觀察。總體觀之，文中記錄鳥類信息最多，特別關注鳥類鳴叫與遷飛活動對時間的指示作用，動物指時系統初步形成，且開創了以月順次記載物候知識并以此安排農事的月令體例，此處"令"偏重於"時令"之義。

《夏小正》中的這套動物物候知識被《禮記·月令》所繼承，此外，《月令》還利用當時陰陽五行這套公共知識對其他各類知識進行整合，依據四時節律，安排國家政治事務，文本帶有明顯的王官色彩。伴隨統治者對時間的壟斷，月令叙述的重心轉到政治上來，相較之下，動物物候"黯然失色"，成爲背景式的叙述套語。《吕氏春秋·十二紀》《淮南子·時則訓》等與《月令》在文本思想内容和組織結構上具有相似性，這些文本共同構成了"政令型"月令的典型，此處"令"則爲"政令"之義，核心人物是"天子"，具有強烈的時間規範與對政治活動的指導作用。

自漢以後，月令文本沿着官方政令類與民間農家類兩條軌道各自發展，以《四民月令》和《荆楚歲時記》爲代表的農家月令，是"時令"的復歸，行事的主體從天子又轉爲庶民。農家月令中的出場動物，物候信息即動物指時

① 羅汝懷撰，趙振興校點：《绿漪草堂文集》卷三，長沙：岳麓書社，2013 年，第 42—43 頁。

知識已經基本淡化,而是以動物利用爲主,内容涵蓋動物的養殖培育、祭祀、醫藥、食品製作等多個方面。因各地氣候、資源、習俗不一,故在對具有生活指導手册功能的農家月令進行探討時,需特別注意地域性問題。以《荆楚歲時記》爲例,即可展現荆楚地區對動物的利用和認知特點。

　　受篇幅所限,本文僅擇取了幾種代表性月令進行探究,所選的四種月令文本,基本覆蓋了不同時段、不同層次、不同地域的動物知識及其利用情形,可梳理出大致脉絡。但其中更多具體的動物知識無法全面深入討論,特別是對中古時期其他月令類文本如《玉燭寶典》《四時纂要》等動物知識的研討有待今後進一步展開。

Animal Knowledge in Ancient Yueling Literature

XIONG Dian

We can make use of Yueling literature in different historical periods to sort out the functional transformation of the animal knowledge. In *Xia Xiaozheng*, the ancient people used the chirping and hibernation of the animals, or the tracks of the migratory birds to grasp the replacement of natural seasons. The Book *Liji-Yueling* integrates the animal knowledge in *Xia Xiaozheng* into the framework of the five elements. And the animal knowledge no longer appears as the main character, but becomes into a kind of stereotyped narrative and a part of the government decree. As for *Siminyueling*, the animal knowledge is closer to People's Daily life, covering animal breeding, animal sacrifice and animal medicine manufacturing and so on. In conclusion, the animal knowledge has experienced a historical change from the construction of "natural time" to "political time" and then to "life time".

《無極山碑》小考

——兼論東漢末年常山國地域社會[*]

徐紫悦

（北京大學歷史學系）

　　《無極山碑》，又稱《無極山神廟碑》，[①]刻立於東漢靈帝光和四年（181），最早見錄於歐陽修《集古錄》，[②]然今原石和拓本均不傳，故未知其形制、尺寸、地點等具體信息。[③] 洪适《隸釋》錄其全文，成爲今人瞭解《無極山碑》的重要文獻。

　　《無極山碑》記載了常山國元氏縣吏民爲無極山求法食，及得法食後諸如拓祠、置吏、立碑等祭祀活動的展開；所謂"法食"與得到國家認可有關，"得法食"即指地方山川祭祀在中央備案，使之具有正當性。[④] 碑文移錄了當時的詔書，呈現出較爲複雜的文本形態。此外，無極山碑是東漢常山國元氏

　[*] 本文初稿曾報告於復旦大學"石刻史料與中古中國"本科生課程，後在北京大學第十五屆史學論壇（2019.4）上報告，論文撰寫及報告過程中承蒙仇鹿鳴、陸揚、徐冲、楊雅婷、龐博、李屹軒、朱亦文等師友惠示寶貴意見，謹此致謝！

　[①] 歐陽修跋語中稱之爲"後漢無極山神廟碑"（歐陽修：《集古錄》卷一《後漢無極山神廟碑》，《景印文淵閣四庫全書》第 681 册，新北：臺灣商務印書館，1983 年，第 20 頁）。按《天下碑錄》，在光和四年（181）《漢無極山神廟碑》外，另有立于建安四年（199）的《漢無極山碑》（《隸釋》卷二七附《天下碑錄》，中華書局影印洪氏晦木齋刻本，1986 年，第 284 頁）。筆者翻檢各題跋，諸家所跋之碑均爲刻立於光和四年的"無極山碑"，故傳世當僅此碑，或爲《天下碑錄》誤載。

　[②] 歐陽修：《集古錄》卷一《後漢無極山神廟碑》，第 20 頁，其中僅錄部分内容。

　[③] 今人杜香文經過實地勘察後提供了三個可能的埋藏地點，詳見杜香文《元氏封龍山漢碑群體研究》，北京：文物出版社，2002 年，第 113—114 頁。

　[④] 田天：《東漢山川祭祀研究——以石刻史料爲中心》，《中華文史論叢》2011 年第 1 期，第 129—130 頁。

縣山川祭祀碑群中的一通,這組山川祭祀碑隱含了漢末常山國怎樣的歷史信息? 本文首先探析《無極山碑》的文本形態,旨在厘清碑文的内容與結構,明確《無極山碑》的性質、立碑目的等方面,進而結合相關漢碑討論東漢末年常山國的地域社會,以窺漢末地方社會之一隅。爲研討方便,兹據《隸釋》録文并標點如下: ①

> 光和四年 七 月辛卯朔廿二日壬子,大常臣耽、丞敏頓首上尚書。謹案文書,男子常山蓋高、上黨范遷詣□□□爲元氏三公神□,本初元年二月癸酉、光和二年二月戊子詔書,出其縣錢,給四時祠具。去年五月,常山相巡遣吏王勛、三□弘褒詣三公山請雨,山神即使高傳言,令勛、褒歸□雨可得。三公山即與龍、靈山、無極山共興雲交雨。國相巡、元氏令王翊各白羊塞神山,復使高與遷及縣吏和卞,令俱詣大常爲無極山神索法食,比三公山。臣疑高、遷言不實,輒移本國□核。今常山相書言,部督郵書掾成熹參訊實問,熹、縣令翊各言無極山與天地俱生,從上至體,可三里所,立石爲體,二丈五尺所。政南□上□青,下黄白色,前政平,可布兩大席。山周匝廿餘,在西南卅里。縣界有名山,其三公、封龍、靈山皆得法食,每長吏祈福,吏民禱告,如言有驗。乞合無極山比三公、封龍、靈山,祠□七牲,出用王家錢,小費蒙大福,尊神以珪璧爲信。臣愚以爲,如巡言,爲民來福,以祠祀爲本,請少府給珪璧,本市祠具,如癸酉、戊子詔書故事報。臣耽愚戇,頓首頓首上尚書。制曰可。大尚承書從事。(上缺)月十七日丁丑,尚書令忠奏洛陽宫。光和四年八月辛酉朔十七日丁丑,尚書令忠下。光和四年八月辛酉朔十七日丁丑,大常耽、丞敏下常山相,□從事下承□用者如詔書,②書到言。昔在禮典,國有名山,能異材用,興雲出雨,爲民來福除殃則祀。元氏縣有先時三公、封

---

① 《隸釋》卷三《無極山碑》,第44—46頁。

② 根據汪桂海對漢代官文書結構的總結,這裏的"□從事下承□用者"或與"承書從事下當用者"類似,有"接到本文書後按文書所要求的去做"之意,是漢代下行文書中的常用結束語(汪桂海:《漢代官文書制度》,南寧: 廣西教育出版社,1999 年,第102 頁)。

龍、靈山已得法食,而獨未。光和四年二月,房①子大男蓋高、上黨范遷
奏記大常。大常下郡國相南陽馮府君,咨之前志,□問者叟,僉以爲實
神且明。每國縣水旱及民疾病,禱祈輒應時有報。又有終南之敦物,與
岱崇之松,及楊越之枕□篠簜焉。材用于是乎出,官民于是乎給,在禮
秩祀,有功必報。今時無極山應法食,誠其宜耳。于是言大常,奏可。
其年八月丁丑詔書,聽其九月更造神廟,恢拓祠宮,置吏犧牲從制,月醮
時祠,禮與三山同。乃立碑銘德,頌山之神焉。其辭曰:岩岩無極,厥體
巍巍,嵩□萬常,危□□梯。浚谷千仞,窈窕曲隈,茂林蔥青,倉氣蔚伊。
□岨崱礒,巍□岕漼,遙望儼然,即就有威。觸石膚寸,興雲祁祁,雨我
公田,遂及我私。百穀用成,家有其資,禱禳請祈,應速不遲。鳥獸草
木,蕃茂隆□,□□□狠,神爲之哀。欽案禮典,咨古遺則,功加于民,官
報其德。今備七牲,珪璧法食,改館興廟,恢拓宇室。增益吏役,恭②君
下職,月醮時祀,肅祇齊壺。□必博碩,酒必嘉粟,粢盛馨香,如禮不失。
願君歆享,降福孔□,官民禱祈,僉□密勿。有以禳解,報應可必,□□法
食,將祐我君。我君高□,衆多子孫,君其遺慶,副稱願云。常山相南陽冠
軍馮巡,字季祖。長史潁川□申屠 熊 ③,字□□。元氏令京兆新豐王翊,
字元輔。丞河内□□□□□。左尉上郡白土 樊瑋 ,字 子義 ④。祠祀掾

---

① 洪适作"所"字,黃丕烈勘合《續漢書·郡國志二》中"常山國下轄房子縣"的記載,認爲當作
"房"(黃丕烈:《汪本隸釋刊誤》,《隸釋·隸續》附録,北京:中華書局影印嘉慶丙子士禮居
刊本,1986 年,第 458 頁),今從黃説。
② 按黃生跋語認爲"恭"通"供"(參見容媛、胡海帆《秦漢石刻題跋輯録》引黃生《義府》,上海
古籍出版社,2009 年,第 1177 頁上)。
③ 按《白石神君碑》碑文中有"長史潁川申屠熊",且《白石神君碑》刻立於光和六年(183),與
《無極山碑》的刻立時間(光和四年)相距不遠,故此處當爲"熊"字。《白石神君碑》見《常山
貞石志》卷一,《石刻史料新編》第一輯第十八册,臺北:新文豐出版公司影印本,1977 年,第
13180—13182 頁;并參高文《漢碑集釋》(以下簡稱《集釋》),鄭州:河南大學出版社,1997
年,第 457—460 頁,以及毛遠明《漢魏六朝碑刻校注》(以下簡稱《校注》)(第二册),北京:
綫裝書局,2009 年,第 52—53 頁。
④ 按《三公之碑》碑文中有"元氏左尉上郡白土樊瑋,字子義",且《三公之碑》亦刻立於光和四
年,故此處當爲"樊瑋""子義"。《三公之碑》拓片見北京圖書館金石組編《北京圖書館藏中
國歷代石刻拓本匯編》(以下簡稱《匯編》)第一册,鄭州:中州古籍出版社,1989 年,第 172
頁;録文可參見《校注》第二册,第 28—29 頁。

□賢、廉香□掾和□、□□□□、祠仁德掾樊淑、史吳宜、小吏吳黑。光
和四年十月十三日□□，石師□□造。

一、《無極山碑》的文本形態
——基於文書碑的考察

洪适跋《孔廟置守廟百石孔龢碑》謂：

> 予家所藏石刻，可以見漢代文書之式者有《史晨祠孔廟碑》《樊毅復
> 華租碑》《太常耽無極山碑》，與此而四。①

《無極山碑》的一大特點便是其部分内容抄録自文書。筆者將碑文的全部
（或部分）内容記載有文書者稱爲"文書碑"，除洪适提示的四種，文書碑另有
《三公山神碑》②《張景碑》③等。以下即擬結合這些文書碑，對《無極山碑》
的文本形態加以考察。

首先，《無極山碑》的碑文内容可分爲四個部分：從"光和四年七月辛卯
朔廿二日壬子，大常臣耽、丞敏頓首上"至"書到言"，爲抄録自文書的第一部
分，主要記載了常山國吏民爲無極山求法食的上奏下達文書。第二部分從
"昔在禮典"至"乃立碑銘德，頌山之神焉"，這一部分追述了無極山雖"獨未
（得法食）"，然其供給材物、弭病蔭福、實神且明，故蓋高、范遷上奏太常以求
法食，經過太常、尚書的核查覆案，詔允，無極山因此得以造廟拓宮、置吏時
祠的整個過程。其後兩個部分則爲銘辭和題名。

接下來，本文將着重考察《無極山碑》的第一部分。蔡邕在《獨斷》中論
及漢代的文書分類，總結道"詔書者，詔誥也，有三品……群臣有所奏請，尚

①　《隸釋》卷一《孔廟置守廟百石孔龢碑》，第 19 頁。
②　陸增祥：《八瓊室金石補正》（以下簡稱《八瓊室》）卷四《三公山神碑》，北京：文物出版社影
印吳興劉氏希古樓刊本，1985 年，第 14—15 頁。
③　鄭傑祥：《南陽新出土的東漢張景造土牛碑》，《文物》1963 年第 11 期，第 1—4 頁。魯西奇
亦撰文考釋，可參讀魯西奇《南陽漢代碑石叢考》，收入氏著《人群·聚落·地域社會：中古
南方史地初探》，廈門大學出版社，2011 年，第 217—226 頁。

書令奏之,下有司曰制,天子答之曰可,若下某官云云,亦曰詔書"①,則碑文的文書部分當屬於詔書(以下簡稱"丁丑詔書")。由於行政過程中需移録之前各環節文書的大致内容,因此漢代的文書往往呈現出復合型的形態,就丁丑詔書而言,依序當主要包括以下内容的文書:蓋高、范遷向太常奏請"爲無極山神索法食";太常移書常山國相來覆核申請事由;部督郵書掾成熹向國相彙報勘問詢訪得到的情況(或亦包括元氏縣令王翊上國相的陳請文書);國相回復太常勘問所得,并附上自己的意見;太常根據本初元年(146)二月癸酉、光和二年(179)二月戊子詔書故事,②并抄録先前環節中的各文書,提出處理意見後,遞交尚書的上奏;這份文書經由尚書令呈上,③皇帝作最後的批復意見:"制曰可。"自此,詔書内容基本結束,其後便是由尚書令、太常、國相逐級下達的,附有"承書從事下當用者如詔書""書到言"④這類結束語的下行文書,用以訓示監督、要求答覆。圖示如下:

---

① 蔡邕著,盧文弨校訂:《獨斷》卷上,收入《叢書集成初編》,北京:中華書局影印抱經本,1985年,第4頁。大庭脩在蔡邕分類的基礎上,認爲由於現存史料多闕略,當以制詔所反映的下達程式來進行分類;在這一分類下,《無極山碑》屬於"官僚在被委任的權限内爲執行自己的職務而提議和獻策,皇帝加以認可,作爲皇帝的命令而發布"的形式(大庭脩:《秦漢法制史研究》,林劍鳴等譯,上海人民出版社,1991年,第165—174頁)。汪桂海則對蔡邕的分類進行了進一步闡發,認爲詔書中的一種是由臣下的奏文和皇帝的指示文字組成的,《無極山碑》即屬其例(汪桂海:《漢代官文書制度》,第32—34頁)。

② 所謂"謹案文書……本初元年二月癸酉、光和二年二月戊子詔書,出其縣錢,給四時祠具",根據文意,太常所案之"文書"當是指蓋高、范遷所上的文書,文書中追述了先前本初元年(146)二月癸酉及光和二年(179)二月戊子朝廷詔許當地祭祀活動的事。不過癸酉和戊子詔書既然是朝廷頒下的有關祭祀事務的文書,其在太常内應有留檔,加上後文太常耽、太常丞敏提議"如癸酉、戊子詔書故事報",因此他們在審閲文書時,當亦覆案了"本初元年二月癸酉、光和二年二月戊子詔書"。

③ 有關尚書和尚書令在文書行政過程中各自的分工和職權,祝總斌指出:"一般情況,就職掌範圍内文書的接受、保管、省視,提出初步處理意見,當歸尚書;然而將這一文書上奏皇帝,接受皇帝咨詢,并在皇帝批准後,印封下達外朝,其權則在尚書令。"(祝總斌:《兩漢魏晉南北朝宰相制度研究》,北京大學出版社,2017年,第115—116頁)汪桂海亦指出,尚書令專門負責章奏文書的上呈和下達(汪桂海:《漢代官文書制度》,第169—170頁)。

④ "書到言"意謂收到詔書後要求覆命,參大庭脩《秦漢法制史研究》,第206—207頁;侯旭東《東漢〈乙瑛碑〉增置卒史事所見政務處理:以"請"、"須報"、"可許"與"書到言"爲中心》,《中國中古史研究:中國中古史青年學者聯誼會會刊》第4卷,北京:中華書局,2014年,第65—67頁。

皇帝 ⑤批復
④上呈
⑥下達 尚書令
④上呈
尚書
③處理意見
②勘核
太常 ②回復 常山相 ②勘核
⑥下達
⑥下達 ②回復 部督郵書掾
①求法食 元氏縣令 ②勘核
蓋高、范遷

——→ 表示文書的上傳下行　------ 表示可能的文書往來
①—⑥表示程序環節

由此可知，爲無極山“求法食”經過了一個“起請—勘核—上奏—制可—下達”的過程，對於這個過程，田天已有發覆：“（郡國爲本地山川“求法食”的常規過程）首先由地方官動議，上報太常，經過一定手續的復核檢驗後，再由太常上報皇帝，制可後，此名山即取得了一定的地位，可增廣祭祀。”[1]

此外，碑文載錄的上述文書只是整個“求法食”過程所涉文書的一部分，一來因爲其主體實則是太常給尚書的上奏，所以馮巡、王翊最後收到的下行文書中，此前環節的相關文書已經過太常耽、丞敏的選擇性概述；二來，在刊刻無極山碑時，吏民當是以馮巡、王翊收到的詔書爲底本，重又繕寫了一份底稿，而後勒石爲銘。這樣一份複雜的文本，已無當時的文書可供勘合，不過那些同處東漢末期的文書碑或可提供繼續解讀的綫索。筆者翻檢諸碑刻，與《無極山碑》最爲相似且較爲清晰的，當屬《孔廟置守廟百石孔龢碑》（又稱《乙瑛碑》，下面以此簡稱），其中的“壬寅詔書”與《無極山碑》的“丁丑

---

[1] 田天：《東漢山川祭祀研究——以石刻史料爲中心》，第128頁。

詔書"形制相似：①

> 　　司徒臣雄、司空臣戒稽首言：魯前相瑛書言："詔書崇聖道，勉□藝，
> 孔子作《春秋》，制《孝經》，□□五經，演易繫/辭，經緯天地，幽贊神明，
> 故特立廟，褒成侯四時來祠，事已即去。廟有禮器，無常人掌領，請置百
> 石卒史一/人，典主守廟，春秋饗禮，財出王家錢，給犬酒直。"須報。謹
> 問大常，祠曹掾馮牟、史郭玄辭對："故事：辟雍禮未/行，祠先聖師。侍
> 祠者，孔子子孫，大宰、大祝令各一人，皆備爵。大常丞監祠，河南尹給
> 牛羊豕雞□□各一，/大司農給米祠。"臣愚以爲，如瑛言，孔子大聖，則
> 象乾川，爲漢制作，先世所尊。祠用衆牲，長吏備□，今 欲加/寵子孫，
> 敬恭明祀，傳于罔極。可許。臣請魯相爲孔子廟置百石卒史一人，掌領
> 禮器，出王家錢，給犬酒直，/他如故事。臣雄、臣戒愚戇，誠惶誠恐，頓
> 首頓首，死罪死罪，臣稽首以聞。/制曰可。/元嘉三年三月廿七日壬寅
> 奏洛陽宮。/元嘉三年三月丙子朔廿七日壬寅，司徒雄、司空戒下魯相，
> 承書從事下當用者，選其年冊以上，經通一/藝，雜試通利，能奉弘先聖
> 之禮，爲宗所歸者，如詔書。書到言。/

勘合兩文，主要異同點如下：其一，兩者是一類詔書，即郡國守相或吏民上奏
中央卿府，卿府進行覆核、咨詢，并提出初步的處理意見後上呈，皇帝作批復
後逐級下達，不同之處僅是丁丑詔書經過尚書（令）上呈，而壬寅詔書則由司
徒、司空直接上呈皇帝；其二，兩份詔書包含的文書也類似：起請奏文、覆核
咨詢所得、擬定處理意見後的上奏文書、制可、下行文書，不同的是壬寅詔書
在行下時進一步規定了選任百石卒史的具體要求。總之，刊刻在《乙瑛碑》
上的壬寅詔書與刊刻在《無極山碑》上的丁丑詔書，兩者呈現的文書形態基
本一致。

　　相較之下，《魯相史晨祠孔廟奏銘》和《樊毅復華下民租田口算碑》則呈
現出不同的文書形態：

---

① 《隸釋》卷一《孔廟置守廟百石孔龢碑》，第18頁。《乙瑛碑》在侯旭東前引文中已有著録，録
　文參考了侯文，并結合《隸釋》而成。另外，録文不特別標識款式，碑文在"制曰可""洛陽宮"
　下分別有司徒及司空的題名，這裏也一并省去。

建寧二年三月癸卯朔七日己酉，魯相臣晨、長史臣謙頓首死罪上尚書……而無公出酒脯之祠，臣即自以奉錢，修上案食醊具，以叙小節，不敢空謁……臣輒依社稷，出王家穀，春秋行禮，以共烟祀，餘胙賜先生執事……臣晨誠惶誠恐，頓首頓首，死罪死罪上尚書。①

光和二年十二月庚午朔十三日壬午弘農大守臣毅頓首死罪上尚書……敬乞差諸賦，復華下十里以内民租田口算，以寵神靈，廣祈多福……臣毅誠惶誠恐，頓首頓首，死罪死罪上尚書。②

其中，《魯相史晨祠孔廟奏銘》載録了建寧二年（169）魯相史晨請求落實“出王家錢”以保障孔廟祭祀活動的奏文，《樊毅復華下民租田口算碑》則載録了光和二年（179）弘農太守樊毅的上奏文書，主要内容爲請求免除華山下十里以内百姓的租田口算之賦，以減輕當地百姓因“加奉尊岳”而需承擔的額外賦役。正如洪适在《魯相史晨祠孔廟奏銘》跋語中指出的“此亦奏牘……《樊毅復華下民租奏》其式與此同”③，兩碑所載文書僅爲“奏牘”，即郡國守相的上奏文書，屬於前述的“起請”環節。然據《史晨饗孔廟後碑》及《樊毅修華岳碑》可知，史晨和樊毅兩人的上奏實則得到了朝廷的批復“春秋復禮，稽度玄靈，而無公出享獻之薦……即上尚書，參以符驗，乃敢承祀，餘胙賦賜”④，及“乃上復十里内工商農賦，克厭帝心，嘉瑞乃答”⑤。

　　那麽，爲什麽這兩通碑僅是載録了守相的起請文書，而呈現出與《無極山碑》《乙瑛碑》不同的文書形態？除了碑石大小、刊刻時間等技術因素，筆者認爲還應當將立碑目的納入考量：無論是無極山“得法食”還是孔廟“置百石卒史”，兩碑都着意於强調行爲的官方性和正當性，移録整個“起請—勘核—上奏—制可—下達”，乃至“答覆”的文書不僅可以詳述事情的原委，也

① 《隸釋》卷一《魯相史晨祠孔廟奏銘》，第23頁；并參《集釋》第324—337頁。
② 《隸釋》卷二《樊毅復華下民租田口算碑》，第28頁。
③ 《隸釋》卷一《魯相史晨祠孔廟奏銘》，第24頁。
④ 《隸釋》卷一《史晨饗孔廟後碑》，第24頁。
⑤ 《隸釋》卷二《樊毅修華岳碑》，第29頁。對於這一點，洪适在跋語中已經指出：“案後碑云，上奏復賦，克厭帝心，則知已從其請矣。”（第28頁）

可昭示此舉經過了官方流程,獲得了"制曰可"的權威認可而具有不言自明的正當性。① 相較而言,《魯相史晨祠孔廟奏銘》和《樊毅復華下民租田口算碑》更側重於強調郡國守相對地方事務"做了什麼",而并非強調行爲本身的正當性,故而碑文只是移録了他們的奏請文書。因此,立碑目的是這類文書碑得以呈現如此形態的重要因素。

　　回到對《無極山碑》的討論,前已論及無極山碑的立碑目的在於記述無極山"求法食"一事的原委,并強調"得法食"已獲得官方認可的正當性。此外值得注意的是,《無極山碑》呈現出"文書+叙事+銘辭+題名"的文本形態并非平地起樓。按同樣刻立于常山國元氏縣的本初元年《三公山神碑》,②沈濤跋云:"其文磨滅不可讀……其文式與《隸釋》所載《無極山碑》大略相同。"③《三公山神碑》漫漶嚴重,不過從斷續的文字中,仍可知《三公山神碑》對應的當即《無極山碑》中所謂"癸酉故事",而且碑文至少包括了與"求法食"相關的詔書和題名兩部分:"[本]初元年二月丁巳朔八日甲子,大常臣[許]、丞臣[防]頓首上尚書……以王家經錢給直,增設□□□給珪璧。臣愚以爲□□山□,臣許、臣防頓首上[尚]書。二月十七日癸酉,尚書令臣□奏洛陽宫……丁巳朔十[七]日癸酉,尚書令□下(缺)……佐進(缺)書(缺)掾琦□國書。"④看來《無極山碑》的文本形態或許也受到了地域因素的影響。碑文撰寫和刊刻過程中涉及的文本形態、題名格式、碑式形制之地域性特點,也

---

① "制曰可"在刊刻過程中往往采用换行抬頭的形式來體現視覺上的明顯效果。這樣的形式在政治展示層面,也就更加突出了碑文所記之事已獲得官方認可的正當性。

② 據拓片僅能識讀出"□初元年二月丁巳朔八日甲子"(拓片見《校注》第一册,第152頁),沈濤根據干支推算爲本初元年,陸增祥《八瓊室》信從之,不過《元氏封龍山漢碑研究》却支持張德容《二銘堂金石聚》"建初四年"説(李子儒:《元氏封龍山漢碑研究》,石家莊:河北人民出版社,2017年,第14—16頁)。按陳垣《二十史朔閏表》,本初元年二月丁巳朔(陳垣:《二十史朔閏表》,北京:古籍出版社,1956年,第36頁),又《無極山碑》中有所謂"(本初元年二月)癸酉故事",且另有一方立于元初四年(117)的《祀三公山碑》(王昶:《金石萃編》卷六《祀三公山碑》,《石刻史料新編》第一輯第一册,臺北:新文豐出版公司影印經訓堂本,1977年,第106頁,以下簡稱《萃編》),碑文記載了常山相馮君"承饑衰之後""起堂立壇"之功,《三公山神碑》既是"爲三公山求法食",當刻立於元初四年之後。綜上,筆者認爲當以"本初元年"爲是。

③ 沈濤輯:《常山貞石志》卷一《三公山神碑》,第13176頁。

④ 沈濤輯:《常山貞石志》卷一《三公山神碑》,第13174—13176頁。

不容忽視。

　　綜合以上對《無極山碑》文本形態的討論，本文已得出以下結論：《無極山碑》碑文包含丁丑詔書、對"求法食"過程的追述、銘辭和題名四部分内容。丁丑詔書的主體是太常的上奏文書，其背後包含了"求法食"過程中，"起請—勘核—上奏—制可—下達"這些環節所涉的諸多上奏下行文書。刊刻在《無極山碑》上的丁丑詔書，當是以馮巡、王翊收到的下行文書爲底本繕刻而成。結合東漢末期相關文書碑，可以認爲，碑文在技術條件、立碑目的、地域等諸多因素的滲透下呈現出了"文書＋叙事＋銘辭＋題名"的文本形態，《無極山碑》也因此得以叙"求法食"之原委，昭"得法食"之正當。

二、碑刻所見東漢末年常山國地域社會

　　通過上一節的討論，無極山碑的文本形態，及其與立碑目的等因素之間的關係已得以明晰。此外，無極山碑實則是一組東漢常山國山川祭祀碑群中的一通，這組漢碑的具體信息如下：①

表一

碑　名	刻立時間	地　點	尺　寸	著録（中文數字爲卷數或册數，阿拉伯數字爲頁數）
祀三公山碑	元初四年（117）	元氏縣	高 150 厘米，寬 96 厘米	《萃編》六＼106；《八瓊室》三＼9；《常山貞石志》一＼13173；《校注》一＼92—94；《集釋》32—36
三公山神碑	本初元年（146）	元氏縣南蘇村	高 170 厘米，寬 105.6 厘米	《八瓊室》四＼14—15；《常山貞石志》一＼13174—13176；《校注》一＼152—154

---

① 唐垂拱元年（685）《大唐八都壇神君之實録碑》相傳爲唐代磨刻漢碑而成，原來的漢碑刻立於光和年間，亦爲其中之一種，然漢碑碑文未能傳世，故不收。表中的出土地點據《校注》，尺寸據李子儒《元氏封龍山漢碑研究》，第 136 頁。後文引這六種碑刻皆據此表，不另出注。

續　表

碑　名	刻立時間	地　點	尺　寸	著録(中文數字爲卷數或册數,阿拉伯數字爲頁數)
封龍山頌	延熹七年(164)	元氏縣西北	高174.9厘米,寬89.4厘米	《八瓊室》四\16—17;《校注》一\236—239;《集釋》243—248
三公之碑①	光和四年(181)	元氏縣城角兒村	高191.4厘米,寬82.5厘米	《隸釋》三\43—44;《八瓊室》五\24—25;《常山貞石志》一\13177—13178;《校注》二\27—31
無極山碑	光和四年(181)	不明	不明	《隸釋》三\44—46
白石神君碑	光和六年(183)	元氏縣	高199厘米,寬78厘米	《隸釋》三\46—47;《萃編》一七\307—308;《八瓊室》六\29;《常山貞石志》一\13180—13182;②《校注》二\51—54;《集釋》457—467

　　以這組東漢常山國山川祭祀碑爲研究對象,學界已經積累了較爲豐富的研究成果。除了就單方碑刻的書法特點、拓片版本及其流傳情況展開討論,③學者們大多從山川祭祀的角度切入。其中較早的研究有藤田高夫《漢代元氏縣的山岳祭祀》④和法國學者吕敏(Marianne Bujard)《地方祠祀的舉行和升格——元氏縣的六通東漢石碑》⑤,兩位學者在梳理碑文内容的基礎

---

① 《隸釋》題作"三公山碑",本文從《八瓊室》作"三公之碑"。
② 《隸釋》《萃編》僅録《白石神君碑》碑陽部分而不録碑陰,《八瓊室》只録碑陰,《常山貞石志》碑陽碑陰俱録。
③ 如桑椹《東漢〈祀三公山碑〉早期拓本流傳及其影響》,《東方博物》2011年第4期,第15—26頁;仲威《封龍山頌碑石缺角之謎》,《書法》2012年第8期,第90—94頁。
④ 藤田高夫:《漢代元氏県の山岳祭祀》,《關西大學文學論集》第48卷第2號,1998年,第29—51頁。
⑤ Marianne Bujard, "Célébration et promotion des cultes locaux: Six stèles des Han orientaux", *Bulletin de l'École française d'Extrême-Orient* 87, 2000, pp.247‑266. 本文所據爲中譯本,吕敏(Marianne Bujard):《地方祠祀的舉行和升格——元氏縣的六通東漢石碑》,許明龍譯,收入《法國漢學》叢書編輯委員會編《法國漢學》第七輯"宗教史專號",北京:中華書局,2002年,第322—345頁。

上,討論了祭祀活動的展開、經費來源和參與人員等問題,并將其放在"中央—地方"的互動關係中加以考察。田天結合這組漢碑,以東漢常山國的山川祭祀爲個案,指出從參與人員、經費來源來看,五岳四瀆之外的絕大部分山川祭祀基本由郡國和名山所在縣主持和出資,反映了郊祀制度成立以來國家祭祀格局在空間上的收縮,郡國山川祭祀也因此進入了地方祭祀行列。① 此外還有《元氏封龍山漢碑群體研究》②和《元氏封龍山漢碑研究》③兩種專著出版。

　　另一方面,學界對其他與地方祭祀山川、先賢有關的漢碑的探討則提示了以下研究理路:由相關碑刻切入對東漢地方社會的考察。前述藤田氏的研究就已將元氏六碑與東漢末年常山國地域社會相聯繫,認爲元氏六碑是由祭祀承擔主體、地方官及王朝祭祀方針三者共同催生而成的,它們與那些刻有門生、故吏、處士的碑刻不同,更多地體現了官方權威。④ 高震寰通過考察碑刻中成陽仲氏的活動情況,發覆了成陽仲氏在地方上對仕宦、儒術、祭祀、商業等領域的多方經營,強調了他們與漢末朝廷的依存關係。⑤ 魯西奇以傳世八種南陽漢碑切入東漢末年的南陽地方社會,指出在祠祀禮儀、水利建設、鄉村組織等諸多地方事務中,國家力量逐步衰退淡出,而民間社會力量開始發揮起主導作用。⑥ 沈剛則認爲東漢碑刻所見諸祠祀活動反映了地方長吏權力日增及地方豪強勢力的伸張。⑦

　　筆者就以這組東漢常山國山川祭祀碑,切入對東漢末年常山國地域社會的考察。回顧上述研究,學者在"朝廷—郡國"的框架下對諸種漢碑已多

① 田天:《東漢山川祭祀研究——以石刻史料爲中心》,第 105—134 頁。
② 杜香文:《元氏封龍山漢碑群體研究》,北京:文物出版社,2002 年。
③ 李子儒:《元氏封龍山漢碑研究》,石家莊:河北人民出版社,2017 年。
④ 藤田高夫:《漢代元氏県の山岳祭祀》,第 46—49 頁。
⑤ 高震寰:《漢代地方大姓與政府的依存關係——以成陽仲氏爲例》,臺灣大學歷史學系碩士學位論文,2011 年,第 70—80 頁。
⑥ 魯西奇:《南陽漢代碑石叢考》,第 211—258 頁。
⑦ 沈剛:《東漢碑刻所見地方官員的祠祀活動》,《社會科學戰綫》2012 年第 7 期,第 103—104 頁。

有闡發。對東漢乃至中古地域社會研究而言,碑刻確實大大彌補了材料上的不足,爲學人回應朝廷與郡國之間的關係問題提供了可能。此外,或許也可以嘗試將碑刻視爲傳世文獻之外,通往當時地方社會的另一路徑,或可避免傳世文獻記載所帶來的遮蔽,從而展現出更爲豐富的歷史圖景。常山國(郡)在東漢前期幾經更易,至和帝永元二年(90)方定爲常山國,其後直至建安十一年(206)國除,常山國除個別領縣有所增省外,基本沒有變動。① 由此,這組刻立於東漢時期常山國元氏縣的石碑,可以作爲我們瞭解當時常山國地域社會的一個孔徑。

　　在展開討論之前,首先對六碑的主要内容略作概述。刻立於元初四年(117)的《祀三公山碑》是所見東漢常山國山川祭祀碑中年代最早的,記載了常山相隴西馮君“承饑衰之後”“起堂立壇”,恢復三公山祭祀。② 其後,便有《三公山神碑》記載的爲三公山“求法食”一事。所謂“縣界有六名山,三公、封龍、靈山先得法食去,光和四年,三公守民蓋高等,始爲無極山詣大常求法食”,後又有白石神君“求依無極爲比”,③故而《三公山神碑》之後,便相繼有《封龍山頌》《無極山碑》《白石神君碑》記載封龍山、無極山、白石神君“求法食”之事。《無極山碑》已具錄如上,兹移錄《封龍山頌》和《白石神君碑》的相關記載於下:

> 延熹七年,歲貞執徐,月紀豕韋,常山相汝南富波蔡熿,長史甘陵廣川沐乘,敬天之休,虔恭明祀。上陳德潤,加于百姓,宜蒙珪璧,七牲法食□□□□。聖朝克明,靡神不舉,戊寅詔書,應時聽許。允敕大吏郎巽等,與義民修繕故祠。

> 相縣以白石神君道德灼然,乃具載本末上尚書,求依無極爲比,即

---

① 參李曉傑《東漢政區地理》,濟南: 山東教育出版社,1999 年,第 88—91 頁。

② 在東漢山川祭祀碑的記述中,常常將前期的衰頹荒廢歸因於新莽之際的破壞,如《西岳華山廟碑》“後不承前,至于亡新,寢用丘虛,訖今垣趾營兆猶存”(《隸釋》卷二《西岳華山廟碑》,第 26 頁);《殽阬君神祠碑》“自亡新已來,其祀隳廢”(《隸釋》卷二《殽阬君神祠碑》,第 32 頁)。

③ 《隸釋》卷三《白石神君碑》,第 47 頁。

　　見聽許。于是遂開拓舊兆，改立殿堂，營宇既定，禮秩有常。縣出經用，
　備其犧牲，奉其珪璧，絜其粢盛。

於是，《三公山神碑》《封龍山頌》《無極山碑》《白石神君碑》的刻立都與"求
法食"有關。此外《無極山碑》和《白石神君碑》均刻立於馮巡任常山國相、王
翊任元氏縣令的光和年間（178—183），刻於同一時期的還有一通《三公
之碑》：

　　　光和四年，歲在辛酉，四月 |癸| 亥朔二日甲子，元氏左尉上郡白土樊
　瑋，字子義。瑋以要荒，戍陵側陋，出從幽谷，遷于喬木⋯⋯于是感恩
　□□，立銘勒石，乃作頌曰：⋯⋯

這通由元氏縣尉樊瑋所立的《三公之碑》，在頌詞中不僅謳歌了三公山的庇
佑之德，還贊美了常山相馮巡的惠民之功。

　　好並隆司認爲，自章帝起，東漢的山川祭祀逐步復蘇并愈演愈烈。[1] 傳
世所見與山川祭祀有關的漢碑也集中出現在東漢末年，如延熹六年（163）
《桐柏淮源廟碑》[2]、延熹八年（165）《西岳華山廟碑》[3]、光和四年（181）《殽
阬君神祠碑》[4]，等等，故而這組常山國山川祭祀碑并非個例。另外正如學者
揭示的，山川祭祀實則與地域社會的資源占有、權力分配及地方認同有着密
切聯繫。[5] 那麼，就東漢末年的常山國地域社會而言，以上這六通山川祭祀
碑又展現了怎樣的圖景呢？ 筆者將六碑題名整理如下表：

---

[1] 好並隆司：《中国古代における山川神祭祀の変貌》，收入氏著《秦漢帝国史研究》，東京：未
　　來社，1978 年，第 346—347 頁。
[2] 《隸釋》卷二《桐柏淮源廟碑》，第 31 頁。
[3] 《隸釋》卷二《西岳華山廟碑》，第 25—26 頁。
[4] 《隸釋》卷二《殽阬君神祠碑》，第 32—35 頁。
[5] 如鶴間和幸《中國古代的水系和地域權力》，徐世虹譯，收入劉俊文主編《日本中青年學者論
　　中國史·上古秦漢卷》，上海古籍出版社，1995 年，第 472—504 頁；多田狷介《魏晋政權と山
　　川の祭祀》，《漢魏晋史の研究》，東京：汲古書院，1999 年，第 112—147 頁。高震寰在上述研
　　究的基礎上，進一步指出山川鬼神祭祀的背後是以之爲信仰凝聚起來的地域社會，地方守相
　　亦以之擬地方認同，與地方大姓結合來強化地方政府統治的合理性（高震寰：《漢代地方
　　大姓與政府的依存關係——以成陽仲氏爲例》，第 36—43 頁）。

表二

碑名(刻立時間)	題　　名
祀三公山碑(117)	(常山相隴西馮君)長史魯國顔浮①、五官掾閻祐、户曹史紀受、將作掾王笧、元氏令茅厓、丞吴音、廷掾郭洪、户曹史翟福、工宋高
三公山神碑(146)	佐、掾②
封龍山頌(164)	(常山相汝南富波蔡爚,長史甘陵廣川沐乘)□□□□□元氏郎[巽]、平棘李音,史九門張瑋、靈壽趙穎,縣令南陽(缺),石師(缺)
三公之碑(181)	(元氏左尉上郡白土樊瑋、常山相馮巡)長史甘陵甘陵夏方字伯陽、令京兆新豐王翊字元輔、丞河南陽武李邵字公興、石師劉元存(碑側)處士房子孟□卿、處士□□耿君舉、處士河□□元士、□□□□□□□
無極山碑(181)	常山相南陽冠軍馮巡字季祖、長史潁川□申屠熊字□□、元氏令京兆新豐王翊字元輔、丞河内□□□□□、左尉上郡白土樊瑋字子義、祠祀掾□賢、廉香□掾和□、□□□□、祠仁德掾樊淑、史吴宜、小吏吴黑、石師□□
白石神君碑(183)	常山相南陽馮巡字季祖、元氏令京兆新豐王翊字元輔、長史潁川申屠熊、丞河南李邵、左尉上郡白土樊瑋、祠祀掾吴宜、史解微、石師王明 (碑陰) 務城神君錢二萬、李女神義錢三萬、磩石神君義錢二萬、壁神君義錢一萬 主簿□音叔道、主簿郝幼幼高、主簿郝尚文休、主簿寇淵孔先、主簿王合元先、主簿□□文業、祭酒□禮孝仁、祭酒范□孔周、祭酒張廣德林、祭酒郭稚子碧、祭酒郭挐仲業、都督趙略孔達 主簿郝明孔休、主簿杜斐□達、主簿馬靖文□、主簿韓南儒伯、主簿□觀泰弘③、主簿李斐叔宗、主簿□當季元、主簿郗志元恪、主簿張斐休武、祭酒陳光長林、主簿□由季儒

---

① 《八瓊室》作“浮”,《集釋》作“汜”,《校注》綜合諸説認爲當作“悦”。筆者勘合拓片及《常山貞石志》中的摩録,認爲當從《八瓊室》作“浮”。

② 《三公山神碑》漫漶嚴重,碑末僅辨識得“(缺)佐進(缺)書(缺)掾琦□國書”。

③ 《常山貞石志》《八瓊室》因避諱作“宏”,《集釋》從之,今勘合拓片録爲“弘”。

六碑題名以參與祭祀的國縣官員爲主，包括常山國相、長史、五官掾、史等，元氏縣令、丞、尉、廷掾、祠祀掾、史等，以及石師。題名以郡國和祭祀對象所在縣的長官及其屬官爲主，這在東漢其他山川祭祀碑中也可得到印證：

> 君丞零陵泉陵薛政、五官掾陰林、户曹史夏效、監廟掾辛述，長西河圜陽馮寶、丞漢陽冀祕俊、廷掾趙穆、户曹史張詩、將作掾嚴壽、廟佐向猛、趙始。①

> 袁府君諱逢字周陽，汝南女陽人。孫府君諱璆字山陵，安平信都人。時令朱頡字宣得，甘陵鄐人。丞張昉字少游，河南京人。左尉唐佑字君惠，河南密人。主者掾華陰王萇字德長。京兆尹敕監都水掾霸陵杜遷市石，遣書佐新豐郭香察書。刻者潁川邯鄲公脩、蘇張。工郭君遷。②

> 春侍祠官屬：五官掾章陵劉訢，功曹史安衆劉瑗，主簿蔡陽樂茂，户曹史宛任巽。秋：五官掾新□梁懿，功曹史酈周謙，主簿安衆鄧巗，主記史宛趙旻，户曹史宛謝綜。③

正如田天指出的"無論是岳瀆之祭還是郡國山川祭祀，都由郡縣守令主持，郡縣屬吏參與其事"④，常山國山川祭祀碑所見國縣官員的題名亦爲其中一例。

　　一方面六碑題名以參與祭祀的常山國、元氏縣官員爲主，這一特點符合東漢山川祭祀碑一般的題名形式；另一方面，就郡（國）縣官員以外的參與人員而言，白石神君碑的碑陰題名則呈現出迥異於同時期碑刻的面貌。漢末與地方祠祀有關的碑刻題名，大多體現了地方大族權力的滲透與增長，如

---

① 王昶：《萃編》卷六《嵩岳少室石闕銘》，第 111 頁。拓片見《匯編》第 50 頁，録文可參見《集釋》第 44—45 頁。
② 《隸釋》卷二《西岳華山廟碑》，第 26 頁；録文參《集釋》第 271 頁。
③ 《隸釋》卷二《桐柏淮源廟碑》，第 31 頁。
④ 田天：《東漢山川祭祀研究——以石刻史料爲中心》，第 133 頁。

《成陽靈臺碑》留下了成陽仲氏、閭葵氏、仇氏經營堯廟的痕迹,①又如《張景造土牛碑》《桐柏淮源廟碑》反映了地方力量在祠祀禮儀方面的伸張。② 稍早於《白石神君碑》,同出常山國元氏縣的《封龍山頌》也不無大族參與的痕迹:

> 聖朝克明,靡神不舉,戊寅詔書,應時聽許。允敕大吏郎巽等,與義民修繕故祠。遂采嘉石,造立觀闕,黍稷既馨,犧牲博碩……□□□□□元氏郎巽、平棘李音、史九門張瑋、靈壽趙穎、縣令南陽(後缺)

"元氏郎巽"既然題名於"縣令"前,應當是常山國府中的屬官,元氏縣裏的大族。郎巽以常山國吏、元氏大族的身份主持當地的封龍山祀,參與"修繕故祠"的"義民"想必也是地方上的豪富之家。可見封龍山此次"求法食"及後續營建、修繕、備食等祭祀活動的展開,當是得到了地方大族的支持和參與。那麼,回到白石神君碑的碑陰題名,其中又隱含了怎樣的歷史信息呢? 下面就此展開討論。

白石神君碑碑陰上方刻有"務城神君錢二萬、李女神義錢三萬、礌石神君義錢二萬、璧神君義錢一萬",四行一列,正處碑陽篆額的反面。其餘題名分爲兩列,上列十二行、下列十一行(首行空),共題有十六個主簿、六個祭酒、一個都督。這裏的"主簿"當理解爲"神山之主簿":

> 男□劉仲自□元氏三公山神主簿,使仲自□當比□山北(缺)餘□(缺)造。問索三公御語山,當□□上黨界中,縣祭塞言,無輒告縣。③

劉仲便是三公山的主簿,他在三公山"求法食"過程中承擔的角色似與蓋高、范遷相同,代表神山起請法食。東漢郡(國)縣系統中并無"都督"一職,題名中的"都督"可能與白石神君"兼將軍之號"④有關。由此看來,題名中的"主

① 詳見高震寰對以《成陽靈臺碑》爲代表的成陽諸碑的討論(高震寰:《漢代地方大姓與政府的依存關係——以成陽仲氏爲例》,第55—80頁)。
② 魯西奇:《南陽漢代碑石叢考》,第211—258頁。
③ 沈濤輯:《常山貞石志》卷一《三公山神碑》,第13174頁。
④ 《隸釋》卷三《白石神君碑》,第47頁。白石神君碑碑陽刻有"燕元璽三年正月十日,主簿程疵家門,傳白石將軍教,吾祠今日爲火所燒",爲前燕時期後刻,當時仍稱"將軍"。

簿""都督"并非郡(國)縣系統中的職務,而更近似於一種依托於神山的職銜序列。呂敏引述石泰安、張德容的觀點,認爲這些職銜是信徒自封的,當時存在着一種類似於五斗米道或黃巾的信徒組織。① 據《後漢書・靈帝紀》及《三國志・張魯傳》:

> 中平元年春二月,鉅鹿人張角自稱"黃天",其部帥有三十六方,皆著黃巾,同日反叛。安平、甘陵人各執其王以應之。②

> 魯遂據漢中,以鬼道教民,自號"師君"。其來學道者,初皆名"鬼卒"。受本道已信,號"祭酒"。各領部衆,多者爲治頭大祭酒。皆教以誠信不欺詐,有病自首其過,大都與黃巾相似。諸祭酒皆作義舍,如今之亭傳……不置長吏,皆以祭酒爲治,民夷便樂之。③

史載黃巾部將多見"大帥""別帥",④可知黃巾以"帥",五斗米道則"以祭酒爲治",兩者的組織系統都比較粗糙。若如呂敏所言,白石神君碑碑陰諸職銜乃當地的一種信徒組織,那麽這一組織似乎比黃巾、五斗米道還成熟,可能性不高;并且筆者翻閱諸碑刻,管見傳世漢碑中并無與白石神君碑碑陰相似者,故而呂敏的這一論斷尚缺乏有力的史料來支撐。不過,雖然碑陰題名中的"主簿""都督""祭酒"尚不能確定爲一種信徒組織中的職銜,但仍可以認爲,其與通常情況下國府縣廷的屬吏不同。至於是地方政府爲白石神君祭祀所設的專職官員,還是確如呂敏所論爲信徒自封的職銜,屬於某一種信徒組織,這一問題只能暫且存疑。不過白石神君碑碑陰題名之所以會呈現如此面貌的原因仍值得進一步追索。

據《仙人唐公房碑》記載:

> 漢中太守南陽郭君諱芝,字公載。修北辰之政,馳周邵之風,歆樂

---

① 呂敏(Marianne Bujard):《地方祠祀的舉行和升格——元氏縣的六通東漢石碑》,第334頁。
② 《後漢書》卷八《孝靈帝紀》,第348頁。
③ 《三國志》卷八《魏書・張魯傳》,北京:中華書局,1982年,第263頁。
④ 如《三國志》卷一八《魏書・李通傳》"又生禽黃巾大帥吳霸而降其屬"(第535頁),《後漢書》卷八《孝靈帝紀》"(中平元年十一月)癸巳,朱儁拔宛城,斬黃巾別帥孫夏"(第350頁)。

> 唐君,神靈之美⋯⋯乃發嘉教,躬損奉錢,倡率群義,繕廣斯廟。□和祈
> 福,布之兆民,刻石昭音,揚君靈譽。①

碑文首先用大量篇幅敘述了王莽居攝二年(7),成固人唐公房遇真人、得神藥,乃至闔家得道,德佑鄉里的事迹。其後,漢中太守郭芝率群義重修唐君廟,"群義"則在碑陰題名中留下記載:題名共十五人,其中有八名出自南鄭祝氏,兩位南鄭楊氏,兩位南鄭趙氏。② 可見《仙人唐公房碑》雖然帶有濃厚的民間信仰色彩,但是郡府"繕廣斯廟"所依靠的主體,仍是地方大族。相較之下,根據拓片和李子儒對六碑形制的判斷,除無極山碑未知其形制外,白石神君碑是其中形制最宏偉精美的一通。③ 既然白石神君碑形制不凡,自然需要傾注更多的財力,而碑文題名中卻寥見地方大族參與的痕迹。惜於同處光和年間刻立的《三公之碑》《無極山碑》未能提供更多的信息,④只有上文討論的《封龍山頌》留下了一點綫索。筆者大膽推論,從《封龍山頌》到《白石神君碑》,反映了當地大族在地方祠祀事務中的逐漸淡出。結合傳世文獻中有關東漢末年常山國地域社會的記載,這一現象或許并非無源之水,以下試論之。

就在白石神君碑刻立後不久的中平元年(184)二月,黃巾"亂起",其後"黑山賊張牛角等十餘輩并起,所在寇鈔"⑤。張牛角之後的"黑山賊首",即爲常山真定人張燕:

> 張燕,常山真定人也,本姓褚。黃巾起,燕合聚少年爲群盜,在山澤間轉攻,還真定,衆萬餘人。博陵張牛角亦起衆,自號將兵從事,與燕合。燕推牛角爲帥,俱攻廮陶⋯⋯牛角死,衆奉燕,故改姓張。燕剽捍捷速過人,故軍中號曰飛燕。其後人衆寖廣,常山、趙郡、中山、上黨、河

---

① 《隸釋》卷三《仙人唐公房碑》,第40頁。

② 《隸釋》卷三《仙人唐公房碑碑陰》,第41頁。

③ 李子儒:《元氏封龍山漢碑研究》,第136頁。

④ 《三公之碑》爲元氏縣尉樊瑋所立,目的在於歌頌三公山及常山國相馮巡的功績和恩德,帶有私人性質;《無極山碑》僅有碑陽傳世,未知其是否原有碑陰,碑陽亦不見大族參與的痕迹。

⑤ 《後漢書》卷八《孝靈帝紀》,第351頁。

内諸山谷皆相通,其小帥孫輕、王當等,各以部衆從燕,衆至百萬,號曰
黑山。①

元氏縣三公、封龍諸山地處太行山東麓,正處後來"黑山賊""緣山爲賊"的活
動範圍内。② 賊衆之興,自不待黄巾而起,賊首張牛角所在的博陵郡有一通
建寧四年(171)《博陵太守孔彪碑》,便記下了郡内的賊寇之禍:

> 祇用既平,□博陵大守。郡阻山□,□□以饑饉,斯多草竊,罔不□
> 賊。劉曼、張丙等白日攻剽,坐家不命。③

由博陵郡的情況可以推知,在馮巡、王翊不遺餘力推進元氏縣山川祭祀的同
時,這些受吏民祭祀的神山内很可能早已集聚了大量的"賊徒"。因此也就
能理解爲什麼當時元氏縣内的大族開始逐漸淡出對地方事務的參與和管
理——在王綱解紐、地方秩序已瀕臨崩解之時,地方大族關心的只是自保,
地方政府主持的祠祀事務已不能再引起他們的興趣。

　　於是,這組常山國山川祭祀碑(尤其是光和年間刻立的三碑)不僅反映
了漢末山川祭祀的興盛,也隱喻着大亂將至,常山國境内國府縣廷、地方大
族及"賊衆"之間的角力,或勉力而爲或冷眼旁觀或蠢蠢欲動,都彙聚爲歷史
的折光,鎸刻於石碑之中。

三、餘　論

《九州春秋》記載:

> 張角之反也,黑山、白波、黄龍、左校、牛角、五鹿、祇根、苦蝤、劉石、
> 平漢、大洪、司隸、緣城、羅市、雷公、浮雲、飛燕、白爵、楊鳳、于毒等各起
> 兵,大者二三萬,小者不減數千。④

---

① 《三國志》卷八《魏書·張燕傳》,第261頁。
② 譚其驤認爲"極言之,則古所謂'西山'今之太行山皆得謂之黑山",詳見方詩銘《"黑山賊"
　張燕與袁紹在河北的對峙和戰爭》,《史林》1991年第4期,第36頁對譚先生意見的引述。
③ 《隸釋》卷八《博陵太守孔彪碑》,第97頁。
④ 《三國志》卷八《魏書·張燕傳》"拜燕平難中郎將"條裴注引《九州春秋》,第261—262頁。

由此看似是"黃巾一起天下亂",然而"黃巾之亂"背後潛藏的,實則是東漢政府長期面臨的"賊寇"問題,以及漢末逐漸依違其間的地方大族。對於前者,范曄有一段相當精闢的論贊:

> 安順以後,風威稍薄,寇攘浸橫,緣隙而生,剽人盜邑者不關時月,假署皇王者蓋以十數。或托驗神道,或矯妄冕服。然其雄渠魁長,未有聞焉,猶至壘盈四郊,奔命首尾。若夫數將者,并宣力勤慮,以勞定功,而景風之賞未甄,膚受之言互及。以此而推,政道難乎以免。[①]

無論是所謂的"黃巾亡漢",還是地方豪強坐大動搖漢廷統治,這類宏大的歷史敘事固然有助於勾勒漢末歷史演進的綫索,奠定我們對東漢末年歷史的基本認識。另一方面,歷史的實態往往是駁雜的,《無極山碑》及其所處的東漢常山國山川祭祀碑群正揭開了漢末地方社會的一角,危機爆發前歷年的隱患,各類人群態度與訴求的應時而變,乃至多重身份的晦暗不明,或許纔是"滾滾長江東逝水"下的斑駁底色。

【附記:本文定稿於 2019 年 8 月,待刊過程中獲讀魏斌先生《東漢地方神祠的信仰形態——重讀六通元氏碑刻》(《中華文史論叢》2021 年第 1 期),2022 年 1 月修改時一仍舊稿,僅作了文字上的潤改,敬希讀者見諒并參讀魏先生的文章!】

[①] 《後漢書》卷三八《張法滕馮度楊列傳》,第 1288—1289 頁。

Analysis of the Wuji Mountain Stele: A Discussion on the Regional Society of Changshan Commandery in the Late Eastern Han

XU Ziyue

The Wuji Mountain Stele recorded the application for *fashi* of Wuji Mountain by the people from Changshan Commandery and Yuanshi County, aimed to narrate the detailed process of applying for *fashi* and declare the legitimacy of possessing *fashi*. The aim of establishing the stele, connecting with technical conditions, regional tradition and other factors, makes the text of the Wuji Mountain Stele appearing as the form of "document — narration — motto — name list". The Wuji Mountain Stele is one of a group of steles established in Yuanshi County of Changshan Commandery for the mountains and rivers sacrifices. With the help of the stele group, this paper researches into the regional society of Changshan Commandery in the Late Eastern Han, which concludes that the stele group reflects a local society where governments, aristocrats and robbers competed with each other, and also reflects on the issue of "the Yellow-Turban perished the Han Dynasty".

出土文書所見于闐軍鎮的軍事與徵稅職能補考

胡　康

（復旦大學歷史學系）

《新唐書》卷五〇《兵志》載："唐初，兵之戍邊者，大曰軍，小曰守捉，曰城，曰鎮。"①唐朝統治西域後，也將内地的軍事制度推廣到了西域，在和田出土文書中，就有不少守捉和鎮的記録。陳國燦利用出土文書勾勒了于闐軍鎮的大致情況。② 榮新江結合傳統史料和出土文書，討論了于闐的軍鎮層級以及軍鎮承擔的探候、巡邏等軍事任務，③他關於唐代于闐史的一系列研究成果，④也是我們討論軍鎮問題的重要參考。孟憲實、丁俊、劉子凡又以和田新獲文書爲主，對于闐鎮戍的演變、鎮守軍的職官以及于闐的徵稅制度、水利制度、鎮守軍與于闐當地社會的關係等問題做了深入探討。⑤ 沈琛在討論

---

① 《新唐書》卷五〇《兵志》，北京：中華書局，1975 年，第 1328 頁。

② 陳國燦：《唐安西四鎮中"鎮"的變化》，《西域研究》2008 年第 4 期，第 16—22 頁。

③ 榮新江：《新見唐代于闐地方軍鎮的官文書》，《祝總斌先生九十華誕頌壽論文集》，北京：中華書局，2020 年，第 366—378 頁。

④ 榮新江：《于闐在唐朝安西四鎮中的地位》，《西域研究》1992 年第 3 期，第 56—62 頁；榮新江：《唐代于闐史概説》，《丹丹烏里克遺址——中日共同考察研究報告》，北京：文物出版社，2009 年，第 17—24 頁；榮新江：《唐代于闐史新探：和田新發現的漢文文書研究概説》，《中原與域外：慶祝張廣達教授八十嵩壽研討會論文集》，臺灣政治大學歷史學系，2011 年，第 43—55 頁。其他成果，還可參見張廣達、榮新江《于闐史叢考》（增訂版），北京：中國人民大學出版社，2008 年。

⑤ 孟憲實：《于闐：從鎮戍到軍鎮的演變》，《北京大學學報》2012 年第 4 期，第 120—128 頁；孟憲實：《于闐鎮守軍及使府主要職官》，《西域研究》2014 年第 1 期，第 1—8 頁；丁俊：《有關和田出土的幾件糧帳文書》，《西域研究》2014 年第 1 期，第 9—15 頁；丁俊：《于闐（轉下頁）

吐蕃統治于闐時期的軍事體制時，也涉及了唐朝統治下的于闐軍鎮。①

上述學者的討論極大地加深了我們對于闐軍鎮和唐朝統治下的于闐社會的認識，他們所刊布的文書也成爲我們討論相關問題時必不可少的基礎史料。不過，已有的研究對于闐軍鎮的特殊性、守捉和鎮在于闐軍事體系中的地位等問題關注得并不多，對於軍鎮的徵稅職能以及部分文書的解讀，筆者也有一些不同意見。有鑒於此，筆者希望利用新出文書和已有研究成果，對于闐軍鎮，特別是守捉、鎮的軍事和徵稅職能再作一些分析，不當之處，祈請方家指正。

一、綠洲與于闐新型軍鎮的成立

要理解于闐軍鎮的特殊性，還需要從于闐軍鎮的設置談起。唐朝勢力進入西域後，雖然設置了龜茲、于闐、焉耆、疏勒四鎮，但唐朝在四鎮的兵力極爲薄弱，且大多依靠西州的支援。② 西州本身的兵力就極爲有限，③并不能爲四鎮提供充足的兵力，反而是四鎮的本土兵力大大超過唐軍。焉耆、疏勒有“勝兵二千人”④，于闐也有“勝兵四千人”⑤，龜茲更是抵抗唐軍數年，甚至一度重創唐軍。⑥ 在唐軍兵力薄弱的情況下，不僅四鎮屢次被吐蕃攻陷，

（接上頁）鎮守軍徵稅系統初探》，《西域研究》2016 年第 3 期，第 13—23 頁；劉子凡：《于闐鎮守軍與當地社會》，《西域研究》2014 年第 1 期，第 16—28 頁；劉子凡：《傑謝營田與水利——和田新出〈傑謝作狀爲床和田作等用水澆漑事〉研究》，《新疆大學學報》2012 年第 5 期，第 70—75 頁。

① 沈琛：《吐蕃統治時期于闐的軍事體制考論》，葉煒主編《唐研究》第 24 卷，北京大學出版社，2019 年，第 89—96 頁。

② 西州府兵鎮守安西，可參見吐魯番出土《唐永隆元年（608）軍團牒爲記注所屬衛士征鎮樣人及勳官籤符諸色事》，唐長孺主編《吐魯番出土文書》（圖錄本）第 4 册，北京：文物出版社，1996 年，第 279 頁。

③ 唐長孺估計西州四個折衝府的兵力應在 4 000 人左右，參見唐長孺《吐魯番文書中所見的西州府兵》，收入《山居存稿三編》，北京：中華書局，2011 年，第 232 頁。

④ 《舊唐書》卷一九八《疏勒傳》，北京：中華書局，1975 年，第 5305 頁。

⑤ 《舊唐書》卷一九八《于闐傳》，第 5305 頁。

⑥ 關於龜茲之戰，可參見吳玉貴《突厥汗國與隋唐關係史研究》，北京：商務印書館，2017 年，第 306—322 頁。

就連四鎮本身也并不願意徹底倒向唐朝。龍朔元年（661），就在平定阿史那賀魯之亂後不久，思結闕俟斤都曼又"率疏勒、末俱、般陀三國復叛，擊破于闐"①，次年十二月，蘇海政"受詔討龜兹及疏勒"②，可知龜兹也參與了此次叛亂。麟德二年（665），"疏勒、弓月兩國共引吐蕃之兵以侵于闐"③，在兵力寡弱的情況下，唐朝只得放棄四鎮。爲了改變這一被動局面，長壽元年（692）三萬漢兵進駐四鎮，唐軍在四鎮的軍事力量得到了極大加强，新型軍鎮隨之出現，于闐的軍事防禦體系也從鎮戍體制轉爲軍鎮體制。④

關於于闐地區的軍鎮，《新唐書·地理志》引賈耽《皇華四達記》"安西入西域道"條載：

> 又于闐東三百里有坎城鎮，東六百里有蘭城鎮，南六百里有胡弩鎮，西二百里有固城鎮，西三百九十里有吉良鎮。⑤

"安西大都護府"條載"于闐東界有蘭城、坎城二守捉城。西有葱嶺守捉城，有胡弩、固城、吉良三鎮。東有且末鎮。西南有皮山鎮"⑥。與上一條記載相比，這條記載將坎城鎮、蘭城鎮記爲守捉，并多出了葱嶺守捉和且末鎮、皮山鎮。在和田文書中，坎城鎮和坎城守捉，蘭（藺）城鎮和蘭（藺）城守捉均有出現，⑦兩地的守捉與鎮應該是并存的。除了這些見於記載的軍鎮外，在文書中出現而未見史籍記載的軍鎮也有不少，如著名的傑謝鎮（丹丹烏里克）和神山堡（麻扎塔格）。那麼，這些軍鎮是如何形成的呢？軍鎮與于闐原

---

① 《册府元龜》卷四二〇《將帥部·掩襲》，北京：中華書局，1960 年，第 5007 頁下欄。
② 《册府元龜》卷四四九《將帥部·專殺》，第 5324 頁下欄。
③ 《册府元龜》卷九九五《外臣部·交侵》，第 11687 頁上欄。
④ 孟憲實：《于闐：從鎮戍到軍鎮的演變》，《北京大學學報》2012 年第 4 期，第 121—122 頁。
⑤ 《新唐書》卷四三《地理志七》，北京：中華書局，1975 年，第 1150—1151 頁。
⑥ 《新唐書》卷四〇《地理志四》，第 1048 頁。
⑦ 人大藏 GXW0062《傑謝百姓牒稿爲放免正稅事》有"其鄉去坎城及坎城守捉遠四百餘里"，則鎮與守捉應同置一處。文書參見劉子凡《于闐鎮守軍與當地社會》，《西域研究》2014 年第 1 期，第 17 頁。藺城鎮見於李吟屏刊布的策勒縣出土 C3 號文書，參見李吟屏《發現於新疆策勒縣的四件唐代漢文文書殘頁考釋》，《西域研究》2007 年第 4 期，第 18 頁；藺城守捉見人大藏 GXW0064 文書，整理者定名爲《唐某年于闐鎮守軍牒質邏、藺城等守捉爲攤市袋索等事》，參見陳麗芳《唐代于闐的童蒙教育——以中國人民大學博物館藏和田習字文書爲中心》，《西域研究》2014 年第 1 期，第 43 頁。

先的城鎮有何關係呢？

　　作爲西域南道的大國，于闐國擁有不少城鎮。《大唐西域記》曾提到幾個于闐國境内的城鎮：“王城西行三百餘里至勃伽夷城，……戰地東行三十餘里至媲摩城。……媲摩川東入沙磧。行二百餘里至尼壤城。”①媲摩（Phema）在于闐文文書中多有出現，但在唐朝統治時期的漢文文書中還未見到，于闐東部軍鎮中，漢文文書出現較多的是坎城。文欣認爲唐朝鎮守軍駐扎于闐以後，選取媲摩作爲軍事駐地，并在當地的一個名爲Kaṃdva的地方設立了“坎城守捉”，②如此，則坎城與媲摩當位於一地。③ 新志所載的繭城鎮，在出土文書中作“藺城鎮”，李吟屏和陳國燦、榮新江均認爲繭城爲藺城之誤。④ 吉田豐將藺城比定爲玄奘提到的尼壤城，即于闐文文書中多次出現的 Nīña，⑤朱麗雙又從音韵學上進一步論證了藺城即尼壤城，⑥看來，藺城鎮與于闐國原先的尼壤城也位於一地。至於固城鎮，于闐文文書中有 Gūma，朱麗雙認爲可與固城勘同，⑦則固城鎮也應該是在于闐原先的城鎮境内。皮山鎮，顯然是由皮山國得名，皮山鎮設置於于闐城鎮也無問題。

　　傑謝在于闐文、漢文文書中均大量出現，是六城州之下的一個鄉，⑧如

---

① 季羨林等校注：《大唐西域記校注》卷一二《瞿薩旦那國》，北京：中華書局，2000 年，第 1015—1030 頁。

② 文欣：《中古時期于闐國政治制度研究》，北京大學歷史學系碩士學位論文，2008 年，第 92 頁。

③ 關於媲摩（Phema）與坎城（Kaṃdva）的關係，可參見段晴《Hedin24 號文書釋補》，《語言背後的歷史——西域古典語言學高峰論壇論文集》，上海古籍出版社，2012 年，第 76—77 頁。

④ 李吟屏：《發現於新疆策勒縣的四件唐代漢文文書殘頁考釋》，《西域研究》2007 年第 4 期，第 18—19 頁；陳國燦：《唐安西四鎮中“鎮”的變化》，《西域研究》2008 年第 4 期，第 21 頁；榮新江：《唐代于闐史新探：和田新發現的漢文文書研究概説》，《中原與域外：慶祝張廣達教授八十嵩壽研討會論文集》，第 48 頁。

⑤ 吉田豐著，廣中智之譯，榮新江校：《有關和田出土 8—9 世紀于闐世俗文書的劄記》（一），《敦煌吐魯番研究》第 11 卷，上海古籍出版社，2009 年，第 161—162 頁。

⑥ 朱麗雙：《唐代于闐的羈縻州與地理區劃研究》，《中國史研究》2012 年第 2 期，第 81 頁。

⑦ 朱麗雙：《唐代于闐的羈縻州與地理區劃研究》，《中國史研究》2012 年第 2 期，第 84 頁。

⑧ 文欣：《于闐國“六城”（kṣa au）新考》，朱玉麒主編《西域文史》第 3 輯，北京：科學出版社，2008 年，第 124 頁。

此,傑謝鎮也應設於傑謝鄉境内。新出文書中還有質邏守捉,[①]質邏是六城州的首府,[②]質邏守捉也應該在其境内。至於于闐北部的神山,朱麗雙根據 M.tagh.0634《唐貞元六年(790)館子王仵郎抄》中出現的"神山鄉(?)",認爲神山不僅是一個戍堡,還可能是一個鄉,[③]陳國燦也認爲神山應有城的建制。[④] 沈琛則認爲"神山鄉(?)"并不一定能肯定爲"鄉",且神山周邊環境惡劣,因此應該只是一個單純的軍事區,并非居民區。[⑤] 之後,朱麗雙又對沈琛的觀點進行了反批評,她認爲不能以今日麻扎塔格的環境去推測神山,且文書中有大量往神山運送糧食、絲綢的記録,因此神山應該有大量居民。[⑥] 神山是通往撥换、安西的重要一站,地理位置極其重要,[⑦]神山路沿綫擁有衆多館驛,在神山館以北還有四館,即連衡、草澤、欣衡、謀常,四館的食料均由神山館供應。[⑧] 既然可以設置館驛,那麼神山路沿綫的自然環境應該是不會太差的。這些館驛均需要消耗大量的物資,若所有物資均需從其他居民區供應,則運輸成本未免太高,特別是神山北部的四館。但如果將神山也視爲一個居民區,則神山供應其他四館的物資就順理成章了,因此,筆者傾向於認爲神山鎮也是設置在原先的居民區中。至於胡弩鎮和吉良鎮,雖然目前在文書中還未發現相關記録,但比照于闐其他軍鎮的例子,也有很大可能是設置在于闐國原有城鎮中。

① GXW0064《唐某年于闐鎮守軍牒質邏、繭城等守捉爲攤市袋索等事》,參見陳麗芳《唐代于闐的童蒙教育——以中國人民大學博物館藏和田習字文書爲中心》,《西域研究》2014 年第 1 期,第 43 頁。

② 文欣:《于闐國"六城"(kṣa au)新考》,朱玉麒主編《西域文史》第 3 輯,第 121 頁。

③ 朱麗雙:《唐代于闐的羈縻州與地理區劃研究》,《中國史研究》2012 年第 2 期,第 86 頁。

④ 陳國燦:《唐代的神山路與撥换城》,《魏晋南北朝隋唐史資料》第 24 輯,上海古籍出版社,2008 年,第 201 頁。

⑤ 沈琛:《吐蕃統治時期于闐的行政地理——兼論神山的地位》,榮新江主編《唐研究》第 22 卷,北京大學出版社,2016 年,第 413—417 頁。

⑥ 朱麗雙:《吐蕃統治時期于闐的行政區劃》,朱玉麒主編《西域文史》第 10 輯,北京:科學出版社,2015 年,第 210—211 頁。

⑦ 陳國燦:《唐代的神山路與撥换城》,《魏晋南北朝隋唐史資料》第 24 輯,第 197—205 頁。

⑧ 德藏 MIK Ⅲ-7587 號文書有"神山以北四館",參見陳國燦《唐代的神山路與撥换城》,《魏晋南北朝隋唐史資料》第 24 輯,第 199—201 頁。

　　事實上，不僅于闐軍鎮大多設置於原先的城鎮，四鎮其他軍鎮也大多如此。龜茲之下有撥換城，貞觀二十二年（648），唐軍擊龜茲時，龜茲王"退保于撥換城"①。長壽元年大規模駐軍後，聖曆二年（699），崔思忠"奉敕鎮安西。至鎮，又于撥換城守捉"②，撥換城由此從城鎮成爲唐朝駐軍之地。天寶年間，高仙芝越葱嶺擊吐蕃時，有撥換守捉使賈崇瓘，③可知，撥換設置了守捉。葱嶺守捉，"故羯盤陀國，開元中置守捉"④，亦由城鎮而來。悟空在安史之亂後歸國時，曾路經四鎮，"次據瑟得城，使賈詮"⑤，據瑟得城即據史德城，所謂"使"，即鎮守使。據史德此前曾是一個獨立王國，⑥此時已經成爲軍鎮，作爲軍鎮的據史德城也很可能是設置於原先的據史德國境内。《新唐書·地理志》"安西入西域道"條還記載了不少四鎮地區的軍鎮，這些軍鎮也應該有不少與舊的城鎮有關。

　　唐朝在西州也設置了不少軍鎮，如赤亭鎮、白水鎮、柳谷鎮、銀山鎮、鸜鵒鎮等。⑦　西州的鎮、戍大多分布在交通要道上，交通是設置軍鎮時考慮的主要因素。《西州圖經》所載西州外出的十一條道路中，都較爲關注鎮、戍所在的交通道路是否足水草、通人車馬。⑧　除了考慮交通外，地理形勢也是西州設置軍鎮時考慮的因素，例如鸜鵒鎮所在的阿拉溝古堡就是位於形勢險要之地。⑨　由於西州的軍鎮在設置時主要從軍事和交通角度着眼，故這些軍

---

① 《舊唐書》卷一九八《龜茲傳》，第5304頁。

② 吳鋼主編：《全唐文補遺》第8輯，西安：三秦出版社，2005年，第366頁。

③ 《舊唐書》卷一〇四《高仙芝傳》，第3204頁。

④ 《新唐書》卷四三《地理志七》，第1150頁。

⑤ 陳尚君輯校：《全唐文補編》卷五六《悟空入竺記》，北京：中華書局，2005年，第680頁。

⑥ 關於據史德及其語言，可參見榮新江、段晴《據史德語考》，陳高華、余太山主編《中亞學刊》第5輯，烏魯木齊：新疆人民出版社，2000年，第9—21頁。

⑦ 瀚海軍文書S.11459C即提到了北庭諸守捉名，參見孫繼民《唐代瀚海軍文書研究》，蘭州：甘肅文化出版社，2002年，第20頁。赤亭等鎮名見《唐西州都督府上支度營田使牒爲具報當州諸鎮戍營田頃畝數事》，唐長孺主編《吐魯番出土文書》（圖錄本）第4册，北京：文物出版社，1996年，第101頁。吐魯番的阿拉溝古堡即唐代鸜鵒鎮所在地，該地出土了數件關於鸜鵒鎮的文書，參見王炳華《阿拉溝古堡及其出土唐文書殘紙》，榮新江主編《唐研究》第8卷，北京大學出版社，2002年，第323—346頁。

⑧ 鄭炳林：《敦煌地理文書匯輯校注》，蘭州：甘肅教育出版社，1989年，第74—75頁。

⑨ 王炳華：《阿拉溝古堡及其出土唐文書殘紙》，榮新江主編《唐研究》第8卷，第324頁。

鎮大都遠離居民區。赤亭鎮附近"磧鹵雖沙□□□□□"①，銀山鎮附近"多沙磧鹵，唯近烽足水草"②。斯坦因所獲《神龍元年天山縣録申上西州兵曹爲長行馬在路致死事》還提到"其馬在（銀山）鎮西卅里头殞死，磧内無人可買"③，可知赤亭鎮、銀山鎮一帶分布有大量沙磧，自然條件惡劣，百姓自然不會居於這些地區。

　　與西州不同，于闐的軍鎮有相當一部分应是設置於于闐國原先的城鎮内，那麼，是什麼原因導致了于闐和西州的軍鎮演生模式出現這麼大的差異呢？于闐軍鎮的設置實際上也考慮到了交通因素，如藺城鎮所在的尼壤地區"唯趣城路僅得通行。故往來者莫不由此城焉"④，造成兩者軍鎮演生模式不同的根本原因還是在於兩地不同的自然環境。于闐由于"沙磧太半，壤土隘狹"⑤，故民衆只能聚居於被沙漠分割開的緑洲中。這些緑洲并非全部連在一塊，而是呈點狀分布，大的緑洲就形成了城，小的緑洲則成爲村莊，緑洲所在之地不僅是于闐人口的主要分布之地，也是天然的交通道路。唐朝軍隊大規模進入于闐後，駐軍地也只能設置在緑洲中，因此于闐軍鎮大多與舊的城鎮和交通道路重合，這類軍鎮可以稱爲"緑洲型軍鎮"。西州則不然，西州的自然環境要遠遠好於于闐，設置軍鎮時可以不受自然條件的太多限制，居民區與軍事區可以完全分離，因此西州的鎮、戍多設置於遠離居民區的軍事要道上。

　　唐朝勢力進入四鎮後，上元二年（675）置毗沙都督府，并"析州爲十"⑥，在于闐設置了十個羈縻州，州之下則有城鎮，如六城州，就是由質邏（Cira）、傑謝（Gaysāta）、拔伽（Birgaṃdara）、潘野（Phaṃña）、Pa'、Āskūra 六個城組成。⑦ 劃分羈縻州是唐朝統治于闐的重要一步，不過在長壽元年之前，唐朝

---

① 鄭炳林：《敦煌地理文書匯輯校注》，第 74 頁。
② 鄭炳林：《敦煌地理文書匯輯校注》，第 75 頁。
③ 陳國燦：《斯坦因所獲吐魯番文書研究》，武漢大學出版社，1994 年，第 257 頁。
④ 季羨林等校注：《大唐西域記校注》卷一二《瞿薩旦那國》，北京：中華書局，2000 年，第 1030 頁。
⑤ 季羨林等校注：《大唐西域記校注》卷一二《瞿薩旦那國》，第 1001 頁。
⑥ 《新唐書》卷四三《地理志七》，第 1134 頁。
⑦ 關於六城的構成，可參見文欣《于闐國"六城"（kṣa au）新考》，朱玉麒主編《西域文史》第 3 輯，第 109—125 頁。

實際控制于闐的時間并不長，因此這十個羈縻州所能發揮的作用十分有限。長壽元年唐軍大舉進入于闐後，在原來的羈縻州之外，唐朝又在于闐的城鎮周邊設置了新軍鎮，這些新軍鎮是唐朝强化對于闐控制的新舉措，也是羈縻州之外的另一套行政系統。由於軍鎮就在于闐城鎮境内，軍鎮與于闐各城鎮間存在密切關係，这使得軍鎮不可避免地會對于闐城鎮産生影響力，鎮守軍介入于闐的徵稅事務從軍鎮成立之初或許就已經埋下了伏筆。

二、于闐軍鎮體系中的守捉與鎮

與唐初的鎮、戍不同，軍和守捉實際上是隨着大軍久駐纔逐漸出現的，屬於新型軍鎮。[1] 唐軍大規模進入于闐後，軍和守捉也出現在了于闐境内。于闐境内有于闐軍，新出《于闐鎮守軍勘印曆》提到了左軍、右軍、三軍等字樣，[2]可知駐扎在于闐都城内的于闐鎮守軍一共分成三軍，這三軍就是于闐最爲集中和最重要的軍事力量。新出 GXW0064 文書，整理者定名爲《唐某年于闐鎮守軍牒質邏、藺城等守捉爲攤市袋索等事》，[3]于闐鎮守軍可以向質邏、藺城守捉發布命令，由此可知質邏、藺城等守捉應是鎮守軍的下級機構，在都城之外，唐朝鎮守軍應是分布於以守捉爲代表的各軍鎮中。

于闐境内的守捉，除了上文提到的坎城守捉、藺城守捉、質邏守捉外，新出和田文書中還有傑謝守捉。GXW0076 文書，整理者定名爲《唐某年坎城鎮牒傑謝鎮守捉使爲訪逃兵郭外生不獲事》，[4]從文書題名看，此處的守捉使，應該指的是傑謝鎮的鎮將，并非傑謝守捉使。在其他文書中則明確出現

---

① 關於軍和守捉的成立過程，可參見菊池英夫《唐代邊防機關としての守捉・城・鎮等の成立過程について》，《東洋史學》第 27 輯，1964 年，第 31—57 頁。

② 文欣：《和田新出〈唐于闐鎮守軍勘印曆〉考釋》，《西域歷史語言研究集刊》第 2 輯，北京：科學出版社，2009 年，第 111 頁。

③ 參見陳麗芳《唐代于闐的童蒙教育——以中國人民大學博物館藏和田習字文書爲中心》，《西域研究》2014 年第 1 期，第 43 頁。

④ 畢波：《和田新發現漢語、胡語文書所見"筋腳"考》，《西域考古・史地・語言研究新視野：黄文弼與中瑞西北科學考查團國際學術研討會論文集》，北京：科學出版社，2015 年，第 341 頁。

了傑謝守捉,GXW0224 號文書中有"帖傑謝守捉"①,國圖藏 X9 文書中有都守捉帖傑謝守捉,②由此可以確認傑謝守捉的存在。上述幾個已知的守捉中,坎城守捉屬於媲摩(Phema),藺城守捉屬於尼壤(Nīña),質邏和傑謝則同屬六城州,媲摩、尼壤地區則可能設有一個州。③ 兩地均設置有守捉,則其他羈縻州也應該設置了守捉,換言之,于闐鎮守軍很可能在每一個羈縻州都有守捉的設置。值得注意的是,質邏守捉、傑謝守捉均屬六城州,這或許暗示六城州境內設置了多個守捉。六城州存在多個守捉,是出於六城州自身軍事防禦的需要,還是其他羈縻州也如此? 目前還未能斷言,只有等相關文書公布後,我們纔能進一步獲知詳細情況。

那麼,于闐各守捉有多少兵力呢? 唐朝在各地設置的守捉數量衆多,不同的守捉由於軍事地位的不同,所轄兵力也有差別。河西境內的張掖守捉"管兵六千五百人,馬一千匹"④,交城守捉"管兵一千人"⑤,隴右境內的綏和守捉、合川守捉"管兵千人"⑥,平夷守捉"管兵三千人"⑦。與于闐較爲接近的北庭下轄的俱六守捉,"當守捉行客、百姓有品押隊官總壹拾壹人"⑧。程喜霖、孫繼民根據《新唐書·百官志》所載"每隊正領兵五十人"⑨,認爲俱六守捉所轄兵力應在 550 人左右。⑩ 整個安西節度使"管戍兵二萬四千人"⑪,

---

① 畢波:《和田新發現漢語、胡語文書所見"筋脚"考》,《西域考古·史地·語言研究新視野》,第 341 頁。

② 丁俊:《有關和田出土的幾件糧帳文書》,《西域研究》2014 年第 1 期,第 14 頁。

③ 朱麗雙:《唐代于闐的羈縻州與地理區劃研究》,《中國史研究》2012 年第 2 期,第 78—82 頁。

④ 《元和郡縣圖志》卷四〇《隴右道下·涼州》,北京: 中華書局,1983 年,第 1018 頁。

⑤ 《元和郡縣圖志》卷四〇《隴右道下·涼州》,第 1018 頁。

⑥ 《舊唐書》卷三八《地理一》,第 1388 頁。

⑦ 《舊唐書》卷三八《地理一》,第 1388 頁。

⑧ 孫繼民:《唐代瀚海軍文書研究》,第 128 頁。

⑨ 《新唐書》卷四九上《百官志四上》,第 1288 頁。

⑩ 程喜霖:《吐魯番文書所見唐代鎮戍守捉》,收入程喜霖、陳習剛編《吐魯番唐代軍事文書研究(研究篇)》,烏魯木齊: 新疆人民出版社,2013 年,第 254—255 頁。孫繼民:《唐代瀚海軍文書研究》,第 133 頁。

⑪ 《舊唐書》卷三八《地理一》,第 1385 頁。

四鎮若平均分配,則每鎮應有 6 000 人左右。于闐的地位僅次于龜茲,[①]龜茲
與于闐應該占了四鎮的大部分兵力,兩鎮的兵力應該都在 6 000 人以上。于
闐自身有"勝兵四千人"[②],安史之亂爆發後,于闐王尉遲勝即"自率兵五千
赴難"[③]。唐朝若要實現對于闐的控制,鎮守軍的兵力至少需要與于闐本
身的軍隊數量相當,綜合來看,于闐鎮守軍的數量應在 6 000 人以上。這
些兵力中,駐扎在于闐都城的鎮守軍就有三軍,其兵力顯然不會太少,如果
按照俱六守捉的 550 人計算,僅目前我們知道的 4 個守捉,就占據了 2 200
人。已知的 4 個守捉都位於于闐東部地區,若西部地區也按照 4 個守捉計
算,則守捉兵力就達到 4 400 人,占據了于闐總兵力的三分之二以上,遠遠
多於都城的鎮守軍,這顯然不太可能。因此,筆者認爲于闐境内的守捉,其
平均兵力應在 550 人以下,當然,不排除有些處於戰略要地的守捉兵力超
過 550 人。

　　GXW0179《某守捉遞馬帳》進一步提供了于闐守捉的情況:

　　（前缺）

　　　　　　　同□□□

1　當守捉應管遞馬總陸拾陸匹□□□□□□

　　　　　　　□死□□□□

2　　陸匹前 後 患死其料□□□□□□

　　　　（後缺）[④]

　　《天聖令・厩牧令》第 32 條有"諸道須置驛者,每三十里置一驛,……其
緣邊須依鎮戍者,不限里數"[⑤]。在吐魯番文書中也有許多館驛沿鎮、戍設
置,由於鎮、戍與館驛關係密切,故不少鎮官兼任捉館官,如《唐天寶十四載

① 榮新江:《于闐在唐朝安西四鎮中的地位》,《西域研究》1992 年第 3 期,第 60 頁。

② 《舊唐書》卷一九八《于闐傳》,第 5305 頁。

③ 《舊唐書》卷一四四《尉遲勝傳》,第 3924 頁。

④ 劉子凡:《于闐鎮守軍與當地社會》,《西域研究》2014 年第 1 期,第 22 頁。

⑤ 天一閣博物館、中國社會科學院歷史研究所天聖令整理課題組校證:《天一閣藏明鈔本天聖
　令校證(附:唐令復原研究)》,北京:中華書局,2006 年,第 303 頁。

交河郡某館具上載帖馬食曆上郡長行坊狀》中就有"捉館官攝鎮副上柱國張
□□□"①。此外,戍還有專門傳遞消息的承函馬,斯坦因所獲《唐西州長行
坊配兵放馬簿》文書即提到了方亭戍、狼井戍的函馬,②西州的鎮、戍與館驛
關係密切是毋庸置疑的,在鎮、戍之下也當有不少遞馬。但正如劉子凡所言
"守捉管馬此前則未見記載"③,于闐的守捉爲何會有遞馬呢?

　　目前出土的和田文書主要集中在丹丹烏里克和麻扎塔格以及老達瑪溝
三地,在麻扎塔格出土的文書中,可以看到在從神山到撥換的途中分布着不
少館驛,④但丹丹烏里克出土的文書中卻未見到類似的館驛。兩地出土文書
都具有一定的偶然性,但在館驛這一問題上,兩地的文書卻迥然相異,我們
有理由推測傑謝鎮或許根本就沒有設置館驛,館驛沿鎮、戍而設并不適用於
傑謝鎮。考慮到傑謝鎮的軍事力量有限,且又承擔着鎮守軍徵税職能(詳
後),這一推測并非不可能。《唐六典》"駕部郎中"條載,"都亭七十五匹,諸
道之第一等減都亭之十五,第二、第三皆以十五爲差"⑤。該守捉的遞馬達
66匹,相當於一等驛,這反映出該守捉往來使者衆多,交通地位應該比較重
要。也就是説,守捉纔是沿交通路綫而設的,于闐交通體系的核心很可能在
於守捉。同軍事上的邊緣地位一樣,傑謝鎮在于闐的交通體系中似乎也没
有太重要的地位,這或許與傑謝鎮孤懸在沙漠中,自然條件較爲惡劣有
關,⑥至於其他鎮是否也是如此,目前還不能肯定。

　　除了守捉,我們在文書中還能看到都守捉。國圖藏編號爲X9的文書中
就有都守捉牒傑謝守捉的記録,⑦人大藏GXW0154、GXW0223、GXW0240文
書也都提到了都守捉。⑧丁俊認爲都守捉在傑謝守捉、坎城守捉、繭城守捉
之上,負責統籌諸守捉的相關事務,可能隷屬於于闐鎮守使之下的討擊使,

① 唐長孺主編:《吐魯番出土文書》(圖録本)第4册,第435頁。
② 陳國燦:《斯坦因所獲吐魯番文書研究》,第200—202頁。
③ 劉子凡:《于闐鎮守軍與當地社會》,《西域研究》2014年第1期,第22頁。
④ 陳國燦:《唐代的神山路與撥換城》,《魏晉南北朝隋唐史資料》第24輯,第198—201頁。
⑤ 《唐六典》卷五"駕部郎中員外郎"條,北京:中華書局,1992年,第163頁。
⑥ 張廣達、榮新江:《〈唐大曆三年三月典成銃牒〉跋》,《于闐史叢考》(增訂版),第111頁。
⑦ 丁俊:《有關和田出土的幾件糧帳文書》,《西域研究》2014年第1期,第15頁。
⑧ 沈琛:《吐蕃統治時期于闐的軍事體制考論》,葉煒主編《唐研究》第24卷,第93頁。

或是防禦使、游弈使。① 坎城與藺城是六城之外的守捉，按照丁俊的看法，都守捉似乎可以統轄整個于闐境内的守捉，但問題在於守捉内集中了于闐鎮守軍的大量兵力，于闐境内能統管這麽多兵力的只有鎮守使，在鎮守使之外并没有必要再設置一個都守捉使，因此此處的都守捉不太可能涵蓋于闐全境。沈琛根據 GXW0062 文書中出現的傑謝百姓向坎城守捉輸送賦税的記録，認爲坎城守捉地位在傑謝守捉之上，都守捉指的可能是坎城守捉。② 沈琛將都守捉管轄範圍進一步縮小的思路值得肯定，但都守捉未必能與坎城守捉勘同。首先，GXW0062 文書中明確出現的是坎城守捉而非都守捉，其次，需要傑謝百姓輸送賦税的不止坎城。在 GXW0104 文書中有傑謝百姓納藺城馱脚錢的記録，③馱脚錢的存在説明傑謝百姓也需要向藺城輸送賦税，如果以是否輸送賦税爲標準的話，都守捉也可能是藺城守捉。榮新江則謹慎地認爲都守捉可能是傑謝鎮上級坎城守捉的更上級。④ 坎城已經在六城之外，傑謝鎮的上級更可能是傑謝守捉，⑤而非坎城守捉。不過，榮新江將都守捉比定爲傑謝上級守捉更上級的思路是可取的。

　　與都守捉類似的官職名，在于闐還有六城都知事，⑥即六城州的刺史，⑦在其下還有衆多知事，⑧比照都知事的例子，筆者認爲都守捉的管轄範圍或許也是一州。提到都守捉的 GXW0223 文書有一處紅色印章殘迹，第一

① 丁俊：《有關和田出土的幾件糧帳文書》，《西域研究》2014 年第 1 期，第 15 頁。
② 沈琛：《吐蕃統治時期于闐的軍事體制考論》，葉煒主編《唐研究》第 24 卷，第 93 頁。
③ 劉子凡：《于闐鎮守軍與當地社會》，《西域研究》2014 年第 1 期，第 17 頁。
④ 榮新江：《新見唐代于闐地方軍鎮的官文書》，《祝總斌先生九十華誕頌壽論文集》，第 373 頁。
⑤ 丁俊：《有關和田出土的幾件糧帳文書》，《西域研究》2014 年第 1 期，第 15 頁。
⑥ Dx.18925《某年正月六城都知事牒爲偏奴負税役錢事》有"六城都知事"，參見張廣達、榮新江《聖彼得堡藏和田出土漢文文書考釋》，《于闐史叢考》（增訂版），第 279 頁。
⑦ 張廣達、榮新江：《聖彼得堡藏和田出土漢文文書考釋》，《于闐史叢考》（增訂版），第 280 頁。
⑧ 關於知事的討論，可參見文欣《于闐國官號考》，《敦煌吐魯番研究》第 11 卷，上海古籍出版社，第 127—132 頁，文欣將知事視爲州刺史一級。但從新發現的和田文書看，知事可能并没有這麽高的地位，參見丁俊《于闐鎮守軍徵税系統初探》，《西域研究》2016 年第 3 期，第 16 頁。

字爲"毗",榮新江認爲印文可能是"毗沙都督府之印",文書則是毗沙都督府發給都守捉的行文。[1] 六城州作爲毗沙都督府的下級州,可以直接接受來自都督府或鎮守軍的命令,[2]若該文書真是由毗沙都督府所發,則此處的都守捉等級也應與六城州相當,如此,則都守捉確有可能是一州之内諸守捉的上級機構。也就是説,在六城範圍内,除了傑謝守捉之外,還有如質邏守捉一樣的其他守捉,在這些守捉之上則是都守捉,都守捉未必向其他守捉一樣擁有駐軍,很可能只是一個管理一州之内諸守捉事務的機構。當然,以上僅僅是一個猜想,是否如此還需要更多文書的支持。

除了守捉,于闐境内還有鎮,目前我們瞭解得最多的鎮是傑謝鎮,下文對鎮的討論也主要圍繞傑謝鎮展開。

GXW0166:1《唐某年傑謝鎮狀爲大曆十七年當鎮應管倉糧破用等事》提供了關於傑謝鎮鎮軍的許多信息,文書7—13 行有:

　　7　一十八石小給正月官健正月一十八人大糧
　　8　一十七石四斗青給官健一十八人二月小糧
　　9　一十八石二斗粟給官健一十八人三月大糧
　　10　一十七石四斗三升三合小給官健一十八人閏三月糧
　　11　一十七石四斗七升三合青給官健一十七人四月小糧
　　12　一十六石粟給官健一十六人五月大糧
　　13　一十七石四斗三升給官健一十七人二月小糧[3]

這件文書是傑謝鎮倉的破用曆,上引 7—13 行按照月份記録了官健的糧食支出情況,13 行中的二月應爲六月之誤。[4] 另一件 GXW0167《傑謝鎮倉糧入破曆》文書與 GXW0166:1 關係密切,節引如下:

① 榮新江:《新見唐代于闐地方軍鎮的官文書》,《祝總斌先生九十華誕頌壽論文集》,第 373 頁。
② 六城州接受鎮守軍命令的文書可見 M9《唐大曆三年毗沙都督府六城質邏典成銑牒》,關於該件文書的傳遞流程可參見張廣達、榮新江《〈唐大曆三年三月典成銑牒〉跋》,《于闐史叢考》(增訂版),第 116—117 頁。
③ 丁俊:《有關和田出土的幾件糧帳文書》,《西域研究》2014 年第 1 期,第 11 頁。
④ 丁俊:《有關和田出土的幾件糧帳文書》,《西域研究》2014 年第 1 期,第 12 頁。

6	二百石五斗八升給一十二個月人糧
7	七十石三斗青麥　　五十石二斗小麥
8	八十石八升糜
9	一十七石官健一十七人正月大糧
10	行官楊光武　李奉琮　李湛　李庭湊　馮什兒
11	李昌願　韓披雲　韓晧　楊心兒　張子珣
12	劉光庭　張守仙　張社兒　李阿七　史庭訓
13	彌姐嘉順　辛伏奴
14	一十六石四斗三升給官健一十七人二月小糧
15	行官楊光武　李奉琮　李湛□□□　馮□兒
16	張子珣　楊心兒　李昌願　　韓披□□
17	劉光庭□□□　張社兒　李阿七□□
18	□□□□□　　　①

GXW0167 文書明確提到"給一十二個月人糧"，可知這件文書同 GXW0166：1 文書一樣，也是以月爲單位進行記録的傑謝鎮倉入破歷。兩件文書中的官健均是按月給糧，且每月給糧的官健人數均在 16—18 人，GXW0167 文書中前後兩月給糧的官健姓名也完全一致，這些人很可能就是傑謝鎮的常備軍事力量，也就是説除去鎮將等軍官，傑謝鎮的常備兵力應該就在 16—18 人之間。根據吐魯番出土的《唐西州都督府上支度營田使牒爲具報當州諸鎮戍營田頃畝數事》，天山軍成立後的西州諸鎮，兵力在 30 到 50 人之間。②　開元末年的鸛鵒鎮"右當界破除外見在揔卌八"③，鸛鵒鎮的總人數也只有 48 人。④　上引兩件和田文書的年代雖與吐魯番文書不同，但鎮的兵力均較爲寡弱。相比於西州，傑謝的鎮軍數量更少。西州諸鎮因兵力較

①　孟憲實：《于闐鎮守軍及使府主要職官》，《西域研究》2014 年第 1 期，第 7 頁。

②　唐長孺主編：《吐魯番出土文書》（圖録本）第 4 册，第 101 頁。

③　黄樓：《唐代西州鸛鵒鎮文書研究》，《西域研究》2019 年第 1 期，第 53 頁。

④　凌文超：《普林斯頓大學葛斯德圖書館藏兩件天山縣鸛鵒倉牒考釋》，《吐魯番學研究》2009 年第 2 期，第 83 頁。

弱,只能像鸜鵒鎮一樣承擔游奕、預警一類的任務,①比西州兵力更少的傑謝鎮承擔的任務又是什麼呢? 國家圖書館藏 BH1‐5 文書有:

1　傑謝鎮　　　帖都巡楊光武
2　　當界賊路等
3　　右爲春初雪消山間,復恐外寇侵
4　　陵,密來侵抄。帖至,仰當界賊路,
5　　切加遣探候,勿失事宜。似有疏
6　　失,軍令難舍,三月十五日帖。
7　　權知鎮官左武衛大將軍王子游②

　　該件文書中的楊光武又見於 GXW0167 文書,在 GXW0167 文書中,楊光武是行官,在本件文書中則是都巡。行官,在史籍和吐魯番文書中多有出現,胡三省言"(行官)主將命往來京師及鄰道及巡内郡縣"③,胡注雖時代較晚,但核之各類記載,行官確實無具體執掌,名目繁多,職任較爲寬泛。④ 吕博還進一步將之視爲使職,⑤到了天寶時期,行官已經濫授,并對地方財政開支造成了很大壓力。⑥ GXW0167 文書前面言官健,後文則言行官,可知行官此時就是普通士兵而已,并無任何特殊之處。楊光武在給糧名單中排在首位,則他的地位或許比其他行官高,BH1‐5 文書中的都巡應該就是楊光武的真正職務。GXW0191 號文書,提到行官陳玉詮等二人奉帖至邊界探知動靜,⑦GXW0083 號文書有"帖傑謝賊路行官"⑧,可知傑謝行官具有游奕、探

① 黄樓:《唐代西州鸜鵒鎮文書研究》,《西域研究》2019 年第 1 期,第 51—67 頁。
② 榮新江:《唐代于闐史新探》,《中原與域外: 慶祝張廣達教授八十嵩壽研討會論文集》,第 53 頁。
③《資治通鑑》卷二一六"天寶六載十二月條"胡三省注,北京:中華書局,1956 年,第 6887 頁。
④ 凍國棟:《旅順博物館藏〈唐建中五年孔目司帖〉管見》,收入《中國中古經濟與社會史論稿》,武漢:湖北教育出版社,2005 年,第 309 頁。
⑤ 吕博:《踐更之卒,俱授官名——"唐天寶十載制授張無價游擊將軍告身"出現的歷史背景》,《中國史研究》2019 年第 3 期,第 103 頁。
⑥ 吕博:《踐更之卒,俱授官名——"唐天寶十載制授張無價游擊將軍告身"出現的歷史背景》,《中國史研究》2019 年第 3 期,第 103—108 頁。
⑦ 榮新江:《新見唐代于闐地方軍鎮的官文書》,《祝總斌先生九十華誕頌壽論文集》,第 370 頁。
⑧ 丁俊:《于闐鎮守軍徵稅系統初探》,《西域研究》2016 年第 3 期,第 21—22 頁。

候的任務，上文的行官或許就是負責探候的，都巡楊光武則是這批行官的指揮官。

從軍事層面看，傑謝鎮游奕、探候的執掌與西州諸鎮是一致的。GXW0191 號文書中，在羅截巡探的僅陳玉詮等二人，其他官健很可能也是以兩人爲一組在其他地方巡探。單憑這十多人，如在平時或許還能應付游奕任務，但當遇到緊急軍事情況時，兵力顯然是不夠的，傑謝游奕官趙阿玉就曾因擔心無法完成任務而向上級請求"今恐巡探不濟，伏望與人馬"①。

那麼，鎮與守捉之間是什麼關係呢？北庭除轄有大量的守捉外，②也有鎮，如蒲類、郝遮、鹹泉三鎮，③但這些守捉與鎮之間有何關係？無法肯定。目前只能肯定北庭諸守捉下轄有烽燧，如"耴（耶）勒守捉界耴勒烽□□□□"④。相比於北庭，于闐境内守捉和鎮的關係就比較清楚了。GXW0175 文書有"守捉使帖傑謝鎮"⑤，上引 GXW0191 號文書中，行官陳玉詮等人執行的探候任務是奉了守捉的帖，任務完成後還要"具狀録申守捉聽裁"⑥，GXW0173 文書有"守捉使帖傑謝押官薛馴"⑦。李吟屏 L2 號文書有：

> 2　　　　　副守捉將軍成如嵩
> 3　□□□□使攝經略副使大將軍太僕卿王白關(?)
> 4　□□□□各將所由，嚴加遠探，似有動靜□人馳報 廿三日□游⑧

---

① 畢波：《和田新發現漢語、胡語文書所見"筋脚"考》，《西域考古·史地·語言研究新視野》，第 345 頁。
② 瀚海軍所轄諸守捉，可參見孫繼民《唐代瀚海軍文書研究》，第 123—125 頁。
③ 《新唐書》卷四〇《地理志》，第 1047 頁。
④ 唐長孺主編：《吐魯番出土文書》（圖録本）第 4 册，第 102 頁。
⑤ 丁俊：《于闐鎮守軍徵税系統初探》，《西域研究》2016 年第 3 期，第 20 頁。
⑥ 榮新江：《新見唐代于闐地方軍鎮的官文書》，《祝總斌先生九十華誕頌壽論文集》，第 370 頁。
⑦ 丁俊：《于闐鎮守軍徵税系統初探》，《西域研究》2016 年第 3 期，第 15 頁。
⑧ 荒川正晴對照照片對李吟屏刊布的文書做過重新整理，此處參考了荒川正晴的重新録文，參見荒川正晴《調査の概略とコータン新出漢文文書》，收入荒川正晴編《東トルキスタン出土"胡漢文書"の總合調査》，平成 15 年—平成 17 年度科學研究費補助金（基盤研究 B）研究成果報告書，2006 年，第 5 頁。

副守捉將軍即守捉副使,①結合 GXW0191 文書,可知諸處游奕、探候的消息都需要送到守捉處,守捉在傑謝周邊的防禦體系中顯然是居於指揮地位的。關於此處的守捉,榮新江、吉田豐、孟憲實等學者認爲此處的守捉指坎城守捉,②但人大藏 GXW0076 與 GXW0224 號文書中明確出現了"傑謝守捉"③,因此此處的守捉還是認爲是傑謝守捉比較恰當。④

除了受傑謝守捉管轄外,傑謝鎮還與都游奕使有着密切聯繫。李吟屏所獲 L3 號文書中還出現了都游奕使,傑謝鎮因需要修理木栅而狀上都游奕使,⑤此處的都游奕使應該與都守捉使類似,很可能也是一州範圍内的鎮守軍官員。作爲基層軍鎮的傑謝鎮,應該都需要接受不同上級機構的指揮。

傑謝鎮下的官健,不僅要負責日常的巡邏、游奕,還要負責徵税,傑謝鎮的徵税實際上是依靠士兵完成的(詳后)。正因爲傑謝鎮不是單純軍事機構,且兵力有限,故我們并不應該過分誇大傑謝鎮的軍事重要性。在于闐鎮守軍的軍事體系中,傑謝鎮能發揮的作用是很有限的,真正能發揮作用的是守捉。限於資料,我們并不能獲得很多關於守捉的細節,但至少在軍事和交通上,守捉在于闐的軍事體系中占有很重要的地位,遠不是鎮所能比的。

---

① Dx.18939《貞元十年(?)條記》提到了一位名叫成嵩的成副使,參見張廣達、榮新江《聖彼得堡藏和田出土漢文文書考釋》,《于闐史叢考》(增訂版),第 285 頁。成嵩即成如嵩的省稱,副使與副守捉將軍應該均指守捉副使。

② 張廣達、榮新江:《聖彼得堡藏和田出土漢文文書考釋》,收入《于闐史叢考》(增訂版),第 270 頁;榮新江在最近的新文中再次重申了這一觀點,參見榮新江《新見唐代于闐地方軍鎮的官文書》,《祝總斌先生九十華誕頌壽論文集》,第 371 頁;吉田豐著,廣中智之譯,荣新江校《有關和田出土 8—9 世紀于闐語世俗文書的剳記(一)》,《敦煌吐魯番研究》第 11 卷,第 166 頁;孟憲實《于闐鎮守軍及使府主要職官》,《西域研究》2014 年第 1 期,第 8 頁。

③ 丁俊:《有關和田出土的幾件糧帳文書》,《西域研究》2014 年第 1 期,第 15 頁。

④ 丁俊:《有關和田出土的幾件糧帳文書》,《西域研究》2014 年第 1 期,第 15 頁;畢波:《和田新發現漢語、胡語文書所見"筋脚"考》,榮新江、朱玉麒主編《西域考古·史地·語言研究新視野》,第 341 頁。

⑤ 李吟屏:《近年發現於新疆和田的四件唐代漢文文書殘頁考釋》,《西域研究》2004 年第 3 期,第 84 頁。荒川正晴:《調查の概略とコータン新出漢文文書》,荒川正晴編《東トルキスタン出土"胡漢文書"の綜合調查》,第 5 頁。

三、对于闐鎮守軍徵税系統的几点補充

經過吉田豐和丁俊等學者的討論,①目前已經可以肯定鎮守軍在于闐存在自己的徵税系統。不過,吉田豐和丁俊賴以討論的材料大部分都是在安史之亂後。安史之亂前,目前所見年代最早的涉及鎮守軍在于闐徵税的文書是一件證聖元年(695)的于闐語《高僧買奴契》,契約第 8 行明確出現了需要向漢人交納穀物的記錄。② 在于闐的漢人只有鎮守軍,因此此處的向漢人交納穀物實際上就是向鎮守軍交納。人大新獲文書中也有一件文書提到“延載貳年 臘月 日典□□牒”③,此處的典應該就是于闐鎮守軍下轄的某機構官吏,延載二年(695)正是唐軍大規模進駐四鎮之時,典的出現表明于闐鎮守軍在進入于闐不久就已經設置了一套官吏機構,而從契約看,于闐當地百姓向鎮守軍納税也與鎮守軍的進駐同時。比較系統地提到鎮守軍徵税事務的是一批開元十年(722)和十五年(727)的雙語徵税木簡,這批木簡是于闐百姓向判官和典交納小麥、青麥、粟等糧食的記錄。④ 木簡中出現的典

① 吉田豐:《コータン出土 8—9 世紀のコータン語世俗文書に關する覺え書き》,《神户市外國語大學研究叢書》第 38 册,神户市外國語大學外國學研究所,2006 年。漢譯本第一部分見吉田豐著,廣中智之譯,榮新江校《有關和田出土 8—9 世紀于闐世俗文書的劄記(一)》,《敦煌吐魯番研究》第 11 卷,第 147—182 頁;第二部分見吉田豐著,榮新江、廣中智之譯《有關和田出土 8—9 世紀于闐世俗文書的劄記(二)》,朱玉麒主編《西域文史》第 3 輯,第 79—108 頁;第三部分見吉田豐著,田衛衛譯,西村陽子校《有關和田出土 8—9 世紀于闐世俗文書的劄記(三)(上)》,《敦煌學輯刊》2012 年第 1 期,第 143—158 頁;《有關和田出土 8—9 世紀于闐世俗文書的劄記(三)(中)》,《敦煌學輯刊》2012 年第 2 期,第 165—176 頁;《有關和田出土 8—9 世紀于闐世俗文書的劄記(三)(下)》,《敦煌學輯刊》2012 年第 3 期,第 148—161 頁。丁俊:《于闐鎮守軍徵税系統初探》,《西域研究》2016 年第 3 期,第 13—23 頁。
② 段晴:《于闐語高僧買奴契約》,《敦煌吐魯番研究》第 11 卷;第 13 頁。
③ 榮新江:《唐代于闐史新探:和田新發現的漢文文書研究概説》,《中原與域外:慶祝張廣達教授八十嵩壽研討會論文集》,第 44 頁。
④ 榮新江、文欣:《和田新出漢語—于闐語雙語木簡考釋》,《敦煌吐魯番研究》第 11 卷,第 45—70 頁。

和判官,荒川正晴已經指出他們屬於唐朝鎮守軍,[①]也就是説,于闐鎮守軍在開元年間就已經深入到于闐當地的徵税體系中了。[②]

不過限於材料,我們對安史之亂前的于闐鎮守軍徵税流程瞭解得并不多,安史之亂前和安史之亂後,鎮守軍的徵税系統是否發生過變化,目前還難以肯定。不過,可以確定的一點是,安史之亂後,由於四鎮與中原隔絶,于闐無法再接收到朝廷的物資,鎮守軍應該是强化了對于闐控制的。[③] 目前文書中所見的較爲完善的徵税體系以及名目繁多的各类税收[④]應該是在安史之亂後纔逐漸形成的。限於資料,本節主要討論的是安史之亂後的鎮守軍徵税體系。丁俊雖然已經對鎮守軍的徵税系統做了較爲詳盡的分析,但對鎮守軍各級機構在徵税體系中的作用,討論得并不充分。對於丁文中的一些觀點,筆者也有不同意見,試論述如下。

通過丁俊的研究,可以肯定鎮是需要承擔徵税任務的,[⑤]另外值得注意的是,鎮在徵收賦税時似乎是有一定的轄區的。GXW0167《傑謝鎮倉糧入破曆》有“准當界卅丁新税并加壹耗附”[⑥],這是傑謝鎮倉的入破曆,所謂當界,指的就是傑謝鎮轄區,卅丁則是向傑謝鎮界納税的人口數。Dx.18915《某年九月十七日傑謝鎮帖羊户爲市羊毛事》有:

1　傑謝鎮　　　　　帖羊户等

2　　當鎮諸色羊户共料官市毛壹伯斤

3　　　右被守捉帖,稱:“上件羊毛,帖至速市供

① 荒川正晴著,田衛衛譯:《英國國家圖書館藏和田出土木簡的再研究——以木簡内容及其性質爲中心》,朱玉麒主編《西域文史》第 6 輯,北京: 科學出版社,2011 年,第 45 頁。

② 榮新江、文欣:《和田新出漢語—于闐語雙語木簡考釋》,《敦煌吐魯番研究》第 11 卷,第 47 頁。

③ 孟憲實在對《建中四年孔目司帖》的最新研究中,認爲安史之亂後,唐朝鎮守軍可能强化了對四鎮的控制,直接介入到了徵税事務中。參見孟憲實《安史之亂後四鎮管理體制問題——從〈建中四年孔目司帖〉談起》,收入王振芬,榮新江主編《絲綢之路與新疆出土文獻》,北京: 中華書局,2019 年,第 552—568 頁。

④ 關於各類税收名目,可參見丁俊《于闐鎮守軍徵税系統初探》,《西域研究》2016 年第 3 期,第 18 頁。

⑤ 丁俊:《于闐鎮守軍徵税系統初探》,《西域研究》2016 年第 3 期,第 13—23 頁。

⑥ 孟憲實:《于闐鎮守軍及使府主要職官》,《西域研究》2014 年第 1 期,第 6 頁。

4　　　分付專官介華領送守捉，不得欠少。其價

5　　　直，賣即支遣者。"准狀各牒所由，限三日內

6　　　送納。待憑送上，遲違科所由。九月十七日帖。

7　　　　　　　　　判官別將衛惟惕。

8　　　　　　　　鎮官將軍楊晋卿。①

　　這是一件守捉下令徵收羊毛的帖式文書，在于闐還出土了多件類似的帖。荒川正晴曾對于闐出土的帖式文書做過專門的分析，他認爲于闐的帖式文書是駐扎在當地的鎮守軍從緑洲居民那里徵收物品和人畜時使用的。② 這件文書就是一件鎮守軍下達的徵收文書，具體的徵收是由傑謝鎮負責的。值得關注的是"當鎮諸色羊户共料官市毛壹伯斤"一句，羊户可能是家中養羊的于闐百姓，"當鎮諸色"明顯是以傑謝鎮爲單位徵收的。無論是"當界卌丁"，還是"當鎮諸色羊户"，都説明傑謝鎮是有一定的管轄區域的，那麽，傑謝鎮的轄區有多大呢？

　　GXW0167《傑謝作狀爲床和田作等用水澆溉事》有"後其水漸小，共合鄉 百姓 分用，百姓卌丁用十日"③，無獨有偶，這里的百姓也是卌丁，且明確記爲合鄉百姓，即傑謝鄉的百姓。吉田豐根據于闐語文書，認爲傑謝地區的課税人數大約在 40—60 人之間，④與本件文書的人數也比較接近，如此，則向傑謝鎮納糧的很可能是一個鄉的百姓。GXW0166：2《傑謝鎮應欠大曆十五年(780)十（六）税糧事》有"大十五年磧外百姓税糧欠"⑤，這是傑謝鎮統計未徵收税糧的文書，"磧外百姓"自然也在傑謝鎮的管轄範圍內。所謂"磧外百姓"，指的是居住在六城的傑謝百姓，M9《唐大曆三年(768)毗沙都督府

---

① 張廣達、榮新江：《聖彼得堡藏和田出土漢文文書考釋》，《于闐史叢考》（增訂版），第 269—270 頁。

② 荒川正晴：《唐代中央アジアにおける帖式文書の性格をめぐって》，《敦煌・吐魯番出土漢文文書の新研究》，東京：東洋文庫，2009 年，第 275 頁。

③ 劉子凡：《傑謝營田與水利——和田新出〈傑謝作狀爲床和田作等用水澆溉事〉研究》，《新疆大學學報》2012 年第 5 期，第 70 頁。

④ 吉田豐著，田衛衛譯，西村陽子校：《有關和田出土 8—9 世紀于闐語世俗文書的劄記（三）（中）》，《敦煌學輯刊》2012 年第 2 期，第 169 頁。

⑤ 丁俊：《于闐鎮守軍徵税系統初探》，《西域研究》2016 年第 3 期，第 19 頁。

六城質邏典成銚牒》有：

1　＿＿＿牒傑謝百姓并□＿＿＿＿＿

2　　傑謝百姓狀訴雜差科等

3　右 被鎮守軍牒稱：得傑謝百姓胡書，翻稱："上件百

4　姓 ＿＿＿＿＿ 深憂養，蒼生頻年被賊損，莫知 其

5　計。近日蒙差使移到六城。去載所着差科，并納

6　足。□□慈流，今年有小小差科，放至秋熟，依限輸

7　納。其人 糧并在傑謝，未敢就取，伏望商量者。"①

這是一件傑謝百姓請求放免雜差科的文書，根據文書"近日蒙差使移到六城"，可知上書的百姓居住在六城，即六城州的首府質邏。雖然居住在質邏，但"人糧并在傑謝"，納糧的户籍以及糧食還在傑謝，他們依然需要以傑謝百姓的身份納糧。GXW0166：1 文書即有"傑謝百姓住六城新倉納"②，則在六城也設置了納糧的倉。GXW0166：2 文書中還有賈休倉、姚暉倉，丁俊已經指出賈休、姚暉二人爲傑謝鎮下轄某倉的負責人，③這説明傑謝鎮轄區擁有數個倉，倉的不同可能和傑謝百姓的居住地不同有關。從傑謝鎮需要負責徵收已搬遷至六城的傑謝百姓稅糧，以及傑謝鎮擁有數個鎮倉看，傑謝鎮的徵稅範圍應該是傑謝全鄉，Dx.18915 中的"當鎮羊户"，也應該指的是傑謝全鄉境内的羊户。

Dx.18915 文書中，在守捉向傑謝鎮下達徵收羊毛的任務後，傑謝鎮并不是直接向羊户徵收，而是"各牒所由，限三日内送納"，如果超期，還要"科所由"，追究所由的責任。GXW0173《某年十一月一日守捉使帖爲催徵新稅牛料事》文書中也提到"前後八度帖所由催促送納"④，很明顯，所由總是負責直接徵收羊毛和牛料的人。丁俊認爲所由既包括唐軍的徵稅官系統，也包

① 榮新江：《唐代于闐史概説》附録《丹丹烏里克出土的有紀年唐代漢文文書》，《丹丹烏里克遺址——中日共同考察研究報告》，第 17 頁。

② 丁俊：《有關和田出土的幾件糧帳文書》，《西域研究》2014 年第 1 期，第 11 頁。

③ 丁俊：《于闐鎮守軍徵稅系統初探》，《西域研究》2016 年第 3 期，第 19—20 頁。

④ 丁俊：《于闐鎮守軍徵稅系統初探》，《西域研究》2016 年第 3 期，第 15 頁。

括執行徵收命令的于闐薩波、鄉頭。① 從文書看，所由的職任確實較爲寬泛，但在直接面向于闐百姓徵税時，所由可能是專指于闐基層官吏。

　　Dx.18915 文書是傑謝鎮直接下發給羊户的帖文，帖文中的所由，自然不會是鎮軍的徵税官。GXW0173 文書則是守捉下發給傑謝押官薛馴的帖文，如未按期交納，守捉要求薛馴將所由"追赴守捉科罰"②，守捉對所由屬於隔級管理，③如此，則該件文書中的所由應是屬於傑謝鎮管轄。Dx.18925《某年正月六城都知事牒爲偏奴負税役錢事》有"傑謝所由欠上件税役錢"④，此處的所由指于闐官吏無疑。聯繫到開元年間交納税糧的都是叱半，⑤則出現在面向于闐百姓徵税文書中的"所由"指的也應該是叱半一類的基層官員。⑥ 換言之，真正執行徵收命令的應該都是叱半，之所以出現"八度帖所由"的情況，就是因爲鎮一級并未直接介入百姓徵税中，他們也只能依靠催促叱半完成徵收。

　　不過，傑謝鎮在徵税時也并非只是催促叱半徵收，比起作爲純粹軍事力量的西州諸鎮兵士，除了游奕外，傑謝鎮官健還需要承擔一定的徵税任務。上引 GXW0167《傑謝鎮倉糧入破曆》中的官健有多人見於其他文書中，李奉珎、張子洵見 GXW0100《唐建中四年（783）糧帳》，"李奉珎卄人欠張子珦一石四斗"⑦。韓披雲見 Dx.18919《大曆十七年閏三月廿九日韓披雲收領錢抄》：

1 □泥（?）先齭（?）思略令分付韓雲□□□□□
2 麥伍碩，錢伍伯文，折小麥伍碩，〔令〕□□□□□
3 足。大曆十七年閏三月廿九日，左三□□□□□□

① 丁俊：《于闐鎮守軍徵税系統初探》，《西域研究》2016 年第 3 期，第 19 頁。
② 丁俊：《于闐鎮守軍徵税系統初探》，《西域研究》2016 年第 3 期，第 15 頁。
③ 丁俊：《于闐鎮守軍徵税系統初探》，《西域研究》2016 年第 3 期，第 16 頁。
④ 張廣達、榮新江：《聖彼得堡藏和田出土漢文文書考釋》，《于闐史叢考》（增訂版），第 278 頁。
⑤ 榮新江、文欣：《和田新出漢語—于闐雙語木簡考釋》，《敦煌吐魯番研究》第 11 卷，第 62 頁。
⑥ 關於叱半，可參見吉田豐著，榮新江、廣中智之譯《有關和田出土 8—9 世紀于闐世俗文書的劄記（二）》，朱玉麒主編《西域文史》第 3 輯，第 81—82 頁；文欣《于闐國官號考》，《敦煌吐魯番研究》第 11 卷，第 143—144 頁。
⑦ 丁俊：《于闐鎮守軍徵税系統初探》，《西域研究》2016 年第 3 期，第 22 頁。

　　4　韓披雲抄。①

上述文書時代并不完全相同,其中 Dx.18919、GXW0100 兩件文書僅差一年 (大曆十七年即建中三年,782),這兩件文書中有三人見於 GXW0167 官健名單,與 GXW0167 官健給糧類似的 GXW0166:1 年代也在大曆十七年,與 Dx. 18919 同。GXW0167 官健名單雖沒有具體的年代,但依靠這些人名信息,將其年代定在大曆末到建中年間應無問題。上引兩件文書都是徵稅文書,李奉珎、張子珣、韓披雲應該都是徵稅官,再加上對 GXW0167 年代的推定,可以認爲他們在徵稅時應該還兼任着行官,行官具有徵稅的職能。② 值得注意的是,李奉珎還見於 GXW0169《唐貞元六年十月廿八日傑謝鎮牒爲交算百姓等稅糧事》,"右通從十月廿二日交算百姓等稅糧,除判官李珎納欠ˇ外,具數及色目如前,請處分"③。李珎即李奉珎的省稱,貞元六年時,李奉珎已經從行官升爲了判官,且依然在傑謝鎮任職。如上文所分析的,鎮一級的徵稅官中,判官之下還有徵稅人員典,則行官徵稅或許是在履行典的職能。

　　除了徵收的稅糧外,傑謝鎮倉的糧食是否還有其他來源呢? 從阿斯塔納 226 號墓出土營田文書看,伊、西、庭三州從軍到守捉、鎮、戍、烽燧均在經營屯田,④屯田所獲糧食應是各級軍事機構的重要補給。據 GXW0167《傑謝作狀爲床和田作等用水澆溉事》,傑謝境內也是存在營田的,爲便於討論,文書引用如下:

　　1　傑謝作　　狀上

　　2　床和田苗等

　　3　右件田作先奉軍牒供百姓同用□□□□□

　　4　後其水漸小,共合鄉 百姓 分用,百姓卌丁用十日,作家一 十 □

────────────────

① 張廣達、榮新江:《聖彼得堡藏和田出土漢文文書考釋》,《于闐史叢考》(增訂版),第275頁。

② 丁俊:《于闐鎮守軍徵稅系統初探》,《西域研究》2016年第3期,第22—23頁。

③ 丁俊:《于闐鎮守軍徵稅系統初探》,《西域研究》2016年第3期,第23頁。

④ 唐長孺主編:《吐魯番出土文書》(圖錄本)第4冊,第90—103頁。關於西州屯田,可參看孟憲實《唐西州屯田體制及其變遷》,《探索西域文明——王炳華先生八十華誕祝壽文集》,上海:中西書局,2017年,第258—269頁。

5　用五日澆青、小麥即遍已後,自從澆床和作上,

6　每巡用七日,澆不遍,今見乾燋。詞訴百姓,秋

7　田亦乾燋。其水前後破人修捺管道,更亦不

8　加,田苗見損,近恐年終課不充,爲與申上鎮軍,請處分。①

劉子凡已經對文書中的傑謝作及傑謝作與鎮守軍的關係做了分析,此處想重點分析的是傑謝作與傑謝鎮的關係。劉子凡認爲傑謝作"對於地處偏遠、物資轉運不便的傑謝鎮來説,應當是具有重要意義的"②,似乎是傾向於認爲傑謝作屯田所獲的糧食是供應傑謝鎮,但從文書看,這一觀點可能并不成立。根據文書,傑謝作與百姓共用水是奉了軍牒,狀文最後也是呈給鎮軍的,鎮軍無疑就是傑謝作的上級機構。對於此處的鎮軍,劉子凡認爲應當是于闐鎮守軍,③這自然是成立的。新獲吐魯番文書《唐某年某月二十六日于闐鎮守軍帖》中就蓋有"鎮守軍之印"④,既然傑謝作的用水事務歸于闐鎮守軍管理,那麼傑謝作營田所得的糧食當然也應該交納到鎮守軍處。狀文最後提到的"恐年終課不充",就是"申上鎮軍"的,這是屯田糧食直接交納給鎮守軍的最好證明。整個狀文中絲毫没有涉及傑謝鎮的地方,這恰恰説明在傑謝作的營田事務中,傑謝鎮并未發揮什麼作用。

因此,筆者認爲傑謝作的糧食并不需要交納到傑謝鎮,鎮守軍纔是傑謝作的直接上級機構,同理,地方上的用水權也是直屬于闐鎮守軍的。地方營田直屬鎮守軍,一方面可能和鎮守軍需要更多糧食有關,另一方面則是由於傑謝鎮鎮倉可以直接徵收當地百姓的糧食,而不用像西州諸鎮戍一樣自己營田。傑謝鎮與伊西庭三州軍鎮倉庫糧食來源的差異反映出的正是兩地不同的軍民關係。伊西庭三州軍鎮是純粹的軍鎮,且又設置在戰略地位重要

① 劉子凡:《傑謝營田與水利——和田新出〈傑謝作狀爲床和田作等用水澆溉事〉研究》,《新疆大學學報》2012 年第 5 期,第 70 頁。

② 劉子凡:《傑謝營田與水利——和田新出〈傑謝作狀爲床和田作等用水澆溉事〉研究》,《新疆大學學報》2012 年第 5 期,第 72 頁。

③ 劉子凡:《傑謝營田與水利——和田新出〈傑謝作狀爲床和田作等用水澆溉事〉研究》,《新疆大學學報》2012 年第 5 期,第 71 頁。

④ 榮新江、李肖、孟憲實主編:《新獲吐魯番出土文獻》,北京: 中華書局,2008 年,第 361 頁。

之地,大都遠離居民區,因此只能靠屯田,于闐軍鎮則帶有强烈的民政性格,鎮倉便直接依靠百姓交納。

明瞭了鎮的徵稅職能後,接下來需要問的是鎮的上級機構——守捉,是否也承擔徵稅任務呢? 從目前的文書看,守捉大多是向鎮下達命令。除上引 Dx.18915 文書中的守捉帖傑謝鎮外,上引 GXW0173 文書載:

1　守捉使　　　帖傑謝押官薛馴

2　　今年新稅牛料青麥壹佰捌碩

3　　　右件料,前後八度帖所由催促送納,

4　　　至今升合不納。所由寬慢縱放于

5　　　今。帖至仰限十日送納須足。如違,所

6　　　由追赴守捉科罰。十一月一日帖。

　　　　(後缺)①

GXW0175 文書也有"守捉使帖傑謝鎮"②,GXW0173 文書是守捉發給傑謝鎮徵收牛料的帖文,帖文不僅説明了徵收牛料的數量,還提到了如果未及時交納,所由將"追赴守捉科罰",不難看出,守捉在徵稅體系中的地位是遠遠高於鎮的。從羊毛到牛料,鎮守軍徵收的稅目幾乎都與守捉有關,如果説鎮是賦稅徵收機構,那麼守捉更像是決策機構。守捉不僅向鎮下達了徵收羊毛和牛料的具體數量,還規定了徵收的時限,就連欠稅的情況,守捉也掌握得一清二楚。Dx.18918《某年五月簡王府長史王□□帖爲欠稅錢事》即提到:

3　　右件人各欠稅□□□□□

4　　帖至,仰已上至,并□□□□

5　　同到,遲科所由。五月□□□□

6 用守捉印。③

守捉印的出現説明這件文書應該是從守捉發出的,這是一件追繳欠稅的文

---

① 丁俊:《于闐鎮守軍徵稅系統初探》,《西域研究》2016 年第 3 期,第 15 頁。

② 丁俊:《有關和田出土的幾件糧帳文書》,《西域研究》2014 年第 1 期,第 15 頁。

③ 張廣達、榮新江:《聖彼得堡藏和田出土漢文文書考釋》,《于闐史叢考》(增訂版),第274 頁。

書,很顯然,對於鎮守軍要徵收的賦稅,守捉是有着一套完備的統計制度的,GXW0173 文書中的"至今升合不納"就是守捉統計後的結果。

丁俊認爲在守捉使府這一級,專徵官、判官、典構成了徵稅官系統。① 專徵官是否只屬於守捉一級,目前的資料還難以判斷。守捉之下應該也有判官和典,但負責徵稅事務的判官和典則不太可能來自守捉。從上文分析看,負責與基層的叱半直接接觸的是鎮,守捉的徵稅命令也需要鎮來完成,判官和典更可能是屬於鎮一級。GXW0169《唐貞元六年(790)十月廿八日傑謝鎮牒爲交算百姓等稅糧事》中,明確提到了判官李珎,②這是傑謝鎮的牒文,李珎所擔任的判官自然是屬於傑謝鎮的。上引 Dx.18915 文書,在判官別將衛惟惕後署名的是鎮官將軍楊晉卿,判官無疑也是鎮官的下級。與國圖藏 Shi27 - Shi32 號鎮守軍一級的財務大帳中出現的判官和典不同,③在具體徵稅事務中出現的判官和典應該是屬於鎮一級,守捉并沒有專門的基層徵稅官。也就是説,在直接面向于闐百姓的徵稅事務中,守捉是不參與的,守捉使的署名也不太可能出現在 GXW0084 號文書中的判官之後。④

守捉主要是負責督促、監督鎮完成徵稅任務,守捉的徵稅官也應該與統計、監督有關。根據 Dx.18915 中的"領送守捉"以及 GXW0173 中的"催促送納",可以肯定,鎮在完成徵稅任務後,是需要將徵收到的羊毛和牛料輸送到守捉的。稅糧也同樣需要交到守捉處,GXW0166：1《唐某年傑謝鎮狀爲大曆十七年(782)當鎮應管倉糧破用等事》中就有"七十五石八斗抽下于守捉倉納"⑤,即傑謝鎮倉將部分糧食上交到守捉倉。⑥ 雖然不確定守捉倉是否

① 丁俊:《于闐鎮守軍徵稅系統初探》,《西域研究》2016 年第 3 期,第 19 頁。
② 丁俊:《于闐鎮守軍徵稅系統初探》,《西域研究》2016 年第 3 期,第 23 頁。
③ 丁俊在論文中提到了這件文書,并據此論證專徵官之下有判官和典,但這件文書中的判官和典與其他徵稅文書中的可能并不相同,該文書是鎮守軍一級的大帳,文書中的專徵官、判官、典的級別都不會太低,不太可能屬於守捉一級的徵稅官。參見丁俊《于闐鎮守軍徵稅系統初探》,《西域研究》2016 年第 3 期,第 18 頁。
④ 丁俊認爲在 GXW0084 文書的判官之後,守捉使或者鎮官都有可能署名,參見丁俊《于闐鎮守軍徵稅系統初探》,《西域研究》2016 年第 3 期,第 19 頁。從本文的分析看,判官之後更可能是鎮官署名。
⑤ 丁俊:《有關和田出土的幾件糧帳文書》,《西域研究》2014 年第 1 期,第 11 頁。
⑥ 丁俊:《有關和田出土的幾件糧帳文書》,《西域研究》2014 年第 1 期,第 15 頁。

總共只徵收了七十五石八斗,但鎮倉向守捉倉交納稅糧還是可以説明鎮守軍的各級機構之間是存在層層交納的,駐扎在于闐國都的鎮守軍正是通過此類層層交納獲得了于闐各地的稅糧。

榮新江結合新發現的于闐軍鎮文書,概括出了于闐鎮守軍傳遞公文的綫索,即于闐軍—都守捉—守捉—鎮—都巡、堡鋪押官—行官、探子。① 實際上,從于闐軍到鎮,在公文傳遞之外,也構成了一套徵稅體系。駐扎在于闐國都的鎮守軍發布徵稅命令後,通過下面的都守捉和守捉、鎮,就能完成徵稅計劃,這意味着鎮守軍在原有的于闐行政機構之外,又另外擁有了一套平行的行政體系,依靠這套行政體系,鎮守軍進一步强化了對于闐的控制。

四、結　論

與西州和北庭的軍鎮只承擔軍事任務不同,以守捉、鎮爲代表的于闐軍鎮實際上兼有軍事與徵稅的雙重職能。守捉在于闐軍事體系和交通體系中占據着重要地位,于闐的主要軍事力量也應分布于守捉中。守捉之下則是鎮,從傑謝鎮的例子看,鎮的軍事力量很有限,僅僅肩負着游奕、探候的任務。在整個于闐的軍事體系中,鎮可能并没有太重要的地位。除了承擔軍事職能外,從安史之亂後的和田文書看,鎮還承擔着鎮守軍的徵稅職能,與叱半等于闐基層官吏接觸的也主要是鎮的人員,守捉則負責下達徵稅命令,并進一步完成監督、統計工作。軍鎮承擔雙重職能是唐朝軍隊進入于闐之初就已開始,還是安史之亂後纔形成? 尚有待進一步探索。

【附記: 本文定稿完成後,段晴、榮新江、慶昭蓉、孫炳晗等學者又陸續刊布了一批新文書,并對于闐的徵稅體系做了新的研究,因拙文已進入出版流程,故文中未能吸收這些成果,祈請讀者見諒。另,本文在撰寫和修改過程中,承蒙余欣、仇鹿鳴兩位老師惠賜諸多寶貴意見,謹致謝忱!】

① 榮新江:《新見唐代于闐地方軍鎮的官文書》,《祝總斌先生九十華誕頌壽論文集》,第377頁。

A Supplementary Examination of Military and Tax Collection Functions of Khotan Military Town Seen in Unearthed Documents

HU Kang

Unlike the military towns of Xizhou（西州）and Beiting（北庭）, which only undertake military tasks, Khotan military towns represented by shouzhuo（守捉）and zhen（镇）actually have the dual functions of military and tax collection. The shouzhuo occupies an important position in the military system and transportation system of Khotan, and the main military forces should also be distributed in the shouzhuo. The zhen is the subordinate organization of the shouzhuo. From the example of Jiexie Town（傑謝鎮）, the military strength of the town is very limited. It only shoulders the task of exploration and patrol. In the whole military system of Khotan, the zhen may not have a very important position. In addition to undertaking military functions, from Hetian documents after the An Shi Rebellion, the zhen also undertakes the tax collection function. It is mainly the zhen's personnel who contact the grass-roots officials of chaupam（叱半）. The shouzhuo is responsible for issuing tax collection orders and further completing supervision and statistics.

西夏"尊孔子爲文宣帝"情勢發微

——兼述西夏王權合法性的三個來源

柴建華

（中國藏學出版社）

　　作爲立國近二百年的封建王朝，西夏在中國歷史上一度與北宋╱南宋、遼╱金鼎足而三。然而這個有着自己的文字甚至已經形成獨特佛教文明[1]的王朝，由於在覆亡後文獻的湮滅，元廷甚至未能爲之單獨修史。[2] 故而在黑水城文獻被掘出之前，後世長期只能靠《宋史》《金史》《遼史》等區區幾部史籍中的西夏傳╱紀，[3]以及散見於宋元時的筆記、文集、政書、類書中的零星材料[4]來勾勒

---

① 關於西夏佛教的獨特性，可參見沈衛榮《論西夏佛教之漢藏與顯密圓融》，《中華文史論叢》2020 年第 1 期。

② 元廷未修西夏史的原因衆説紛紜（所謂"非正統論""仇恨説"等等，典型文章如李範文《西夏國在宋朝歷史中的地位》，《寧夏社會科學》2002 年第 5 期；李華瑞《元朝人不修西夏史芻議》，《河北大學學報》1996 年第 3 期等），但是最根本的原因無疑就是文獻的毀没以及能夠識讀西夏文的人才匱乏（參見吳廣成撰，胡玉冰校注《西夏書事校注》，上海古籍出版社，2021 年，第 7 頁）。簡言之，就是因爲資料的匱乏而未給西夏修史，因爲未給西夏修史使得史料更加没有保留下來。

③ 《遼史》116 卷中只有 1 卷《西夏外紀》，《金史》135 卷中只有 1 卷《西夏傳》，《宋史》496 卷中只有上下兩卷《夏國傳》。

④ 關於西夏的宋時載籍如孫巽的《夏國樞要》、劉温潤的《夏國須知》以及無名氏的《趙元昊西夏事實》《西夏事宜》《西夏雜志》《西臺事迹》《契丹夏州事迹》多已亡佚（參見劉建麗《西夏文獻資料述略》，《中國歷史文獻研究會第 26 屆年會論文集》，2005 年，第 318—324 頁）。今人韓蔭晟所編的《党項與西夏資料匯編》（銀川：寧夏人民出版社，2000 年）和杜建録主編的《党項西夏文獻研究》（北京：中華書局，2012 年）比較全面地搜集了現存有關西夏的漢文材料，爲學界（主要是依靠傳統材料治史的學者）提供了諸多便利，功莫大焉。然而西夏作爲一個多族群、多語言、多種文化聚合的王朝，實難僅憑藉作爲"他者"的漢文材料便呈現其複雜性。

甚至猜測西夏時期的政治生活，以至於難窺堂奧。近年來，隨着學界對西夏時期西夏文、藏文文獻的解讀取得巨大進步，對西夏王朝的整體認識也更爲深入，在此情形下我們有必要重新審視一些常見的材料和一些常見的說法。

在論及西夏政治史、宋夏關係乃至西夏的文化認同等命題時，儒學（儒家經典——甚至可以擴大爲"漢文化"）在西夏的傳播和發展便成了一個必須要討論的問題。其中最爲論者所津津樂道的便是西夏曾尊孔子爲文宣帝這一情狀——要知道，在特尊儒術的歷代中原王朝，孔子也從未享有如此尊位。[①] 故，這也成爲西夏尊孔重儒的重要證據。關於西夏儒學的發展以及儒學和佛教的關係等方面，前輩學者多有論及，但多依靠漢文史料的隻言片語以申明儒學在西夏所受到的重視以及西夏借鑒吸收儒家文化所取得的成就，隨着西夏文材料的陸續解讀以及藏學的研究成果被西夏史家所利用，便得出了一些與之前迥異的論斷。其中索羅寧（Kirill Solonin）在《西夏意識形態的形成：佛教和儒學》[②]一文中，利用多語種文獻對西夏整體的意識形態進行了梳理和闡述，認爲西夏後期隨着文本經典的編纂和儀式概念的形式化已反過來滋生出西夏本民族的認同。無論是漢文的儒典還是佛典，抑或是藏文的密教典籍，西夏都無意使之取代原本的西夏文化。不過可以肯定的一點就是，西夏民族的觀念與佛教的聯繫要遠甚於儒學。聶鴻音更是在《西夏番學不譯九經考》（與李吉和合作）[③]《中原"儒學"在西夏》[④]兩篇文章

---

① 孔子諡號、尊號、爵號、官號的大致流變可參見《新鄉縣續志·學校志》（臺北：成文出版社影民國十二年刻本）："漢平帝元始二年追諡孔子'褒成宣尼公'；北魏孝文帝太和十六年改諡'文聖尼父'；北周靜帝大象二年追封'鄒國公'；唐太宗貞觀十一年稱'先聖宣父'；高宗乾封元年贈'太師'；元宗開元二十七年追諡'文宣王'，始正南面（其後鄭榮又請於諡中加哲字）；宋真宗大中祥符元年加諡'元聖文宣王'（時議加至神元聖帝未行），五年以國諱改'元聖'爲'至聖'；徽宗崇寧三年定名文宣王……元成宗元貞十一年加號'大成文宣王'；明世宗嘉靖九年定稱爲'至聖先師'。"其中"元宗""元聖"之"元"當爲"玄"，避清世祖玄燁諱故。另董喜寧、陳成國《孔子諡號演變考》（《湖南大學學報》2010 年第 3 期）對孔子諡號有詳細梳理，可參閱。

② Kirill Solonin, "The Formation of Tangut Ideology：Buddhismand Confucianism," ed. by Carmen Meinert & Henrik H. Sørensen, *Buddhism in Central Asia* I：*Patroage, Legitimation, Sacred Space, and Pilgrimage*, Leiden&Boston：BRILL, 2020.

③ 李吉和、聶鴻音：《西夏蕃學不譯九經考》，《民族研究》2002 年第 2 期。

④ 聶鴻音：《中原"儒學"在西夏》，《北方民族大學學報》2017 年第 3 期。

中直接指出了西夏自始至終都没有發展出真正的儒學。這些論斷爲我們繼續深入探討相關問題提供了有益的參考。

一

西夏"尊孔子爲文宣帝"這一説法來自《宋史·夏國傳》,爲叙述便宜,兹録《宋史》原文於次:

> (紹興)十三年(1143),夏改元人慶。① 始建學校于國中,立小學于禁中,親爲訓導。……
>
> 十五年(1145)八月,夏重大漢太學,親釋奠,弟子員賜予有差。
>
> 十六年(1146),尊孔子爲文宣帝。
>
> 十七年(1147),改元天盛。策舉人,始立唱名法。
>
> 十八年(1148),復建内學,選名儒主之。增修律成,賜名鼎新。……
>
> 三十一年(1161),立翰林學院,以焦景顏、王僉等爲學士,俾修實録。……
>
> 三十二年(1162),夏國移置中書、樞密于内門外。大禁奢侈。始封制蕃字師野利仁榮爲廣惠王……②

以上諸事均發生在西夏第五個君主仁孝執政的時期。一眼覷之,仁孝時期的儒學在西夏呈一派欣欣向榮之勢,事實也確乎如此。一個很重要的原因就是,自元昊時領有河西之地後,客觀上爲西夏境内的各族群主要是党項諸部族由游牧/畜牧生産方式轉爲農耕生産方式提供了條件,③半耕半牧成爲

---

① 中華書局本《宋史》附有校勘記:"十三年,按上文説紹興十年'改元大慶',下文又説'改元大慶四年',則改元人慶當在紹興十四年,此'十三年'當是十四年之誤。"見脱脱等《宋史》卷四百八十六,北京:中華書局,1977 年,第 14033 頁。由於我們至今無法確知西夏曆法和紀年的詳情,且此與本文宏旨無關,故不作詳究。

② 《宋史》卷四百八十六,第 14024—14025 頁。

③ 自在典册中留下痕迹開始,党項族群幾經遷徙,其生業方式也因之變遷,關於西夏立國前党項的社會變遷,岳思彤曾有精彩論述,參見岳思彤《入唐党項社會變遷四題》,《歷史教學》2019 年第 2 期。

西夏中後期的主要生産方式。① 我們知道,不同的生産方式會直接影響社會組織形式乃至對外交往的方式。所以脱離生産方式/經濟形態這一最基本的要素來探討儒學在西夏的傳播雖無不可,但也只會停留在思想層面,無法説明儒學對西夏社會組織形式和政制建構的進一步影響。

　　僅就西夏"尊孔子爲文宣帝"一事而言,我們的疑問是: 是否據此便可認爲西夏尊孔重儒更勝過以儒家思想爲基礎立國的諸中原王朝? 進而是否可以據此勾索出西夏王權合法性來源之一斑?

　　儒學在西夏的傳播當依托於儒家典籍的傳入和學習(或翻譯)。《宋史·夏國傳》載:"元昊自制蕃書,命野利仁榮演繹之,成十二卷,字形體方整類八分,而畫頗重複,教國人紀事用蕃書,而譯《孝經》《爾雅》《四言雜字》爲蕃語。復改元大慶。"《續資治通鑑長編》卷一百九十六載:"(嘉祐七年四月)己丑,夏國主諒祚上表求太宗御制詩章隸書石本,欲建書閣寶藏之。且進馬五十匹,求'九經''唐史'、《册府元龜》及本朝正至賀朝儀。詔賜'九經',還其馬。"②這似乎説明西夏自元昊時便已經將中原儒家典籍譯爲蕃語(西夏文),而李吉和與聶鴻音則通過多年教習西夏文的經驗敏鋭地指出西夏似不曾將"九經"之類的儒家典籍譯爲西夏文。③ "教國人紀事用蕃書,而譯《孝經》《爾雅》《四言雜字》爲蕃語"中的"而"當表承接關係,意味着"譯《孝經》《爾雅》《四言雜字》爲蕃語"的目的是爲了"教國人紀事用蕃書",亦即以翻譯漢文典籍來學習自國剛剛創制的蕃文(西夏文),而不是真的爲了

---

① 從黑水城出土的大量社會經濟文書可以很自然地得到這一推論(農耕普遍)。而河西地區較黑水城附近地區顯然更適于農耕,西夏立國前河西地區的漢人分布也更多,漢人與農業經濟雖然未必可以直接畫等號,但是與吐蕃、党項、回鶻等族群相比,漢人與農業經濟的聯系更爲緊密是不爭的事實。關於西夏社會經濟文書的研究可參見杜建録、史金波《西夏社會文書研究》,上海古籍出版社,2010 年,其增訂本由上海古籍出版社出版於 2012 年;史金波《西夏經濟文書研究》,北京: 社會科學文獻出版社,2017 年;等等。

② 《宋史·夏國傳》亦有類似記載:"(嘉祐六年),上書自言慕中國衣冠,明年當以此迎使者。詔許之。……(嘉祐七年)表求太宗御制詩章隸書石本,且進馬五十匹,求'九經''唐史'、《册府元龜》及宋正至朝賀儀,詔賜'九經',還所獻馬。"見《宋史》卷四百八十五,第 14002 頁。

③ 李吉和、聶鴻音:《西夏蕃學不譯九經考》,《民族研究》2002 年第 2 期。

學習儒家思想。① 從這一層面説,翻譯作爲字書的《四言雜字》當在情理之中。

　　元昊在裂土分茅前,面對德明"吾族三十年衣錦綺,此宋恩也"②的規勸,元昊厲言道:"衣皮毛,事畜牧,蕃性所便。英雄之主,當王霸耳,何錦綺爲?"③德明的話語透露出彼時的夏州政權(西夏王朝前身)已被宋朝納入自身的商品交換體系中,也就是司馬光説的,夏州政權/西夏"三面皆戎狄,鬻之不售,唯中國者羊馬氈毯之所輸,而茶彩百貨之所自來也,故其民如嬰兒而中國乳哺之矣"④。而元昊之所以敢霸氣回應其父,多是由於其在弱冠之年(天聖六年,1028)親自帶兵攻取甘州,⑤又在景祐二年(1035)攻取瓜州、沙州、肅州,⑥打通了河西走廊的貿易通道,使夏州政權在某種程度上對宋的經濟依賴降低。但是德明時期的夏州政權,其農耕并未發展到糧食可以自給的地步,⑦藉由家庭/家族勞作的農業經濟發展得并不充分,而建立在農業生産之上的社會結構也就是儒家政制得以建立的基礎并不牢靠。我們知道,某種學説、思想乃至宗教的傳播高度依賴於典籍的翻譯和流播,具體到儒學,因爲以表意爲主要特征的漢字具有難以翻譯爲其他文字(特別是拼音文

---

① 聶鴻音:《再論西夏"蕃漢禮之爭"》,《北方民族大學學報》2021 年第 4 期。

② 《宋史》卷四百八十五,第 13993 頁。《宋史·食貨志》載:"西夏自景德四年,於保安軍置権場,以繒帛、羅綺易駝馬、牛羊、玉、氈毯、甘草,以香藥、瓷漆器、薑桂等物易蜜蠟、麝臍、毛褐、羱羚角、硇砂、柴胡、蓰蓉、紅花、翎毛,非官市者聽與民交易,入貢至京者縱其爲市。"(《宋史》卷一百八十六,第 4563 頁)

③ 同上注,第 13993 頁。這説明雖然党項内遷日久,但其仍然保留了游牧/畜牧的傳統,生計方式并未與内地融爲一體,觀念上也與中原王朝有異。唐人沈亞之曾言:"夏之屬土,廣長幾千里,皆流沙。屬民皆雜虜,虜之多曰党項,相聚于野曰部落。其所業無農桑,事畜馬、牛、羊、橐駝。"(沈亞之:《沈下賢集》卷三,見《四部叢刊初編》,上海:商務印書館,1922 年,第 13 頁)

④ 司馬光:《傳家集》卷五十,奏章第三十三,文淵閣《四庫全書》集部·别集類。

⑤ 《宋史》卷四百八十五,第 13992 頁。

⑥ 同上注,第 13994 頁。

⑦ 至少夏州政權域内的農耕産出并不足以安度荒災之年。夏州政權遭遇糧荒時宋廷曾"詔権場勿禁西人市糧,以振其乏"(《宋史》卷四百八十五,第 13990 頁);"德明境内荒歉,其鄰近族帳爭博糴糧斛"(李燾《續資治通鑑長編》卷七十四,北京:中華書局,2004 年,第 1684 頁)。同時,獲取糧食也是西夏常爲擾宋的主要目的之一,參見李華瑞《貿易與西夏侵宋的關係》,《寧夏社會科學》1997 年第 3 期。

字)的特點,要理解儒典的微言大義則更爲依賴對漢字的學習。[1] 聶鴻音曾指出,要用西夏文來翻譯《爾雅》中的"初、哉、首、基、肇、祖、元、胎、俶、落、權輿,始也"之類的語句是無論如何也做不到的。[2] 即便是非訓詁類漢文典籍,後期西夏人的翻譯也錯誤百出。[3] 關於《孝經》,目前尚未見有元昊時的西夏文譯本傳世,[4]這當然没辦法從理論上排除元昊時翻譯《孝經》的可能性,但是《孝經》所宣揚的儒家倫理道德與彼時党項人的傳統是格格不入的,[5]即便党項"久沐華風",其社會基礎也無法使其施行《孝經》中的基本行爲規範。故對元昊時"譯《孝經》《爾雅》《四言雜字》爲蕃語"的記載,當審慎對待——這并不表明儒家禮制深入夏州政權/西夏的社會内部。元昊在給宋廷上表時説的"制小蕃文字,改大漢衣冠"與此也并不相悖:制西夏文的目的是爲了明政令、培育党項部族的自我意識并爲最終分茅奠定基礎,由於新制文字的普及并無成熟的教材,故不得不借助對漢文典籍的翻譯進行學習,而這一學習過程的重點并不是典章制度,僅僅就是爲了學習文字(西夏文)本身。

至於"夏國主諒祚上表求太宗御制詩章隸書石本,欲建書閣寶藏之。且

---

[1] 歷史上儒家倫理思想對社會起過建構作用的所謂"東亞儒家文化圈"中的地區如日本、朝鮮半島和越南等,其對儒家文化的吸收主要是來自漢字原典而非本民族文字的譯文。

[2] 李吉和、聶鴻音:《西夏蕃學不譯九經考》,《民族研究》2002 年第 2 期。

[3] 相關研究參見李吉和、聶鴻音《西夏蕃學不譯九經考》,《民族研究》2002 年第 2 期;聶鴻音《西夏譯〈詩〉考》,《文學遺産》2003 年第 4 期;張永富《西夏文獻中的"群牧司"與"州牧"》,《西夏研究》2017 年第 2 期;等等。

[4] 目前所見的西夏文《孝經傳》是譯自北宋吕惠卿(1032—1111)的注本,其前言聲明是作於1095 年,西夏文譯本"𘊨"(孝)字缺筆以避諱,當譯於仁孝時期——這顯然與元昊時的譯本(如果真的有的話)無涉。相關研究參見李吉和、聶鴻音《西夏蕃學不譯九經考》,《民族研究》2002 年第 2 期;聶鴻音《吕注〈孝經〉考》,《中華文史論叢》2007 年第 2 期。

[5] 党項傳統貴壯賤老,甚至留存有收繼婚制,而這些顯然與《孝經》方鑿圓枘。另外也很難想象親自下達"禿髮令"的元昊會允許宣揚"身體髮膚,受之父母,不敢毁傷"的《孝經》在西夏廣爲傳播。党項傳統習俗參見李延壽《北史》卷九十六:"党項羌者……養氂牛、羊、豬以供食,不知稼穡。其俗淫穢蒸報,于諸夷中爲甚。……人年八十以上死者,以爲令終,親戚不哭,少死者,則云夭枉,共悲哭之。"(北京:中華書局,1974 年,第 3192 頁)在西夏立國百餘年後,農耕生産方式得以普及,加之歷代君主的提倡,纔使得《孝經》的翻譯和傳播有了現實基礎,并進而對西夏社會倫理和政制建構産生影響。

進馬五十匹,求'九經''唐史'、《册府元龜》及本朝正至賀朝儀。詔賜'九經',還其馬"這一記載,目前可以明確的是西夏官方蕃學似不曾翻譯過漢文儒典"九經",另外還有一點值得注意,那就是諒祚"欲建書閣寶藏之"的是(宋)太宗的御制詩。我們知道,宋承五代之亂,以陳橋兵變而得帝位,在那樣一個"天子寧有種耶? 兵强馬壯者爲之爾"[1]的時代,宋王朝的合法性有着天然性的缺失,宋帝很難被儒家認爲是"爲德是依"的真命天子,所以在理學被確立爲國家政治文化的正統之前,歷代宋帝也試圖尋找儒學之外的政治合法性依據。具體在宋太宗,由於"斧聲燭影"之事,其對於政治合法性的尋得顯得尤爲迫切,體現在他的御制詩中就是,内容兼涉儒釋道,[2]并没有過多地體現儒家特點。諒祚上表求宋太宗詩顯然也不是爲了學習儒學,更多地是表達親宋的姿態以爲後援。要知道在諒祚這次上表前不久剛剛族誅了權臣外戚没藏訛龐,隨即便"請去蕃禮,從漢儀",并"上書自言慕中國衣冠,明年當以此迎使者",[3]欲與宋交好之情溢於言表。冲齡即位的諒祚彼時即便暫時壓制住了外戚勢力,但王權依然不穩固,亟需外部力量對其的支持——哪怕是名義上的——以壓制内部反對派。所以諒祚向宋求賜"太宗御制詩"的直接目的是要"建書閣寶藏之",深層目的則是意欲表徵一種文化權力,[4]而强化包括文字、詩歌在内的"知識"領導權則是彰顯王權的重要手段。求"太宗御制詩""九經"等行爲都可以看作諒祚或言以諒祚爲代表的西夏王族在獲得政治權力之後强化文化權力的手段,并不能將之等同於西夏的儒學化——畢竟在諒祚求"太宗御制詩"和"九經"等的幾乎同時,諒祚也曾向

---

① 歐陽修撰,徐無黨注:《新五代史》卷五十一,北京:中華書局,1974 年,第583 頁。

② 宋太宗在組詩《緣識》的序中説:"朕聞法門不二,非聖賢無以皆通;清净自然,非智慧無以長久。經文妙覺,識種緣深。誦《華嚴》而性海分明,演菩提而真修實行";在詩組《逍遙詠》的序中説:"玄元大道,理包深遠。逍遙至論,義貫精微。"其中洋溢着滿滿的佛、道氣息。參見傅璇琮等《全宋詩》,北京大學出版社,1991 年,第 402、310 頁。

③ 《宋史》卷四百八十五,第 14001 頁。關於西夏的"蕃禮"與"漢禮",聶鴻音有專文討論,見聶鴻音《再論西夏"蕃禮漢禮之爭"》,《北方民族大學學報》2021 年第 4 期。

④ 關於詩歌,《文心雕龍·明詩》中有這樣一句話:"民生而志,咏歌所含。興發皇世,風流二南。神理共契,政序相參。英華彌縟,萬代永耽。"參見劉勰《文心雕龍》卷二,《叢書集成初編》(影印本),上海:商務印書館,1935 年,第 10 頁上欄。"神理共契,政序相參"直接點明了詩歌和政治秩序的關係。

宋廷求購過《大藏經》：

> （嘉祐二年）《賜夏國主贖大藏經詔》十二月：詔夏國主，省所奏伏爲新建精藍，載請贖大藏經、帙、籤、牌等，其常例馬七十匹充印造工直，俟來年冬賀嘉祐四年正旦使次附進，至時乞給賜藏經事，具悉。封奏聿來，秘文爲請。惟覺雄之演説，推善利于無窮。嘉乃純誠，果于篤信。所宜開允，當體眷懷。所載請贖大藏經、帙、籤、牌等，已令印造，候嘉祐四年正旦進奉人到闕，至時給付。故兹詔示，想宜知悉。春寒，比平安好否？書指不多及。①

> （嘉祐七年）《詔夏國主乞贖大藏經詔》：詔夏國主，省所奏請，贖佛經一大藏、籤、牌、經帖等，欲乞特降睿旨，印造靈文，以俟至時幸垂給賜，所有舊例紙、墨、工直馬七十匹，續具進上以聞，事具悉。大雄流教，善利無方。信士篤緣，群迷釋趣。喜觀心于法境，願繹理于秘文。載省控陳，所宜開允。其請贖經文，已指揮印經院印造，候嘉祐十一年正旦進奉人到闕給付。②

當然，求贖《大藏經》也是諒祚强化文化權力的一個方面。③

二

除上述《續資治通鑑長編》《宋史》中提到的譯爲蕃文（番文/西夏文）的《孝經》《爾雅》《四言雜字》，以及可能存在的"九經"等，目前可以見到的夏

---

① 歐陽修：《歐陽文忠集》卷八十六，文淵閣《四庫全書》集部·別集類。
② 王珪：《華陽集》卷十九，文淵閣《四庫全書》集部·別集類。
③ 關於西夏的佛教傳入，索羅寧指出"'官方佛教'最早傳入西夏的（是）'漢傳'佛教信仰。西夏'官方佛教'的內容則爲漢傳佛教的'華嚴信仰'（或'普賢信仰'）與'阿彌陀信仰'，并以'從上往下'傳入西夏的範式與吐蕃時期的佛法傳入西藏過程有類似之處。"參見索羅寧《西夏佛教之"系統性"初探》，《世界宗教研究》2013 年第 4 期。同樣索羅寧注意到，西夏漢傳佛教的一個重要來源是契丹，參見氏著《道厄及〈鏡心録〉西夏譯本初探》，載沈衛榮主編《西域歷史語言研究集刊》第 5 輯，北京：科學出版社，2012 年。其實，朔方和河西作爲漢唐故地，佛教早已在西夏轄域流播，元昊嗣位前便"曉浮屠學"（《宋史》卷四百八十五，第 13993 頁）即爲例證。

譯儒典(包括著録有名稱而早已亡佚的),其編譯時代皆在仁孝及仁孝之後(但數量和質量與夏譯佛典有天淵之別)。① 不得不承認,正如前引《宋史》記載的那樣,西夏的儒學在仁孝時期迎來了大發展,②當然這只是跟仁孝之前相比。

如果説,建學校、興科舉等在中原王朝是司空見慣之事,那麽西夏"尊孔子爲文宣帝"絕對算得上是獨樹一幟了。其實,早在仁孝之前,宋真宗(赵恒,968—1022,997—1022 在位)就曾動議過"尊孔子爲帝"。

宋大中祥符元年(1008),宋真宗在東封泰山路過曲阜時即大搞祭孔尊儒的活動,③并征求群臣意見:"唐明皇褒奬先聖爲王,朕欲追謚爲帝,可乎?"没想到這遭到了群臣的反對:"宣父周之陪臣,周止稱王,不當加以帝號。"④大臣的理由很充分,那就是孔子作爲周天子的陪臣,周天子也僅僅只是"王"號,對於特重"君君、臣臣"之禮的孔子是萬萬加不得"帝"號的。

彼時的宋真宗迫切以封禪泰山并欲尊孔子爲帝給自身增添光環,源自於對自身合法性的深深憂慮。宋太祖"陳橋兵變"迫使周恭帝(柴宗訓,953—973)"禪位",宋太宗"斧聲燭影"兄終弟及,乃至宋真宗也是在兩個哥

① 不完整篇目的具體信息可參見魏靈芝《俄藏黑水城文獻西夏文世俗部分叙録》,《圖書館理論與實踐》2005 年第 2 期。

② 相關研究見顧吉辰《孔子思想在西夏》,《史學集刊》1991 年第 4 期;李蔚《略論西夏儒學》,《蘭州大學學報》1992 年第 3 期;張迎勝《儒學與西夏文化芻議》,《寧夏大學學報》1995 年第 2 期;李華瑞《論儒學與佛教在西夏文化中的地位》,刊于杜建録主編《西夏學》第 1 輯,銀川:寧夏人民出版社,2006 年;劉建麗《儒學與西夏的封建化》,《中國寶雞張載關學與東亞文明學術研討會論文集》,2007 年;謬喜平《西夏仁孝皇帝尚儒淺論》,《西安航空學院學報》2015 年第 2 期;孔德翊《西夏國家文化的構建》,《孔子研究》2010 年第 3 期;等等。

③ 《宋史·吉禮八》:"真宗大中祥符元年,封泰山,詔以十一月一日幸曲阜,備禮謁文宣王廟。內外設黃麾仗,孔氏宗屬并陪位,帝服靴袍,行酌獻禮。又幸叔梁紇堂,命官分奠七十二弟子,先儒泪叔梁紇、顏氏。初,有司定儀肅揖,帝特展拜,以表嚴師崇儒之意,親制贊,刻石廟中。復幸孔林,以樹擁道,降輿乘馬,至文宣王墓,設奠再拜,詔追謚曰玄聖文宣王,祝文進署,祭以太牢,修飾祠宇,給便近十户奉塋廟。……二年五月乙卯,詔追封十哲爲公,七十二弟子爲侯,先儒爲伯或贈官。親制《玄聖文宣王贊》,命宰相等撰顏子以下贊,留親奠祭器于廟中,從官立石刻名。既以國諱,改謚至聖文宣王。"(《宋史》卷一百五,第 2547—2548 頁)

④ 彭百川:《太平治迹統類》卷二十六,《適園叢書》民國五年(1916)刻本。事并見王偁《東都事略》卷一百十三,文淵閣《四庫全書》;范祖禹《范太史集》卷二十二,文淵閣《四庫全書》。

哥（太宗長子元佐，太宗次子元僖）接連被廢後，纔在寇準（961—1023）的力薦下被立爲太子的。加之"澶淵之盟"後，宋與遼/契丹約爲兄弟，雖然自此偃兵息戈，但是也要稱契丹君主爲"皇帝"，這毫無疑問冲擊了"天無二日、尊無二上"的政治秩序，所以宋真宗必須要證明自己纔是那個唯一承天應命的至尊天子。因封禪具有强烈的政治象徵意義，①故東封泰山西祀汾陰這樣彰顯神聖性的運動便在一連串的策劃下開展起來了。

在儒家政治傳統中，"王者受命，易姓而起，必升封泰山。何？ 教告之義也。始受命之日，改制應天，天下太平功成，封禪以告太平也"②。上一個封禪泰山的還是開創了"開元盛世"的唐玄宗（685—762）。唐玄宗時認爲孔子"雖代有褒稱，而未爲崇峻，不副于實"，便追諡孔子爲"文宣王"。③ 宋真宗在封禪這件事上跟唐玄宗看齊了，在對孔子"迭加美稱"這件事上就得超邁前代了。但是就身份等級而言，以"王"號加諸孔子已然是臻於人臣極致，似没有超越空間了，只能議以"帝"號加之。在群臣的反對聲中退而諡孔子爲"玄聖文宣王"，後以避宋聖祖諱，④稱"至聖文宣王"。宋神宗時，又有人請給孔子加"帝"號，以示尊崇，⑤翰林學士楊繪（1032—1088）則認爲是不合禮法的，⑥判太常寺李清臣（1032—1102）給出的理由是："昔子路欲使門人爲臣，孔子之所不與，今無位而'帝'之，慮非先聖本意。且孔氏雖聖，異姓也。究考古今，自非推五岳之天神及追諡祖宗之同體。而以異姓爲'帝'號，與故事亡有。"⑦李清臣至少表明了兩層意思：一，當年孔子病重的時候，子路曾讓自己的門人去充當孔子的家臣以預備喪事，孔子知道後怒斥子路詐僞，

① 唐人張説對封禪意義的闡釋頗具代表性："封禪之義有三：一、位當五行圖籙之序；二、時會四海升平之運；三、德具欽明文思之美。"見張説《大唐封祀壇頌》，《全唐文》卷二二一，北京：中華書局影印本，1983 年，第 3 册，第 2233 頁下欄—2234 頁上欄。
② 班固撰，陳立疏證，吳則虞點校：《白虎通疏證》卷二，北京：中華書局，1994 年，第 278 頁。具體斷句或有異文，此從陳立疏證。
③ 劉昫等：《舊唐書》，北京：中華書局，1975 年，第 920 頁。
④ "詔：聖祖名，上曰玄，下曰朗，不得斥犯。"見李燾《續資治通鑑長編》卷七十九，第 1801 頁。
⑤ 趙汝愚：《宋朝諸臣奏議》，上海古籍出版社，1999 年，第 985—986 頁。
⑥ 《宋史》卷三百二十二，第 10450 頁。
⑦ 《宋朝諸臣奏議》，第 985—986 頁。

"無臣而爲有臣,吾誰欺,欺天乎?"[1]不在大夫之位而享大夫之禮在孔子看來是不可以的,是欺天的行爲。孔子不在帝位而享帝號,雖然表達了尊孔尊儒的意願,但是這想必不是孔子的本意;二,雖然孔子貴爲聖賢,但是孔子與趙宋王朝的皇帝是異姓,在一國之中有兩個異姓的"帝"是自古以來都没有的事情,這會大大削弱趙宋皇帝普天之下的獨一性和神聖性。另外,就像《白虎通義》中説的:"帝王者何?號也。號者,功之表也,所以表功明德,號令臣下者也。德合天地者稱帝,德合仁義者稱王,别優劣也。"帝象天地,王合仁義,帝優而王劣。[2]　在儒家的政治傳統中,"古帝,天也"[3],"帝"號帶有的至尊性和神聖性光環是聚合皇權頗爲有力的保障,是絶不可與他者共享的。在宋真宗迫不得已稱契丹君主爲"皇帝"後,其自身的合法性和神聖性已經受到了挑戰,這時便再不會尊異姓的孔子爲"帝"了。不尊孔子"帝"號并非不再尊儒,畢竟無論宋朝帝室是如何崇佛抑或崇道,宋朝的整個政制架構和社會生活都是以儒家倫理爲基礎的,這是無可否認的事實。

另外,還有一個現實的困難,那就是宋朝境内"聖裔"綿延,"孔子嫡孫則承大爵,自秦始皇封孔鮒爲文通君,歷代封爵不一,有加無已,悉載史册可考"[4]。若尊孔子"帝"號,名義上孔子和趙宋皇帝都是"帝",若處置不當則孔子後裔的代際傳承會不可避免地分割皇帝的部分文化權力,不利於皇權的加强。比較妥善的辦法就是追封孔子以"王"爵,孔子後裔降爵世襲,將之變成儒家道統的文化符號,爲皇權統治提供理論基礎而不是威脅皇權。事實上,宋廷確實也是這麽做的,宋仁宗(趙禎,1010—1063,1022—1063 在位)於至和二年(1055)降詔:"朕念先帝崇尚儒術,親祠闕裏,而始加至聖之號,務極尊顯之意,肆朕纂臨,繼奉先志,尊崇聖道,不敢失墜,而正其後裔嗣襲

---

① 劉寶楠:《論語正義》,北京:中華書局,1990 年,第 341 頁。

② 《白虎通疏證》卷二,第 43—44 頁。

③ 見毛亨傳,鄭玄箋,陸德明音義《毛詩傳箋》,北京:中華書局,2018 年,第 494 頁。其實,三代稱"王"與堯舜稱"帝"一樣,"王"和"帝"某種程度上都代表了天和至高無上。然而自始皇帝稱"皇帝"後,則"帝"如同周之"王",秦後之"王"便等而下之了。

④ 陳夢雷編撰,蔣廷錫校訂:《古今圖書集成》第 266 册,北京:中華書局,成都:巴蜀書社,1985 年,第 42 葉。

之號,不其重歟? 宜改封至聖文宣王四十六代孫宗願爲衍聖公。”①自此,“衍聖公”承襲八百餘年,直至民國時期。

正是因爲宋朝濃重的儒家文化基因,使得代表皇權的“帝”號具有至尊性,是“表明功德,號令臣下”的政治標籤。宋朝濃重的儒家文化基因根源於農耕社會。由農耕社會生出基於血緣和地域關係的宗法制,由宗法制進而對整個社會和政制進行架構,并由儒家官僚集團具體操盤,從而形成了“農耕社會—宗法制—儒家官僚”三位一體的政制架構。在五代亂後,宋朝儒學逐步復興,雖然在與道教和佛教的競爭中并未獲得絕對優勢,但是基于農耕社會的基本現實,儒家官僚集團是宋帝皇權的堅決擁護者,對於孔子“帝”號授予是否合於禮法具有異常的敏感性,所以纔幾次三番否決了宋廷“尊孔子爲帝”的動議。

三

如果説“帝”號與皇權/王權密不可分且具有獨一性,那麼具體到西夏,仁孝又何以“尊孔子爲文宣帝”呢? 愚以爲這其中的緣由在於西夏立國,其王權的合法性并不依托於儒家學説。西夏在由部落聯合體過渡到封建王朝,更多地是借鑒儒家的典章制度(或者可以籠統地稱之爲“漢禮”)來完成的,②但是儒家學説沒有完全滲透到西夏朝野,其地位甚至不如道教。③ 元昊在稱帝時給宋廷上的表中説:

> 臣祖宗本出帝胄,當東晉之末運,創後魏之初基。遠祖思恭,當唐

---

① 孔傳撰:《東家雜記》卷上,見傅璇琮等主編《全宋筆記》第三編第十册,鄭州: 大象出版社,2008 年,第 225—226 頁。

② 元昊立國時,“其官分文武班,曰中書,曰樞密,曰三司,曰御史臺,曰開封府,曰翊衛司,曰官計司,曰受納司,曰農田司,曰群牧司,曰飛龍院,曰磨勘司,曰文思院,曰蕃學,曰漢學,自中書令、宰相、樞使、大夫、侍中、太尉已下,皆分命蕃漢人爲之。”(見《宋史》卷四百八十五,第13993 頁);諒祚遣使赴宋時曾言:“本國竊慕漢衣冠,今國人皆不用蕃禮。明年欲以漢儀迎待朝廷使人。”(見李燾《續資治通鑑長編》卷一百九十五,第4730 頁)

③ 聶鴻音:《中原“儒學”在西夏》,《北方民族大學學報》2017 年第 3 期。

季率兵拯難,受封賜姓。祖繼遷,心知兵要,手握乾符,大舉義旗,悉降諸部。臨河五郡,不旋踵而歸;沿邊七州,悉羞肩而克。父德明,嗣奉世基,勉從朝命。真王之號,凡感于頒宣;尺土之封,顯蒙于割裂。臣偶以狂斐,制小蕃文字,改大漢衣冠。衣冠既就,文字既行,禮樂既張,器用既備,吐蕃、塔塔、張掖、交河,莫不從伏。稱王則不喜,朝帝則是從,輻輳屢期,山呼齊舉,伏願一垓之土地,建爲萬乘之邦家。于時再讓靡遑,群集又迫,事不得已,顯而行之。遂以十月十一日郊壇備禮,爲世祖始文本武興法建禮仁孝皇帝,國稱大夏,年號**天授禮法延祚**。伏望皇帝陛下,睿哲成人,寬慈及物,許以西郊之地,冊爲南面之君。敢竭愚庸,常敦歡好。魚來雁往,任傳鄰國之音;地久天長,永鎮邊方之患。至誠瀝懇,仰俟帝俞。謹遣弩涉俄疾、你斯悶、卧普令濟、嵬崖你奉表以聞。[①]

這是一份元昊的"建國宣言",首先追祖元魏,繼褒父祖睿武,再言明自己封疆裂土的決心和措施,最終落在求冊封,也就是取得政治承認上來。特別是其中的年號,其實就包含了西夏政治合法性的來源。

我們知道,"年號"肇始自漢武帝時期,[②]而爲"中華文化圈"所獨有。[③]因自漢武帝采用年號紀年之後,皇帝有紀年而封國的諸侯王無權另行自定年號,故而從年號誕生的那一刻起,"年號"就成爲皇權的象徵。年號既然具有如此重大的象徵意義,皇帝在定年號時自然會寄寓自己的政治期望或昭示某種政治信號。[④]所以西夏獨立設置年號,就是裂土封疆的強烈信號,在這個問題上,元昊起初試探性地聲明因爲要避乃父德明諱而將宋的年

---

① 《宋史》卷四百八十五,第13995—13996頁。司馬光《涑水紀聞》卷十一(北京:中華書局,1989年,第212頁)亦記有此表,文字略有不同。

② "其後三年,有司言元宜以天瑞命,不宜以一二數。一元曰建元,二元以長星曰元光,三元以郊得一角獸曰元狩云。……'正義':孝景以前即位,以一二數年至其終。武帝即位,初有年號,改元以建元爲始。"見司馬遷撰,裴駰集解,司馬貞索隱,張守節正義《史記》,北京:中華書局,1982年,第460—461頁。

③ 陳寅恪曾指出"唐蕃會盟碑"中的彝泰(Skyid rtag)爲吐蕃贊普可黎可足(Khri gtsug lde brtsan)使用的年號,可見吐蕃受漢文化影響之深。參見陳寅恪《吐蕃彝泰贊普名號年代考(蒙古源流研究之一)》,《國立中央研究院歷史語言研究所集刊》第1期,1930年。

④ 辛德勇:《年號背後的玄機與深意》,《人民論壇》2021年第27期。

號"明道"改爲"顯道"①——大約理由還算正當,宋并沒有下詔禁止。② 順便指出,現存文獻特別是黑水城文獻中確有大量避諱"明"字的例證,但是在可勘定年代的文獻中,幾乎全部與仁孝相關。③而元昊的避父諱,上文所言乃僅見,且元昊稱帝後出使宋的使臣中便有名爲"李金明"者。④ 所以元昊在夏州政權中以"顯道"來代替宋的"明道",其政治試探的意味頗濃。

待元昊正式建立"大夏"國時,定年號爲"天授禮法延祚",這也是中國歷史上所僅有的兩個六字年號之一(另一個是西夏秉常時期的"天賜禮盛國慶"),其意義自是不同尋常。由於在現存西夏文文獻中沒有出現"天授禮法延祚"的字樣,我們只能從漢字的意義上進行分析——因爲西夏後期年號的西夏文寫法我們可以見到,且可與漢文書寫的年號一一對應,這也證實了《宋史》對於西夏年號記載的正確性。

四

"天授禮法延祚"六字可分爲三個部分,即"天授""禮法""延祚",這也對應了元昊建國時西夏王權合法性的三個來源——党項傳統信仰(王權神授)、佛教和血統。

在《北史》《隋書》《舊唐書》《册府元龜》中對党項的原始信仰有幾乎一致的記載:"三年一聚會,殺牛羊以祭天。"⑤這説明党項人對"天"的崇拜有着相當穩定的延續性。在整個藏緬語族群中,"天崇拜"不但具有延續性而且具有一致性,在衆多可以譯爲"天"的西夏字中,被骨勒茂才記音爲"没"的

---

① 《宋史》卷四百八十五,第 13993 頁。

② 還有一種可能,那就是西夏兼避德明諱和遼穆宗耶律璟(耶律明)的諱,由於宋遼平等,夏避遼諱,宋也無力干涉。關於西夏避遼諱,參見韓小忙《西夏避諱制度初探》,《寧夏社會科學》1994 年第 5 期。

③ 佟建榮、鄭佳茜:《黑水城漢文版刻避諱字補考》,《西夏研究》2021 年第 4 期。

④ "……給言賊使李金明來約和。"見《續資治通鑑長編》卷一百二十六,第 2989 頁。

⑤ 李延壽:《北史》,第 3192 頁;魏徵、令狐德棻:《隋書》,北京:中華書局,1973 年,第 1845 頁;劉昫:《舊唐書》,第 5291 頁;王欽若等:《册府元龜》,南京:鳳凰出版社,2006 年,第 11132 頁。

西夏字"朡（天）"①（龔煌城和 Kychanov 擬音爲 mə；Mcrc Miyake 擬音爲 my）可與藏緬語諸語言表示天的詞彙對應。② 最初，"天"指的就是自然界的"天"，因"天"所帶來的風雨雷電會直接影響到從事游牧的党項人群，進而影響到人們的生産生活，慢慢地"天（朡）"便具有了"生業"的意思，《蕃漢合時掌中珠》對"天（朡）"的解釋便是"或做活業（營生）"③。

掌管着人們活業的"天"自然就具有神聖性和至高性，祭天也就成爲包括党項在内北方諸民族最爲重要的政治活動，主持對至高無上的"天"的祭祀就是王權最典型的表征。④ "天"是西夏王權神授的直接授予者。所以由"朡（天）"引申出的"䐀（天）""䐈（天）""獥（天）""焱（天）"等，都與王權密不可分。因西夏王權自"天"而來（王權神授）之故，西夏的君主也自稱"天子"。⑤《宋史》上説："（德明卒），子曩霄立。曩霄本名元昊，小字嵬理，國語謂惜爲'嵬'，富貴爲'理'。"⑥其實，無論是疑似漢語的"昊"還是由番語音譯爲漢語所選擇的漢字"霄"，都是"天"的意思。在雙語字典《番漢合時掌中珠》中，開始便是"天體上"條，次第列出了"天乾（朡譃）""皇天（䐀朡）""昊天（焱朡）""旻天（罭朡）""上天（㴙朡）""九霄（㐜祧）"等，⑦一方面顯示了"天"在西夏民衆中的重要性，另一方面表明了"天"與王權的緊密聯繫（如：

---

① 俄羅斯科學院東方研究所聖彼得堡分所、中國社會科學院民族研究所、上海古籍出版社編：《俄藏黑水城文獻》第 10 册，上海古籍出版社，1999 年，第 2—3、20—21 頁。

② 跟據學界對西夏語言的研究，幾乎可以認定以西夏文標記的"勒尼語"和"番語"都屬於藏緬語，參見聶鴻音《勒尼——一種未知的古代語言》，《寧夏大學學報》1996 年第 4 期。關於藏緬語系人群的天崇拜，可參見宗喀·漾正岡布《"岷""汶"地名與古藏緬語的"天"rMu》，《西北師大學報》2019 年第 2 期。

③ 李範文：《簡明夏漢字典》，北京：中國社會科學出版社，2012 年，第 423 頁。

④ 對"天"的崇拜是北方民族之通俗，自匈奴至契丹皆然，党項也不例外。"匈奴俗，歲有三龍祠，常以正月、五月、九月戊日祭天神。"見范曄撰，李賢等注《後漢書》，北京：中華書局，1965 年，第 2944 頁；"（契丹將出師）刑青牛白馬以祭天地"，"下城克敵，祭天地，牲以白黑羊。班師，以所獲牡馬、牛各一祭天地"。見脱脱等《遼史》，北京：中華書局，1974 年，第 845 頁。

⑤ "（元昊）自號嵬名吾祖。"參見《宋史》卷四百八十五，第 13995 頁；"時元昊自稱兀卒已數年。兀卒者，華言青天子也，謂中國爲黃天子。"見司馬光《涑水紀聞》，北京：中華書局，1989 年，第 348 頁。

⑥《宋史》卷四百八十五，第 13992 頁。

⑦《俄藏黑水城文獻》第 10 册，第 3、21 頁。

皇天）。所以“元昊”這個名字本身就帶有濃重的原始信仰和王權至上的意味。在與宋連年交兵後，被迫改名“曩霄”①，改名“曩霄”毋寧説是以番語來再次申明王權神授。元昊在向宋上表稱帝前，便自號“嵬名吾祖”，由於漢字“吾祖”很容易被宋朝君臣認爲有挑釁意味，所以元昊在遣使赴宋的時候，特地更換爲漢字“兀卒”，企圖蒙混過去，但仍然被宋君臣看出“兀卒，即吾祖也，如可汗號”②。其實無論“吾祖”還是“兀卒”都是西夏文“𗧊𗗪（皇帝）”（龔煌城擬音爲：ŋwə dzjwɨ；Marc Miyake 擬音爲：ngwy dzwy）的音譯，𗧊（皇）即“天”，是由自然的“天（𗴂）”轉化而來的神格化的“天（𗧊）”；而“帝（𗗪）”，《文海研究・雜類》將其釋爲：“𗴂𘊲𗤊𘝦𗤼（天子之謂也）。”③西夏文的“皇帝”從語義即已表明了君權神授的性質，“皇帝（𗧊𗗪，兀卒）”就是“天子（𗴂𘊲）”。元昊年號“天授禮法延祚”中的“天授”意在指出其君權來源於党項部族原始崇拜的“天（𗴂）”。

　　“天授”“禮法”“延祚”三個短語中，“天授”和“延祚”都表示某種動作，故“禮法”在這裏并不表示“禮儀法度”，“禮”應是動詞，表示“尊敬”或是“禮拜”，西夏文或可寫作“𗼕”，而“法（𗼨）”——正如聶鴻音指出的那樣，在西夏文文獻中，通常用於釋家或道家，却從來也不单独用於儒家，④故“禮法”即“禮敬佛法”。前文所述，夏州政權轄域本漢唐故地，早有佛教流播，⑤元昊本身即“曉浮屠學”，在宋寶元元年（1038）登基之前特意遣使到五臺山供佛寶，然後纔“築壇受封，即皇帝位”⑥。在佛教中，佛寶可以指七種珍寶，也可能指七種王寶，結合元昊遣使供佛寶之後即皇帝位，這裏的佛寶很可能就是

① 《宋史》卷四百八十五，第 13998 頁。
② 同上注。
③ 《簡明夏漢字典》，第 633 頁。
④ 聶鴻音：《中原“儒學”在西夏》，《北方民族大學學報》2017 年第 3 期。另外，關於“法（𗼨）”，索羅寧通過對西夏文《隨緣集》中所收的《𗼨𗗙𗰟𘐊》一文進行研究，指出《𗼨𗗙𗰟𘐊》的主旨乃是討論佛教與道、儒的關係，故此文名稱當譯爲《三教通論》，“𗼨”在儒釋道并列的情況下可作“教”解。參見索羅寧《西夏文〈隨緣集〉與西夏漢傳佛教流傳問題》，胡雪峰主編《元代北京漢藏佛教研究》，北京：宗教文化出版社，2018 年，第 285—301 頁。
⑤ 德明也深受佛教影響。景德四年（1007）德明母罔氏薨，及葬，德明“請修供五臺山十寺”，事見《宋史》卷四百八十五，第 13990 頁。
⑥ 《宋史》卷四百八十五，第 13995 頁。

跟王權結合緊密的七種王寶："一金輪寶(梵：cakra)，名勝自在;二象寶(梵：hasti)，名曰青山;三紺馬寶(梵：asva)，名曰勇疾風;四神珠寶(梵：mani)，名光藏雲;五主藏臣寶(梵：parinayaka)，名曰大財;六玉女寶(梵：stri)，名净妙德;七主兵寶(梵：parinayaka)，名離垢眼。"①如此，則元昊是有意識地將自身打造爲佛教的轉輪王(Cakravartin)。②在佛家觀念中，元昊遣使前往的五臺山是文殊菩薩(Mañjuśrī)的道場，而"文殊的形象在《法華經·入法界品》中便被政治化，被政治化的文殊師利……在過去都是轉輪王身，以佛教治國"，《法華經·入法界品》將佛教神祇(文殊菩薩)與轉輪王視爲同身，則言明"王即是佛"或"佛即是王"，③元昊遣使詣五臺山供佛寶，在將自己打造成"佛王"(Buddharāja)的同時，也爲西夏王權塑造了正統性。

元昊在給宋廷上表時說："臣祖宗本出帝胄，當東晉之末運，創後魏之初基"，一度給學界帶來了非常大的困擾，那就是党項人，或者嚴格地說西夏皇族是否源出於鮮卑拓跋氏？④目前一般認爲鮮卑語屬阿爾泰語系蒙古語族，而西夏王族所操的番語(抑或勒尼語)則屬藏緬語族，由此可遽定作爲西夏皇族的拓跋氏非源於北魏拓跋氏。然而我們的關注點則在於，自匈奴內附，鮮卑繼起，北族政權爲在中原徵得政治合法性而追述祖源時，都是攀附華夏民族。如匈奴，《漢書》說："匈奴，其先夏后氏之苗裔"⑤;在西夏龍興之地建立"大夏"的赫連勃勃(381—425，407—425在位)，是"匈奴右賢王之後，劉元海之族也"，也自豪地宣稱"朕大禹之後"。⑥如鮮卑，《魏書》說："黃帝以土德王，北俗謂土爲托，謂後爲跋，故以爲氏";"昌意少子，受封北土，國有大

---

① 法雲編：《翻譯名義集》卷三《七寶篇》，CBETA 2021.Q4，T54，no.2131，p.1105a28－b2。

② 關於中國中古時期的佛教轉輪王與王權的關係，近來孫英剛多有討論，參見孫英剛《轉輪王與皇帝：佛教對中古君主概念的影響》，《社會科學戰線》2013年第11期;《武則天的七寶——佛教轉輪王的圖像、符號及其政治意涵》，《世界宗教研究》2015年第2期;《佛教與讖緯之間：〈馬寶頌〉所見梁武帝的信仰與王權》，《世界宗教研究》2021年第4期等等。

③ 古正美：《從天王傳統到佛王傳統——中國中世佛教治國意識形態研究》，臺北：商周出版，2003年，第385頁。

④ 尹波濤對此曾有梳理，可參閱。尹波濤：《党項拓跋氏族屬研究述評》，《西北民族論叢》第20輯，2020年。

⑤ 班固撰，顏師古注：《漢書》，北京：中華書局，1962年，第3743頁。

⑥ 房玄齡等撰：《晋書》，北京：中華書局，1974年，第3205頁。

鮮卑山,因以爲號"。①《資治通鑑》所載北魏孝文帝拓跋宏（467—499,471—499 在位）改姓詔書,更是稱"北人謂土爲拓,後爲跋;魏之先出于黄帝,以土德王,故爲拓跋氏"②。如沙陀,與夏州政權事實上割據幾乎同時的中原沙陀王朝,出身低微的晋高祖石敬瑭（892—942,936—942 在位）③被標榜爲"本衛大夫碏、漢丞相奮之後"④,後漢太祖劉知遠（895—948,947—948 在位）則"以漢高皇帝爲高祖,光武皇帝爲世祖"⑤;等等。

　　那麼爲何元昊在追述祖源的時候,不攀附華夏大族而以北族鮮卑拓跋氏爲源出呢? 或謂孝文之後鮮卑已然華夏化,若真因是之故,元昊即便不恢復"拓跋"舊姓,何不效仿其祖改姓"元"氏以彰明正統呢?⑥ 其根本原因還在於,元昊從來也無意成爲儒家眼中的正統"皇帝",其對北魏拓跋氏的追述更多地就是喚起族群的祖先記憶,表明血統的高貴與綿長,爲皇權的合法性再添一筆——至於党項拓跋氏與鮮卑拓跋氏事實上是否存在血脉聯繫并不重要。這從元昊的名號中也可以尋得端倪。

　　元昊在襲位之後便"自號嵬名吾祖"⑦,如前文所述,"吾祖/兀卒"（𗑠𘀗）是皇帝之意,那麼"嵬名"又是何意呢? 清儒吴廣成將《宋史》中的這句話"自號嵬名吾祖"改爲"改姓嵬名氏,稱吾祖"⑧。"嵬名"在之後爲西夏皇族姓氏殆無疑義,西夏文和漢文的《雜字·番姓名》都將"𗼲𗥤/嵬名"列在第一位,以彰顯皇權的至高無上。問題是,在元昊"自稱嵬名吾祖"時,嵬名即單純地表示族姓,那麼"嵬名吾祖"翻譯爲漢語便是"嵬名皇帝",有如中原王朝

---

① 魏收:《魏書》卷一,北京:中華書局,1974 年,第 1 頁。
② 司馬光:《資治通鑑》卷一百四十,北京:中華書局,1956 年,第 4393 頁。
③ 史載其父系"本出于西夷","其姓石氏,不知得其姓之始于也"。見《新五代史》卷八,第 77 頁。
④ 薛居正等撰:《舊五代史》卷七十五,北京:中華書局,1976 年,第 977 頁。
⑤ 《新五代史》卷十,第 102 頁。
⑥ 事實上,也確實引起過這樣的誤解,如歐陽修曾言:"趙元昊以河西叛,改姓元氏,朝廷惡之。"見歐陽修著《歸田録》,《歐陽修全集》卷一百二十六,北京:中華書局,2001 年,第 1909 頁。關於元昊是否改姓"元"氏,彭向前曾有辯證,可參閲彭向前《元昊改姓考》,《青海民族大學學報》2013 年第 2 期。
⑦ 《宋史》卷四百八十五,第 13993 頁。
⑧ 吴廣成撰,胡玉冰校注:《西夏書事校注》卷十一,上海古籍出版社,2021 年,第 143 頁。

的"趙皇帝""李皇帝",中原恐怕没有哪個皇帝會自號"趙皇帝""李皇帝"。即便這在党項習俗中是行得通的,那"嵬名"是否具有切實的含義呢?①

　　衆所周知,西夏乃是由夏州(定難軍)政權發展而來,而夏州則是十六國時期"大夏"國都統萬城的所在地,且西夏"國稱大夏",讓我們不由得生起對党項夏與赫連(鐵弗匈奴)夏之間存在微妙聯繫的聯想。可是元昊偏偏聲稱其祖"創後魏之初基",絲毫不提及夏州歷史上存在過的"大夏",難道僅僅因爲北魏的聲名遠要比"大夏"顯赫?這其中的情由又在何處?恐怕只能從"後魏"的"魏"與"嵬名"的"嵬"之間的關係來試探究竟了。②

　　"𗼨𗈱(嵬名)"的西夏語發音,龔煌城構擬爲"ŋwe mji",克恰諾夫(Евгений Иванович Кычанов)構擬爲"ngwe mi"。後魏的"魏"字,其中古音構擬爲ŋjwei(高本漢擬音)/ŋǐwəi(王力擬音)/ngjwěi(李方桂擬音),漢字"嵬"其中古音構擬爲ŋuǎi(高本漢擬音)/ŋuɒi(王力擬音)/nguâi(李方桂擬音)。漢字"嵬"和"魏"都屬疑母字,共享同一個聲母"ŋ/ng","嵬"爲一等合口字(灰韵),"魏"爲三等合口字(未韵),儘管有語音差異,但仍可猜想如下鏈條:魏>嵬>𗼨,相似的過程亦可用於漢字"元"。③　西夏字"𗈱(名)"(mji/mi)與"𗿒"(mji/mi,番)是同音字,當來自党項人的自稱,一般認爲與藏文"mi"(人)等同源。如確乎如此,西夏皇族姓氏𗼨𗈱(嵬名)則讀如"魏人"(或"元人")。④　故"𗼨𗈱"或包含"魏人"之意,"𗼨𗈱𗷖𗤀(嵬名吾祖)"的語義淵源即"魏人的皇帝",由是可爲党項拓跋氏乃北魏拓跋氏(元氏)後裔提供一例證,也就不難理解元昊爲何口口聲聲稱其"祖宗本出帝胄,當東晉之末運,創後魏之初基"了。元昊追述遠祖拓跋思恭,也是在有意暗示其與北魏拓跋氏的某種聯繫。

　　所以,在年號"天授禮法延祚"中"延祚"即表明元昊皇權來源的第三個

---

① 聶鴻音曾引《續資治通鑑長編》中將元昊小名寫作"葉邁",元昊小名"嵬理"實是"嵬邁"之誤。參見聶鴻音《從〈宋史·夏國傳〉譯音二題看西夏語輔音韵尾問題》,《寧夏社會科學》1995 年第 4 期。按:《續資治通鑒長編》實寫作"崖理"。又,彭向前認爲"嵬名"來源於"嵬埋",可聊備一説。參見彭向前《元昊改姓考》,《青海民族大學學報》2013 年第 2 期。

② 關於"嵬名"與"魏"的關係最早是由索羅寧教授開示,於此特致謝忱。

③ "元"也是疑母字,其中古音擬音爲ŋiwɐn(高本漢擬音)/ŋǐwen(王力擬音)/ngjwen(李方桂擬音),三等合口(元韵)。

④ 《俄藏黑水城文獻》第 10 册,第 34 頁。

部分,即源於"後魏",并自"遠祖(拓跋)思恭""祖繼遷""父德明"延續而來的國祚。

正如"天授禮法延祚"這個年號爲我們所揭示的那樣,西夏皇權的合法性來源於本部族對"天"的崇拜(原始信仰),對佛教的尊崇以及對祖先"皇權"的繼承。從德明"請修供五臺山十寺"、元昊遣使赴五臺山供佛寶,西夏君主有意識地以佛教的"轉輪王"或者"佛王"自居。這從後世君主的各類發願文和御制佛經便可窺得一二。[①] 在成文於仁孝時期或更爲後期的西夏文《宮廷詩集》中,處處洋溢着佛教氣息,如"𗥤𗵼𗼩𗥃𗏹𗣼(白高國內佛天子)"(《聖殿俱樂歌》)、"𗴮𗾖𗆟𗆟𗏹𗦲𗇋(國君父母佛菩薩)"(《聖威平夷歌》)的"佛王"表述。[②] 即便被公認爲儒家氣息最濃厚的《新修太學歌》,其最終要歌頌的也是"𗫐𗣼𗫐𗱊𗲆𗧾𗎫(番制番禮已興盛)"[③]。

<h2 style="text-align:center">五</h2>

不可否認仁孝時期西夏儒學獲得了極大的發展,其扼守河西走廊這一絲路要衝,彙集了包括党項人、漢人、回鶻人、吐蕃人等各個族群,與之相應的便是各種文化的交融彙合并最終形成了具有西夏特色的西夏文化。隨着西夏農耕的普及和農耕範圍的擴大,儒學即便在與南宋不接壤的情況下依然獲得了巨大的發展。但是由於西夏寺院經濟的過度膨脹,寺院高利貸和土地兼并如影隨形,[④]且西夏寺院領有的土地并不納税,[⑤]使得西夏自始至

---

① 聶鴻音編著的《西夏佛經序跋譯注》收有部分西夏君主的佛經序跋,可參閲聶鴻音著《西夏佛經序跋譯注》,上海古籍出版社,2016 年。

② 録文轉引自梁松濤《西夏文〈宮廷詩集〉整理與研究》,上海古籍出版社,2018 年,第 164、171、191、195 頁。

③ 同上注,第 176、178 頁。

④ 史金波:《國家圖書館藏西夏文社會文書殘葉考》,《文獻》2004 年第 2 期;《西夏貸糧契約簡論》,載林英津等編《漢藏語研究——龔煌城先生七秩壽慶論文集》,臺北:臺灣"中研院"語言學研究所,2004 年,第 563—584 頁;《黑水城出土西夏文賣地契研究》,《歷史研究》2012 年第 2 期。

⑤ 史金波、聶鴻音、白濱譯注:《天盛改舊新定律令》卷一五"租地門",北京:法律出版社,2000 年,第 496 頁。

終難以發展起規模化的自耕農經濟,也就使得儒學無法最終參與到西夏社會生活的主體建構中。這也就不難理解爲何"尊孔子爲帝"這件事在秉持儒家觀念的宋朝行不通,而在西夏却可以"令州郡悉立廟祀","并如帝制"了。① 僅在思想和禮制上傳播的儒學是没有根基的,仁孝"尊孔子爲文宣帝"不但不會像宋朝那樣會損害皇權的至高無上,而且可以以此來拉攏域内的漢人(雖然漢人跟儒學并没有天然的聯繫),以鞏固政權。

綜前所述,西夏仁孝時期"尊孔子爲文宣帝"并建學校、興科舉無疑是儒學在西夏發展的里程碑。尊孔重儒也是西夏皇帝壟斷文化權力的重要舉措。但是西夏的皇權是建立在部族的原始崇拜、佛教的"佛王"傳統和嵬名皇族的血親繼承之上的,②而這恰即元昊建國時年號"天授禮法延祚"的寓意,所以儒學在西夏自始至終都没有取得像佛教那樣的地位,也没有佛教那樣的民衆基礎。③

---

① 《西夏書事校注》,第445頁。雖然吴廣成的《西夏書事》竄入諸多僞史料,甚至有很多"想當然"的話語。但是具體在這一爲孔子建廟立祀的記載,由於可與元人虞集《故西夏相斡公畫像贊》中"夏人嘗尊孔子爲至聖文宣帝,是以畫公像列諸從祀"的説法互證,當可從之。見虞集《故西夏相斡公畫像贊》,李修生主編《全元文》卷八六四,南京:鳳凰出版社,1998年,第122頁。

② 關於西夏皇位的血親繼承,筆者曾分析過一個個案,參見柴建華《試述對西夏王權合法性的建構——以夏神宗遵頊時期爲例》,載黄維忠主編《西域歷史語言研究集刊》第16輯,北京:中國藏學出版社,2021年,第129—148頁。

③ 聶鴻音:《中原"儒學"在西夏》,《北方民族大學學報》2017年第3期。

An Investigation of the "Crowned Confucius as Emperor Wenxuan" in the Tangut Empire — Three Origins of the Legitimacy of the Tangut Empire Kingshi

CHAI Jianhua

During the reign of Xia Renzong, Confucianism gained great development in the Tangut Empire, one of the outstanding manifestations of which is "Crowned Confucius as Emperor Wenxuan". However, "Crowned Confucius as the emperor" does not mean that the development of Confucianism in the Tangut Empire has surpassed the Song Dynasty, nor does it mean that the legitimacy of its kingship rests on the Confucian concept of Wangtong(王統) and Daotong(道統). On the contrary, the legitimacy of the Tangut kingship is based on the primitive worship, the Buddhist "Buddharāja" tradition and the bloodline transmission from the Weiming(嵬名) royal family, which is also the implication expressed by the reign title of "Tianshou lifa yanzuo(天授禮法延祚)" when Yuanhao established the Tangut Empire.

西夏字書《擇要常傳同名雜字》
序言考述[*]

張永富、索朗旺青、高藝鵬、姬越

引　　言

　　2014 年 11 月 28 日,德寶國際拍賣有限公司在北京舉行了秋季拍賣會。此次拍賣會上共有 376 件拍品,其中名爲"西夏文字典"的第 65 號拍品尤爲引人注目:該拍品共由 14 葉西夏文蝴蝶裝文獻組成,版心處有漢文數字頁碼;第 1 至第 3 葉爲兩段序言,第 4、5 兩葉爲西夏文部首構件的楷書、草書列表,第 6 至第 14 葉爲大小字相間的同音或近音字組。第 14 葉最末一行共有 11 個大字"𗭒𗦾𘆋𗈲𘃸𗊱𗊩𗼖𗌪𗼻"tshji¹ tsjir¹ ·ju² dej¹ mjij² lew² dji² dza¹ bu¹ ·ja djij¹(擇要常傳同名雜字序一類),應該是這份文本的名稱。

　　這件拍品還有首尾兩個黄色絲綢封面,左上方題有六七個西夏字;由於文字殘損,只能識別出其中 4 個,作"𗣼𗢳𘄵𗧘……"sej¹ dwewr² dźjɨ -o²,直譯爲"净覺行入"。其中,"𗣼𗢳"sej¹ dwewr²二字字面義爲"净覺",明显直譯自藏文的 byang chub,很可能是"𗣼𗢳𗗙𗘮"sej¹ dwewr² kjir¹ sjij²(净覺勇識)的省稱,即藏文 byang chub sems dpa',意爲菩薩或菩提薩埵(bodhisattva),因

---

　　* 本文是中國人民大學科學研究基金項目"西域多語種文獻整理與研究"(項目批准號:22XNLG02)的階段性成果。

此可暫將封面上的標題譯作"入菩薩行……"①。這很可能是寂天《入菩薩行論》的西夏文譯本。② 對此，魏安（Andrew West）已經指出這個標題與《擇要常傳同名雜字》文本的内容無關，只是偶然被借用作了封面。③

　　至於《擇要常傳同名雜字》（以下簡稱《常傳》）這一文本，自 2014 年流出之後，已經陸續有學者進行了研究。④ 其中，第 1 至第 3 葉的兩篇序言基本保存完好，只是中間有明顯的橫向摺痕，摺痕處的文字及其版心稍有殘損。前兩葉爲第一篇序言，其中第 1 葉共 18 行，左右兩個版面各 9 行，每行 20 字。第 2 葉共 19 行，右半葉 9 行，每行 20 字；但左半葉共有 10 行，前 7 行每行 20 字，第 8、9 行每行 23 字，第 10 行共有 21 字，明顯是由於作者寫到末尾發現字數過多，但又不想另起一葉，纔臨時增加了行數和字數。第 3 葉爲第

---

① "菩薩"一詞在西夏語中有多種譯法，聶鴻音將其分爲四類： 漢式詞（𗼨𗯨 po¹ tsa¹、𗼨𗩮𗜖𗫡 po¹ tjij¹ sa²·to²）、藏式詞（𗼋𗿢𗏁𗆍 sej¹ dwewr² kjir¹ sjij²）、漢藏混合詞（𗼨𗩮𗏁𗆍 po¹ tjij¹ kjir¹ sjij²）和梵式詞（𗰖𗙏 tshjɨ¹ tsjij²），參見聶鴻音《西夏佛教術語的來源》，《固原師專學報》2002 年第 2 期，第 13—15 頁。此處的 𗼋𗿢 sej¹ dwewr² 采用了藏式譯法，説明可能是譯自藏文本的《入菩薩行論》（Byang chub sems dpa'i spyod pa zhugs pa）而非漢語或梵文本；根據殘存筆畫的輪廓推測，其後的字似乎爲"𗿃"ŋwu¹（論），也可以佐證這一説法。
② 《入菩薩行論》（Bodhisattvacaryāvatāra）爲七八世紀印度中觀學派論師寂天（Śāntideva）所著。天息災譯漢文本作《菩提行經》，向來被視爲龍樹所集頌，直到 19 世紀英國學者荷吉森（B.H. Hodgson）在尼泊爾發現了其梵文原典。在黑水城所出西夏語文獻中，與《入菩薩行論》相關的文本（本經、經疏和修行儀軌等）較多，但其標題一般寫作《𗼨𗩮𗜖𗫡𗙏𗰞𗥓𗖰》或《𗼨𗩮𗜖𗫡𗙏𗰞𗥓𗖰》，從未見《𗼋𗿢𗥓𗖰……》的寫法，因此此處的標題究竟是否爲《入菩薩行論》，尚需斟酌，參見索羅寧、謝皓玥《西夏佛典體系兩種："心類五種"與"發菩提心"初探》，《復旦學報》2020 年第 3 期，第 83—92 頁。
③ Andrew West, "Preliminary Analysis of a Newly-Discovered Tangut Wordbook", BabelStone Blog, 2015, https://www.babelstone.co.uk/Blog/2015/08/preliminary-analysis.html, 2017 年 2 月 1 日。漢譯本參見魏安《新見西夏字書初探》，麻曉芳譯，《西夏研究》2018 年第 2 期，第 3—27 頁。
④ 同上，又見史金波《新見西夏文偏旁部首和草書刻本文獻考釋》，《民族語文》2017 年第 2 期，第 34—41 頁；Andrew West, "An Introduction to the Tangut Homonyms", Journal of Chinese Writing Systems 2(3), 2018, pp. 195–207；Peipei Wang, "A Textual Research on Tangut Philological Work Tongming Zazi", Journal of Chinese Writing Systems 2(3), 2018, pp. 209–213；孫穎新《中國歷史上最早的通假字書：〈擇要常傳同訓雜字〉》，《寧夏社會科學》2018 年第 5 期，第 208—211 頁；張永富《西夏文字書〈擇要常傳同名雜字〉探析》，《西夏研究》2020 年第 2 期，第 3—7 頁。

二篇序言，共 18 行，左右兩個版面各 9 行，每行 19 字。這兩篇序言對於理解《常傳》的性質和内容至關重要，目前已經有聶鴻音完整的録文和翻譯惠及學界。本文在此基礎之上，擬對序言中涉及的一些問題以及文本的性質作進一步的探討。

第一篇序言

一

[illegible]，[illegible]，[illegible]，[illegible]，[illegible]《[illegible]》[illegible]，[illegible]，[illegible]，[illegible]①[illegible]，[illegible]。

夫求道積業之人，多需依乎文字，因番文（西夏文）難以學寫，故婦人中鮮有識字者，平民亦不得學習《字海》，雖有頓悟學經者，但童子畢竟意志不强，正一部忘一部，師傅弟子父母等雖常爲此煩惱憂思，但因文字難易混雜，故讀之緩忘之速也。

第一篇序言開篇點明了《常傳》的編纂目的，即幫助"鮮有識字"的婦人和"意志不强"的童子學習"難以學寫"的西夏文字，婦女兒童等文盲、半文盲人士，往往是童蒙類字書最主要的受衆。其中提到的"[illegible]"dji^{1} ŋjow^{2}（《字海》）一書暫不見於任何記載，目前我們對此仍一無所知，但很容易讓人聯想到另一部西夏字書《[illegible]》·jwɨr^{2} ŋjow^{2}（《文海》）②，通過上下文推測，《字海》應該也是一部字書。在第一篇不長的序言中，《[illegible]》dji^{1} ŋjow^{2}（《字海》）一書共出現了六次之多，可見其對於學習西夏文字十分重要："[illegible]，[illegible]《[illegible]》[illegible]（因番文難以學寫，故婦人中鮮

① 西夏文的[illegible]……[illegible]……在句中表示轉折關係，常與藏文的 *kyang/yang* 對譯。[illegible] tśjịj^{1}，字面義爲"正"，在兩篇序言中共出現 9 次，其中 6 次附加了趨向前綴，可知其作爲動詞使用，本文暫以"正"字譯之，其意待考。

② 一般認爲，《文海》仿照《廣韻》編纂而成，依韵排列，每一小韵之間用圓圈隔開；一般先以四字分析字形，再以"某者，某某也"的體例説解字義，最後則是反切注音及該小韵的字數，對於研究西夏語音和西夏社會都有極高的價值。

有識字者,平民亦不得學習《字海》)""〔西夏文〕《佩韜》〔西夏文〕(若少年時正于《字海》)""〔西夏文〕《佩韜》〔西夏文〕(再次温習《字海》)""〔西夏文〕《佩韜》〔西夏文〕(昔少年時多多熟習《字海》)""《佩韜》〔西夏文〕,〔西夏文〕,《〔西夏文〕》〔西夏文〕(于《字海》七分之中,約擇其二分半,輯成《常傳雜字同名序》)""〔西夏文〕《佩韜》〔西夏文〕(因此不棄《字海》)",從這些描述來看,《字海》應該是一部囊括了全部西夏字的入門字書,在西夏境内尤其是下層民衆之間的流行程度或遠超《文海》,甚至《文海》的書名都有可能是借鑒《字海》而來。[1]

　　西夏文字一經創制,就在西夏境内迅速普及,應該是因爲有一大批入門字書,加之以强有力的手段,在西夏社會的各個階層中廣泛傳播。這從黑水城中出土的《番漢合時掌中珠》《文海》《同音》《三才雜字》《新集碎金置掌文》和《纂要》(舊譯《要集》)等大量字書中可見一斑。但是,序言中屢屢提及的《字海》,作爲如此重要的一部入門字書,在迄今爲止的所有傳世和出土文獻中竟找不到任何蛛絲馬迹,着實令人費解。

　　需要説明的是,這裏出現的"〔西夏文〕"twu¹ 字面義爲"直",在《文海》中解釋爲:"〔西夏文〕,〔西夏文〕(直者尖也,無偏斜、彎曲之謂也)。"[2]黑水城所出的西夏本土佛教判教著作《〔西夏文〕》(《心地法門文》)在談到"漸頓悟修"的問題時,分別以"〔西夏文〕"(頓修漸悟)、"〔西夏文〕"(漸修頓悟)、"〔西夏文〕"(漸修漸悟)、"〔西夏文〕"(頓悟漸修)、"〔西夏文〕"(頓悟頓修)等術語和諸根器相匹配;[3]另外,黑水城還出土了《〔西夏文〕》(《静慮心性頓悟要門》)、《〔西夏文〕》(《大手印頓入要門》),分別以"〔西夏文〕"twu¹ tsjij²、"〔西夏文〕"twu¹-o² 對譯"頓悟""頓入"。因此,可將這裏的"〔西夏文〕"twu¹ bju¹ lwər² ɣiew¹ mjijr² 理解爲"依照頓(悟的方式)學習佛經的人"。

---

[1]　西夏文字書中有《同義》(《〔西夏文〕》)和《同音》(《〔西夏文〕》)的對立,此處又見《文海》(《〔西夏文〕》)與《字海》(《〔西夏文〕》)的對立。

[2]　史金波、白濱、黃振華:《文海研究》,北京:中國社會科學出版社,1983年,第489頁。

[3]　索羅寧:《密宗思想在西夏的發展:〈心地法門文〉與西夏佛教中的"頓漸"》,待刊。

二

[illegible]《[illegible]》[illegible][1][illegible]，[illegible][2][illegible]，[illegible]，[illegible][3]，[illegible]□□[illegible]，[illegible]，[illegible]①[illegible][4][illegible]，《[illegible]》[illegible]，[illegible][5][illegible]，《[illegible]》[illegible][6]，[illegible]，[illegible]，[illegible]，[illegible]，[illegible]，[illegible]。①

複學《義同序》者，多混淆字名，誦經時不成法句，失其義味，不成他利，略求□□，徒造重罪，因此京師諸善知識慈悲後生，故而共論《華嚴》四部小部中之字，于《字海》七分之中，約擇其二分半，輯成所謂《常傳雜字同名序》一本，先正而學寫此中之字，即得誦經，融入人中尊者，如與聖人對談，遠離憂苦，再無諸多混雜，故此，先前雖快速取字而復忘却（的現象）不復存矣。

校註：

［1］“[illegible]”dji² mjij²字面義爲“字名”，不知所指。考慮到“學《義同序》者，多混淆字名”，可知想要瞭解“字名”之所指，當從《義同》的體例和性質着手。另外，結合書名《[illegible]》（《擇要常傳同名雜字》）中的“[illegible]”mjij² lew²（同名）二字，以及字書《[illegible]》ɣiẹ² lew²（《同音》）和《[illegible]》wo² lew²（《同義》），可以猜測[illegible] mjij²（名）、[illegible] ɣiẹ²（音）、[illegible] wo²（義）三者很可能是西夏字的三個重要元素，頗類似於漢字的形、音、義。序言中提及“混淆字名”的後果是“誦經時不成法句”，這一點提示我們“[illegible]”dji² mjij²（字名）指的應該不是西夏字的形體。

［2］“[illegible]”tsjir¹ gjwi²字面義爲“法句”，可能對應於藏文的 *chos brjod pa* 或梵文的 *dharmākhyāna*（講法、開示佛法），其中 *chos* 即“法”，*brjod* 即“言、句”之意。前一句説學習《同義》容易混淆“[illegible]”dji² mjij²（字名），而混淆字名的結果即是不能開示佛法的奥義，徒造重罪。

［3］“[illegible]”tsjij¹ gjịj¹字面義爲“他利”，在其他文獻中常與藏文的

① “[illegible]”gu² ljɨ¹意爲“共論”，頗類似於《切韵序》中的“昔開皇初，有儀同劉臻等八人同詣法言門宿，夜永酒闌，論及音韵”。

gzhan don 對譯，"不成他利"即不會産生利他的功德。

[4]　□□□□□□ wja¹ śjwo² lji̱r¹ djij¹ djij¹ zji¹ 對譯爲"華嚴四部部小"，不知何指，亦不知如何斷句，但無疑應是與《華嚴經》相關的佛經文獻。

[5]　《瓠傳》□□□，□□□□□□□□ dji¹ ŋjow² śja̱¹ phia̱² kha¹ nji̱¹ phia̱² khwə¹ zjij¹ wji̱² tsji̱r¹ pha¹（于《字海》七分之中，擇取約二分半），意思是《常傳》是從《字海》的七分之中輯出約二分半編輯而成的，[1]即《字海》中的 5/14。上文已經提到，《字海》應該是囊括了全部西夏文字的一部字書，這裏暫以李範文《夏漢字典》中所收的 6 074 字計算，其 5/14 約爲 2 169 字。至於這一數目和《常傳》所收字書的關係，留待後文再一并討論。

[6]　《□□□□□□》□□□□□□□ ·ju² dej¹ dji² dza¹ mjij² lew² bu¹ ji̱² ja tśhji² kji̱¹ śio¹（輯成所謂《常傳雜字同名序》一本）。首先，我們注意到，此處的《□□□□□□》（《常傳雜字同名序》）與文本末尾的《□□□□□□□□》（《擇要常傳同名雜字序》）相比，不僅缺了□□（擇要）二字，并且在語序上亦有所不同；其次，西夏人腦海中的"□"bu¹（序）可能并非單純指"序言"，應該也包含了文本本身，如上文提及的《□□□》wo² lew² bu¹（《義同序》）。

這一段話中還提到了"□□□□□"gu² kiej² nwə¹ sjij² ŋewr²（中界諸知識），其中"□□"gu² kiej² 的字面義爲"中界"，一般譯爲"京師"，比如：

（1）□□□□，□□□□□□□□□，□□□□□□□。（皇元界朝，中界寂澄上師結合勝弱，修整一藏舊經。）[2]

（2）　□□□□□□，□□□□□□，□□□□□□□□□□□□。（被符堅請，乘好車美馬而心不爲動，及到京師而還。）[3]

---

① "□□"（七分）和"□□□"（二分半）不知何解，應該與《字海》的編輯體例有關，暫譯如此。

② 寧夏大學西夏學研究中心、國家圖書館、甘肅五涼古籍整理研究中心編：《中國藏西夏文獻》第 6 册，蘭州：甘肅人民出版社、敦煌文藝出版社，2005 年，第 57 頁；漢語譯文見史金波《西夏佛教史略》，銀川：寧夏人民出版社，1988 年，第 322 頁。

③ 俄羅斯科學院東方研究所聖彼得堡分所、中國社會科學院民族研究所、上海古籍出版社編：《俄藏黑水城文獻》第 11 册，上海古籍出版社，1999 年，第 239 頁；漢語譯文見史金波、黄振華、聶鴻音《類林研究》，銀川：寧夏人民出版社，1993 年，第 69 頁。

（3）𗏁𗋽𘝯𗱕<u>𘃎𗃛</u>𘝡𘄢�。（太安年中京師行禁酒法。）①

上面三例中的"𘃎𗃛"gu² kiej²，例（1）指元大都；例（2）指前秦的都城長安；例（3）指的是孝文帝遷都之前的北魏國都平城。就筆者所見，尚未見到用"𘃎𗃛"gu² kiej²表示西夏都城的例子。而在《天盛律令》《亥年新法》等法律文獻中，用來表示西夏國都的則通常是"𗣩𗃛"rjur¹ kiej²一詞，比如《天盛律令》卷十四中：

（4）<u>𗣩𗃛</u>𗴨：𘃵𘓺𘃻、𗋽𘕿𗄈𗇋、𗕾𘓺𘟛𗇋𗱕𘄢。（京師界：中興府、南北二縣、五州各地縣司。）②

在《十二國》和《類林》等世俗文獻中，也通常用"𗣩𗃛"rjur¹ kiej²表示"京城、京師、朝廷"之意，如"𗣩𗃛𘝊𗣷𘝵𗇋𘄢𘃵𗱕"（朝廷之臣莫不畏王）③。此外，"𗣩𗃛"rjur¹ kiej²在佛經中更加常見，指"世界、世間"，如《大寶積經》卷36中："𗆐𗤒𘓺𗼇𗩱𗱕𗣩𗃛𘓺𘓺𘝯𘟛𘜶"（其光遍照無量無邊一切世界）④。這樣看來，"𘃎𗃛"gu² kiej²似乎只能泛指一般意義上的都城，暫未見指稱西夏國都的用例；"𗣩𗃛"rjur¹ kiej²則有西夏都城、一般意義上的京師或朝廷、佛教中的"世界""世間"三種用法。既然如此，《常傳》序言中的"𘃎𗃛"gu² kiej²又作何解？對此，聶鴻音猜測有可能指的是元大都。⑤ 如果的確如此，那麼無疑爲判斷《常傳》的成書年代提供了重要的信息。

三

𗖊𘃎□《𗣷𗍫》𗦻𘗽，𘄢𘝊𘄢𗇋，𗂚𘜼𘝯𗰖，𘘤𘟛𘎥𗼻𘒣𘝯𘝯⬚𘃵𗹬。

---

① 俄羅斯科學院東方研究所聖彼得堡分所、中國社會科學院民族研究所、上海古籍出版社編：《俄藏黑水城文獻》第 10 册，上海古籍出版社，1999 年，第 122 頁；漢語譯文見聶鴻音《西夏文〈新集慈孝傳〉研究》，銀川：寧夏人民出版社，2009 年，第 109 頁。

② 俄羅斯科學院東方研究所聖彼得堡分所、中國社會科學院民族研究所、上海古籍出版社編：《俄藏黑水城文獻》第 8 册，上海古籍出版社，1998 年，第 299 頁；漢語譯文見史金波、聶鴻音、白濱譯注《天盛改舊新定律令》，北京：法律出版社，2000 年，第 485 頁。

③ 俄羅斯科學院東方研究所聖彼得堡分所、中國社會科學院民族研究所、上海古籍出版社編：《俄藏黑水城文獻》第 11 册，第 96 頁。

④ 俄羅斯科學院東方研究所聖彼得堡分所、中國社會科學院民族研究所、上海古籍出版社編：《俄藏黑水城文獻》第 21 册，上海古籍出版社，2013 年，第 196 頁。

⑤ 此猜測爲聶鴻音先生私下告知。

夫子刻印《同音》,輯新舊,定平上,國人實是歸心向學。

此處略有殘損,從輪廓和筆畫來看,開頭的兩個字應該是"結𤲗"gor¹ no²,在西夏語《論語》《十二國》等文本中通常用來代指孔子,但這裏顯然并非孔子,可以譯爲"夫子"或"先生",是一種尊稱。由於《同音》版本衆多,參與編纂校訂的人員也相當龐雜。既然如此,這位"夫子"究竟指的是誰? 對此,我們可以借助《三才雜字序》和《同音重校序》進行一番考證,分別如例(5)、例(6)所示:

(5) 𰃜𰀓𰁶𰁩𰂧𰀶,《𰃍𰂪》𰁔𰀝,𰀴𰃜𰁖𰁼,𰃀𰃌𰃔𰃁,𰃖𰁞𰃐𰂸𰃑𰂹𰁶𰁝𰂪。

　　後而大臣憐之,乃刻《同音》,輯新舊,定平上,國人實是歸心向學。① (《三才雜字序》)

(6) 𰀘𰃜𰀶𰁽𰁔𰂧𰃜𰁝𰂸𰀶𰃄𰃀𰀓,𰁦𰀴𰃅𰃓,𰃝𰃜𰀥𰀶𰂺𰂷,𰁤𰂸𰀶𰁹𰂧𰃞𰀶𰂦𰃀𰁝,𰀴𰃜𰂴𰂫,𰁼𰁷𰁩𰃓,〔𰂧𰂸𰃖𰁲"𰁶𰁩𰀓𰀶"𰁔𰂶𰁞𰂧。〕𰃀𰁲𰁦𰁳𰂧。

　　其後節親主嵬名德照深諳番文,因見舊本有訛,新字別出,故延請學士兀囉文信,結合新舊,集成一部,〔《三才序》中"大臣憐之"等四句也。〕即今日此本。② (《同音重校序》)

《常傳序》中的這段話明顯抄録自《三才雜字序》,只是將"𰁶𰁩"tha² bji²(大臣)換成了"結𤲗"gor¹ no²(夫子),可知《常傳序》中的"夫子"當與《三才雜字序》中的"大臣"指的是同一人。《同音重校序》在記載嵬名德照延請兀囉文信重校《同音》時,還特別用雙行小字表示此即《三才雜字序》中的"大臣憐之"等四句,説明兩者所述的是同一事件。這樣看來,《常傳》序言中的"結𤲗"gor¹ no²(夫子)或許指的就是嵬名德照或兀囉文信,而其所謂《同音》應該也正是兀囉文信的重校本。

---

① 俄羅斯科學院東方研究所聖彼得堡分所、中國社會科學院民族研究所、上海古籍出版社編:《俄藏黑水城文獻》第 10 册,第 39 頁。
② 俄羅斯科學院東方研究所聖彼得堡分所、中國社會科學院民族研究所、上海古籍出版社編:《俄藏黑水城文獻》第 7 册,上海古籍出版社,1997 年,第 29 頁。漢譯文參見聶鴻音《西夏遺文録》,《西夏學》第 2 輯,2007 年。

第二篇序言

一

　　〔西夏文〕①〔西夏文〕，〔西夏文〕。〔西夏文〕②〔西夏文〕，《〔西夏文〕》〔西夏文〕③〔西夏文〕，〔西夏文〕，〔西夏文〕，〔西夏文〕。

　　所謂字母者，整字生成産生之處也。易學寫，即所謂字母。文字本源者，纂集《同義序》之綱目也。雖是字母，略類梵、藏、漢字之"正字法"，無非是漸次從簡至繁。

根據這裏提到的"《同義》之綱目"和《常傳》第 6 頁中的内容，我們已經補全了《同義》中殘缺的篇目代表字。④ 這裏的"〔西夏文〕〔西夏文〕"tja¹ śjwɨ¹ 一詞，字面義爲"者時"，頗令人費解，史金波暫譯作"單純"；⑤魏安最初將"〔西夏文〕"śjwɨ¹（時）誤認作與之形似的"〔西夏文〕"we²（韵），故將其釋爲"tja¹韵"，⑥後雖糾正，但仍無法對"〔西夏文〕〔西夏文〕"tja¹ śjwɨ¹（"者時"）和下文的"〔西夏文〕〔西夏文〕〔西夏文〕〔西夏文〕〔西夏文〕"tja¹ śjwɨ¹ so¹ ɣạ² dji² mja¹（"者時"三十字母）給出合理的解釋。⑦ 筆者結合"〔西夏文〕〔西夏文〕"tja¹ śjwɨ¹ 二字的讀音、語境和第 4、5 兩葉的内容，推測這裏的"〔西夏文〕〔西夏文〕"tja¹ śjwɨ¹ 或許是音譯自藏文 *dag yig*（正字法）一詞。

　　我們知道，一種文字的正字法是該文字使用和流通的標準法則，用以保

---

① 〔西夏文〕〔西夏文〕 lhji² rjir² 一詞曾多次見於《文海》，分別用以釋〔西夏文〕 we¹（生）、〔西夏文〕 gji¹（生/産）等字，故此處以"生成"譯之。

② 〔西夏文〕〔西夏文〕 rjar² sji² 一詞曾兩見於《文海》，分別用以釋〔西夏文〕 mja¹（母）和〔西夏文〕 mjɨ¹（娘/母）字，故此處以"本源"二字譯之。

③ 〔西夏文〕〔西夏文〕 śio̱¹ ror² 一詞曾見於西夏文《禪源諸詮集都序》，如：〔西夏文〕，〔西夏文〕？（今集禪要，何必辨經？）再如西夏文《中華傳心地禪門師資承襲圖》：〔西夏文〕，〔西夏文〕。（諸教開張，禪宗撮略。）〔西夏文〕〔西夏文〕 śio̱¹ ror² 分別與"集要""撮略"對譯，在夏藏對譯資料中，又對譯藏文的 *bsdu ba*，因此此處以"纂集"譯之。

④ 張永富：《西夏字書〈擇要常傳同名雜字〉探析》，《西夏研究》2020 年第 2 期，第 3—7 頁。

⑤ 史金波：《新見西夏文偏旁部首和草書刻本文獻考釋》，《民族語文》2017 年第 2 期，第 34—41 頁。

⑥ Andrew West，"Preliminary Analysis of a Newly-Discovered Tangut Wordbook".

⑦ Andrew West，"An Introduction to the Tangut *Homonyms*".

證文字的全民性和統一性,如藏文在歷史上就有多次文字厘定(*skad gsar bcad*),包括調整字母體系、簡化拼寫、規範詞語等。西夏文的筆畫繁冗,形近字很多,但創制之後很快就在全國迅速推廣普及開來,除了字書和童蒙讀物之外,我們猜測必然還有一套政府推廣的行之有效的正字法與之并行。因此,我們暫將"𘕿𘚠" tja¹ śjwɨ¹ 譯作"正字法",將"𘕿𘚠𗟲𗢳𘂬𗏁" tja¹ śjwɨ¹ so¹ xa² dji² mja¹ 譯作"正字法三十字母"。

二

　　《𗧘𘝣𗏹》𘂬𗤶𘏨□𗏁𘕣𘄴,𗤵𘉋𗟼𘏨𗦫𗏁𘕣𘄴,𘂬𗿒𗤻𗏁𘕣𘄴,𗽻𘂳𘈘𘏨𘊲𗏁𘕣𘄴,𗤻𘂳《𗊁𘄴𗏹》𘄴𗧘𘎽,𘏨𘂳《𗢳𘝣》𘄴𗧘𘗠,𘑾𗤵𘜶𘎽𗎮� 𘏞,𗤵𘉋𗄛𗤶𗾞�𗤻。

　　《同義序》收字五千□百,略本約收字兩千八百。大字約九百,無删減亦不滿千。所列略不足《碎金序》,所寫略不及《三才》。正時勿生滿足,勿懈怠于他本。

根據李範文、韩小忙二位學者研究,《同義》正文共收 5 982 字。[1]《常傳》此處描述爲"𗤶𘏨□𗏁"(五千□百),雖然百位的數字殘缺,但應該和李、韩的研究相吻合。此外,這句話還提到略本("𗤵𘉋",即《常傳》)共收字約兩千八百,大字約九百。我們核查了《常傳》第 6 至第 14 葉正文部分的字數,如下表所示:

頁　碼	大　字	小　字	合　計
6	52	196	248
7	87	318	405
8	107	236	343
9	125	186	311

---

① 李範文、韩小忙:《〈同義〉研究》,李範文主編《西夏研究》第 1 輯,北京:中國社會科學出版社,2005 年,第 17 頁。

續　表

頁　碼	大　字	小　字	合　計
10	138	214	326
11	112	214	326
12	105	229	334
13	116	198	314
14	66	129	195
合　計	**908**	**1 852**	**2 760**

由此可知,《常傳》正文有大字 908 個,小字 1 852 個,共計 2 760 字。① 這與序言中的描述基本吻合。前文已經提到,第一篇序言中説《常傳》是從《字海》的七分之中輯出二分半編輯而成的,總字數 6 074② 乘以 5/14 約等於 2 169,這與實際統計出的 2 760 字有較大的差距。我們推測,2 169 是選自《字海》中單字的數目,没有計入《常傳》中重複出現的字;而 2 760 或序言中的"桷弻叀绷帣"(約二千八百字)則是《常傳》正文中實際出現的字次,因此 2 760 減去 2 169 所得的 591 或許就是這些字在《常傳》中重複出現的次數。

　　此外,這句話還提到了《碎金》和《三才》兩部字書。其中,《碎金》即《新集碎金置掌文》,共有整一千字;《三才》即《三才雜字》,有二十餘頁,四千餘字。③ 考慮到《常傳》中大字、小字的數目,可以推測這裏"略不足《碎金序》"的"䊸绶"tshjɨ¹ lew²(所列)可能指大字字數(908),而"略不及《三才》"的"䋿绶"rjar¹ lew²(所寫)應該指的是《常傳》的全部字數(2 760)。

---

① 由於文本的殘損,這一數字未必完全準確,但誤差必定也在 10 個字以內。
② 李範文《夏漢字典》中共收西夏字 6 074 個,本文暫以此爲標準計之。
③ 聶鴻音、史金波:《西夏文〈三才雜字〉考》,《中央民族大學學報》1995 年第 6 期,第 81—88 頁。

三

　　𗼻𗈟𗊲𗤛𗎡𗉓𗰈𗊳𗊧𗋥𗲷𗲷，𗢳𗊲𗊧𗐔𗥻𗲤𗈟𗴄𗊧，𗋡𗉹𗤣𗰮𗟀𗄑，𗋡□𗴚。𗊧𗲤𗴚，𗥻𗈅𗓑，𗲤𗎿𗼻𗱥𗤙𗈟𗱼𗤘。

　　複諸師多不識草書之故，（愚）先以草書擇要而寫，無有觀諸綱目者，是爲□本。後識之，則敬而取之，有利于速寫不倦。

這裏的“𗊲𗊧”tshe² śjwɨ¹，史金波暫譯爲“偏旁”或“部首”，①聶鴻音則譯作“繫聯”。如果前文對“𗈟𗊧”tja¹ śjwɨ¹的理解不誤，那麼這裏的“𗊲𗊧”tshe² śjwɨ¹可能也是對藏語的音譯。結合其讀音和“𗲤𗎿𗼻𗱥𗤙𗈟𗱼𗤘（有利于速寫不倦）”，加之第4、5兩葉的楷書、草書列表（可看作是作者“擇要而寫”的“綱目”），我們推測“𗊲𗊧” tshe² śjwɨ¹可能音譯自藏語的 'khyug yig，即“草書、草體”之意。

餘　論

　　《常傳》的序言中雖然沒有明確記載其編纂時間，但提到了《字海》《同義》《同音》《三才雜字》《新集碎金置掌文》五種較爲流行的西夏文字書。除了《字海》之外，其餘四種都見於黑水城出土文獻，其成書時間如下表所示：

《同義》	1188 年
《同音》	1132 年之前（兀囉文信本） 1132 年（義長本） 1187 年之前（德養本）
《三才》	12 世紀 80 年代之前②
《碎金》	12 世紀初以前③

① 史金波：《新見西夏文偏旁部首和草書刻本文獻考釋》，《民族語文》2017 年第 2 期，第 34—41 頁。
② 聶鴻音、史金波：《西夏文〈三才雜字〉考》，《中央民族大學學報》1995 年第 6 期，第 81—88 頁。
③ 聶鴻音、史金波：《西夏文本〈碎金〉研究》，《寧夏大學學報》1995 年第 2 期，第 8—17 頁。

由此可知,《同義》成書最晚,而《常傳》的成書時間必定在《同義》成書的1188 年之後,這一點王培培已經做過考證。① 如果考慮到上文提到的"𗢵𗽋"gu² kiej²(中界)一詞,可以將《常傳》的成書年代下推至元代,但客觀地説,在元代編纂一部用來學習西夏文字的童蒙字書,似乎於理不合。

至於《常傳》的性質,孫穎新認爲是中國歷史上最早的、甚至是唯一的一部通假字字書,②但她文中僅僅列出了 14 個通假的例證,似乎稍嫌武斷。再次審視《𗢵𗽋𗜓𗟲𗢳𗤆𗎫𗒹》tshji¹ tsjir¹ ·ju² dej¹ mjij² lew² dji² dza¹(《擇要常傳同名雜字》)這一書名:"擇要"即把重要的字擇録出來;"常傳"即經常使用的常用字;"同名"暫不知何指,可能指正文中大字和小字爲同名關係;"雜字"是把字詞按照一定的格式羅列在一起,以教人識字、普及文化常識的字書體裁。這類字書十分常見,如漢魏時期的《雜字指》《要用雜字》,敦煌藏經洞所見唐五代時期的《雜集時要用字》,兩宋時期的《四言雜字》《小雜字》,以及西夏語的《三才雜字》等,往往都以"雜字""要用""時要""擇要"等命名,以表明其實用性,可以將之看作同一類字書。此外,《常傳》第一篇序言一開篇就明確指出所針對的讀者是"鮮有識字"的婦人和"意志不强"的童子,這些正是"雜字"類字書最普遍的受衆;同時,《常傳》的編纂目的是爲了方便誦經,這可以從序言和正文中大量的佛教詞彙得到佐證。由此我們認爲,《常傳》是一部流傳於西夏民間的"雜字"類字書,用於幫助婦女兒童等文化水平較低的民衆快速認識文字、準確發音,以便能正確地念誦經文,獲得佛菩薩的加持。

總之,自《常傳》流出以來,雖然陸續有不少學者進行研究,但毋庸諱言,目前我們對這部字書的認識還很不充分,仍有大量疑問尚未解決。比如,第4、5 兩葉中楷書、草書列表與正文的關係,序言和第 4 葉中的"𗟲𗜓𗤆𗢳𗎫"(正字法三十字母)與第 6 葉中"𗤆𗎫𗢳𗵺𗜓𗤆𗤨𗜃𗟲"(演説文字本源三十清濁)的關係,正文中小字旁附加圓圈的確切含義,等等。尤其值得注意的

---

① Peipei Wang, "A Textual Research on Tangut Philological Work *Tongming Zazi*", *Journal of Chinese Writing Systems* 2(3),2018,pp. 209 – 213.

② 孫穎新:《中國歷史上最早的通假字書:〈擇要常傳同訓雜字〉》,《寧夏社會科學》2018 年第5 期,第 208—211 頁。

是,正文中大字和小字之間的音同或音近關係。長期以來,學界一直困惑於《文海》分韵和文獻中的語音現象没有嚴格的對應,因此有學者推測《文海》并不完全代表西夏語的實際語音,很可能只是對某種音韵學著作的仿作。① 而《常傳》作爲一部實用性的工具書,應該反映了當時西夏口語的真實面貌,因此,對其大字、小字之間語音關係的研究,將有利於加深我們對西夏語語音面貌及其演變脉絡的認識。

---

① 聶鴻音:《〈文海〉探源》,《固原師專學報》1990 年第 3 期,第 1—8 頁。

A Study on the Prefaces of the Tangut Dictionary, *Zeyao Changchuan Tongming Zazi*

ZHANG Yongfu, BSOD NAM Phun tshogs,
GAO Yipeng, JI Yue

There have been several studies on the newly discovered Tangut dictionary, namely the *Zeyao Changchuan Tongming Zazi* 擇要常傳同名雜字. However, there are still many problems remaining unsovled. This article begins with an argument that its cover titled 蒋繠甋誃 ⋯⋯ sej¹ dwewr² dźj𝑖 ·o² "bodhisattva [...]" originally belongs to a Tangut translation of the *Bodhicaryāvatāra* by Śāntideva from Tibetan. The main body of this article offers a critical edition of its two prefaces, accompanied with Chinese translation and detailed annotations on the meanings of several expressions, including: (a) 蒋 twu̜¹, literally "straight", here means "(in the way of) sudden enlightenment"; (b) 甋翃 dji² mjij², lit. "character-name", here "reading, pronunciation"; (c) 禨縿 tsji̱r¹ gjwi², lit. "law-sentences", here "explanation of duties or the dharma", translated from Tib. *chos brjod pa* or Skt. *dharmākhyāna*; (d) 醉蔲 gu² kiej², lit. "middle-area", here probably refers to Khanbaliq; (e) 結蒅 gor¹ no², lit. "master", here may refer to Wéimíng Dézhào 嵬名德照 or Wùluō Wénxìn 兀囉文信; (f) 繖蒅 tja¹ śjw𝑖¹, a transcription of Tib. *dag yig* "orthography"; (g) 絖蒅 tshe² śjw𝑖¹, a transcription of Tib. *'khyug yig* "cursive script". By comparing its number of characters with the *Suijin* 碎金 and the *Sancai* 三才, we infer that the term 牧繠 tshji̱¹ lew² "those listed" refers to the number of larger characters, while

𗴺𗰓 rjar[1] lew[2] "those written" refers to the total number. Finally, we conclude that it is a textbook possibly compiled in the Yuan Dynasty in order to help the less educated population study the Tangut characters, and especially read Buddhist texts accurately. The dictionary still calls for a further investigation, which will be especially beneficial to the reconstruction of Tangut phonology.

從佛典詞彙看西夏佛教文化的漢藏交融

——以黑水城出土文獻中的"骹緻"等詞彙爲中心

喻曉剛

（中國人民大學國學院）

　　在西夏文的創建和使用過程中，産生了大量的西夏語用詞，是我們透視西夏人如何認知和理解世界的方便之門。西夏文字形與漢字類似，但常用字却比漢字少很多，李範文《夏漢字典》所收西夏字總數，不到一萬。因此不難推斷，西夏文中一詞多義，一個詞彙具備多重語義的情況，非常常見。党項民族創建西夏文字後，曾用西夏文翻譯了大量來自漢土和藏地的佛教文獻。目前學界對於西夏文文獻的解讀、研究，主要集中在西夏文、漢文文本的對勘方面。大量西夏文譯藏傳佛教文獻，或藏傳佛教相關的西夏文文獻，尚未得到充分的解讀、研究。這就導致對諸多西夏文詞彙的意涵、用法，不甚明瞭。要弄清楚一個西夏語詞彙的用法，需要不同的用例來説明；對一個詞彙及與其相關聯的其他語種文本詞彙的分析、解讀，往往也會折射出文本的形成、文化的演變、相關的文化交流與融合。兹舉骹緻等詞爲例，進行分析説明。

一

　　西夏文骹緻二字中，骹擬音爲 dwer2.78，意爲"聞"，如𦜆骹（聞香）；①緻擬音爲 lhĭə，意爲承受、招承、取，如藐緻，𫝀𦜆緻𫞉𥄫𥄫緻緻，𥄐𥄫𥄐𥄫（鄭玄，拜爲大司農不就，乃歸鄉里）。② 在形而下的層面，骹是表示嗅覺方面

---

① 李範文：《夏漢字典》編號 0615，北京：中國社會科學出版社，2005 年，第 75 頁。
② 李範文：《夏漢字典》西夏字編號 3159，第 382 頁。

的覺知功能；𗾔基本意思爲“取”，這兩個西夏字組合在一起，形成的新詞𗾔𗿳，在藏傳佛教相關西夏文文獻中非常常見，茲對其不同的幾種用法進行分析。

（一）𗾔𗿳對應名詞“覺受”

《大乘要道密集》是一部漢譯藏傳佛教文獻，其中多篇“劑門”在黑水城出土西夏文文獻中可以找到對應的西夏文文本。[①] 這些夏、漢內容高度趨同，雖然目前尚不能完全確定兩種文字的文本，何爲底本，何爲譯本，抑或都是翻譯自藏文，或者是西夏時期藏傳佛教上師講法，弟子以不同文字記錄而形成的文本。然而，對這兩種不同文字的文本進行對勘，對我們理解西夏文詞彙與句意，依然有非常重要的文獻價值。“覺受”一詞在藏傳密教中非常常見，這一點在漢譯藏傳密教文獻《大乘要道密集》中有充分體現。茲列舉其中用例予以説明：

西夏文	西夏文漢譯	《大乘要道密集》
𗟵、𗢳𗢾[②]𗾔𗿳𗾔𗿳，𗗙𗼋𗘯𗡞，𗗙𗰗𗉢𗼖，𗜐𗢳𗾔𗿳𗼖𗾔，𗵁𗥃𗟛𗔇𗊏𗦳𗼖；𗩾𗢳𗾔𗿳𗼖𗾔；𗗙𗼋𗰗𗟛𗦳𗦳𗼖，𗤁𗢳𗾔𗿳𗼖𗾔；𗗙𗝰𗅲𗤑𗅲𗷅𗏹𗼖；𗢳𗢳𗾔𗿳𗼖𗾔；𗗙𗉅𗤭𗅲𗨔𗼝𗦳𗕘，𗜩𗢳𗾔𗿳𗼖𗾔⋯⋯[③] ——《𗟭𗾔𗧹𗤁𗥩𗷖𗡶𗊬》	二、净治風瑞相者：身體堅實。心柔和者，乃地風覺受相；如銅器內注水者，乃水風覺受相；身體暖熱周遍者，乃火風覺受相；身生輕安及安樂者，爲風風覺受相；身廣博且明净者，則爲空風覺受相。	後習風相者，乃有二種：初覺受相，亦有五種：火風覺受相者，身體熱暖；二、水風覺受相者，如銅器傾水；三、空風覺受相者，身體光净，非堅硬也；四、風風覺受相者，身體輕安；五、地風覺受相者，身體堅實，心乃柔善。[④] ——《對治禪定劑門》

[①] 有關黑水城出土西夏文、漢文文獻之間的對勘研究，見孫伯君、聶鴻音《西夏文藏傳佛教史料——“大手印”法經典研究》，北京：中國藏學出版社，2018 年。本文引用孫伯君研究成果，若無特殊説明，均係此專著。《大乘要道密集》相關研究，見沈衛榮《藏傳佛教在西域和中原的傳播——〈大乘要道密集研究〉初編》，北京師範大學出版社，2017 年。

[②] 此處西夏文𗢳𗢾，直譯“習風”，引申意爲“净治風”，在西夏文藏傳佛教文本中，𗢾常對應藏文 sbyang ba，參見西夏文 7116《中有身要門》對應的藏文本《帕莫竹巴多傑甲波全集》(*Phag mo khru pa Rdo rje rgyal po'i gsung 'bum*)，Kathmandu：Khenpo Shedup & Lama Thinley Namgyal，2003，Vol.4，pp.35–51。藏文本承陝西師範大學曾漢辰博士提供，特此致謝。

[③] 録文以俄羅斯東方文獻研究所提供之俄藏西夏文 2892 號文本照片爲底本，譯文參考孫伯君、聶鴻音上揭書，略作修改。

[④] 《大乘要道密集》卷一，臺北：自由出版社，1962 年，第 75—78 頁。

續　表

西夏文	西夏文漢譯	《大乘要道密集》
〔西夏文〕：一、〔西夏文〕，〔西夏文〕，**覺受**〔西夏文〕，〔西夏文〕，〔西夏文〕、〔西夏文〕，〔西夏文〕**覺受**〔西夏文〕…… ——《〔西夏文〕》① （十六種要義）	四種果者：一、于暖得自在果，入定時，**覺受**分明，出定時不分明；二、于心得自在果，入定、出定一樣，**覺受**分明……	第四，四果：一、脉得自在果者，入定時**覺受**分明，出定時不明；二、心得自在果者，出定、入定皆**覺受**分明。——《十六種要儀》

　　如上例，西夏文〔覺受〕，可以構擬爲漢文"覺受"，這裏的"〔覺受〕"可理解成行者修持過程中覺知、感受的物件，以及覺知這一認知行爲本身，或兩者的合一；既可能是指知覺、感受的物件，也可能是指知覺、感受的行爲過程，還可能是其所知覺、感受物件的整合。將其定義成名詞或名詞性形容詞，或動名詞，都可以行得通。綜合漢文本考慮，這幾處西夏文"〔覺受〕"是名詞較爲合理。

　　西夏的地理位置介於漢藏之間，所轄境内既有党項族，也有藏族和漢族。近年來隨着《俄藏黑水城文獻》的刊布，②學者們展開相關研究，黑水城出土西夏文藏譯密教文獻逐漸得到整理、解讀，這對我們理解諸多西夏文密教詞彙提供了可倚靠的基礎語料，也爲我們比較各語種文本的表達方式提供了方便。在俄藏西夏文 7116 號《〔西夏文〕》（中有身要門）中，多處出現〔覺受〕，兹將其與藏文本對比如下：

西夏文③	西夏文漢譯④	藏　　文⑤	藏文漢譯
〔西夏文〕**覺受**〔西夏文〕，〔西夏文〕。	于自之神識**覺受**，一切皆成似顯明。	/nang gi shes pa'i nyams la ni// snang ba skya ni ' od kyis ' gro/	于内識之**覺受**上，顯現變化以光行。

① 俄藏西夏文 2892 號文本，第 18—19 頁。
② 上海古籍出版社陸續出版了《俄藏黑水城文獻》多册，刊布了一批出土於黑水城，原藏於俄羅斯東方文獻研究所的漢文、西夏文文獻，其中第 5、6 册，以及第 29、30 册所涉藏傳密教文獻最多。
③ 據孫伯君、聶鴻音上揭書第 130 頁，該文本出現在俄藏西夏文本 7116 號。
④ 漢譯文參考孫伯君上揭書，略作修改。
⑤ 藏文本見上揭曾漢辰博士提供的藏文本，下列三個例子，分別見 p.39，p.40，p.51。

續　表

西夏文	西夏文漢譯	藏　　文	藏文漢譯
𗰛𗢳𗰖𗆊𗾈𗃢𗤭，�𗆊𗤿𗃢𗤷𗡞𗆊，𗰛𗰛𗤿𗵘𗦺𗧤𗤭，𗸁𗣼𗸟𘄒�𘃰�.	内相如無雲虛空，心者明空無現捉①；外相猶如明條出，净白覺受②發生也。	/nang rtags sprin bral nam mkha' ' dra//shes pa gsal stong ngos gzung med//phyi rtags skya rengs shar lta bu//dkar lam pa yi nyams shig ' ong/	内相如無雲虛空，識者明空無所取，外相如同明相出，净白③覺受即到來。
𗦿𗣼𗄿𗵘𘇐𗎼𗤻𘄄𗃽𗡝，��𗵘𗶘𗑗𗤩𘄄𗨞𗈑𗵘𗕿𗧍𘅝，𗌽𘍝𘃯𗵘𗐇，�054𘃀𘟠𘀊𘃀.	大師帝洛巴之此要門，覺受悟慧相續不斷故，諸具勝福者，需依此修行也。	/bla ma rin po che nā ro pa'i gdams pa'i ' di/mar pa/mi la/bla ma rin po che sku yal ba④ la bsgom pa nyams myong dang rtogs pa skye ba bar ma chad pa yin pas/dge ba'i bshes gnyen pas nyams su blang bar zhu/	大寶上師帝洛巴之此教授，瑪爾巴、米拉、大寶上師古耶瓦不斷修持，生起覺受與證悟，善友請實修證啊！

　　此文本中的西夏文𗦿𗵘是名詞，均對應藏文本中的 nyams myong，或者縮寫的 nyams，均可譯爲覺受，指修行過程中産生的各種感覺，或經驗的成就驗相等。由此可見，西夏文𗦿𗵘，乃是源自對藏文 nyams myong 的翻譯，可以對應漢語的名詞“覺受”。

（二）對應動詞“覺受”或其他表示知覺的動詞

　　𗦿𗵘在西夏語中不僅可以作名詞用，還可以作動詞用，表示覺受這個行爲。

　　例一，在俄藏西夏文 2841 號中，有一篇《𗦿𗵘𘂔𘄄�𗦿𗆊𗵘𘅥�》，其中有這樣一段：

---

① “現捉”藏文爲 ngos gzung，意爲“認識并獲取”。
② 指隱没次第中，白菩提從頂輪降入心輪。
③ 净白覺受，對應藏文 dkar lam pa，指隱没次第中，明、增、得三相之明相，一片純白的境界。
④ bLa ma rin po che sKu yal ba(1191—1236，也稱 Rin chen dgon po)，伯木古魯朵兒只監卜(Phag mo khru pa, 1110—1170)的再傳弟子。

西夏文	西夏文漢譯	《大乘要道密集》
𗼰𗤁，𗦻𗩌𗋈𘏨𗉈𗼰 𗼰𘊒𘘦，𘓐𗗙𗊱𘝴𘝴， **𘊾𗫂**𘜶、**𘊾𗫂**𘜶𘞃，𗘭𗘭𗙲 𗼰𘘤，𘉋𗾔𗊱𘙲；𗼰𘟣𗼰 𘘤，𗷰𘊒**𘊾𗫂**，𘘦𘞗𘞐𘜶， 𗋈𘊾𗧤𘞗𗽉𘝾𗏁。	聞香，鼻之明鏡者香 性本空，依妄念分別，能**覺 受**、所**覺受**等，二俱無自 性，譬如風也；好香惡香， 因虛而**覺受**，無有根本，悟 此則爲雙運不二也。①	聞香，鼻之明鏡者，其性 本空，從妄分別，能聞所 聞，俱無自性，猶如清 風；香之好惡虛假，聞覺 若了，無根本成，雙融 不二。②

　　由此可見，𘊾𗫂、𘊾𗫂𘜶（能覺受、所覺受）中的𘊾𗫂應是動詞，表示的是聞香過程中能聞的功能。𘊾𗫂在此是運用於基本層面的，嗅覺感官方面的功能。而後面的𗘭𘜶𘊾𗫂中的𘊾𗫂應該是名詞。

　　例二，在俄藏西夏文第 2885 號文獻中，有這樣一句話：

　　　　𘓙𘓙："𘐬𗪴𗫂𘞗𘝴𘝴𗤨𗽉𘝾𘕕" 𘝴𘊾，𘖧𗤋𗱈。𘘦𘘦𘞃��2𗫂𘜶，𗴤𘓙𗏁𗏁𘋀�490𗰗𗰗𗾈𗘫𘜶𘖧𗱈𗱈。

可漢譯爲：

　　　　師曰："悟空理則信因果"，誠然[如此]也；如今我**體會**到，且需依靠未失壞傳承上師之記句也。③

　　很明顯，此處之𘊾𗫂當爲動詞，表示覺知、體會等抽象層面的認知。

（三）對應漢文名詞"禪境""禪境滋味"等

　　例一，西夏文《𗼰𗜈𘈤𗧤》④（《令照無明》）中，𘊾𗫂一詞多次出現，這篇

---

① 這段話的意思是説：香味本身是空無自性的，因爲妄念分別的作用，[行者]纔有對香味的感覺，能感知的功能，所感知的香味，兩者都如風一樣，没有自性，不是實有的；喜歡的香味，厭惡的香味，都是從虛假不實中生起的覺受，没有根本，悟到這一點，就是雙融不二了。譯文參考孫伯君、聶鴻音上揭書第 228 頁。

② 見《大手印八鏡要門》，載《大乘要道密集》卷四，臺北：自由出版社，1962 年，第 415—416 頁。

③ 此漢語翻譯爲筆者構擬，或有可商榷之處，期待方家批評指正。

④ 俄藏黑水城文獻第 Tang415#2892 號，第 42—59 頁，照片由俄羅斯東方文獻研究所提供，頁碼依據照片之標注。

文本在俄藏黑水城文獻中有對應的漢文本,孫伯君有對夏、漢文本進行過對勘研究。① 幸運的是,對應的藏文本被學界找到。② 今就其中一些用例進行分析:

西夏文	藏　文	西夏文構擬	黑水城漢文本③
𗾣𗖓𗗟�770𗿦𗖓�,𗭴𗖓𗗟�770𗿦𗖓�,𗾣𗖓𗗟�𗿦𗖓,𗾣𗖓𗗟�𗿦𗖓。	/yon tan yin te rtog med min//**nyams** dang lta ba'dzom pa la//bdud bzhi'i dgra yis mi tshugs shing//snang ba had por'gro bar nges/	略有功德非無念,依憑**覺受**與見故,不被四魔所侵害,諸法顯現而無定。	雖是功德非無執,若得**宗境(禪境)**相契會,四魔總仇不能侵(亦不怖彼)。
𗾣𗖓𗗟�𗿦𗖓�𗭴𗾣,𗾨𗖓𗗟��𗖓�,𗭴𗾣𗗟��𗖓,𗾨𗖓𗗟��𗖓;𗾨𗖓𗗟��𗖓,𗾨𗖓𗗟��𗖓。	/lam la brten pa'i tshong pa yis//ma bkhrod bsam kyang phyin mi 'gyur//tshong byas zas nor 'phel ba ltar//lam la brten pa'i rnal 'byor gyis//**nyams myong** rim gyis skye bar' gyur//thabs la ma brten chos kyis ni//nyams su blangs kyang res 'jog tsam/	依憑于道買賣者,非是略想而即至;依憑方便默有者,如同商賈財增盛,依憑方便默有者,**覺受**能次第增長;不依方便而作修,相似之悟無所增。	若因此道作商客,空思不行何日倒。行故貿物得增長,湛融依此勝方便,**禪境滋味**次第得(共不共成就皆得)。不依此勝方便者,所獲**境味**且非常(方便不盛**禪境**同),似有所解不增明。

---

① 孫伯君、聶鴻音上揭書第 102—116 頁。

② 藏文本見《三界法王吉祥無比岡波巴眾生怙主鎖南鄰真全集》(*Khams gsum chos kyi rgyal po dpal mnyam med sgam po pa 'khro mgon bsod rnams rin chen gi gsung 'bum yid bzhin nor bu*), Kathmandu：Khenpo Shedup & Lama Thinley Namgyal, 2000, Vol.3, p.302。藏文本承中國人民大學楊傑博士提供,特此致謝!

③ 與藏、夏文本可以勘同的黑水城出土漢文本《能照無明——風息執着共行之法》,見《俄藏黑水城文獻》第 5 冊,上海古籍出版社,1998 年,第 252—256 頁。

續　表

西夏文	藏　　文	西夏文構擬	黑水城漢文本
𗟲𗆫𗜈𗓁𗖰𗗙①𗵘，𗰒𗏁𗖸𗜈𗻼𗊂𗗙…𗶈𗟲𗏁𗏘𗜈𗥗𗏴𗬧，𗰒𗏁𗩱𗓁𗭜𗗙，𗰒𗥃𗟲𗆫𗮔𗖜𗇋，𗰥𗊂𗶈𗣌𗏱𗬧，𗥃𗏁𗏘𗥃𗬧𗖜𗢸𗗙，𗤁𗴱𗤁𗜈𗆧𗌮𗜈，𗤒𗥔𗟥𗻼𗇋𗰥𗟲𗆫𗊂，𗧠𗔽𗜈𗞏𗬝𗻼𗻼。	/**nyams** can rnams kyi lta ba //gzhan tu rnal 'byor lus dang gcig // nyams su blangs pa'i chos dang gnyis// **nyams myong** skyes pa'i lus dang gsum //'di gsum shin tu gsang na legs //dad pa can gyi ngor byas pa'o//drin tu gzo bar gyis shig//rje mi la ras pa'i **nyams myong** yi ger bkod pa/	乃具**覺受**者之見地，是求修者之念定……。默有者之自身，所求修之諸法，修行所生諸**覺受**，此三者當爲極密。具緣信者乃宣説，知恩願能報答恩。銘哆幹囉悉巴之**覺受**，寫于紙上記爲文。	具諸**禪境**及所宗……又複初密湛融身，次需保惜所受法，後護生得**境味**身。此三種者可秘藏，爲具信者我宣説，後賢當念上師恩。囉斯(二合)巴上師之**境味**，依文顯示故寫録。

經過對《令照無明》相關三種語言文本的對勘，我們可以發現，西夏文𗟲𗆫對應的藏本是偈頌體，其中的 nyams 應該是 nyams myong 的縮略，本意是經驗、感受。漢文本中的對應詞彙是"禪境""境味""禪境滋味"等。"境味"，或是"禪境滋味"的縮略。在"禪境"後加上"滋味"顯然是爲了符合偈頌的字數而添加。

在中國思想史上，通過與視覺、聽覺的辨争所形成的味覺優先的認知模式，構成了中國思想的獨特品質，[2]而味覺思想在漢代即得以完成。[3] 將"滋味"用作描述味覺感受的詞彙，用於表述禪修方面的覺受與感知，既彰顯西夏佛教漢、藏融合的歷史特點，[4]也彰顯了西夏文化對漢文化的吸收。在其他西夏時期藏傳佛教漢文文獻中，"禪境""禪境滋味"等詞彙對應西夏文

① 𗓁𗖰，俄藏西夏文 2892 號文本爲𗖰𗓁，5116 號文本爲𗓁𗖰，對應藏文爲 lta ba，或應取 5116。
② 貢華南：《中國早期思想史中的感官與認知》，《中國社會科學》2016 年第 3 期，第 42—61 頁。
③ 貢華南：《從見、聞到味：中國思想史演變的感覺邏輯》，《四川大學學報》2018 年第 6 期，第 79 頁。
④ 關於西夏佛教漢藏顯密圓融方面的研究，見沈衛榮《西夏佛教之漢藏顯密圓融》，《中華文史論叢》2020 年第 1 期。

骸𦀂，藏文 nyams myong 的情況并未出現。由此可見，《令照無明》的漢文本是西夏時期藏傳佛教文獻中一個吸收漢傳佛教用詞的有特色的文本。

二

西夏字𦀂𦀂 dwu2-rjij2，爲西夏文藏傳佛教文獻之常見詞彙。在《掌中珠》裏，𦀂𦀂作"樞密"解。然而將𦀂𦀂二字顛倒順序的𦀂𦀂一詞的意涵，學界至今未有充分合理的解釋。今試舉一些用例，對西夏文𦀂𦀂一詞進行解析：

文本編號	西夏文録文	對應藏/漢文	西夏文構擬
7116	𦀂𦀂𦀂𦀂𦀂𦀂𦀂，𦀂𦀂𦀂𦀂𦀂𦀂𦀂，𦀂𦀂𦀂𦀂𦀂𦀂𦀂.	**gsang sngags** thabs kyi lam mchog gis/bar dor thob pa'i lam mchog bstan/bla ma sku yal bzhed pa yis/①	宣説依殊勝**秘密乘**方便道，于中有上獲得之殊勝道，據上師 sku yal ba② 説。
Tang415③	𦀂𦀂𦀂𦀂𦀂𦀂𦀂，𦀂𦀂𦀂𦀂𦀂𦀂𦀂		較之波羅蜜多乘，**秘密乘**者最殊勝。
Tang823	𦀂𦀂𦀂𦀂𦀂𦀂𦀂𦀂𦀂𦀂𦀂𦀂𦀂		南吉祥聖捬國内，**密咒**得聞無餘。
Tang823	𦀂𦀂𦀂𦀂𦀂，𦀂𦀂𦀂𦀂𦀂𦀂𦀂，"𦀂𦀂𦀂𦀂𦀂𦀂𦀂𦀂𦀂"𦀂。	烏哩延國中，遇大黑足師攝受，師云："汝爲**密結**集上師。"④	烏哩延國中，被大黑足師攝受，[師]云："汝當爲**密咒**集結者"。

根據 7116 和 Tang415 號文本，可知西夏文𦀂𦀂，對應藏文 gsang sngags，可構擬爲秘密/密咒。而在與 Tang823 號西夏文文本對應的黑水城

① 藏文文本見前述曾漢辰提供的文本。
② bLa ma sKu yal，見前文第 188 頁注④。
③ Tang415#2892 號文本圖片由俄羅斯東方文獻研究所提供。
④ 漢文本據《四字空行母記文》（卷上），見於《俄藏黑水城文獻》第 5 册，俄藏編號 TK329，第 116—120 頁。

出土漢文本中,與𗅻𗙵對應的漢文爲"密結",顯然"密結"在此處要表達的意思還是"秘密/密咒"。目前爲止,在漢文本中,與西夏文𗅻𗙵對應成漢文"密結"的例子,在俄藏黑水城漢文文獻中,我們也僅在俄藏 TK329 號文本中找到此一用例。據《夏漢字典》,𗙵意爲"計",藏文 sngags,對應梵文 mantra,似乎均與漢字"結"所能表達的意思無直接關聯。漢文本作"結",或爲對西夏字𗙵 rjɨj2 的音譯。

然而,在俄藏 TK329 號文本中,有如下一段值得注意的書寫:

> 二攝何教者,凡演法,有敕、教二種:敕則佛所説,故具無成就;教則後人所集,具五因由,今此求修二種,俱攝何故? 敕中攝則是空行母親傳,有四本續:今此是大修習本續內攝,故此內有方便、勝惠二本續,此係勝惠本續中攝也或親、舊①二秘密,此係親秘密內所攝。或金剛空行母本續所攝,此法是空行母所傳,兼所傳之師,皆是證得聖人,亦同諸佛無二,及依本續二傳,故敕中攝也。二、教中所攝者,師具種種神變,及依本續,利益五種,因由具足,故教中攝也上兩敕、教二種俱攝,攝何教竟。

這段文字中的小字注釋親(通"新")、舊二秘密,顯然是對應藏文 gsang sngags snying ma、gsang sngags gsar ma,代表舊譯密咒、新譯密咒兩種藏傳佛教傳規。由此可見,在俄藏 TK329 號漢文文本中,對於西夏文𗅻𗙵,藏文 gsang sngags,對應漢文詞彙并不一致,前面是"密結",後面是"秘密"。得益於孫伯君的研究,我們知道這段漢文有對應的西夏文 Tang823 號文本。② 其中,這段漢字對應的西夏文及其漢文構擬爲:

> 𗄊𗗙𗤋𗫸𗗙𗓴𗅻𗙵𗤍𗖰,𗰖𗬾𗫂𗣼𗳒𗅻𗗙𗗙𗒾,𗤋𗅋𗖰𗳒𗙵𗅋,𗁬𗅁𗒾𗖰𗳒𗙵𗅻𗙵。𗤋𗗙𗖰𗳒𗣼,𗳒𗥫𗖰𗳒𗱕𗥍𗣴𗖰𗳒𗄊𗗙𗓴𗅻𗙵𗤍,𗥍𗣴𗖰𗳒𗙵𗅻𗙵。

---

① 上海古籍出版社出版的《俄藏黑水城文獻》第 5 册中,此處小字不太清晰,蒙北京大學博雅博士後李夢溪幫助查閲原圖高清圖片,確認此處是"親、舊"二字無疑,特此致謝。
② 有關 Tang823 號文本與 TK329 號文本的研究,見孫伯君、聶鴻音上揭書第 249—294 頁。

若謂諸法中何攝？則［答］曰：“空母所傳教法，是四種本續，其中之大瑜伽本續中攝”；若謂“四種本續亦［分］方便本續及勝慧本續二［種］，其中何攝？”則［答］言：“勝慧本續中攝。”

由此可見，Tang823 號西夏文文本的内容，較之 TK329 號漢文文本簡略不少，而“親、舊二秘密”的小字注釋出現於 TK329 號漢文本中，可以推測“密結”一詞，或是早期的漢譯藏傳密教文本中不常用的詞彙，或僅是 TK329 號文本的譯者采用的詞彙。在藏文或西夏文密教文本翻譯成漢文，或漢文藏傳密教文本的書寫過程中，均被“秘密”“密咒”等詞彙取代。TK329 號文本中的小字注釋“親、舊二秘密”，應是後續他人添加的注釋。由此我們可以推測，西夏時期的漢譯藏傳密教文獻中，有一些詞彙、文本，在進入漢文文本與文化圈的過程中，經歷了一系列的增補、優化過程。“密結”一類的詞彙，顯然是西夏漢譯藏傳密教文本中的化石級詞彙，彰顯了西夏時期漢譯藏傳密教文本翻譯用詞的次第，難得一見。

三、總　結

西夏文𘥓𘝰，在西夏文本身的語境中，表層的意思，是表達嗅覺感知功能。西夏時代在對譯藏傳佛教實修的身心感覺的時候，采用了𘥓𘝰作爲描述這種既有具體形而下方面的感受，又有超越性的、形而上的心性層面的感受的文字，對譯藏文 nyams myong。因此可以假設在西夏的文化體系中，嗅覺的功能超越了具體的嗅覺層面，含攝了其他感官的功能，并被運用於超越性的形而上方面覺知。在西夏藏傳佛教文獻中，延展到了其他感官層面，既可作名詞用，也可作動詞用。體現了西夏文化中，將嗅覺功能拓展到統攝其他感官功能，乃至抽象認知的層面。在西夏文藏傳佛教文獻中，用於描述修行過程中的體驗、體會、感覺、知覺等。在相應的漢文本中，則對應爲聞（嗅覺功能）、覺受、禪境、禪境味、境味等詞彙，漢語詞彙中，不僅引入了在漢傳佛教中常用的、而藏傳佛教中用 nyams myong 表示的禪境，而且還引入了如境味、滋味等在漢文化中具有特殊性的詞彙,①體現了西夏佛教乃至於西夏文化中漢藏融合的佛教文化。

顯然,在漢譯藏傳佛教文本的過程中,西夏境內對相關詞彙的處理,逐步經歷了從生僻到成熟,乃至與漢傳佛教文本中采用的詞彙逐漸彙通一致的過程,雖然我們很難判斷"覺受""禪境"等詞彙在西夏所傳漢文藏傳密教文本中出現的順序,但幸運地,我們應可初步判斷,至少在特定的文本中,"秘密"出現的順序,晚於"密結",由此或可略探西夏漢譯藏傳佛教文獻的演變,以及西夏佛教文本表述中漢藏圓融的進程。

---

① 味覺功能如何在與其他感官功能相互影響的過程中,成爲中國思想文化的獨特品質,參見貢華南上揭文及《味與味道》,桂林:廣西師範大學出版社,2015 年。

Seeing the integration of Chinese and Tibetan Buddhist culture in Xixia from the vocabulary of Buddhist scriptures — Focusing on words such as "𦵩𦵫" in the documents unearthed in Khara-Khoto

YU Xiaogang

𦵩𦵫 is a common vocabulary in Tibetan Buddhist literature in Tangut manuscript copies unearthed in Khara-Khoto. Through the research of Chinese, Tibetan and Tangut texts, we can see that the Tibetan vocabulary that best corresponds to 𦵩𦵫 is *nyams myong*. However, in the Buddhist texts of the Tangut language, "𦵩𦵫" has multiple images, which exceed the meanings that can be expressed by the Chinese "feelings". In Tangut texts, "𦵩𦵫" is used in different parts of speech, expressing different meanings, and the use of related Chinese and Tibetan words in the corresponding literature reflects the understanding of the cognitive activities of the Tangut people, as well as in the Tangut Buddhism. The characteristics of Sino-Tibetan blending. The term "𦵩𦵫" is a common vocabulary in Tibetan Buddhist texts translated by Tangut language. In the documents unearthed in Khara-Khoto, a relatively uncommon Chinese translation of "密结" was found. Through the collation of Tibetan and Tangut documents, the corresponding Tibetan *gsang snaggs* can be determined. By exploring the correspondence and correlation of this term in Tibetan, Tangut, and Chinese texts, we can analyze the evolution of Tangut translations from roughness to relatively mature in the process of absorbing Tibetan Buddhism and integrating Buddhism between Chinese and Tibetan trandition at the micro level.

從非漢字的角度看漢字文化

高田時雄

（京都大學人文科學研究所）

中國使用漢字的歷史已逾三千年。衆所周知，漢字乃中華文明之精華，一直以來，爲中華思想、文學、科學和藝術的源泉。漢文詩詞，優美流麗，至今仍爲大衆所傳唱，漢字文化，深邃莊重，長久以來就是人們的精神食糧。縱觀歷史，漢字的使用在中國不曾間斷，大量文獻都是由漢字書寫，其已成爲人類文化遺産中不可或缺的一部分。由此可知，漢字與中國文化互爲表裏，不可分而論之。由古及今，漢字是現代中國人日常語言生活中的重要工具，社會生活的順利進行，漢字是不可或缺的：閱讀報紙、雜志，填寫申請書以及其他文件，乃至互通書信、閱讀家用電器的使用説明書都需要使用到漢字。然而，漢字在中國人的生活中，其在多大程度上是不可或缺的？是否能够使用漢字以外的文字書寫中文？此舉是否存在操作上的困難？拙文主要對歷史上使用非漢字書寫漢文的嘗試作一介紹，并指出其特點及局限性，從而反觀漢字文化之特徵。

漢字和非漢字

不可否認，與現代世界使用的其他書寫系統相比，漢字系統是獨一無二的。其爲單語素文字（logogram），亦即每個字符都有其一定意義，由是，字符的數量亦不可避免地增加。既然語言中的意義單位是無限的，文字數量亦必須隨之增長。與羅馬字或阿拉伯字等拼音文字相比，漢字的數量令人望而却步。每個漢字只有一個音節，乃是爲了適應單音節漢語的特點而設計。漢字并非從其他地區所借用的舶來品，而是中國語言固有的書寫系統。

在新石器時代，一些地區出現了文字的萌芽，但如今我們使用的漢字，其乃是傳承自於中原地區發展并流傳的文字系統——這種文字追根溯源，有不少古老的標本，譬如甲骨文、金文以及種種戰國文字。在中國，一般稱其爲“文”或“字”，亦或連在一起叫“文字”。然而在早期，其從未被單獨稱作“漢字”——没有其他文字可以寫下“漢”人的語言，由此“漢字”一詞并無獨立使用的意義，亦是不言而喻的。如今我們使用的“漢字”這一説法，乃是成立於遼金時期、由契丹族和女真族自創文字時期前後，以便於與這些少數民族文字區別，自然并非漢人自己的説法。在現代中國，“漢字”一詞的使用頻率相對較高，這可能是由於自近代以來，采用西方習語，徑直采用英文Chinese Characters 等詞的譯語的結果。除漢字外，還有“漢語”一詞，用於指代中國話。在唐時於吐魯番出土的文書中，也能看到該詞。其原因是：在一個多民族群聚的環境中，人們不得不對“漢”有所認識和區別，即與“漢字”產生背景相同。換言之，“漢字”之於漢人正如“漢語”之於漢人一樣自然，從未受到質疑。然而，麻煩的是，漢字因其文字數量龐雜、結構繁複，需要通過一定的學習方能掌握。因此，古代識字率（指漢字）不可避免地長期保持在較低水平上。

使用漢字，并不意味着中國人對其他文字一無所知。顯而易見，中國人知道如佉盧文、婆羅米文等印度文字，亦瞭解叙利亞系統的文字。由於佛經是用這幾類文字寫成，在佛教界，其尤被尊爲神聖。即便如此，在中國，很少有人嘗試使用這些外來文字來書寫自己的語言（即漢語）。自唐朝始，陸續出現一些使用漢字以外的文字書寫漢語的特例，以下對此類情況作一簡要回顧。

“非漢字化”的嘗試

藏文。8 世紀晚期，唐西北地區被吐蕃攻占，其統治該地區達七十年之久。這一時期，吐蕃的語言與文字成爲官方語言，并滲透至社會的各個層面，該地區的一些漢人逐漸開始用吐蕃文字書寫自己的語言。著名的敦煌藏經洞中,藏有不少用藏文書寫的漢語文獻。這些文獻除佛經外,還包括用於日常寺院儀式的教理問答、贊美詩等著作,雜抄等童蒙書、九九口訣和流行於當時的詩歌,涉及日常生活的方方面面。毫無疑問,敦煌的漢族人中曾有用藏文書寫漢文的傳統。且在敦煌,藏文的使用痕迹最晚至 10 世紀下半葉。然而,藏文的使用并没有在敦煌的漢族社區中廣泛傳播,僅僅局限於少數社團,并最終湮没在歷史長河中。在這一時期,中國的漢字識字率,特別是在敦煌等邊疆地區,仍然處於很低的水平,大多數不識字的漢人無法享受到使用漢字的效益。相對而言,使用藏文只需學習三十個拼音字母,因而不難理解,爲何在不識字的人群中,會出現這種現象。而更爲詳細的分析表明,當時用藏文書寫的文獻主要有兩種類型: 前者反映了以中國首都長安的語言爲基礎的語音系統,其在唐朝鼎盛時期對周邊國家以及中國其他地區產生了巨大影響,而後者則反映了河西地區的土著方言,即吐蕃統治時期後在敦煌建立的歸義軍節度使統治下突顯起來,影響日趨擴大的一種語言。相比之下,大多數較新的材料屬於後者。必須指出的是,藏文的使用絲毫没有影響漢字的權威和主導地位。不難想象,這是因爲在吐蕃統治時期以及其後的歸義軍時期,漢字的使用仍占主導地位。藏文没有被用於任何特定的書寫體裁,這表明藏文只是作爲漢文的"替代品"而存在。總而言之,藏文在當時只是爲文化水平不高或根本不識字的漢人提供了一種方便使用的文字。雖然如此,用藏文代替書寫漢語的嘗試,是目前已知使用"非漢字"書寫漢語的最古老的一例。

除了藏文之外,敦煌還有使用其他表音文字書寫佛經的例子。在敦煌文獻中,偶爾可見使用婆羅米文書寫漢文佛經的材料,婆羅米文即塔里木盆地南緣的綠洲國家于闐所使用的文字。10 世紀時,敦煌的歸義軍政權與于闐王國聯姻,使者往來頻繁,關係密切。由此,藏經洞中保存了爲數不少的于闐文文獻。可惜的是,由婆羅米文書寫的漢文佛經數量并不多,無法對其進行更爲詳盡的分析,很難確定這類佛經是由敦煌的漢人所書寫,抑或由善於漢文的于闐人(或有漢人血統的于闐人)書寫的。在此僅略作叙述,以備參考。

其後,使用漢字以外的文字書寫漢文的例子是八思巴文,其利用乃是在蒙古人統治的元朝。元朝的國師八思巴（Phags-pa bla-ma）創制了八思巴文，并在至元六年（1269）頒布其爲國字。這種文字被設計用以書寫蒙古人統治下的所有語言，但目前實際留存下來的樣本，只有蒙古文及少數集中語言（如漢語）。八思巴文是一種朝廷由上而下强制推行的嶄新的人工書寫系統，因而值得注意的是，今天我們所能見到的使用八思巴文書寫漢字的材料，如聖旨碑，又如官印、紙幣、錢貨、銅權等，都具有鮮明的官方性質。除了石刻、貨幣等物質材料，還有一些文字材料，如《蒙古字韵》和《事林廣記》中的《百家姓》，以及曾由神田喜一郎介紹的日本宮內廳書陵部所藏《臨川吳文正公奏議》附錄《臨川吳文正公草廬先生集》中所見"大元累授臨川郡吳文正公宣敕"等。然而，與前者情況相同，大部分都是八思巴文同漢字合璧書寫。與敦煌利用藏文書寫漢文的情況不同的是，僅以八思巴文書寫漢文的例子很少。換言之，八思巴文在當時爲"國字"，爲表尊敬，理應使用八思巴文，但僅使用八思巴文書寫，民衆并不容易辨識理解，因此亦須同書漢字。僅就印章和錢幣而論，極有可能事先已知曉其所書內容爲何，乃至根本不需知道其文意義。然而，較長的文本若無漢字對照，對當時人而言，其意義或許就很難理解了。八思巴文并未成爲一種可以獨立書寫漢語的文字，最重要的一點是，它并未被廣泛的中下層社會所接受。

　　隨着元朝的崩潰，八思巴文失去了"國字"的地位，但由目前可見史料可以推定，其在有限的範圍內仍存在了較長時間。最爲明顯的一例是用於私人印章中，在元以後，我們仍經常可以見到用八思巴文作爲銘文的印章。然而，其僅僅出於興趣與設計層面的考慮，與文字本來應有的功能并無關係。實際上，八思巴文本質即是一種稍加修飾改造的藏文，學界有論者認爲：用八思巴文書寫漢字的方法源於敦煌的藏文文字的使用。目前爲止，在藏經洞中發現的文獻中并未見到八思巴文材料，因此此論或可擱置。應當注意的是，使用這些"非漢字"書寫漢字時，無論是藏文還是八思巴文，都不能準確清晰地表達出漢語聲調的區別，因此，其被用於書寫漢字，是具有缺陷的。

　　羅馬字是隨着耶穌會士等天主教傳教士藉由傳教帶入中國的，16世紀末，耶穌會士等開始利用羅馬字標記漢字，其中具有代表性的例子即利瑪竇《西字奇迹》及金尼閣的《西儒耳目資》。然而，直至19世紀新教傳教士的涌入，人們纔開始認真嘗試用羅馬字書寫漢文。鴉片戰爭後，清廷簽署若干條約，新教傳教士團體涌入中國，其極爲熱衷於將《聖經》與基督教教義書翻譯成中國當地方言。明末清初耶穌會士的傳教對象主要是知識分子，與此不同，此時新教傳教士的傳教對象則是平民百姓。由此，他們只能別無選擇地學習當地方言，并在傳教工作中使用方言——文言雖然廣泛流通於知識分子之中，但於平民而言，無疑具有理解上的巨大障礙。由此引發了使用方言翻譯的《聖經》和基督教教義書的廣泛印刷和發行。然而，針對無法識讀漢字的人，即使將"福音"用方言翻譯，其仍然無法理解。考慮到當時許多皈依基督教的中國信衆無法讀寫漢字，當時的新教傳教士創建出一個使用羅馬字書寫漢語方言的統一方案，以取代漢字，成爲新的書寫漢語的系統。其中，最爲成功的是用於閩南方言的教會羅馬字——長老會（Presbyterian Mission）傳教士在廈門的宣教中積極使用這種文字，并鼓勵中國教民用羅馬字書寫其日常語言。

上述這種方言羅馬字也稱作"白話字"，其設計獨立於漢字，專門用於標記閩南方言，因此確立了以詞爲單位的書寫原則。起初，中國人對白話字持懷疑的態度，認爲這種文字無法取代漢字，但一旦建立了文字體系，有了教材，這種偏見就被克服了。事實上，在說閩南話的教徒中，尤其是在臺灣，教會羅馬字的使用非常廣泛，直至今日，亦是如此。

利瑪竇等耶穌會士設計的葡萄牙式羅馬字，是以當時在中國最有權威的南京官話的語音系統爲基礎，備有區分南京官話的五個聲調的記號。同樣，"白話字"羅馬字可以區分閩南話的八個聲調，這使得其可以幾乎完美地反映漢語語音，而且其作爲一個系統本身已經相當完善。自然，我們對這種漢字羅馬化運動的前景，不能够報以盲目的樂觀態度，應當看到的是，其是用漢字以外的文字書寫漢語的一種成功範例。但這種成功只是在書寫閩南話一種方言的情況下，如若將這種方法普遍應用於漢語諸方言，那麼，漢語的分裂是不可避免的。人們常説，如果没有漢字，漢語將會分割成若干獨立語言。與歐洲的日耳曼語被劃分爲英語、德語、荷蘭語及其他語言，羅曼語被劃分爲法語、意大利語、西班牙語、葡萄牙語及其他語言一般。必須特別指出這種兩難的局面——可以毫不誇張地斷言，因爲漢字本身具有超越方言差異、統一漢語的重要功能,我們不可能找到一種替代漢字的字符來書寫漢語。

阿拉伯字。一般來説,在歷史上,宗教和字母的使用之間有着非常密切的關係,當一個社會群體歸順某一種宗教時,往往會采用其聖書所用的文字。於伊斯蘭教,則無一例外地使用了書寫《古蘭經》的阿拉伯文字。因此,中國穆斯林也自然而然地接受了阿拉伯文字。在中國各地的穆斯林中,據稱至今普遍存在着用阿拉伯文書寫漢字的形式,稱爲"小兒錦(或小經)"。然而,這只是一種爲求方便的書寫形式,由於其使用并未超出穆斯林人口的邊界,必須將其作爲一個特例來看待。現居於吉爾吉斯斯坦共和國的東干人,是19世紀從中國陝西和甘肅遷移到中亞的回族人後裔,其語言是漢語北方官話的一種。在蘇聯時代,這一族群開始使用西里爾字母書寫自己的語言,乃至使用西里爾文字出版報紙等。與教會羅馬字的情況相同,其可以被視作一種以拼音字母書寫漢語,并取得一定程度成功的例子。若我們考慮東干人在文化上并沒有保留其漢人的身份認同,就不能將此視爲與教會羅馬字的情況相同。

小　结

我們在上面看到了一些歷史上試圖用漢字以外的文字,即非漢字來書寫漢字的例子,但沒有一種能够顛覆漢字的地位。在除了八思巴文外的大多數情況下,"非漢字"都是由處於社會底層或邊緣的民衆作爲漢字的替代品使用的:其出於某種原因無法熟練掌握漢字。除非有强烈的宗教方面的動機,若條件允許,這些民衆很可能願意學習漢字而非使用上述"非漢字"。漢字有超三千年的歷史,是中國文化融合的象徵,長久以來,保持漢字的習用有一種無聲的默契。由於其獨特的表現力,漢字在克服方言差異和整合中國社會方面具有極爲實際的功能。

由於漢字數量衆多、結構複雜,中國的漢字識字率一直比較低,如本文所示,這就導致歷史上不時會出現使用漢字以外的其他文字來書寫漢語。不過,也有從功能識字(functional literacy)出發的論述:認爲只要學會每種職業所必需的漢字數量，就足以算作"識字"，在這種視角下，一些學者認爲清朝的識字率并非傳統所述的那般低下。總而言之，從清末至今百多年間，識字率無疑有了明顯的提高，且簡化字的引入將文字的使用範圍在人群中進一步擴大。由此，我們可以認爲，漢字的使用在三千餘年的歷史中，得到了傳承與發展。

復旦大學藏"讀未見書齋本"《開元占經》（卷九一——九七）校理

闞　海

（華東師範大學歷史學系）

　　《開元占經》是唐代瞿曇悉達主持編纂的一部大型占書,其中保留了大量唐前天文星占、曆法知識、讖緯佚文等內容,是後世研究相關知識的重要資料來源。但在有唐一代流傳不廣,《新唐書·藝文志》始著錄,載"大唐開元占經一百一十卷",《玉海》引《唐志》亦同,下注有"《國史志》四卷,《崇文目》三卷",鄭樵《通志》載"今存三卷",《宋史·藝文志》著錄四卷,當是據《國史志》而來,元以後不見著錄（實際上此書應該一直在內府中流傳）。直到明代程明善發此書於古佛腹中,此書纔又重現人間,後數經傳抄,乾隆時被編入《四庫全書》中。

　　據日本學者安居香山、佐佐木聰,中國大陸學者趙益、中國台灣學者黃復山等的研究,今存《開元占經》的各種版本,大概可以劃分成三個系統,即程明善本系統、東洋文庫本系統和成化閣本系統。[1]

　　其中,程明善本《開元占經》是明代萬曆年間徽州人程明善"布施裝金而得此書于古佛腹中",後又數經傳抄刻印,遂形成了《開元占經》之程明

---

[1] 相關研究分別參看安居香山《大唐開元占経異本考》,《國文學漢文學論叢》第五輯,1961年,第1—90頁;《東洋文庫所藏鈔本〈大唐開元占經〉補考》,《漢魏文化》第二號,1961年,第18頁;《台湾残存鈔本を中心とした大唐開元占経異本再論》,《漢魏文化》第八號,1971年;黃復山《開元占經版本流傳考論》,殷善培、周德良編《叩問經典》,臺北:學生書局,2005年,第323—365頁;佐佐木聰《開元占經の諸抄本と近世以降の傳來について》,《日本中國學會報》第64集,2013年,第83—93頁;趙益、劉仁《開元占經版本譜系考》,《古典文獻研究》第十九輯（上卷）,2016年,第219—227頁。

善本系統。日本東洋文庫所藏《開元占經》鈔本，據安居香山等學者的研究，屬於元抄本，黃復山比較後發現，在內容上，程明善本系統和元抄本系統多有不同。但實際上，根據佐佐木聰的推測，元抄本和程明善本當有密切關係。

關於成化閣本《開元占經》，日本學者安居香山在 1960 年代最早發現台灣"中研院"藏《開元占經》乃程明善本系統之外的"異本"（即"成化閣本"）。佐佐木聰的研究則指出，目前屬於成化閣本系統的一共有四個本子：中國國家圖書館藏清抄本（卷首目録題名下有"稽瑞樓"鈐印，以下稱"稽瑞樓本"）、復旦大學古籍部藏本（卷首題名下有"讀未見書齋"鈐印，以下稱"讀未見書齋本"）、臺灣"國圖"藏本（此是陸芝榮跋"清陸香圃三間草堂"鈔本，以下稱"三間草堂本"）及臺灣"中研院"藏本，美國國家圖書館亦藏有"三間草堂"本《開元占經》八卷。這個系統的本子最突出的特點就是其卷九一至九七與通行的程明善本系統不同。具體來説，成化閣本《開元占經》卷九一至九七在體例上與其他各卷保持一致，而程明善本系統的卷九一至九七在體例上與前後各卷均不相同：《開元占經》引書每一條往往都標明出處，而程明善本卷九一至九七則全無此類信息，且程明善本的立目與成化閣本完全不同；兩個系統的本子在這七卷的內容上，成化閣本除卷九五、九六相當於脱去程明善本的引書書名外，在內容上也幾乎不同。

由於成化閣本《開元占經》卷九一至九七的內容保留了引書書名、人名等內容，又其體例與全書前後內容保持一致，因此對研究唐前天文星占、讖緯數術等知識以及該書流傳過程等均有一定意義，故而將卷九一至九七拈出，進行簡單的整理。

本次整理以復旦大學藏"讀未見書齋本"《開元占經》爲底本，參校國家圖書館藏清代鈔本（稽瑞樓本）。

文中原有字體如"躰""皷"等異體字，徑直改動，不出校。

由於防疫原因，臺灣"國圖"藏"三間草堂"本及"中研院"本目前無法得見，因此本次整理并非最終成果，相關工作還有繼續開展的必要，本次整理主要目的是提供一個讀本，供讀者參考使用。

大唐開元占經卷第九十一

風占
　　風占名體一
　　祥風二
　　八風三
　　怒風四
　　雜風五

風名體

《歸藏》曰：乾出積石，風穴之寥寥。○《河圖帝通紀》曰：風者，天地之使也。○《易文言》曰：雲從龍，風從虎。○《易説卦》曰①：巽爲風。撓萬物者莫疾于風。風以動之。○《廣雅》曰②：風伯字飛廉。○《元命苞》曰③：陰陽怒爲風。○《五經通義》曰④：陰陽散者爲風，風氣無根。○京房曰：宮風聲如牛鳴，阱中隆隆如雷鼓響。商風聲如離群之羊，如縛彘駭起⑤。徵風如奔馬炎火，如縛彘駭起，如扣銅鐘，如飛集之羽，如流水嗟嗟聲感人。羽風如擊濕鼓，如流水揚波，激氣相答，如麋鹿子鳴。角風之聲如千人語，殷殷然令人悲哀；如人叫啾啾，如千人呼，如雞登木。宮風近十里，中百里，遠千里。羽風近六里，中六十里，遠六百里。徵風近七里，中七十里，遠七百里。角風近八里，中八十里，遠八百里。商風近九里，中九十里，遠九百里。○宮風爲君，商風爲臣⑥，角爲事，羽爲物，徵爲令。○宮風數一，爲君、爲身。○徵數三，爲宗廟，爲先人。○羽數五，爲境界，爲妻財。○商數七⑦，爲臣民，爲孫僕。

---

① 易説卦曰：稽瑞樓本"説"後無"卦"字。
② 廣雅曰：稽瑞樓本"雅"後無"曰"字。
③ 元命苞曰：稽瑞樓本"苞"作"包"。
④ 五經通義曰：稽瑞樓本"義"作"議"。
⑤ 如縛彘駭起：稽瑞樓本"彘"後無"駭"字。
⑥ 商風爲臣：稽瑞樓本"商"後無"風"字。
⑦ 商數七：稽瑞樓本"商"後有"風"字。

○角數九①，爲疾疫、爲死喪。○黃帝曰：風之動，皆不安也。初遲後疾，其來遠。初疾後緩②，其道近。從鳴條以上，百里風也。拔木五百里，飛沙千里。○凡宮風起，近十里，中百里，遠千里。五音仿以爲例。○大風一日一夜爲邑，二三日爲國③，四日五日爲州，六日七日爲天下。若風乘王爲君④，乘相爲大臣，乘休爲官緩，乘廢爲吏人，乘囚爲凡庶下隸。○《易稽覽圖》曰：太平之時，陰陽和，風雨咸同，海內不遍，地有險阻，故風遲疾。雖太平政，猶不能均同也。唯平均乃不鳴條，故風于亮亮者，陳留也。陳留大地平均千里，無故得風之政，故于陳留也。降陽爲風，降陰爲雨。是故陽還其風必暴，陰還其雨必暴。降陽之風，動不鳴條，降陰之雨⑤，潤不破塊。○還風者，善令還注。云還，暴也，君出善令，有益百姓，君弱臣強⑥，還而不行，陽氣道積，不得以時降，後得同類并，故不暴。○《管輅別傳》曰：輅過清河，見太守，時天大旱，輅言今夜當雨，云星中已有水氣，樹上既有少女微風，樹間又有陰鳥和鳴，又少男風起，眾鳥亂翔，其應至矣。須臾，果有雷聲動天，風雲并興，玄氣四合，大雨河傾。○《山海經》曰：法獄之山有獸焉，其名曰山獋音禪，又九法切。其行如風言疾，見則天下大風。○王子年《拾遺記》曰：伏羲坐于方壇之上，聽八風之聲，乃畫八卦。○《淮南子》曰：物類相應⑦，玄妙深微，論辨不能解，故東風至而酒沉溢。注云：東風，木風也。酒沉，清酒也。米物不沉，故曰沉。味酸，風入酒，故酢而沉者，沸溢，物類相感也。○《淮南子》曰：虎嘯而谷風起⑧，烏鵲識歲之多風，去高木，巢扶枝。扶，傍也。○《風俗通》曰：飛廉，風伯也。○《周禮》以烟燎祀風師，風師即箕星也。箕主簸揚，致風氣。○《易》：巽爲長女。長者，伯，故曰風伯。○《物理論》曰：風者，陰陽氣激發而起者

---

① 角數九：稽瑞樓本“角”後有“風”字。
② 初疾後緩：稽瑞樓本“疾”作“急”。
③ 二三日爲國：稽瑞樓本“二”後有“日”字。
④ 若風乘王爲君：稽瑞樓本“爲”後有“人”字。
⑤ 降陰之雨：稽瑞樓本“雨”作“風”。
⑥ 君弱臣強：稽瑞樓本“臣”作“君”，誤。
⑦ 物類相應：稽瑞樓本“類”後有“之”字。
⑧ 虎嘯而谷風起：讀未見書齋本“風”後無“起”字，據稽瑞樓本補。

也,猶人之内氣漸喜怒哀樂激起而發也。故春氣濡,其風温以和,喜風也①;夏氣隆,其風熛以怒,怒風也;秋氣勁,其風清而貞,清風也;冬氣石,其風燥以烈,固風也。此四正之風也。又有四維之風:東北明庶風,物出幽入②,明也。東南融風,其道以長也。西南清和,百喜備成也。西北不周,萬物潛藏也。此八風者,方土異氣,徐疾不同。和平則順,逆則凶,非有使之者也,氣積自然。怒則飛沙揚礫發屋折樹,喜則不摇枝動草。順物布氣,天地之性,自然之體也。○《抱朴子》曰:用兵之要,唯風氣爲疾,扶摇獨鹿之風大起軍中,軍中必有反者。風高者道遠,風下者道近。風不鳴葉者,十里;鳴條摇枝,四百里;折大枝,五百里;僕大木,千里;折大木,五千里。三日三夜③,天下盡風;二日二夜,天下半風,一日一夜,萬里風④。○《遁甲巫咸鈐》曰:香風不清,則八風相乘,則王者有事。主云香風者,風清者而香⑤,音長也。順四時來,春以甲乙,夏以丙丁,秋以庚辛,冬以壬癸,此香也。風刑來則五穀不登,兵革并興也。○《兵書》曰:風從震來,名曰嬰兒風,主人勝客。

祥風

《尚書大傳》曰:舜將禪禹,于時八風循道。○《援神契》曰:德至八方⑥,則祥風至。○《鹽鐵論》曰:周公載,已而天下太平,當爾之時,風不鳴條,雨不破塊,旬而一雨,雨必以夜。○《論語讖》曰:舜烈風雷雨不迷⑦。○《京房易傳》曰:聖人所處,百里風雨雷電俱起⑧。賢人在位,天道報風如節。侯專邦⑨,厥風雨疾,樹不摇。不修道,厥風不摇草。《飛候占》曰:何以

---

① 其風温以和喜風也:稽瑞樓本"和喜"作"喜和"。
② 物出幽入:稽瑞樓本"物"前有"庶"字。
③ 三日三夜:稽瑞樓本"夜"作"夕",下"二日二夜""一日一夜"并同。
④ 萬里風:讀未見書齋本"萬"後無"里"字,據稽瑞樓本補。
⑤ 風清者而香:稽瑞樓本"清"後無"者"字。
⑥ 德至八方:讀未見書齋本"方"後有"在"字,據稽瑞樓本刪。
⑦ 舜烈風雷雨不迷:稽瑞樓本"迷"作"逆",形近而誤。
⑧ 百里風雨雷電俱起:稽瑞樓本"電"作"霆"。
⑨ 侯專邦:稽瑞樓本"邦"作"風",誤。

知聖人隱也？風清明，其來長久，不動搖物，此有龍在下。董仲舒曰：太平之時①，風不搖條，開甲散萌而已。○《抱朴子》曰：《黃帝風經》云：調、長、祥、和，天之喜風也②。○《尚書中候》曰：仲月辛日昧明，禮備，至于稷，榮光出河，休氣四塞，白雲起，因風搖，帝立壇，馨西向。○《尚書·洪範》"休徵"曰：聖時風若。

八風

周公《時訓》曰：小暑之日，溫風至。立秋之日，涼風至。○《周禮·保章氏》曰：以十有二風，察天地之和，命乖別之妖祥。鄭玄注云：十有二辰皆有風，吹其律以知和否，其道亡矣。○《春秋傳》曰：楚伐鄭，師曠曰：吾驟歌北風③，又歌南風，南風不競④，多死聲，楚必亡。○《禮記·月令》曰：孟春之月，東風解凍。○《禮記》曰：風，萌也。養物成身，所以八風者象八卦也。○《樂動威儀》曰：風氣者，禮樂之使，萬物之首也。物靡不以風成熟也⑤。風順則歲美，風暴則歲惡。○《考異郵》曰：八風殺生以節翺翔，距冬至四十五日條風至⑥。條者達，達者⑦，生也。距猶起也，自冬至後四十五日而立春，以風應其方而來，生萬物也。四十五日明庶風至。明庶者⑧，迎惠。春分之候，言庶眾。言陽以施惠之恩德，迎眾物而生之也。四十五日清明風至。清，精芒挫收。立夏之候。挫猶止⑨。時薺麥之屈秀出已備⑩，故止其鋒芒，收之使成實也。四十五日景風至。景風者，強也，強以成之。夏至之候也。強言萬物強盛也⑪。四十五日涼風

---

① 太平之時：稽瑞樓本"時"作"世"。
② 天之喜風也：讀未見書齋本"之"作"子"，據稽瑞樓本改。
③ 吾驟歌北風：讀未見書齋本"北"後無"風"字，據稽瑞樓本補。
④ 南風不競：稽瑞樓本無"南風"。
⑤ 物靡不以風成熟也：稽瑞樓本"熟"後無"也"字。
⑥ 距冬至四十五日條風至：稽瑞樓本"冬"後無"至"字。
⑦ 達者：讀未見書齋本無"達者"二字，據稽瑞樓本補。
⑧ 明庶者：稽瑞樓本"者"作"風"。
⑨ 挫猶止：稽瑞樓本"止"作"正"。
⑩ 時薺麥之屈秀出已備：讀未見書齋本"麥"作"夌"，據稽瑞樓本改，後文凡作"夌"者并當作"麥"。
⑪ 強言萬物強盛也：稽瑞樓本"強盛"作"壯之"。

至。涼風者①,寒也以閉。立秋之候也。閉,收也。言陰寒收成萬物也。四十五日閶
闔風至。閶闔者,當寒寒天收。秋分之候也②。閶,旺,時旺收物,蓋藏之。閶或爲當
也。四十五日不周風至。不周者,不交也,陰陽未合也。立冬之候也。未合,言消
息純坤也。《月令》曰:"天地不通不閉成寒。"四十五日廣莫風至,廣莫者,精太滿。
冬至之候也。廣大莫續爲上通無莫之。言冬無見者,風精太滿,美無不備之也。風之爲言
萌也,其立字,蟲動于几中者爲風。蟲動于几中,言陽氣無不周③。明昆蟲之屬得陽乃
生,遇陰則死,故風爲陰中之陽者也④。○《易是類謀》曰:冬至廣莫風至。立春條
風至。立夏清明風至。夏至景風至。立秋涼風至。秋分閶闔風至。立冬不
周風至。○《五經通義》曰:君從臣令,則風而不雨。政令苛則暴風折擊。條
風至則王者赦小罪,出稽留。明庶風至則正封疆,修田疇。清明風至則出幣
帛,使諸侯。景風至則辨大將有功⑤。涼風至則報土功,禮四鄉。閶闔風至
則懸解懸垂,琴瑟不張。不周風至則修宮室,完邊城。廣莫風至則誅有罪,
斷大刑。○《爾雅》⑥:四氣和爲通。正謂之景風。李淳風曰:景風,太平之風也。
南風謂之凱風,東風謂谷風,北風謂涼風,西風謂之大風。棼輪謂之頹。云風
從上下⑦。扶搖謂之猋,從下上也。風興火爲尾,音毛,炖炖隆兒。迴風爲飄,日出
而風爲暴⑧,風而雨土爲霾,陰而風爲曀。○《呂氏春秋》曰:何爲八風? 東
北曰猋風,一曰融風。東方曰滔風,一曰明庶風⑨。東南曰熏風⑩,一曰清風,《淮南
子》作景風⑪。南方曰巨風⑫,一曰凱風。西南曰凄風,《淮南子》作涼風。北方曰寒
風,一曰廣莫。西方曰飅風,一曰閶闔。西北曰廣風。一作不周。

---

① 涼風者:稽瑞樓本"涼"後無"風"字。
② 秋分之候也:稽瑞樓本無"也"字。
③ 言陽氣無不周:稽瑞樓本"氣"後無"無"字。
④ 故風爲陰中之陽者也:稽瑞樓本"陽"後無"者"字。
⑤ 景風至則辨大將有功:稽瑞樓本"將"後有"封"字。
⑥ 爾雅:稽瑞樓本"雅"後有"曰"字。
⑦ 云風從上下:稽瑞樓本"云"前有"郭"字。
⑧ 日出而風爲暴:讀未見書齋本"爲"後無"暴"字,據稽瑞樓本補。
⑨ 一曰明庶風:稽瑞樓本"庶"後無"風"字。
⑩ 東南曰熏風:稽瑞樓本"熏"作"薰"。
⑪ 淮南子作景風:稽瑞樓本"作"作"曰"。
⑫ 南方曰巨風:稽瑞樓本"巨"作"臣",形近而誤。

怒風

《抱朴子》曰：抑揚奔厲，天之怒風也①。○《通卦驗》曰：巽氣不見，則歲中多大風，發屋揚砂②，禾稼盡拔，應在其衝。巽氣見夏至之分則風，氣過度必大風折木③。○夏三月，候卦氣皆不至，則大風折木發屋，期百二十日二旬，地動應之，大風，期在其衝④。○巽四月，春去，大風折木，傷五穀。○《尚書·金滕》曰：周公居東二年，秋，大熟，未穫⑤。天大雷電以風⑥，禾盡偃，大木斯拔。邦人恐。王與大夫盡弁，以啓金滕之書，乃得周公所自以爲功代武王之説。所藏命册書本⑦。天乃雨，反風，禾則盡起⑧。○《尚書大傳》曰：維十有四祀天，大雷疾風發屋折樹，帝乃沉首而笑曰：明哉，夫天下非一人之天下也。○京房曰：宮風音如雷鼓。發屋折木，怒也，有土功。宮主地也。人君內亂，宮爲君，發屋折木，自動其心，故內亂。不出百十日。宮數有所之，以風動之⑨，有其亂，不安，故有所之也，且有急令，風必有急令也。貴人相捕斬，亂則君臣相疾，疑慮積忍，恐其傷己，迭相捕斬之⑩。來年兵起，貴賤相誅，下不堪令，故天下兵起。盜賊滿市，民飢不已，貴人誅，兵卒起，令不行，賊人滿市。車馳馬奔，流移不止。宮爲土⑪，土動故民移。君亂則兵起，車馳但有急令應，占則下事皆發也。徵風發屋折木，不出五十日，糴大貴，民以水爲敗，若大喪，妃后黜，寶物出。○商風發屋折木，不出七日七十日，有急令，兵大起，糴大貴，國四門閉，兵從中起。國四門閉者，關梁不通，城邑圍杜而備守。角風發屋折木，不出九日，有急盜鬥戰，糴大貴，飢人相食⑫，有大喪，有疾癘之事。○《天鏡》曰：飄風飛衣絲于市中，不出一

---

① 天之怒風也：讀未見書齋本"之"作"子"，據稽瑞樓本改。
② 發屋揚砂：稽瑞樓本"砂"作"沙"。
③ 氣過度必大風折木：稽瑞樓本"木"作"禾"。
④ 期在其衝：稽瑞樓本"在"後無"其"字。
⑤ 未穫：稽瑞樓本"未"作"禾"，形近而誤。
⑥ 天大雷電以風：稽瑞樓本"天大雷電以風"作"天大風雷電"。
⑦ 所藏命册書本：稽瑞樓本"藏"後有"請"字。
⑧ 禾則盡起：稽瑞樓本"禾"後無"則"字。
⑨ 以風動之：稽瑞樓本"以風"作"風以"。
⑩ 迭相捕斬之：稽瑞樓本"之"作"也"。
⑪ 宮爲土：稽瑞樓本"土"作"主"。
⑫ 飢人相食：讀未見書齋本"人"後無"相"字，據稽瑞樓本補。

年,必有殺主。○飄風入宮闕中一日再三,名曰大陽戎,不出一年,兵内起。晝昏有風聲而無風,凶殃外至①,臣共欺君,不出千日,迴風入人室②,飛衣物,有驚恐事。○疾暴風入舍發屋折木,不出六十日,有相殺,若入宮殿,人主亡。○《易流演》曰:巽初六,斗指東南維,食時,青氣出直。巽不至則歲風發屋揚沙,禾稼盡發,應在衝。○《京房易傳》曰:暴風濁池折木,飛車上屋,必有大亂令。○大暴風折旗裂帷帳,幕師有憂君。○《易妖占》曰③:暴風折枉④,邑大憂;折木,且有急令。獨禄風入宮,人主死。飄數相從入殿門,有凶憂,民亡。飄留君門,一日一夜不去,亂兵在門,獨禄蒙者⑤,迴轉風也。○《尚書·洪範》咎徵曰:蒙恒風若君行,蒙暗則常風也。○《漢五行志》曰:兒言視聽,以主四氣,皆亂,其罰常風。○《周書·時訓》曰:小暑之日,温風不至,國無寬教。立秋之日,凉風不至,國無嚴政。○《禮記·月令》曰:孟春行夏令,飆風總至。季春行秋令,賊風來。○《潛潭巴》曰:疾風拔木,讒臣悉用,忠臣辱。○天赤有大風發屋折木,兵大起,行千里。○《漢五行志》曰:昭帝元鳳元年,燕王都薊大風拔宮中樹七圍以上六枚,壞城樓,後燕王誅。○《魏略》曰:正始九年,商風大起數十日,發屋折木,動太極殿東閣。正朝大會,風又甚,傾杅案,曹爽將誅之徵。毌丘儉及景王率衆征之,是日大風行道,人頭相觸。○《北燕録》曰:飄風入征南大將軍姚昭第⑥,至于司徒中山公第而散。或問閔尚曰:是何怪乎?將代耶?尚曰:風爲號令,吹塵去穢,後必有兵去奸匿之禍,但未審是誰當之。入司徒公第而止者,勢力所歸爾。○《六韜》曰:人主好畋獵畢弋,則歲多大風,禾穀不實。紂嘗六月獵于西土,其年大暴風飄牛馬,發屋拔木,民人飛揚數十里。○《淮南子》曰:人主之精通于天,故誅暴則多飄風。○《兵書接要》曰⑦:孫子稱三軍方行,大風飄起

---

① 凶殃外至:讀未見書齋本"殃"作"殊",據稽瑞樓本改。
② 廻風入人室:讀未見書齋本"風"後無"入"字,據稽瑞樓本補。
③ 易妖占曰:讀未見書齋本"妖"作"姺",據稽瑞樓本改。
④ 暴風折枉:稽瑞樓本"枉"作"杜",形近而誤。
⑤ 獨禄蒙者:稽瑞樓本"禄"後無"蒙"字。
⑥ 飄風入征南大將軍姚昭第:稽瑞樓本"昭"作"照"。
⑦ 兵書接要曰:稽瑞樓本"接"作"按",形近而誤。

于軍前，右繞軍①，其將亡；右周中②，其師良。○王隱《晋書》曰：譙周字彥紹，周，小字也。家有迴風，從申上來，吹周前書，紙飛揚。周曰：不出十日，陳敏當死。果如其言。○《京氏別對災異》曰：迴風起何？風者，天之號令也③。當直而正，普而不偏。佞人衆，君迷惑，則迴風起，不救則致迷風起④。其救也，用公直⑤，去邪枉，災消矣。○狂風發何？人君政教無法，爲下所逆，則致狂風發洩。其救也，修政教，聘賢士，狂風消矣。○人君賊良善，使命數變，則暴風折木，發屋鳴瓦，或害殺人。其救也，修舊典，任忠臣，思過自改，則風災消矣。○黃帝曰：暴風氣卒起于東方，爲天下飢民流，盜賊相劫。卒起東北方，鬼行人道，爲旱、疫病。卒起西北⑥，食物不入，人病慄瘡疹。卒起西方，秋旱霜地⑦，物不成。卒起西北方，人多病。○恩及金石⑧，則凉風出。王者與臣無禮，身不肅敬，則木不曲直，而夏多暴風。風者，木之氣，其音角，故應也。○《國語》曰：海鳥曰爰居，虞翻注曰：海水之鳥，名曰爰居，一名雜懸也。止于魯東門之外三日，臧文仲使國人祭之。不知其名，以爲神也。展禽曰：今兹海其有災乎！夫廣川之鳥獸，恒知避其災。是歲也，海多大風⑨。○《史記·呂后本紀》曰⑩：朱虛侯、東牟率千餘人⑪，日晡時擊呂産，走，天風大起，從宮亂⑫，莫敢鬥，遂殺産。○《京氏易妖占》曰：獄吏暴害，人臣專政，暴風起折木。

雜風

黃帝曰：凡風若紛錯交橫，乍起乍止，其聲聒耳，君用小人，疎遠君子。

---

① 右繞軍：稽瑞樓本“右”後有“周”字。

② 右周中：稽瑞樓本“右周中”作“左周軍中”。

③ 天之號令也：讀未見書齋本“之”作“子”，據稽瑞樓本改。

④ 不救則致迷風起：讀未見書齋本“救”作“拔”，據稽瑞樓本改。

⑤ 用公直：讀未見書齋本“用”作“周”，據稽瑞樓本改。

⑥ 卒起西北：稽瑞樓本“北”作“方”。

⑦ 秋旱霜地：稽瑞樓本“霜”後無“地”字。

⑧ 恩及金石：稽瑞樓本“恩及金石”前有“春秋繁露曰”五字。

⑨ 海多大風：稽瑞樓本“海多大風”後有小字注“是爰居之所避”。

⑩ 史記呂后本紀曰：稽瑞樓本“后”後無“本”字。

⑪ 朱虛侯東牟率千餘人：稽瑞樓本“牟”後有“侯”字。

⑫ 從宮亂：稽瑞樓本“宮”作“官”。

風蕭蕭習習，調和潤氣，濡物必雨，須臾而至。風若暴疾，南北無處，交錯離合，紛埃相注，以風之應，必在人主，未必帝王，亦爲君父。風起冥冥，白日沉形，黃霧四塞，太陽翳精，主上昏亂，政教不明。風若滅相隨①，南北旁亂相觸，高下遲疾，人去其宅②，大兵四集。○風寒切，人戰慄，刑法急酷暴③，霜殺物。○風若啾啾，條鳴蕭蕭④，令人慘悲憂，必大喪⑤、疾疫之憂。○風氣恍惚⑥，炎炎湯人如火，或遲疾爲火爲旱⑦，戒之所急。○師曠曰：風起都市之中，有羌胡夷應占，不必千里外也，近事中國，人受以羌胡爲變⑧，亦是也。○何以知中國欲攻四夷也？四角受角之日時，加夜半大風折木，從四季上來，五日止，此時中國欲攻夷狄也。所以然者，四季，土也⑨，畏于木，今以角日木剋土⑩，故知伐四夷也。一云占風大要，四季主關梁⑪、主津渡、主道路關籥、主遠方還客。○何以知水中有大賊？諸羽日大風冥迅急，水中大賊攻絶關梁，不出五日，遠五十日。○何以知水中有大兵，且相殺？壬戌、癸亥、乙卯、壬辰、甲申、丁未，凡此日有風從申、子、辰、亥上來，水中相殺，不出五日，五十日，風止，大雨不發。○何以知水中有大賊，且上出攻王侯國？常以壬申、壬子、壬辰、壬戌之日，有風寒入人肌膚⑫，慘慘不改⑬，王至，賊發疾囚死，風至賊發，迅連風⑭，冥晦四日五日，萬民皆悲傷，且有暴水殺人⑮。○何以知水中有大賊至，且出攻王侯國？常以壬申、壬子、壬戌、壬辰之日，有風從壬子

① 風若滅相隨：稽瑞樓本"滅"後有"滅"字。
② 人去其宅：稽瑞樓本"人"後有"主"字，"宅"作"疾"。
③ 刑法急酷暴：稽瑞樓本"法"作"罰"。
④ 條鳴蕭蕭：稽瑞樓本"蕭蕭"作"蕭蕭"。
⑤ 必大喪：稽瑞樓本"必"後有"有"字。
⑥ 風氣恍惚：稽瑞樓本"恍"作"慌"。
⑦ 或遲疾爲火爲旱：稽瑞樓本"遲"後有"或"字。
⑧ 人受以羌胡爲變：讀未見書齋本"胡"作"故"，據上文及稽瑞樓本改。
⑨ 土也：稽瑞樓本"土"作"上"，形近而誤。
⑩ 今以角日木剋土：稽瑞樓本"今"作"令"，形近而誤。
⑪ 四季主關梁：讀未見書齋本"關"作"開"，據稽瑞樓本改。
⑫ 有風寒入人肌膚：稽瑞樓本"肌"作"飢"，誤。
⑬ 慘慘不改：稽瑞樓本"改"作"解"。
⑭ 迅連風：稽瑞樓本"迅"作"遲"。
⑮ 且有暴水殺人：稽瑞樓本"且"前有"此"字。

來，三日以上，日光不明，此水中大賊欲攻王侯國，其風大寒，大兵夜而至，不出七日二十一日，遠三十五日，王侯之國備之。風止有溫而和解，不雨謀不解，當設備以待之。○何以知大兵且解散？諸商日大風折木①，從丑、寅上來，連三日以上至七日，此千里萬衆，兩軍相當，自退解散，所以然者，商金從徵上來，此金出火，兵自解散，主人勝客，軍大敗，其將必死，近期七日，中期二十一日，遠期三十五日。○何以知大火且起者也②？諸角之日有風折木，從寅、申、丑、未上來，乍起乍遲③，時加子夜半，此火且宮寺中，辰、午、酉、亥，四日自處也。辰日加辰，在部燒兩千石傳舍。午日加午，火燒都亭尉舍。酉日加酉，燒貴府大傳舍。亥日加亥，燒喪家牢獄。大寒迅急，燒殺人；溫和，但失火，期三日，風止雨火不發。風從甲上來，時加庚，風比連三日，天氣溫和，皆為急令赦書④。春以甲日，風從午來，旋風入人宅，須臾止庚，此都亭小事解；半日止者，此府吏原罪；一日一夕止者，州書原罪；三日止者，使者原罪；四日以上，常從甲來止庚，天子大赦，期六十日。丁己之日，時加午，風從丙上來止亥，為贖書，期四十五。四季戊己之日，時加寅，風從寅上來，止寅，為有大赦期，期六十日；時加卯，為贖書，期四十五日。四季之日壬時，風從辰上來，有大赦。卯日未上風來，有小赦。庚申之日，時加巳，風從巳上來，止巳，為有大赦；時加申、子，為贖書，期六十日。冬壬子之日，時加巳、未，風從壬上來，為有大赦；時加申⑤，為小赦，期六十日。○冬至後丙申，風從丙上來，為有大赦。甲申日，風從壬上來，為大贖書；壬申為寬大詔書。此五申五詔獄日也。丁巳日，風從巳上來，有大赦，以風起時為期。風發時加子，賊九十人，若十一人。數九，其若不應，辰內月同數者倍之，以王相十倍之⑥。宮日大風從角上來，起此兵圍城，至日中折木者，城必陷，不出九日，若十八日。○羽日大風，冥冥日無光沉露，設兵圍城郭，客勝主人。○角日時加子、午，風從

---

① 諸商日大風折木：讀未見書齋本“商”作“傷”，據下文及稽瑞樓本改。

② 何以知大火且起者也：稽瑞樓本“起”後無“者”字。

③ 乍起乍遲：稽瑞樓本“起”作“疾”。

④ 皆為急令赦書：稽瑞樓本“急”作“吉”。

⑤ 時加申：讀未見書齋本“加”前無“時”字，據上文及稽瑞樓本補。

⑥ 以王相十倍之：讀未見書齋本“十”作“干”，據稽瑞樓本改。

角上來,折木兵起,必圍城屯聚,主人宜出,期九日必至。○諸四季受商之日,大風折木,從四季上來,加子、午,此外界民爲屯賊聚,往往相攻,關梁不通,道路斷絕,不出七十日。○立春正月戊申、二月己酉、三月庚戌,有暴風從西方來,七日不止,兵大起西方①,不出衝大起。○立秋七月甲寅、八月乙卯、九月丙辰,有暴風從西方來,七日不止,兵起東方,不出衝大起。○立冬十月乙巳、十一月丙午、十二月丁未,有暴風起從西方來,七日不止,兵起南方,不出衝起②。○立夏四月辛亥、五月壬子、六月辛丑,有暴風從西方來,七日不止,兵起北方,不出衝大起。子日大風,日光沉没③,兵起水中。丑日大風,掃地揚沙,粟卒貴。寅日大風,赤氣四塞,爲火,若食物不入。卯日大風,黄埃衝天,蟲螟必生。辰日大風,旺旺(昏昏)暗暗,若將走出。巳日大風,傍勃無常,必爲大旱。午日大風,乍遲乍疾,民不安,移堡集。未日大風,薨薨泊泊,無光景④,爲土功之役。申日大風者⑤,若殺必有暴貴⑥,貴賤相攻劫。酉日風肅肅然,潤必有雨水潰流⑦。戌日大風,塵霧横天,胡軍四起,揚塵數千里。亥日大風,揚沙折木,兵賊相攻,人民啼哭。○翼氏曰:凡行坐有迴飄暴風,卒起人前而向人,以逆向人勿前。從後逐人者,若卒起宅内,若從外入,或揚人衣物,或發人舍,皆爲凶卒急之事。若入北堂爲父,西堂爲母,東堂爲長子,南堂爲孫,皆爲聚衆。在垣爲小口,在井竈爲婦女,在門爲長子,在客堂爲外人,在碓磨爲奴婢,在庭爲四鄰,以五者所屬⑧,知其姓名,發時及日辰以別長幼,以日剛柔知老少,以王相囚殺知爲吏民。○諸飄迴風起而止前者,皆以時音期之。○行道見迴風從西方來,必有酒食,若加酉,酉覆人皆利。迴就風,起坐席,君子失官,小人亡財,餘仿此。

　　角日風覆人,爲疾病;從角地,爲死亡事。○徵日迴風來覆人,爲鬥訟,

---

① 兵大起西方:稽瑞樓本"兵"後無"大"字。

② 不出衝起:稽瑞樓本"衝"後有"大"字。

③ 日光沉没:稽瑞樓本"沉"後衍一"沉"字。

④ 無光景:稽瑞樓本"無"前有"日"字。

⑤ 申日大風者:稽瑞樓本"風"後無"者"字。

⑥ 若殺必有暴貴:稽瑞樓本"殺"作"穀",形近而誤。

⑦ 潤必有雨水潰流:稽瑞樓本"潰"作"瀆",形近而誤。

⑧ 以五者所屬:稽瑞樓本"者"作"音",形近而誤。

若徵召徵地來，宮中戒火。○宮日風起宮宅中，爲鬥訟、爲田、爲縣官。○商日迴風來覆人，爲但失財亡遺人所謀。○羽日迴風來覆人，爲但失財物，憂酒肉事①，聚人衆千人上。○《漢天文志》曰：凡候歲善惡，謹候歲始。或冬至日產氣始萌日，人衆卒歲，壹會飲食發陽，故歲初正月旦，王者歲首。立春，四時之始也。四時候之，冬至至臘②，明日歲旦，立春也。歲休。立春風從南來，大旱；西南來，小旱；西方，有兵；西北，戎叔爲③胡豆。小雨，兵起；北方，來中歲；東北，來歲；東方，來大水；南方，民疾疫歲。故八風各與其衝對，課多勝少。久勝亟疾徐。旦至食時，爲麥；至日昳④，爲稷；至晡時，爲黍；善下晡，爲菽；至日沒，爲麻。○京房曰：風從震、巽、離來，主人勝客。風從乾、坎、艮、兌上來⑤，客勝。兩軍相當，風從折衝上來，必候敵人資糧。風從坤上來，有謀不成。○風爲陽，雨爲陰，陽之怒，得陰則解，故風災得雨則解。正月一日朝候八風，《齊人要術》五穀所宜及漢書志。從乾來必有憂兵；從坎來迴水湯湯，有大水；從艮來人民疾疫，歲有蝗蟲；從震來即陽氣干其歲，有大旱⑥、有喪；從巽來歲多風，傷五穀；從離來，歲早熱，多火災；從坤來，人民疾疫，道中死凶；從兌來，則歲有兵革之事。○宮日風鳴條，已上皆爲人君出行，從德鄉來德，事出謂歲月日時五行溫和之德，爲吉情；刑鄉來刑，鄉事出謂五行歲月日時之刑。反寒剋冥濁卒起。宮宅中皆爲土功興作，若潰亂出入聚衆。徵日風鳴條，已上來去皆發止于徵者，及卒起宮宅中，皆爲且失火，若徵召口舌鬥，憂也。從徵來，時加徵而止于徵，爲宮寺失火。○羽日風鳴條，已上及卒起宮宅中，⑦皆爲聚衆會物，有寶物出入之事，及有水物變船濟之事。○商日風鳴條，已上及卒起宮宅中，及時加商來從商，來去皆爲宮宅中，且有自傷者，

---

① 憂酒肉事：稽瑞樓本"憂"後有"若"字。

② 冬至至臘：稽瑞樓本"冬至至臘"作"冬至臘"。

③ 戎叔爲：稽瑞樓本"叔"作"菽"。

④ 至日昳：讀未見書齋本"昳"作"跌"，形近而誤，據稽瑞樓本改。

⑤ 兌上來：稽瑞樓本"兌"後有"坤"字。

⑥ 有大旱：稽瑞樓本"大"前無"有"字。

⑦ 稽瑞樓本"皆爲且失火若徵召口舌鬥憂也從徵來時加徵而止于徵爲宮寺失火羽日風鳴條已上及卒起宮宅中"四十一字，蓋或因下文有"皆爲聚衆會物"，與上文之"皆爲且失火"之兩"皆爲"，而致漏抄。

及門死兵傷,日辰勝時下,皆爲外人來傷害主人也。○角日風鳴條,巳上及卒起宮宅中,皆爲疾疫,其時加角來從角,來去皆爲外喪。法:九日皆有令兵,若九十日,加王爲君長,加相爲臣子妻妾,加休爲下賤。○角風申子加角,若從角,來去皆爲中宮自傷,其日辰勝時下,皆爲外人來害主人也。以風起止決其人所在,角中雜羽爲溺死,雜徵燒死,雜商兵死,雜宮病死、囚死。○京房曰:六情者,好惡喜怒哀樂。水性智,木性静,金性仁,火性燥、禮,土性力、信、剛、義。一曰貪狼,申、子、辰,水之源,其性浸淫,其性貪静,水動而益下①,晝夜不停,向震,故申、子爲貪狼,辰爲奸。水性智達,下流趣末,冬藏。二曰陰賊,亥、卯、未,木之類,其性曲屈,其情伏,陰映敝匿,爲水所生,還賊所養,故亥、卯、未爲陰賊,而未爲○木自水生,葉落歸本,還歸坎方,坎主盜賊,故主陰賊,春生故賊。○三曰廉貞,寅、午、戌,火之位,其性貞正,其情炎熾,精耀上升,淹濁下降,以禮自濟,不受穢惡,與離同類,道合重明,故寅、午、戌爲廉貞,戌爲公正。火性夏長,故正炎强,自伏其鄉,不盜他所,故貞正。○四曰寬大,巳、酉、丑,金之位,其性義斷剛直,其性寬大,與乾健同類,與兑悦相當,有像施與。巳、酉寬大,丑爲公正,金剛義直,自歸本城。秋收,故寬。體天,故大。○五曰奸邪,辰、未主之。辰爲水窮,未爲木窮。智窮則奸,木窮邪曲,故辰、未主之。六曰公正,丑、戌主之。丑,金剛而公;戌,火明而正,故丑、戌主之。○申、子爲貪狼,主欺殆、不信、亡財、遇盜、求人物、强取。○巳、酉寬大,主福禄、賞賜、聚集、酒食、慶賀,喜。○亥、卯爲陰賊,主戰鬥、殺傷、謀反、叛逆,暴。○寅、午爲廉貞,主賓客、禮儀、嫁娶、圖議,爲人誠信謙近,主上客遷官。○丑、戌爲公正,主報仇、諫静。辰、未爲奸邪,主淫泆、疾疫、欺殆。

大唐開元占經卷第九十一

大唐開元占經卷第九十二

雨占

　　候雨一

---

① 水動而益下:稽瑞樓本"益"作"盈"。

候雨止二

雨善惡及霖三

無雲而雨四

密雲不雨五

偏雨六

當雨不雨七

旱祈降雨八

候雨

《元命包》曰：陰陽和爲雨。○《河圖帝通紀》曰：雨者，天地之施。○《釋名》曰：雨，羽也，如鳥羽，動則散。○《稽覽圖》曰：降陰爲雨，降陰之雨潤而不破塊。○《廣雅》曰：雨師謂之屛翳。○《左傳‧隱公》曰：凡雨自三日以往爲霖。○《老子》曰：驟雨不終日。○《爾雅》曰：暴雨謂之凍雨①。今人稱白雨也。○《尚書‧洪範》"休徵"曰：肅時雨若。○董仲舒曰：太平之世，雨不破塊，潤葉津莖而已。陰陽二氣之初蒸也，若有若無，若實若虛，團攢聚合，其體稍重②，趁虛而墜，風多則合速，故雨大而疎；風少則合遲，故雨細而密。○王子年《拾遺記》曰：甘雨濛濛似露委草木，則瀝滴雨也。○《管子》曰：春發五教，苟得春雨乃來。○曾子曰：天地之氣和則爲雨。○《論衡》曰：道至天者，祥風起，甘露降。○《易候》曰：凡候雨以朔晦弦望，雲漢四塞者皆雨，東風日當。○有黑氣如牛、羆，當暴雨。○有黑氣如水牛，不出三日大風。○有黑氣如群羊，奔如飛鳥，五日必雨。○有雲如浮船，皆爲雨。○北斗獨有雲，不出五日大雨。○有蒼黑雲，細如櫛袖，蔽日月，五日必雨。○有雲如兩人提鼓持枹，皆爲暴雨。○四望見青白雲，名曰天塞之雲，雨徵也。○《尚書大傳》曰：五岳雲皆觸石而出，不崇明而雨③。○京房曰：諸六甲日有雲氣四合者，當日雨少雲少④，雨多雲多，萬不失一。○又一旬中候

---

① 暴雨謂之凍雨：稽瑞樓本"凍"後無"雨"字。

② 其體稍重：稽瑞樓本"體"作"禮"。

③ 不崇明而雨：稽瑞樓本"明"作"朝"。

④ 當日雨少雲少：稽瑞樓本"當"作"雷"，形近而誤。

雨,六甲日無雲,一月無雨。○東方朔曰:凡諸甲日無雲,其旬無雨。常以甲日平明候雨①,東方者有蒼黑雲,甲乙日雨②;南方有赤雲,丙丁日雨;西方有白雲,庚辛日雨;北方有黑雲,壬癸日雨。○《管輅別傳》曰:輅過清河,見太守。時天旱,輅曰:"今夜當雨。"是日精無形似,見猶未信。輅曰:"星中已有水氣,此必至之應也。又天昨檄召五星,宣布星府,判東井,命南箕,使召雲公③、雷公④、風伯、雨師,群岳亂陰,衆川激精,雲漢垂澤,蛟龍含靈⑤,天有常期⑥,道有自然,不足爲難也。"見曰:"若夜雨者,爲笑二百斤盡。若不雨,君留住十日。"至日向暮,了無雲氣。輅言:"樹上已有少女微風⑦,樹間又有陰鳥和鳴。"而日未入,東南有山雲如樓起。黃昏之後,雷聲動天。到一鼓中,星月皆没,風雲并興,玄氣四合,大雨河傾。○《東觀漢記》曰:沛獻王輔,善《京氏易候》。永平五歲,京師少雨,上御雲臺,自卦以《周易林》占之,其繇曰:"蟻封穴房,大雨將至,明日大雨⑧。"上即以問輔,輔上書曰:"蹇艮爲山,坎爲水,山雲爲雨,蟻穴居知雨將至,故蟻爲興。"○《家語》曰:齊有一足之鳥,飛集殿前,舒翅而跳。齊侯大怪之,使使聘魯,訪諸孔子。曰:"此鳥名曰商羊,昔童兒有屈其一脚,振誶兩臂而跳,且謠曰:'天將大雨,商羊鼓舞。'今齊有之,其應也至。急告趨治溝渠,修堤防,將有大水爲災。"頃之,大霖雨,水溢泛諸國,傷害人民,唯齊有備,不敗。景公曰:"聖人之言,信而有徵也。"○《史記》曰:昔夫子嘗行,使弟子持雨具,已而果雨。弟子問曰:"夫子何以知之?"夫子曰:"《詩》不云乎:'月離于畢,俾滂沱矣。'昨暮月不宿畢乎?"他日,又離畢,弟子請具蓋笠。夫子曰:"不須。"弟子問其故,夫子曰:"前者離畢之陰,今者離畢之陽。"○《東方朔別傳》曰:漢武帝時,日旁有赤雲如冠

---

① 常以甲日平明候雨:稽瑞樓本"候"後有"相"字。
② 甲乙日雨:稽瑞樓本"甲乙"後無"日雨"二字。
③ 使召雲公:稽瑞樓本"雲"作"雷"。
④ 雷公:稽瑞樓本"公"作"父"。
⑤ 蛟龍含靈:稽瑞樓本"含靈"作"合雲"。
⑥ 天有常期:稽瑞樓本"常"作"嘗",形近而誤。
⑦ 樹上已有少女微風:讀未見書齋本"微"後無"風"字,據稽瑞樓本補。
⑧ 明日大雨:稽瑞樓本無"明日大雨"四字。

珥,有所持收,于是帝召太史待詔王朔問之。朔曰①:"天下恐有兵氣。"帝更
問東方朔,朔曰:"不大風②,當有大雨溢渠。"上曰:"期在幾日?"朔曰:"在二
日內。"居一宿,天果大雨暴風。帝曰:"東方先生③,賢士也。"賜帛五十匹。
○東方朔曰:子日東風,四日卯雨。丑日東風,四日辰雨。寅日東風,四日巳
雨。卯日東風,四日午雨。辰日東風,四日未雨。巳日東風,四日申雨。午
日東風,即日雨。未日東風,二日申雨。申日東風,五日子雨。酉日東風,五
日丑雨。戌日東風,五日寅雨。亥日東風,五日辰雨。

候雨止

東方朔曰:甲子雨,丙寅止。乙丑雨,丁卯止。丙寅雨,即日止。丁卯
雨,夕止。戊辰雨,夜半止。己巳雨,立止。庚午雨,辛未止。辛未雨,戊寅
止。壬申雨④,即日止。癸酉雨,甲戌止。甲戌雨,即時止。乙亥雨,即時止。
丙子雨,卒止。丁丑雨,夕止。戊寅雨,即時止。己卯雨,立止。庚辰雨,即
止。辛巳雨,癸未止。壬午雨,即日止⑤。癸未雨,甲申止。甲申雨⑥,即
止⑦。乙酉雨,丙戌止。丙戌雨,夕止。丁亥雨,即時止。戊子雨,庚寅止。
己丑雨,壬辰止。庚寅雨,即時止。壬辰雨,辛丑止。癸巳雨,夕止。甲午雨,
即時止。乙未雨,丁酉止。丙申雨,夕止。丁酉雨,己亥止。戊戌雨,辛丑止。
己亥雨,即時止。庚子雨,壬辰止。辛丑雨,壬寅止。壬寅雨,即時止。癸卯
雨,即止。甲辰雨,即止。乙巳雨,丙午止。丙午雨,即時止⑧。丁未雨,即時
止。戊申雨,庚戌止。己酉雨,辛亥止。庚戌雨,即時止。辛亥雨,癸丑止。
壬子雨,癸丑止。癸丑雨,即時止。甲寅雨,即時止。乙卯雨,辰時止。丙辰

---

① 朔曰:稽瑞樓本無"朔"字。
② 不大風:稽瑞樓本"不"後有"有"字。
③ 東方先生:讀未見書齋本"先"後無"生"字,據稽瑞樓本補。
④ 壬申雨:讀未見書齋本"申"作"日",據上下文及稽瑞樓本改。
⑤ 即日止:稽瑞樓本"即"後無"日"字。
⑥ 甲申雨:稽瑞樓本"申"後有"日"字。
⑦ 即止:稽瑞樓本"即"作"則"。
⑧ 即時止:稽瑞樓本"即"後無"時"字。

雨,丁巳止。丁巳雨,即止①。戊午雨,即時止。己未雨,即時止。庚申雨,甲子止。辛酉雨,即時止。壬戌雨,即時止。癸亥雨,即時止。○子日雨②,立止,不止,寅日止③。丑日雨,寅止,不止,卯止④。寅日雨,立止,不止,卯止。卯日雨,立止,不止,巳止⑤。辰日雨,立止,不止,戌止。巳日雨,未日止,不止,申止。午日雨,立止,不止,至十日陰。未日雨,申止,不止,戌止。申日雨,夕止,見月不見日,久陰。酉日雨,立止,不止,久陰。戌日雨,立止,不止,久陰。亥日雨,立止,不止,久陰。

霖雨

京房曰:八月晦昏而雨,繒帛貴。人定雨,貴人賤,賤人貴。夜半雨,所建寇賊之,其下有損嬰兒者,必米貴。雞鳴雨,兵起,其事急,未知所走,其鄉民人,葆徒去走。正月、五月、九月在丑,二月、六月、十月在戌,三月、七月、十一月在未,四月、八月、十二月在辰。以此當雨,雨所建,賊犯之,期六十日。○又云:以雨,五子貴人卑而朝,人庶負其子而逃,以雨奔命,六食三比雨。若陰,其國亡。○壬、戌、癸亥雨,以乘甲子,旬乃止,賤人伐貴者⑥。○沛公曰:正月上旬雨,卯穀貴一倍;中旬雨,卯貴十倍。○京房曰:諸寅、卯有小雨,小急;大雨,大急。丙午雨,有圍城。戊午霖雨,三日止,其下大戰。乙卯雨,旱,有兵起東方。丁卯雨,旱,有兵起南方。乙卯雨,旱,有兵起中央。辛卯雨,旱,有兵起北方。○沛公曰:立春日雨,傷五禾。立秋日雨,害五穀。○京房曰:春雨甲子,六十日,旱;夏雨甲子,四十日,旱;秋雨甲子,四十日,水;冬雨甲子,二十八日,大水,寒。○正月一日雨,一人耕,四人治;二日雨,一人耕,二人治;四日雨,一人種,一人治;五日雨,天自治。○三月一日雨,井泉空溝;二日雨,澤無餘;三日雨,水旱不時;四日雨,變易治;五日雨,溝瀆澇;

---

① 即止:稽瑞樓本"即"後有"時"字。
② 子日雨:讀未見書齋本"日"作"時",據上下文及稽瑞樓本改。
③ 寅日止:稽瑞樓本"寅"後無"日"字。
④ 卯止:稽瑞樓本"卯"前有"至"字。
⑤ 巳止:稽瑞樓本"巳"後有"日"字。
⑥ 賤人伐貴者:讀未見書齋本"賤"作"賊",據上下文及稽瑞樓本改。

六日雨,壞垣墻;七日雨,決堤防;八日雨,乘船行;九日雨,難可期。○四月一
日有雨,赤地千里;二日三日有雨,五穀熟。○沛公曰:五月朔日雨,糴大貴。
○京房曰:七月七日大雨,糴倍;小雨,大賤。○八月九日有雨,牛犢一倍;九
月朔日有雨,麻子貴十倍。○《天鏡》曰:天雨三日已上不止,陰謀興。
○《道書》曰:遭洪三雨甲申。○《繁露》曰:木有變則春多雨,此徭役衆,賦
斂重故也。○《漢五行志》曰:文帝後三年,大雨,晝夜不絕四十五日,殺流民
家,新垣平謀反之徵也。○又成帝時三輔大霖雨四十餘日,山谷水出,殺四
千餘人,罷諸舊祀故也。○《管子》曰:各作土功,發地藏,則夏多暴雨,秋霖
不止。○《續漢書·五行志》曰:靈帝建寧元年夏,霖雨六十餘日。是大將軍
何武謀變廢中宮。○《魏略》曰:正始八年,雨霖洛陽城,往往內潰,輔政者將
滅之徵①。○京房曰:雨鳴几住城武,大臣專擅,霖雨壞道。○《續漢書·五
行志》曰:桓帝延熹二年夏,霖雨五十餘日。是時,大將梁冀秉政,謀害上所
幸鄧貴人母宣,冀又擅殺議郎邴尊②。上欲誅冀,懼其持權日久,威勢強
盛③,恐有逆命。其年八月,冀伏誅滅。○又建光元年,京都及郡國二十九淫
雨傷稼。是時羌反未平,百姓屯戍,不解愁苦。○京房曰:季冬小雨,流血
衆;大雨,大流血。○十一月雨水橫流者④,天下民飢。○冬雨水,君死國亡。
○軍始發⑤,大風甚雨起于後,大勝之徵也。軍始出,雨沾衣裳者,是謂潤兵,
軍有功。雨不足沾衣裳,是謂泣軍,必敗。

無雲而雨

《感精符》曰:夫失陽事,則無雲而雨。宋均曰:四月純陽用事,失陽,無
雲而雨。○《河圖》曰:主急恚怒,則無雲而雨。○《抱朴子》曰:無雲而雨,
是謂雨血,將軍當揚兵講武以應之。雨大,軍中尤甚,將軍戰必無功。○京
房曰:人君封拜無功,進用無德,則致不雲而暴雨。

---

① 輔政者將滅之徵:稽瑞樓本“徵”後有“也”字。
② 冀又擅殺議郎邴尊:稽瑞樓本“尊”作“遵”。
③ 威勢強盛:稽瑞樓本“盛”作“大”。
④ 十一月雨水橫流者:稽瑞樓本“一”作“二”。
⑤ 軍始發:稽瑞樓本“軍”前有“抱朴子曰”四字。

密雲不雨

《京房對災異》曰：過咎暴揚，諫反受罪，則密雲而不雨。其救也，誅强恤弱，信及兆，則雲雨時。○《易》曰：密雲不雨，自我西郊，謂政失之所致也。○《易候》曰：密雲不雨，兹謂休德，西伯始子，六氣不足。

偏雨

《京房對災異》曰：人君擅私恩，恣意縱情，不與臣下同謀，即致偏雨墮也。不救，致苦雨降，萬民愁勞，水絶道。其救也，與公直，無私黨，此變消矣。

當雨不雨

二月七日至八日當雨不雨，九月道中有餓死人。九日至十五日當雨不雨①，兵起。十七十八日不雨，蟄蟲冬行。十九二十日不雨，三月大旱。二十六日至二十八日不雨，大逆風，從東方來。三十日不雨，太白逆行三十度②。○三月一日至三日當雨不雨，秋大霧③，道中有飢死人。七日不雨，客星守天倉，有兵起，米穀貴，斗四百。九日至十五日不雨，兵罷。十八日至二十日不雨，角蟲死，天下民人恐。二十三日至二十七日不雨，蟄蟲冬行，走在道中，民人多疾病。○四月四日至七日當雨不雨，蟄蟲冬行，民人自恐，不安其處。十一日至十四日不雨，歲惡④。十八日不雨，大旱，冬温。二十一日不雨，有兵起在東北，來千里。三十日不雨，必有大風起。○五月四日至七日當雨不雨，大旱，禾蟲。十一日至十七日不雨，西方千里外多病。二十日不雨，樹木枯死。二十三日不雨，乳母病疾。二十六日不雨，大旱，風雪至秋，九月遭雨。二十九日三十日不雨，大暑熱。○六月三日、四日、六日當雨不雨，角蟲多死。七日至二十日不雨，應霧⑤、牛貴。二十日至二十二日不雨，下田水人少食。○七月二十二日當雨不雨，大水。二十三日二十四日不雨，大風。二十

---

① 九日至十五日當雨不雨：稽瑞樓本"當雨"作"丁丑"。
② 太白逆行三十度：稽瑞樓本"三十"作"十三"。
③ 秋大霧：稽瑞樓本"秋"後有"日"字。
④ 歲惡：稽瑞樓本"歲"前有"其"字。
⑤ 應霧：稽瑞樓本"霧"後有"起"字。

五日不雨，有兵起外國。○八月一日當雨不雨，有大風雷①。二日至五日不雨，秋霜，人民疾病。八日至十五日不雨，大風寒。十九日不雨，人民多妖言。二十一日不雨，大霧、牛貴二倍。二十六日不雨，冬有大雷。○九月一日當雨不雨，必有霜，天下人民棄妻子。十二日不雨，民多有死者②。二十七日不雨，天下多恐。○十月三日當雨不雨，兵起西北方。七日至十日不雨，決水逆流。十三日至十五日不雨，大風寒。十九日不雨，小兒多疾病。二十五日不雨，冬溫，不合凍，連年多病。○十一月四日當雨不雨，大旱。八日至十一日不雨，乳母多疾死。十六日不雨，人民不安其處。二十二日不雨，江河決，魚行人道。二十九日不雨，人民多死亡，貧者復富，富者更貧。十二月四日至六日當雨不雨，大旱。九日至十三日不雨，大霧。二十日不雨，有角蟲、盜賊。二十七日不雨，大風雷。○《八節占》曰：二分多風雲，二至多陰雨。前後三日爲候，冬陰夏雨，春風秋雲。

旱祈降雨

《師曠占》曰：歲欲旱，旱草先生。旱草者，蒺藜也③。○《黃帝占》曰：日中三足烏見者，大旱赤地。《東方朔傳》頌旱曰：四維昊天之大旱，失精和之正理。○《晏子春秋》曰：齊大旱，景公召群臣問曰：“天下不雨久矣，民且有飢色。吾使人卜，崇在高山廣澤。寡人欲少賦斂以祠靈山，可乎？”群臣皆莫對④。晏子進曰：“不可。祠此亦何補也！夫靈山固以石爲身，以草木爲髮⑤，天久不雨，髮將焦，身將熱，彼獨不欲雨乎，祠之何補？河伯以水爲國，以魚鼈爲民，天久不雨，水泉欲下，百川將竭，國將亡，民欲滅矣，彼獨不雨乎，祠之何補？”景公曰：“今爲之奈何？”晏子曰：“君誠心避宮殿，暴露與山、河共憂，其幸而雨。”景公即出曝露，亡日，天果而雨。○《周禮·春官·司巫》曰：司巫掌群巫之政令，若國大旱，則率巫而舞雩。○《續漢書》曰：永元六年，張

---

① 有大風雷：稽瑞樓本“有”作“必”。
② 民多有死者：稽瑞樓本“民”前有“人”字。
③ 蒺藜也：稽瑞樓本“藜”作“梨”。
④ 群臣皆莫對：稽瑞樓本“對”前有“能”字，後有“者”字。
⑤ 以草木爲髮：稽瑞樓本“髮”前有“毛”字。

奮代劉方爲司空。時歲旱災,祈雨無應,乃上表即時引見,後口陳時政之宜。明日和帝召太尉、司徒幸洛陽,則大雨三日。○《東觀漢記》曰:和帝鄧后永初二年三月,京師旱,至五月朔,太后幸雒陽寺,省庶獄,舉冤囚,放令枉罪[①],左遷幸[②],未還宮,樹雨降[③]。○又和帝永元六年秋,京都旱。時洛陽有冤囚,和帝幸洛陽寺,録囚徒,理冤囚,放令下獄枉罪。行未還宮[④],樹雨降[⑤]。○《後魏書》曰[⑥]:大和二年京師旱,祈天文于北苑,親自禮焉,減膳避正殿,澍雨。○大洽三年[⑦],帝祈雨于北苑,閉陽門,是日澍雨。○《莊子》曰:昔宋景公時,大旱三年。卜之,以人祠乃雨[⑧]。公當頓首曰:"吾所以求雨者,爲吾民也,今必使人祠,寡人將自當之。"言未卒,而天大雨方千里。○《淮南子》曰:湯時九年旱,以身禱桑林之際,而四海之雨湊,千里之雨至。○《前燕録》曰:建熙七年五月,慕容暐下書曰:"朕以寡德蒞政,多違元陽之時,陰先錯令農植之辰,零雨莫降,其令有司徹樂懸,太官以菜食常祭酒[⑨]。"澍雨大降。

大唐開元占經卷第九十二

大唐開元占經卷第九十三

候善惡占

　　元日祥瑞一

　　八節氣候二

　　七十二候當候不候三

---

① 放令枉罪:稽瑞樓本"放"後無"令"字。

② 左遷幸:稽瑞樓本"幸"作"行"。

③ 樹雨降:稽瑞樓本"樹"作"澍"。

④ 行未還宮:稽瑞樓本"行"作"幸"。

⑤ 樹雨降:稽瑞樓本"樹"作"澍"。

⑥ 後魏書曰:稽瑞樓本"曰"後有"孝文帝"三字。

⑦ 大洽三年:稽瑞樓本"洽"作"治"。

⑧ 以人祠乃雨:稽瑞樓本"祠"作"祀"。

⑨ 太官以菜食常祭酒:稽瑞樓本"常"作"供"。

元日祥瑞

《史記·天官書》曰：謹候歲始之日，産氣始萌，陽氣發動，正朝，王者歲首。立春之日，四時之始。四時者，春爲青陽①，氣青而温，夏爲朱明，氣赤而光明，秋爲白藏，氣白而收成，冬爲玄冥，氣黑而清冥，四氣和，謂之玉燭，玉燭者，首光明也。春爲發生，夏爲長嬴②，秋爲收成，冬爲安寧。○甘氏曰：歲旦佳氣四塞，歲美民和，人君吉昌，庶事咸寧。○《瑞應圖》曰：正月一日天氣清明，萬方清謐，人主壽昌，天下太平，五穀成熟。○《漢天文志》曰：正月一日有風從東北來，爲上歲，其年大酆③。○《黃帝占》曰：歲旦天氣清和而温潤，風不鳴條，兼有雲迎送日，其歲大美，人無疾疫。○石氏曰：黃氣在上，下爲人主有喜。○《含文嘉》曰：君政尊而制命④，則日月貞明。○《洪範傳》曰：明王踐位，群賢履職，天下和平，黎庶康寧，日麗其精明，揚其景耀。○王充《論衡》曰：王者道至于天，則日揚大光。○《石氏占》曰：君不假臣下之權，則日揚大光。○《京房易傳》曰：日揚大光，天下和平，上下俱昌，延年益壽，與代無極。○石氏曰：黃氣扶日，輔臣納忠。○《瑞應圖》曰：立春南方有和氣風至，主生養萬物。○《黃帝占》曰：調長和緩，謂之祥風。○《帝命驗》曰：德至于天，則祥風起。○《郗萌占》曰：正月朔日曉至三日無風雨，陰不見日者，一歲大美十倍。

八節氣候

神農曰：夫立春日者，一歲之元首，主君位，欲清明而潤，微有風氣從艮而來，盡一日者，天下和，五穀俱成，君慈被四方，臣盡忠智。若大陰風發屋折木揚沙走石，則下凌上，國土不安。○《感精符》曰：謹候冬至之日，見雲送迎日來，歲美，人民和，不疾疫；無送迎⑤，德薄歲惡。雲赤，旱；雲白⑥，兵；雲

---

① 春爲青陽：稽瑞樓本“青”作“首”，形近而誤。
② 夏爲長嬴：讀未見書齋本“嬴”作“贏”，形近而誤，據《史記》及稽瑞樓本改。
③ 其年大酆：稽瑞樓本“酆”作“豐”。
④ 君政尊而制命：稽瑞樓本“政”作“致”。
⑤ 無送迎：稽瑞樓本“無”後有“雲”字。
⑥ 雲白：稽瑞樓本“雲白”作“白雲”。

黃,土功;雲黑,有水。諸從日氣迎送,此其徵也①。○宋均注曰:冬至日雲
送迎者,迎日出而送日入也。○京房曰:冬至之日,坎卦用事,夜半必候北
方,有青雲,人民無疾②,天必應之,小豆賤。離風來,五月水,後旱;坎風來,
人疫,大豆不成,飢;坤風來,小傷水,人民虐病;艮風來,其年木貴一倍。
○《黃帝占》曰:立春之日,東北條風至,宜大豆,德氣至,比和政應,若有清潤
調和之風從艮上來者,歲中大善;微微雲而見日者,亦善;大雲暗翳者,立秋
大旱。若病風從西南來,東方來,其歲必有疫疾,穀貴,在四十五日中。謹候
雞鳴時,東北有青黑雲者,其歲必美。○春分之日,候日出平明時,正東方有
清雲,宜大麥③,習習谷風從東而來,年中大美。風大極疾,王失政;秋,西方
兵起。其有疾風從西方來,麻必貴,在四十五日中。○立夏之日,日禺中時,
候東南有雲如雞,微風發,宜小麥④。若風從東南來,宜早麻。即西北風者,
秋氣生稻,必在四十五日中。○夏至之日,日中時,候南方有赤雲,若有疾風
者,宜黍稷。若風從西北來者,北戎起,毒其小豆,穀貴,在四十五日中。○立
秋之日,日昳時,候西南有黃雲如牛,宜禾⑤,天必應之。若風從東北來⑥,東
北夷動,大豆貴,在四十五日中。○秋分之日,日入時,候西方有白雲如群羊,
宜稻,天必應之。大風若風雨從東來者,大麥及谷⑦,在四十五日中。○立冬
之日,人定時,候西北方有白雲如龍馬狀,天必應之,即寒風從西北來,宜稻,
人無疾疫,五穀成,即逆時風温皆不利,老人死,一曰役之,一曰有陰雨者。
風從東南來,小麥貴,在四十五日中。○冬至之日,夜半時,候北方有青黑
雲,人民無疾疫,天必應之,小豆賤,冰當堅者⑧,利老人。又曰冰不堅者,主
老人者汪汪⑨。○正月立春之日,明有疾風折木發屋,絲貴,其歲大凶。○立

---

① 此其徵也:稽瑞樓本"此"作"以"。
② 人民無疾:稽瑞樓本"疾"後有"疫"字。
③ 宜大麥:讀未見書齋本"麥"作"夌",據上文及稽瑞樓本改。
④ 宜小麥:讀未見書齋本"麥"作"夌",據上文及稽瑞樓本改。
⑤ 宜禾:稽瑞樓本"禾"作"未",形近而誤。
⑥ 若風從東北來:稽瑞樓本"風"後無"從"字。
⑦ 大麥及谷:讀未見書齋本"麥"作"夌",據上文及稽瑞樓本改。
⑧ 冰當堅者:稽瑞樓本"堅"後復有一"堅"字。
⑨ 主老人者汪汪:稽瑞樓本"主老人者汪汪"作"老者汪汪"。

春之日,天氣清明,則旱,傷黍少實;有白雲順風,則年鄧大樂①;風從艮來,氣洩,萬物不成;風從坤來,春多寒,六月水,人多憂苦,憂土功事;風從震來,爲順,五穀皆熟;風從兌上來,旱霜傷物,歲有大風;風從巽上來②,歲多風,必小豆生;風從乾上來,霜殺物,五月粟貴;風從離上來,旱傷殺物;風從坎上來,冬大寒,北狄內之③。○春分之日,天氣清明,萬物不成,東方有聚青雲,則善,爲順風;逆則無賤。震風來,爲順,五穀必登。兌風來,春多寒,人憂兵。巽風來,蟲生四月,多暴寒④。乾風來⑤,歲多寒,金錢貴。離風來,五月水後旱。坎風來,人疫,大豆不成,飢。坤風來,小傷水⑥,人多虐病。艮風來,其年貴一倍。○立夏之日,天氣清明,必旱,禾種少入,東南有黑雲爲順,其年豐⑦。乾上風來,人飢,夏霜,麥不收,金器貴。離上風來,夏旱禾焦。坎上風來,魚行人道。坤上風來,人不安,萬物夭傷。艮上風來,山泉涌,地動,人疫。兌上風來,必蝗蟲,人驚動。震上風來,雷電非時而擊物。巽上風來,其年善,○夏至之日,天氣清明,南方有赤雲,其年豐。風從坎上來,夏多寒。離風來,寒暑不時。艮上風來,山泉水暴出。坤上風來,六月多水,橫流人道。兌上風來,秋冬霧雨。震上風來⑧,八月人多病疾。乾上風來,寒傷萬物。巽上風來,九月風落物。○立秋之日,天氣清明,萬物不成,若有小雨,則吉年⑨。風從東來,則秋多溫疫,草不更榮。坤上風來,五穀豐,年美。艮上風來,逆氣不和。兌上風來,秋八月穀貴。震上風來,秋雨雹,人不和。巽上風來,卒有動于內。離上風來,多旱。乾上風來,寒甚。坎上風來,冬陰多雪。○秋分之日,天氣清明,萬物更生,小雨則善,西方有白雲爲和。卯上風來,溫物不實。兌上風來,來年安樂。乾上風來,人多相掠爲賊。巽上風來,十月多風。震上風來,

---

① 則年鄧大樂:稽瑞樓本"鄧"作"豐"。
② 風從巽上來:稽瑞樓本"巽"後無"上"字。下文"乾上""離上""坎上"并無"上"字。
③ 北狄內之:稽瑞樓本"狄"作"秋",形近而誤。
④ 多暴寒:稽瑞樓本"寒"作"風"。
⑤ 乾風來:稽瑞樓本無"乾風"二字。
⑥ 小傷水:稽瑞樓本"小"前有"年"字。
⑦ 其年豐:讀未見書齋本"其"後無"年"字,據上下文及稽瑞樓本補。
⑧ 震上風來:稽瑞樓本"上風"作"風上"。
⑨ 則吉年:稽瑞樓本"年"後有"善"字。

爲逆，人疫，再荒。坎上風來，冬傷于寒。艮上風來，十二月久陰。離上風來，人動，日南。坤上風來，土功作，老婦行采拾。○立冬之日，天氣清明①，人君善，小寒，順風，天下喜。風從東來，則冬雷。乾風來②，人不安，政教行。巽上風來，必逆冬溫，來年夏旱。坎上風來，冬雪，大殺走獸。離上風來，來年五月人疫病。艮上風來，地氣洩，人多疫。坤上風來，水蟲食物，魚鹽倍貴。震上風來，人民不安居。兌上風來，賊寇于山澤。○冬至之日③，天氣清明，萬物不成，風雨寒，則來年豐，人安。離上風來，乳婦多死；又曰水旱不時，冬溫，人疫。坎上風來，來年人樂。艮上風來，正月多陰。坤上風來，蟲生傷苗，來年人不安其處。震上風來，雷不發而并。兌上風來，秋雨大恐。巽上風來，來年蟲生傷物。乾上風來，強國年多寒也。○《易通卦驗》曰：冬至陽雲出箕，如樹大之狀。立春青陽雲出房，如積水。春分正陽雲出張，如積白鵠。立夏正陽雲出觜④，赤如珠。夏至少陰雲，如水波莘莘。立秋濁陰雲出⑤，如赤繒。秋分白陰雲出。立冬陰雲出。凡冬至日謹候此八節雲氣，見雲送迎從其鄉來，歲美民和。○鄭玄曰：二至二分，觀雲色，青爲蟲，白爲喪，赤爲兵，黑爲水，黃爲豐。○甘氏曰：春分王日有氣如虎守日，如日食之狀，臣弒主。夏至王日有黑氣如虎守日，臣殺主。秋分王五日有赤氣如朱雀四方守日，臣弒主。冬至王日有黃氣四方守日，臣弒主。諸土王日有青雲氣如龍在日右，臣弒主。

七十二候當候不候

《易演》曰：東風解凍，不解凍，時令不從。○蟄蟲出振，不振，民保城郭。○魚上負冰，不負冰，則臣下專政。○獺祭魚，不祭魚，國多盜賊。○鴻雁歸，不歸，遠人不服。○始雨水，不雨水，雷風不節。○桃始華，不華，倉庫厨多火災。○鶬鶊鳴，不鳴，傿言將起。○鷹化爲鳩，不化爲鳩，盜賊不理。○玄鳥

---

① 天氣清明：稽瑞樓本"明"作"和"。
② 乾風來：稽瑞樓本"乾"後有"上"字。
③ 冬至之日：讀未見書齋本"冬"後無"至"字，據上文及稽瑞樓本補。
④ 立夏正陽雲出觜：稽瑞樓本"正"作"常"。
⑤ 立秋濁陰雲出：稽瑞樓本"雲"後無"出"字。

至，不至，則天子大人易紀。○雷始發聲，不發，則王威不行，涌水出。○電始見，不見，房室亂紀而陰久雨。○蟄蟲咸動，君臣上下不理。○蟄蟲開戶始出，不出，民不布田野。○桐始華，不華，天多沉陰。○田鼠化爲鴽，不化，奸事起。○虹始見，不見，女謁亂宮①。○萍始生，不生，水物夭傷。○戴勝降于桑，不降，寇賊不理②。○螻蟈鳴，不鳴，來年大凶，多水。○蚯蚓出，不出，道路不通。○王瓜生，不生，則忠諫臣傷。○苦菜莠③，不莠，則道術潛藏。○靡草死，不死，則臣下不良，草木不成。○小暑至，不至，涌水妄出④。○螳螂生，不生，奸迴事發。○鵙始鳴，不鳴，號令隔絕，反舌無聲，有聲，諫士貶出。○鹿角解，不解，貴臣作奸。○蟬始鳴，不鳴，國多妖言。○半夏生，不生，萬物虛耗。○木槿榮⑤，不榮，草旱枯，朝花夕死。○溫風至，不至，后當專權。○蟋蟀居壁，不居，戶關不通。○鷹乃學習，不習，衆雞夜鳴，兵動。○腐草化爲螢，不化，臣作奸。○土潤溽暑，不溽暑，田疇不保，物不成。○涼風至，不至，國有旱，流星爲災。○白露降，不降，民病瘡疽，多溫病。○寒蟬鳴，不鳴，童民作歌謠。○鷹祭鳥，不祭，爵位無常。○天地始肅，不肅，王威不行，物不成。○暴風至，不至，刑人從釋之。○鴻雁來，不來，遠人不服，爲賊。○玄鳥歸，不歸，萬人徙散，移境封。○群養羞⑥，不養，國失容服。○雷聲收，不收，王威不行，傷善人。蟄蟲附戶，不附，人離畿。○殺氣褑上，不褑上，草木生榮不實。陽氣始衰，不衰，穀實毀傷。水始涸，不涸，涌水爲災，降霜失度。○鴻雁來賓，不來賓⑦，邊陲叛逆，外屬也。○雀入大水化爲蛤，不化，民多淫泆。○菊有黃花⑧，不花，土不稼穡。豺祭獸，不祭，國多盜賊。○水始冰，不冰，炎旱爲災。○地始凍，不凍，民不安舍宅。○野雞入水化爲蜃，不化，多淫邪。○虹藏不見，不藏，房室亂紀。○冰益壯，不

---

① 女謁亂宮：稽瑞樓本"宮"作"公"。
② 寇賊不理：稽瑞樓本"寇"作"盜"。
③ 苦菜莠：稽瑞樓本"莠"作"秀"，下"莠"字同。
④ 涌水妄出：讀未見書齋本"妄"作"姇"，形近而誤，據稽瑞樓本改。
⑤ 木槿榮：稽瑞樓本"木槿榮"後無"不榮草旱枯朝花夕死溫風至不至后當專權"十八字。
⑥ 群養羞：稽瑞樓本"群"後有"鳥"字。
⑦ 不來賓：稽瑞樓本無"來"字。
⑧ 菊有黃花：稽瑞樓本"花"作"華"。

壯,雷將行冬。○地始坼,不坼,民多流亡。○鶡鳥鳴,不鳴,佞言將起。○虎時交,不交,后妃失,政逆。○芒始生①,不生,君令不行,多暴風。○荔挺出,不出,民人疾病,國多火災。○蚯蚓結,不結,民多病。○麋角解,不解,臣下專職,夏有雹。○水泉動,不動,君失威,道路不通。○雁北向,不向,邊境外降。○鵲始巢,不巢,春風暴至。○雉始雊,不雊,春雷不發。○雞始乳,不乳,蟄蟲不降。

大唐開元占經卷第九十三

大唐開元占經卷第九十四

雜雲氣占
　帝雲氣一
　慶雲二
　雜雲氣三
　雲氣貫日及在日旁日瑕四
　雲氣出宮廟五

帝王雲氣

《歸藏啓筮》曰：太昊其受天之藏,衆龍備從,有白雲出蒼梧,入于大梁②。○《漢郊祀志》曰：武帝封禪,夜有光,晝有白雲起封中。○《魏志》曰：文皇帝以漢中平四年十二月癸亥,生于沛國譙郡,上有青雲如車蓋。○《孔演圖》曰：黃帝之將興,黃雲升堂于陽,白雲入房。○《洛書》：蒼帝起,青雲扶日;赤帝起,赤雲扶日;白帝起,白雲扶日;黑帝起,黑雲扶日;黃帝起,黃雲扶日。○《漢武故事》曰：宣帝祠甘泉,頃,紫雲從西北來,散于殿前。○又上近洛陽至甘泉宮,有黃雲蓋其上,車類。○《秦書》曰：苻堅時有黃雲五

---

① 芒始生：稽瑞樓本"芒"作"芸",形近而誤。
② 入于大梁：讀未見書齋本"于"前無"入"字,據稽瑞樓本補。

色,時以爲瑞,賜民酺五日。○玄雲入戶①,蛟龍守門,謂慶都也,赤龍感動,使有。《合誠圖》曰:堯母慶都,蓋大帝之女②,生于升准之野③,常在三河東南。大雷④,有血流潤大石之中,生慶都。長大形象,火帝有黃雲覆蓋之,夢食不饑。年二十,寄伊長孺家,無夫,出觀三河,奄然陰風,赤龍與慶都合,有娠生堯。○《漢武故事》曰:帝上梁父,祠地主,上親拜,用樂焉,其日山上有白雲,又呼萬歲者,禪肅然,白雲爲蓋⑤。○《兵書》曰:凡天氣内外赤黃⑥,正四方,所發之處當有王者。若天子欲有游往之處,其地亦先發此氣。○天子氣如城門,隱隱在氣霧中,恒帶殺氣森森然。○天子氣如華蓋,布氣霧中,或有五色,又多在晨昏見。○天子氣如萬石倉,在氣霧中。○天子氣如高樓,在氣霧中。○天子氣五色,如山鎮。○《洛書》曰:有氣象人青衣垂手⑦,在日,天子之氣。○范增曰:漢祖氣皆爲龍獸,感五色,此天子氣也。○項羽在鴻門,亞父謀曰:吾使人望沛公,其氣衝天,五色相摎,或侶龍、或侶虎、或侶人,此非人臣之氣,不若殺之。范曾曰:氣如龜鳳,大人有五彩,其形隨王時發者,皆天子之氣,皆多上達于天。○《尚書中候》曰:堯沉璧于河,榮光出河,休氣四塞。○《洛書》曰:蒼帝氣如人向日,如拳而俛頭⑧,一手在後。赤帝氣象,火光如覆薁狀,立在日下。黃帝氣象,如青馬在日下。白帝氣象,如大虎在日下。黑帝氣象,如舟在日下⑨。○王隱《晋書》曰:咸寧二年⑩,洛陽大社中有青氣,占者以爲東方後當有天子氣,出東見,故改爲瑯琊,河東之應也。○《魏書》曰:文帝母生齊郡白亭,有黃氣滿室移日,文敬侯怪之,以問卜者王旦,旦曰此吉祥。○應劭《漢官儀》曰:世祖封禪,有白氣廣一丈⑪,東南

---

① 玄雲入戶:稽瑞樓本"玄"前有"坤靈圖曰"四字。

② 蓋大帝之女:稽瑞樓本"大"作"火"。

③ 生于升准之野:稽瑞樓本"生"作"主","升"作"外",皆形近而誤。

④ 大雷:稽瑞樓本"大"前有"天"字,"雷"作"電"。

⑤ 白雲爲蓋:稽瑞樓本"白"作"曰"。

⑥ 凡天氣内外赤黃:稽瑞樓本"内外赤黃"作"内赤外黃"。

⑦ 有氣象人青衣垂手:稽瑞樓本"手"作"乎",形近而誤。

⑧ 如拳而俛頭:稽瑞樓本"拳"後有"手"字。

⑨ 如舟在日下:稽瑞樓本"舟"後有"船"字。

⑩ 咸寧二年:稽瑞樓本"二"作"元"。

⑪ 有白氣廣一丈:稽瑞樓本"有"前有"夕"字。

極望,正直壇所,有青氣上與天屬,遥望不見,真瑞命之符也。○上巡狩過河間①,見紫青氣自地屬天,望氣者以爲下有奇女,求之,得拳夫人。

慶雲

《瑞應圖》曰:慶雲赤紫色,如烟非烟,如雲非雲②,郁郁紛紛,蕭索輪囷,是謂慶雲③,亦曰景雲。○非氣非烟,五色氤氳,名曰卿雲,太平之應也。○雲含五色,潤澤和緩,見于城上,景雲也。○《尚書大傳》曰:于時後百工相和而歌《卿雲》④。注云:卿當爲慶也。據時之有,故美之,美以爲歌帝之屬⑤。

雜雲氣

《易·説卦》曰:坎爲雲。○《河圖帝通紀》曰:雲者,天地之本也。○《元命包》曰:陰陽聚爲雲。○《雷公式經》曰:雲師⑥。○《易候》曰:視四方當有大雲五色具者,其下隱賢人也。○郗萌曰:雲氣如三匹帛,廣前鋭後,大軍行氣也。○《兵書》曰:韓雲如布,趙雲如牛,楚雲如日,宋雲如車,魯雲如馬,衛雲如犬⑦,周雲如車輪,秦雲如行人,魏雲如龜,齊雲如縫衣,越雲如龍,蜀雲如菌,陳雲如垣,掃雲如頻梯,軸雲如搏雨端鋭。○《東方朔傳》曰:凡占長吏、農耕,當視天有黄雲來覆車,五穀大熟;青雲致兵;白雲致盜;烏雲多水;赤雲有火。○《吕氏春秋》曰:山雲草莽,水雲魚龍,旱雲烟水,雨雲水波。○《魏武兵書》曰:雲氣非雲非烟,非塵非晦非蒙,形似禽獸,客吉,主人忌之。○甘氏曰:常以九月上丙,候日旁有交雲,其下有兵。○《易林》曰:白雲如舞,往往其處,飛風送迎,大雪將下。○《東觀漢記》曰:二公圍昆陽,正晝有雲,直營而殞,不及地而散,吏皆壓服⑧。○《感精符》曰:謹候冬

---

① 上巡狩過河間:稽瑞樓本"上"前有"漢武故事曰"五字。

② 如雲非雲:稽瑞樓本"如"作"若"。

③ 是謂慶雲:稽瑞樓本"雲"後有"見喜氣也"四字。

④ 于時後百工相和而歌卿雲:稽瑞樓本"後"作"俊",後有"又曰"二字。

⑤ 美以爲歌帝之屬:稽瑞樓本"屬"作"篇"。

⑥ 雲師:稽瑞樓本"師"後有"字彭亨"三字。

⑦ 衛雲如犬:稽瑞樓本"犬"作"火"。

⑧ 吏皆壓服:稽瑞樓本"服"作"伏"。

至,白日見黑雲,有水;雲赤白如人頭,懸鏡之狀,禍流。○《易妖占》曰：如星非星,如雲非雲,或星有如兩彗,上向有蓋①,下連星,名曰歸邪,音蛇。見則有歸國者。○《五行傳》曰：雲者起于山,彌于天。雲,陰也,王者失忠臣,下盛蔽君明,雲陰眾多而蔽天光也。有雲如眾風,是謂風師,法有大兵。○《運斗樞》曰：勢奪于后族,群妃之黨潛,黃雲四合,女訛驚邦。○《感精符》曰：妻黨翔則黃雲入國。○《潛潭巴》曰：雲氣沐沐不濁,賢人去位,小人祿。○《左傳》曰②：楚子卒于城父③。是歲也,有雲如眾赤鳥,夾日以飛三日。楚子使問諸太史,周曰④,其當主身乎。○《趙書》曰：石虎建武中,東南卒有黃黑雲,稍分爲三,如匹布,又貫日⑤,日沒後分爲七,每朔去數十丈,其間有白雲如魚鱗。虎子韜曰："當有刺客。"後果爲太子宣所殺⑥。○《呂氏春秋》曰：亂國之主,眾邪所積,其雲狀有若眾車。○郗萌曰：雲若一匹布而行,若西若東,若南若北,邑都上者,其君有憂。○京房曰：必其晴以去四望,無雲獨見赤雲如立虹,其下有流血出戰。○郗萌曰：四望無雲,獨見赤雲如覆船者,其下有戰。○《易飛候》曰：壬子日候四望無雲,獨見赤雲如旌旗,其下兵起,若過四方者,天下有兵⑦。○京房曰：若四望無雲,獨見黑雲極天,兵大起;半天,兵半起,三日內有雨災解。○四望無雲,獨見赤雲如犬⑧,其下流血戰死。○《荊州占》曰：天有白雲,廣六丈,東西竟天者,有大喪。○京房曰：有雲匹布竟天⑨,兵起。○郗萌曰：有雲如相揖,兵起民流。有雲如狗,四五枚相聚,國兵起。○《帝覽嬉》曰：四方清除,獨有雲赫然者,所見之地兵起。○《荊州占》曰：有雲如鵠尾來陰國上,三日亡。○有雲如日月暈,赤色,其國亡。○有雲如日月暈,青白色,有大水。○有雲如龍形,行國大水,民流亡。

---

① 上向有蓋：稽瑞樓本"上向"作"向上"。

② 左傳曰：稽瑞樓本"曰"後有"哀公曰"三字。

③ 楚子卒于城父：稽瑞樓本"卒"作"平",形近而誤。

④ 周曰：稽瑞樓本無"周"字。

⑤ 又貫日：稽瑞樓本無"又"字。

⑥ 後果爲太子宣所殺：稽瑞樓本"宣"作"宜",形近而誤。

⑦ 天下有兵：稽瑞樓本"下"後有"盡"字。

⑧ 獨見赤雲如犬：稽瑞樓本"犬"作"火"。

⑨ 有雲匹布竟天：稽瑞樓本"雲"後有"如"字。

○京房曰：有雲赤黃色，四塞終日，見夜照地，赤黃者，大臣縱恣。○郗萌曰：有雲氣如昧而濁①，賢人去，小人在位。○雲甚潤而厚大，雨必暴至。○若黑雲黑氣南北陣，國將有憂，不然有大水爲害。○京房曰：雲氣如亂穰，大風將至，視所從來避之。○《易雲氣占》曰：四始之日有黑雲氣如陣，厚重大者，多雨。○京房曰：白雲白氣極天，南北陣，軍有憂。○郗萌曰：黑雲東西陣②，軍欲有憂。若天氣蒼芒③，而東西極天，移日不動者，爲憂深。此氣以戊己日爲害。赤雲臨國上東西陣，國其負兵④。○《兵書》曰：有雲如立人五枚，或如三牛，邊城圍。○《禮記》曰：天地嚴凝之氣，始于西南而盛于西北，此天地嚴尊之氣也，天地之義氣也。天地温厚之氣，始于東北而盛于東南，此天地之至德氣也，此天地之仁氣也。○《周書·時訓》曰：小雪後五日，天氣上騰，地氣下降。○《北燕録》曰：玄始十年春正月⑤，饗群臣于謙光殿，沮渠蒙遜曰："南方有惡氣經天，暴兵衆也。不過一旬，必有寇。"因命治兵東苑以備之。西秦遣騎七千乘至孤猴嶺⑥，聞有備而還。○《吕氏春秋》曰：亂國之主，其氣有豐上殺下，有若木之皮，有若山之木。春黃、夏黑、秋蒼、冬赤。○《三輔舊事》⑦：漢作靈臺，以四孟之月，登臺而觀，黃氣爲疾病，赤氣爲兵，黑氣爲水。○《漢天文志》曰：成帝元始二年二月癸未夜，東方有雲赤白色，大三四圍，長二三丈，索索如樹；南方有大四五圍，下行十餘丈，皆不至地滅⑧。占曰：東客之變，氣狀如樹木，以此知西方欲動者。明年十二月己卯，尉氏男子焚并等謀反。○郗萌曰：赤氣如火影見者，臣叛其君⑨，不過三朔。○京房曰：赤氣如龍蛇，在山頭住，又如夜光者，臣離其君，國主不安，爲客君所傷，土地不安，人民流移，遠其鄉里。○郗萌曰：黑雲如大道

---

① 有雲氣如昧而濁：稽瑞樓本"氣如"作"如氣"。
② 黑雲東西陣：稽瑞樓本"黑"前有"有"字。
③ 若天氣蒼芒：稽瑞樓本"芒"作"茫"。
④ 國其負兵：稽瑞樓本"其"作"且"。
⑤ 玄始十年春正月：稽瑞樓本"十"後有"一"字。
⑥ 西秦遣騎七千乘至孤猴嶺：稽瑞樓本"猴"作"候"。
⑦ 三輔舊事：稽瑞樓本"事"後有"曰"字。
⑧ 不至地滅：稽瑞樓本"至"後有"于"字。
⑨ 臣叛其君：稽瑞樓本"叛"作"離"。

一條，至四正五明不頭尾東西者①，不過三朔，大赦天下。○黑氣如群羊、如豬、如魚，爲六夷不順。○《兵書》曰：天有白氣，狀如匹布，經丑未，天下多兵，赤者尤甚。

雲氣貫日及有日旁兼日瑕

《夏氏占》曰：日上下有黃氣，皆爲君有喜。○《高宗占》曰：有黃氣溫潤，人主房中有喜。○《京房易候》曰：青雲潤澤蔽日在西北爲舉賢良。○郗萌曰：日出没時，有雲橫截之，白者喪，烏者驚，三日内雨者，咎解。○《夏氏占》曰：日旁有赤雲，兩端鋭，有戰，國人死其下。○甘氏曰：雲赤如虹，與日俱出，其所臨之國有大憂②。○《左傳·哀公六年》：有雲如衆赤鳥，挾日以飛三日。楚子使問諸周太史，曰："其當王身乎！若禜之，可移于令尹、司馬。"王曰："除腹心之疾，而置諸股肱，何益？不穀不有大過，天其夭諸？有罪受罰，又焉移之？"○《高宗占》曰：雲如赤鳥，三噣日，兵起，大飢。○甘氏曰：日旁有赤雲如懸鏡之狀，其下有死將，期二十日。狀如曲輪向日，不出二年，臣背其主。在日東皆爲東方③，在日爲西方，四方皆然④。○《京房易》曰：有赤雲如兔以屬日，當國賊死。○日入有青氣，東西極天，支干數内無氣風雨，不出三年，將有大喪。甘氏曰：日出如竿，有雲在日旁，四陣如軍將戰，當其國者，其國閉。○《高宗占》曰：日下莫莫如氣，其中如馬車駝狀，將有反者被甲而起。○《京房易》曰：雲氣如車牛相隨居日旁，大水。○甘氏曰：有爵雲行日旁者，爵禄喜。○日下如伏虎，臣弑君，子弑父，欲欺脱君之政，國城不屠，兩敵相當，敵人有伏兵，大强。○赤氣值日者，宮中有鬥，王亡也⑤。○日上有黑氣如蛟龍狀，爲風雨。○日已出，若日入而雲皆赤黃，不出三年，必有移民。○日四方五色雲皆新見，其下國謀臣，不安其主。○日中有黑氣，君有小過而臣不諫，又掩君惡，揚君善，故日中有黑氣不明是。○《感精

---

① 至四正五明不頭尾東西者：稽瑞樓本"不"後有"見"字。
② 其所臨之國有大憂：稽瑞樓本"臨"後無"之"字。
③ 在日東皆爲東方：稽瑞樓本"在"前有"二者"二字。
④ 四方皆然：讀未見書齋本無"四方"二字，據稽瑞樓本補。
⑤ 王亡也：稽瑞樓本"也"後有"日有白雲廣二尺在日東西其國有憂兵將起"十八字。

符》曰：虎噶日，大將反。○《高宗占》曰：有氣如禽獸，戰皆然。○日下赤氣如死蛇，大飢，疾疫。日有赤氣如箭外向，三月出軍；内向如冬株，使至言軍事；又曰赤氣如冬株在日旁，兵起，客勝主人。○日有赤氣，狀如博局，小臣謀其主，期一年。日氣赤如人，有所持，若人牽日，皆爲臣欲反。○夏氏曰：青氣在日上下，吉可出車。○青烏守日，司徒爲無道。○虎守日，天子貪。○天牛守日，國發兵。○天馬守日，詔車騎，多賊，傷萬民。○青龍守日，臣謀上。○甘氏曰：日未出，有赤氣見日上，君有佞臣。○日旁有赤氣大如帶者，萬民死其下。○蒼雲四扶日者，臣欲謀主，天子内分期，不出三年。○《洛書》曰：有氣如斧在日西，君慢以無禮見患，則此氣見。○《論衡》曰：陳留虞延，字君大，夜生有氣貫其上，如一匹絹經上天，以問人，人曰：吉氣與天通。後仕至司徒。○《考異郵》曰：其城有天子之氣如人形，積土壯立于日旁，各以其色占其下。有聖人而出者，天子慎之，往厭其處，因行古帝之治，不然無諱其戒。○《洛書》曰：有氣象兩青烏向日下，人主恣逆，天暴物則天禍起。○《尚書金匱》曰：日瑕者始出，若日入有雲隔之白者，爲喪，赤者爲兵，黄者爲土功，黑者爲戮王，其救也，闢四門，求人賢，授官分職，修名責實。

雲氣出宮廟

《京房易妖占》曰：天無雲，雲自出廟如牛[1]，其下有兵。○《蜀季書》曰[2]：哀帝即位，有白氣二道帶天，望氣者言宮中有伏兵，果爲卬都公所害。○《後魏書》曰：庄帝永安二年十一月己丑，有赤氣如霧，從顯揚殿西南角叙屬步廊，高一丈許，連地如絳紗幔，自未至戌不滅，帝見而惡之，終幽崩之禍。

大唐開元占經卷第九十四

---

[1] 雲自出廟如牛：稽瑞樓本"廟"後有"日有兵色且有水如帝如馬"十一字，無"如牛"二字。

[2] 蜀季書曰：讀未見書齋本"季"作"李"，據稽瑞樓本改。

大唐開元占經卷第九十五

雲氣犯二十八宿占

雲氣犯東方七宿占

雲氣犯角一

郗萌曰：蒼氣直入兩角間，天子用疾祠。○蒼黑氣入右角，兵偏敗出。○右角戰，有憂。黑氣出，右角戰不勝。白若赤氣入。○右角兵出。出右角，國兵驚，戰不勝。赤氣入右角而波揚者，以火敗者燒也。○赤氣入右角如行者，行道遠，將有奔命之事。○赤氣從北斗直過兩角間迴者，有過兵。○《荊州》曰：赤氣從兩角過入亢，有過兵；白，有過客；黑，有過喪。○郗萌曰：黃氣直入兩角間，天子祠神。○黃白氣潤澤入右角，得地。○有氣起如劍刃，經兩角間三十日連三日，人主無下殿，無出宮，廊廟有伏陣兵。○有雲以正月二日、五月八日、十一月十四日在天門中，邦家不通。

雲氣犯亢二

郗萌曰：青氣出氐入亢，王有病，帶以下。○蒼氣入廷，人民病疫。○黑氣入廷，有水憂。一曰使諸侯言口令事。赤氣入亢，徑出廊廟間，有陣兵。○赤氣入亢中，有處兵。赤而波揚者，火之憂。○赤氣出亢中，國疫疾亡。○黃白氣潤澤入亢，有治廷事。

雲氣犯氐三

郗萌曰：黑氣入氐，大水。○赤氣入氐及亢，徑出廊廟間，有陣兵。○赤氣守氐，有兵。○黃白氣入氐，有土功事。黃蒼白氣入氐，大疫。○黑氣入氐、房間，使諸侯言口令之事。

雲氣犯房四

郗萌曰：黑氣出房，宮中憂。○黑氣貫兩角間，入房之亢，諸侯有使來者言口令之事，若有水。○虹雲與月俱出房、心間，諸侯王死，期三年。○《雜雲氣占》：白氣入大道逶蛇，曲入房，還入漢宮，兵水大降，國主流移，人民大動,飢死道旁,嫁妻賣子,尸骸棄,不見收藏,却後不過二年,帝王崩,婦人庸客不還。〇郗萌曰:赤氣入房,宮中有亂臣,兵起。又曰入房①,氣波揚,宮燒;出房,起兵。〇赤黃氣入房潤澤,國寶有入者;氣出,寶有出者。有氣正經兩角間入房,開門閉,再經之而信,三經之而成兵。

雲氣犯心五

郗萌曰:青氣出心,天子使人使諸侯。〇黑氣入心左星,太子有罪。〇白氣入心,亂臣居旁,兵起。〇赤氣入心,有立王;出心,有兵。〇赤氣出心以南,天子左右有亡者。赤氣芒銳正刺心,大人憂。〇赤黃氣出心,王就國。〇黃氣入心,天子有孫喜。〇黃白氣入心左星,太子受賜。黃白氣潤澤如一匹布,正抵心下,諸侯有來附兵于我君者。〇氣起當如一箒狀,赤如雞頭血,入心,天子遇賊。其氣出心也,行道遠,天子斬伐百姓千里之外②。

雲氣犯尾六

郗萌曰:蒼氣入尾,君故臣有來歸者。〇蒼氣若黑出尾,臣有亡者。〇黑氣入,王侯有來歸骸骨者。〇白氣入尾,君故臣有來歸者。〇赤黃氣入尾,諸侯王客有來使兵事。〇赤黑若黃氣出尾,君往使諸侯,亦用兵事。〇赤氣出尾,有兵。〇有氣出尾,臣有死者。

雲氣犯箕七

郗萌曰:蒼白氣出箕,國災除。〇黃白氣出箕,天子有使者出以美厚容;色黑,死不至。〇黃氣入箕,有美女喜色,蒼爲風所覆,色黑,死亡不至。〇黃白氣入箕,蠻夷客來見者。

雲氣犯北方七宿

雲氣犯南斗一

郗萌曰:蒼白氣入南斗,多大風。〇赤氣入南斗,兵起波揚,宮廟有火之災憂,大旱。〇赤氣出入南斗,兵從之。《雜雲氣占》:赤氣入北斗,還鈎南斗,不過一年,下有血流,兵將死,營空塢没,客勝主人。〇黃白氣出南斗,天

① 又曰入房:讀未見書齋本無"入房"二字,據下文及稽瑞樓本補。
② 天子斬伐百姓千里之外:稽瑞樓本"外"後有"大將亡"三字。

子使諸侯。黃白氣潤澤入南斗，四方諸侯客來見天子者。〇黑氣入南斗，廟有大憂。

雲氣犯牽牛二

甘氏曰：虹雲出牽牛之度，必有壞城，期二年。〇郗萌曰：蒼白氣入牽牛，牛多疫。〇黑氣入牽牛，牛多死。〇赤氣兵起出牽牛，兵出。〇又曰：黃氣入牽牛，牛畜息。〇黃白氣入牽牛，諸侯有四足蟲爲幣者。〇黃白氣出牽牛，天子以四足蟲爲幣賜諸侯。

雲氣犯須女三

郗萌曰：黑氣入須女，多婦人喪。〇白氣入須女，女多疫者。陳卓曰：赤氣入須女，人多乳死。〇郗萌曰：黃白氣入須女，有娶婦之事。若出須女，有嫁女之事。

雲氣犯虛四

郗萌曰：蒼氣入虛，哭泣；出虛，禍除。〇黑氣入虛，廟有水之憂；一曰廟崩壞。〇白氣入虛，有無幣客來者。〇白氣出虛，天子無幣之客出。〇赤氣入虛，有兵在廟中①；出虛，兵在廟外。〇陳卓曰：赤氣入虛，有火之憂。〇郗萌曰：黃白氣入虛，天子喜起廟；出虛，此亨氣也②。又曰：雲氣若立虹守虛，人民大虛，天下火起。

雲氣犯危五

郗萌曰：蒼氣入危，國憂損屋。〇蒼白氣若赤黃氣入危，有蓋屋之事。〇黑氣入危，有水之憂；出危，禍除。〇《荊州》曰③：黑氣出危中，北鄉大水，有流亡；東鄉國君死之，百草不實；西鄉人主憂死；南鄉有疾疫，期明年，若不出，期年④。〇郗萌曰：黑氣入危中，北鄉大水；西鄉其君死；東鄉粟不實⑤；南鄉有兵，皆不出一年。〇赤氣入危中⑥，有兵之憂；出危，以火發屋。〇黃

---

① 有兵在廟中：稽瑞樓本“廟”作“崩”，形近而誤。

② 此亨氣也：稽瑞樓本“亨”作“享”。

③ 荊州曰：稽瑞樓本“州”後有“占”字。

④ 期年：稽瑞樓本“期”作“其”。

⑤ 東鄉粟不實：稽瑞樓本“實”作“實”，形近而誤。

⑥ 赤氣入危中：稽瑞樓本“危”後有“宮”字。

白氣出危,有發屋之事①。

雲氣犯營室六

郗萌曰:蒼白氣入西壁,大人有喪憂。○黑氣入營室,大人憂,亡國。○赤氣入營室,兵入國。○《雜雲氣占》:赤氣如火道來②,在營室上者,爲君主無下宮室。營陣中,若國中,暴病連,尸交橫,逆臣用事,不過三年,其土大飢。○黄氣入營室,土功事;一曰義事。○白氣潤澤入營室中,諸侯王客有來使者,廟將之事也。○黄白氣出營室中,天子之使使諸侯王,皆言廟將事。有氣潤澤如日月入營室,男子之祥。○黄白氣從東壁入西壁,天子有喜。

雲氣犯東壁七

陳卓曰:蒼白氣入東壁,大人有喪之憂。○陳卓曰:黑氣入東壁,有破國之王。○郗萌曰:赤氣從西壁入東壁,是兵氣也,天子自手殺其臣。氣波揚,有大憂,臣有燒死者。陳卓曰:赤氣從東壁,有兵。○黄氣入東西壁,天子有喜,列土立王。

雲氣犯西方七宿

雲氣犯奎一

郗萌曰:青白氣出奎,有兵。○黑倉白赤氣出奎,皆爲禍除。蒼白氣入奎,婦人有憂喪。○蒼赤氣入奎,無所使受命來者爲出者。○黑氣入奎,又直貫奎,三犯不去,大人憂。赤氣迥入奎,婦人多血疾。○赤氣入奎,有兵。○黄氣潤澤入奎,天子有美女喜。○黄氣中奎,有珠玉寶喜。

雲氣犯婁二

郗萌曰:黑氣入婁,有水之會。○黑氣出婁入廟,其氣童童如轉蓬始至,大人食藥死;一曰水將大至。○黑氣正中廟星,有赤氣如劍鋒環,人有藥死者。○赤青白氣入婁中,有兵,君有疾之憂;出婁,禍除。○黄氣入婁,人民受賜。

① 有發屋之事:稽瑞樓本無"有"字。
② 赤氣如火道來:稽瑞樓本"火"作"大"。

雲氣犯胃三

黄帝曰：赤氣出胃，以兵出粟。○郗萌曰：青氣、黑氣出胃，有兵。○黃帝曰：黃氣出胃，天子賑民。有氣出胃，色蒼色白[①]，以喪出粟；赤以兵，黃則天子民蕃[②]。○郗萌曰：氣童童如轉蓬出胃，大人食藥死；一曰，水將大至。黃白氣潤澤入胃，歲中大人入國，倉實。○黑氣入胃，則倉困敗，穀腐。

雲氣犯昴四

郗萌曰：青黑氣出昴，有兵；一曰大水。○蒼白氣入昴，民多喪憂；出昴，其禍除。赤氣入昴，天子白衣將兵，民聚鼓下；出昴，軍在野居。○黃白氣潤澤入昴中，天子白衣會；出昴，白衣罷。○《春秋緯》曰：昴有珥，彌國名息。

雲氣犯畢五

郗萌曰：蒼白氣入畢，歲不收；出畢，其禍除。○蒼白氣入附耳，將死。○赤氣入畢，兵起波揚火起，不然大旱。赤氣入附耳，兵內起；出附耳中，將出。○黃白氣入畢中，其歲大人必有生者，天子有喜；出畢，天子田饗民。黃白氣入附耳星中，安和無兵；出附耳中，乃立將。

雲氣犯觜六

郗萌曰：蒼白氣入觜觿，天子有葆旅之事；出觜，禍除[③]。赤氣入觜中，兵起。○黑氣入觜觿，大人憂。○赤氣入觜中，兵起波揚寶燒；出觜，兵隋之。○黃白氣潤澤入觜中，有神寶入，天子有喜；出觜，天子有喜。

雲氣犯參七

郗萌曰：蒼若白氣入伐，大將有憂，斬刈事；出伐，以白衣斬伐。○蒼白氣入參，臣爲亂，若出參，體環繞參，天子起邊城。○蒼白氣入參，波揚，邊城燒；一曰倉庫大失火。黑氣入參中正銳，大人憂。黑氣出參，無兵，有水之憂；

---

① 色蒼色白：稽瑞樓本“蒼”後無“色”字。
② 黃則天子民蕃：稽瑞樓本“則”作“以”。
③ 禍除：稽瑞樓本“禍”前有“其”字。

一曰,將死亡;出伐,以水斬伐。○《靈准聽》曰:白氣揚陽參御馬。○注曰:禹有勤勞,天子其賞賜以玄珪,告厥成功,又明氣如馬,見于參星。玄者,水祥,爲土瑞。禹有水土之功,故天以此命爲揚陽者,明也。參者,金德,禹之王也。○《宋天文志》曰[1]:晋孝懷永嘉三年十二月乙亥,有白氣如帶,出東南北方各二,起地至天,貫參伐。占曰:其下大兵起。四年三月,司馬越收繆徹、繆播等。又三方雲擾,攻戰不休。五年二月,司馬越死于寧平城,石勒攻破其衆,死者十餘萬人。六月,京都營滅,帝劫虜廷。○郗萌曰:赤氣入參,有内兵,大將爲亂,戮死。○赤氣出參,中央邊城有兵,縣令自將。○赤氣入伐,大將有憂,斬刈事。○黃氣出參伐,有兵;一曰以水爲斬伐。○黃白氣潤澤入參中,大將受賜;氣出伐,戰大勝[2]。○黑氣出參伐,有兵。

雲氣犯南方七宿

雲氣犯東井一

石氏曰:青氣出東井,大如井口,上拂參,東行入東井中,有大水没高,近期二十日,遠三十日。○郗萌曰:蒼氣出東井,有水潦之令。○蒼氣入東井,萬民疫。○黑氣入東井,民多喪;一曰天下大水,道無行車,民多喪。○白氣出入東井,有水潦之令。○赤氣出東井,有水潦之令。赤氣出東井,客來泉利者;一曰逆兵起。郗萌曰:赤氣出東井,天子以水行兵。○黃氣出東井,天子以澤泉養民,一曰饗民。○黃白氣潤澤入井中,客來言池澤水事[3]。

雲氣犯輿鬼二

郗萌曰:黑氣入輿鬼,大人憂之。○白氣入輿鬼,有疾憂。

雲氣犯柳三

郗萌曰:黑氣入柳,木腐敗[4];出柳,其禍除。○黑氣鋭劍鋒正刺柳中,三夜不去,大人憂。○白氣出柳,有憂,起宫室。白氣入柳波者,木有失火之

---

[1] 宋天文志曰:稽瑞樓本"宋"後有"書"字。

[2] 戰大勝:稽瑞樓本"戰"前有"將"字。

[3] 客來言池澤水事:稽瑞樓本"事"後有"之兆"二字。

[4] 木腐敗:稽瑞樓本"木"作"水",形近而誤。

憂,出柳波者,大旱①。黄白氣入柳,有神木入者;出柳中,天子以喜出木,起宫室②。

雲氣犯七星四

郗萌曰:蒼白氣入七星如飛鳥,其啄正中七星,大人憂。○蒼白氣出七星,天子用急。使氣見四曲不正者,有亡臣。○赤氣入七星中,兵氣也;若客來者,有兵隨之氣,波者,火也③。黄白氣潤澤入七星,有客來入者;若出之,天子使使賜諸侯王。○黄白氣出七星,氣見而大風者,赦。○黄氣彷徉入七星,有來貢獻者。

雲氣犯張五

郗萌曰:蒼白氣入張廷中,賜客有憂;出張,禍除。○黑氣入張,轉繞環之及刺之,大人憂。○黑氣入張,氣迴而散廷中,有水憂。○赤氣入張,氣波廷中,有火憂。○赤氣入張,若出,天子用兵賜客。○黄白氣潤澤入張,天子有喜,賜客。○黄白氣出張,天子使行賜諸侯。

雲氣犯翼六

郗萌曰:黑氣入翼,正抵星,三夜不去,星不見,大人憂。赤氣入翼,有暴兵;出翼,用兵隨之。○黄白氣潤澤入翼,四海有侯王來獻者,天子有喜;出翼,天子使賜四海之國。

雲氣犯軫七

郗萌曰:蒼白氣入軫,王不可行幸宫觀;出軫,其禍除。《文曜鈎》曰:有蒼雲白霓圍軫,亡國之戒也。○郗萌曰:黑氣如鼠入軫,正中軫星,大人有墮車之憂。○黑氣入軫迴散,大水,車不用;出軫,其禍除。○赤氣入軫氣波者,車庫有火之憂。○赤氣入軫,兵内起;出軫,兵出將行。黄白氣潤澤入軫,天子有喜;又曰,諸侯有獻車者。氣出軫,天子用車爲幣賜諸侯王。

大唐開元占經卷第九十五

---

① 大旱:稽瑞樓本"旱"後有"黄氣四出注期五十日赦"十字。
② 起宫室:稽瑞樓本"室"後有"殿宇"二字。
③ 火也:稽瑞樓本"火"作"大"。

大唐開元占經卷第九十六

雲氣犯石氏甘氏中外官占

雲氣犯石氏中官占第一
雲氣犯梗河一

陳卓曰：赤氣出走矛星①，兵大戰。梗河也。○蒼白氣出起矛星，正中之，將死。

雲氣犯招搖二

《荆州》曰②：蒼白氣出走矛星，正中之，將死；一曰相死。三夜不去，大人憂。出天矛，其禍除。招搖也。○《荆州》曰：赤氣出走矛星，正中之，兵內起，大將爲亂。○赤氣出天矛，大戰。○黄白氣出矛星，正中之，有軍，兵罷；無軍，天子有獻兵者。○黄白氣出天矛，天子有喜，出兵。

雲氣犯女床三

《荆州》曰：青氣出女床，後宫有病。○黄氣，後宫有子喜。白氣，後宫有喪。○黑氣，後宫有死者。

雲氣犯天棓四

《荆州》曰：蒼白氣入天棓，有喪；出天棓，其禍除。○赤氣入天棓，兵起，大將戮死；一曰起天棓，兵起。○黑氣入天棓，大人憂。○郗萌曰：黄氣入天棓，先躯有拜賜者，出天棓，先躯有拜出者。

雲氣犯貫索五

《荆州》曰：蒼白氣入貫索中，天子憂，亡地；出貫索，其禍除。○赤氣入貫索中，內兵起；出貫索，有兵出。○黄白氣入貫索中，天子有喜；又曰諸侯有以地賂天子者；出貫索者，天子以地賜諸侯。○黑氣入貫索中，大人惡之。

---

① 赤氣出走矛星：稽瑞樓本"出"後無"走"字。
② 荆州曰：稽瑞樓本"州"後有"占"字。

雲氣犯織女六

郗萌曰：蒼白氣入織女，女子憂疾；出織女，其禍除。○赤氣入織女，天子攻一家，斬之；出織女，女子多外兵死。○黃白氣入織女，天子以女幸一家；出織女，天子外出得美女。○黑氣入織女，王者爲女子所害。

雲氣犯天市七

郗萌曰：蒼白氣入天市中，嗇夫遇賊，一曰多疾。○蒼黑氣入天市，萬物貴；出天市，萬物賤。○赤氣入天市中，斧鉞用波者，市有大憂。○赤氣出天市中，兵弩貴。○白氣銳端出天市，兵出。○黃白氣入天市中，萬物貴。○黃白氣長如一匹繒，常集天市中，有神奇物入，天子有喜，出天市中，有奇物出者。○黑氣入天市，市壞，若嗇夫死。

雲氣犯天江八

郗萌曰：赤氣出天江，兵大起，車騎滿野。○黃白氣出天江，天子用事起兵；入江星，兵罷。

雲氣犯河鼓九

郗萌曰：蒼白氣入河鼓中，將有憂；出河鼓，其禍除。○赤氣入河鼓中，兵起；出河鼓，戰，大勝。○黃白氣入天鼓中，將有降者，天子喜；出河鼓，將壽。○黑氣入河鼓中，將死。

雲氣犯瓠瓜十

郗萌曰：蒼白氣入瓠瓜中，果不可御也；出瓠瓜，其禍除。○赤氣入瓠瓜中①，天子攻一邑族。○黃白氣入瓠瓜中，天子一邑出；出瓠瓜，天子以果賜諸侯。○黑氣入瓠瓜，天子食果爲害。

雲氣犯天津十一

郗萌曰：蒼白氣入天津中，有水之憂；出天津中，其禍除。○赤氣入天津中，大旱；出天津，兵革起。○黃白氣出天津中，天子有德令。○黑氣入天津中，大水。○京房曰：漢中有黑氣居②，大如皮席，名曰雲漢，日雨，至遲不滿三日，五日必雨。○又河有黑氣狀似船，若一匹布，維河津間不出十日，大雨。

---

① 赤氣入瓠瓜中：稽瑞樓本"氣"作"直"。
② 漢中有黑氣居：稽瑞樓本"氣"後有"獨"字。

雲氣犯王良十二

郗萌曰：蒼白氣入王良中，奉車憂墮車，出王良，其禍除。○赤氣入王良，奉車鐵锧之誅①；中駟馬，內亂兵起，出騎蓋野。○黃氣入王良中，奉車拜賜，天子有喜，侯王有獻馬者；一曰有神馬見。出王良，奉車行德令；出駟馬，賜諸諸侯王；又曰黑入王良中，奉車死。

雲氣犯附路十三

郗萌曰：蒼白氣入附路中，太僕有憂；出附路，其禍除。○赤氣入附路，太僕有鐵鑕之誅；出附路②，兵起。黃白氣入附路中，太僕拜賜；出附路，有德令。○黑氣入附路③，太僕死④。

雲氣犯天船十四

郗萌曰：雲氣在天船中，不出一年，天下有自立者。○蒼白氣入天船中，有殃；出天船，其禍除。○蒼白赤黑氣入天船，天子有憂；出船，不可御也。○赤氣出天船，有兵用船行。○黃白氣入天船中，天子幸船有喜，必有神狀若光景處船上者⑤。

雲氣犯南北河十五

郗萌曰：蒼白氣河戒間⑥，兵大起，道不通；出河戒間，其禍除。○赤氣出河戒，天子用兵向諸侯。○黃白氣入河戒間，隨河行有德令；逆河⑦，有客來和親者。

雲氣犯太微十六

《帝覽嬉》曰：太微中雲如鳥，諸侯來謀，天子有中人爲應者。○《荊州》曰：有青氣起五帝，經出南門者，不出九十日，人君失其宮，天下大不安。○黃帝曰：青白黑氣入左右掖門，天子憂喪事；出太微，其禍除。○《荊州》曰：

---

① 奉車鐵锧之誅：稽瑞樓本"鐵"作"鈇"，下"鐵"字同。
② 出附路：稽瑞樓本"路"後有"中"字。
③ 黑氣入附路：稽瑞樓本"路"後有"中"字。
④ 太僕死：稽瑞樓本"死"後有"君憂"二字。
⑤ 必有神狀若光景處船上者：稽瑞樓本"者"後有"亦主慶賀"四字。
⑥ 蒼白氣河戒間：稽瑞樓本"間"作"期"。
⑦ 逆河：稽瑞樓本"河"後有"行"字。

赤氣入太微中，兵起①；出太微中，有立王。○黃帝曰：赤氣入東西掖門，內
亂兵起。○《荊州》曰：赤氣出東西掖門，兵起，將受令。○赤氣如劍，直指太
微，天子有兵驚。赤黃氣潤澤入太微，天子有劍喜。○石氏曰：赤黃氣潤澤
狀如帚入太微，婦人有喜。○《荊州》曰：赤黃氣出太微，天子用錢賜諸侯王。
氣狀如帚者，天子用賜美女；狀杯椀正圓者，天子用璧玉賜諸侯王。甘氏曰：
太微天庭中有氣如井色旁，白中赤，近臣欲逆也。○郗萌曰：黃白氣出太微，
有立王。○黃白雲氣起太微宮，上有光，人主大喜，延年益壽。○黃白氣出
左右掖門，天子出德令。○黃白氣狀如杯椀正圓②，入太微，天子有璧玉喜，
又曰幸臣有獻美女者。○黃白氣狀如獸，入太微，天子用畜賜諸侯王。○赤
黑若白氣，狀如虹及龍形，在太微天庭上，有白衣之會；其周章環太微天庭而
入之，臣殺主。○黑氣入左右掖門，大人憂③。黃氣縈繞左右執法，天子旌賞
直臣，餘色執法臣黜。④

　　雲氣犯黃帝座十七

　　《荊州》曰：蒼白氣抵座星，天子有喪事，抵座旁，臣有反者。○青赤氣
出五帝座，近臣欲謀其主。氣明大者，天下大亂；不明者，事不成。○赤氣直
指座星，兵起內亂。○郗萌曰：赤氣狀如帚，直指座星，天子有婦女兵驚。
○《荊州》曰：赤氣狀如劍，直指座星，天子有諸侯兵驚。○黃帝出太子座上，
入五帝座者，不出六十日，太子即位。○郗萌曰：黃白氣如杯椀正圓，抵座星
左右，諸臣有喜。○黃白氣潤澤如刀劍，抵座星，天子有男喜。○黑氣抵座
星，留止不去，大人憂。○《荊州》曰：黑氣抵座，左右諸臣死。

　　雲氣犯郎位十八

　　《荊州占》曰⑤：蒼白氣入郎位中，郎有內亂者，出郎位，其禍除。○赤氣
入郎位中，兵起；出郎位，多用兵遠出者。○黃白氣潤澤入郎位中，郎受賜。
○黑氣入郎位中，郎多罪死。

---

① 兵起：稽瑞樓本“兵”作“其”，形近而誤。
② 黃白氣狀如杯椀正圓：稽瑞樓本“圓”作“員”。
③ 大人憂：稽瑞樓本“憂”後有“之內亂”三字。
④ 稽瑞樓本無此“黃氣縈繞左右執法天子旌賞直臣餘色執法臣黜”二十字。
⑤ 荊州占曰：稽瑞樓本“州”後無“占”字。

雲氣犯三台十九

《孝經右秘》曰：三台珥，主欺，吏大臣變姓以爲忠。○三台珥，臣謀弑主，不出三月，必有矣。○《荆州》曰：蒼白氣入三台，人民多憂喪。○赤氣入三台，多敗傷；出三台，其禍除。○黄白氣潤澤入三台，安和無兵，天子有子孫之喜。○黄帝曰：有蓬雲，其色黄白，方不過三尺，見于三能之陽，布衣貴。

雲氣犯天牢二十

《荆州》曰：有氣大圍長三尺四尺，出天牢中，貴人及親屬必有斬死者，天下不安，五穀貴。

雲氣犯文昌二十一

郗萌曰：黑氣入司命中、司禄中，嬰兒多死。

雲氣犯北斗二十二

《元命包》曰：虹蜺守斗，主泣血，后奔逃，强國起。○《右秘》曰：天子不明，雲覆斗。○郗萌曰：北斗有赤氣覆之，兵大起。氣多者，兵大；少者，兵少。○《荆州》曰：氣五采直入北斗，天子立太子。○京房曰：北斗旁有黑氣，狀禽獸，大如皮席，不出三日必雨；不雨，有虜入塞。○《荆州》曰：赤氣入北斗中，還向南北①，不過一年，下有流血，兵將死，客勝主人。○郗萌曰：黑氣入北斗如群鳥，龍蛇變化，爲疾病，人民亡，不宜乳婦，夷兵咸欲欺中國，宜伺候讒言爲要。○《荆州》曰：白氣如車，入北斗轉移者，下有流血，大將死。○郗萌曰：黄雲蔽北斗，明日雨。○赤雲掩北斗②，明日大熱，殺人。○白雲壓北斗，不過斗，三日雨。○青雲壓北斗，立雨，天下皆無雲暗北斗，上下獨有雲，後五日内必有大雨。○《荆州》曰：有青雲歷七神，從行則天子出令，違四時；橫行出善令③，順四時④。○黄雲歷七神，從行順則君民皆有喜⑤，橫行則天子獨有喜。○黑雲氣歷七神，從行則天子有憂，橫行則人民有憂。七神，北斗七星也。○《命歷序》曰：斗出北黄，安昌。白黄，瑞名也，亦是黄白氣橫在

---

① 還向南北：稽瑞樓本"北"作"斗"。
② 赤雲掩北斗：讀未見書齋本"雲"作"氣"，據上下文及稽瑞樓本改。
③ 橫行出善令：稽瑞樓本"行"後有"則"字。
④ 順四時：讀未見書齋本"順"後無"四"字，據上文及稽瑞樓本補。
⑤ 從行順則君民皆有喜：稽瑞樓本"行"後無"順"字。

斗。○司馬《天文志》曰：白氣衝北斗，爲大戰。○《續漢書·天文志》曰：嘉平二年八月辛未，白氣如一匹練衝北斗第四星，爲大戰。○《荆州》曰：有青赤雲氣加正星處，軍有衝水，不然將軍死，若列土有移國更名者。○又曰，有青赤雲氣加正星，期一月，有兵三歲若五歲而罷。○又曰有黃氣加正星，有兵不發，若有土功，期一歲至三歲。○黃帝曰：有白雲氣加正星，三日不雨，有大兵，白衣之會①；一曰有土功，期三月若七月。○又曰白雲氣加正星，有軍則戰，無軍則疾。○黑雲氣加正星，有軍而不戰。○郗萌曰：氣加法星之上，天下變更，將相死，不死有赦，若糴貴，期三月。○《荆州》曰：有青雲如氣加法星，大水若兵劍，馬牛皆大損。○又曰有赤雲氣加入法星，有兵，期一年，二年而罷。○有黃雲氣加法星，八日君疾。○郗萌曰：有黃白雲氣加法星，逆令若有土功，大暴貴②。○黑氣出法星間，不出一年，有赦，不出三年，有大水。○黃氣加令星，有死將，其再至及三至，有軍相對。○《荆州》曰：有白雲氣加令星，多更法，糴貴，粟菽麻鹽五倍。○郗萌曰：青雲氣在伐星下，有兵，若有憂，期五月。《荆州》曰：青雲氣長竟天，其末有星加伐星，天下有大水，若有名獄。○又曰伐星色赤，有青白雲氣加之，有兵，期三月四月若一歲。○郗萌曰：伐星黃，有黑氣在其下，有兵事。○有雲氣加殺星，相反，若貴人疾，八日鹽馬牛貴，綺繒賤，期百二十日。○《荆州》曰：殺星色黑有赤雲氣加之，有兵憂。○白雲氣蓋于殺星，有兵，期三十日若一歲。○黑雲氣加殺星，有暴兵，半歲罷。有雲氣加危星，色青，憂；黃，有土功；黑，有大憂。○有氣出應星中，有移民；色赤，有兵；黃，增地。○有氣集輔星，相有斧鑕之誅。○郗萌曰：有潤白氣集輔星，相有喜。○《荆州》曰：慘白氣入輔星，相有憂。○蒼黑氣入斗魁中③，貴臣死獄中者；出北斗魁中，其禍除。○赤氣入北斗魁中，將相有斧鑕斬者。○黃氣出北斗魁中，天子出德令。○郗萌曰：赤氣入北斗魁中，兵起，出則兵出。○《荆州》曰：黃白氣入北斗魁中，天子左右幸臣有因者蒙德令。○郗萌曰：白氣入北斗魁中，幸臣有擊者；無故出魁，其

---

① 白衣之會：稽瑞樓本"白"前有"若"字。

② 大暴貴：稽瑞樓本"大"作"犬"，形近而誤。

③ 蒼黑氣入斗魁中：稽瑞樓本"入"後有"北"字。

禍除。

雲氣犯紫微宮二十三

郗萌曰：客星氣入紫微宮中，天下亂。一曰列大夫多死者，人主有憂[1]。○《荊州》曰：有雲氣狀如雞雛，字紫宮中，此子孫之氣也。○石氏曰：赤氣出紫宮，兵大起。○《荊州》曰：赤氣出紫宮中，兵起，有立王。○赤黃潤澤入紫宮，天子有劍喜；出紫宮中，天子用金錢賜諸侯王。○赤氣如帚，出紫宮中，天子用金錢賜美人。○黃白氣潤澤如刀劍，入紫宮，天子有男喜；狀如帚，天子有婦女喜。○郗萌曰：黃白氣如獸，入紫宮，天子用畜賜諸侯王。○《荊州》曰：黃白氣出紫宮中，立王。○黃白氣如杯椀正圓，入紫宮，天子有璧玉喜，若幸臣有獻美女者；又曰有立侯。○郗萌曰：有黃白氣如旗，有光起宮上，人主有大喜，延年益壽。○司馬彪曰：白氣出紫宮，有喪。○《續漢書·天文志》曰：孝和永元十六年四月丁未，紫宮中生白氣如粉絮，白氣生紫宮中爲喪，後和帝崩。○郗萌曰：黃白類如走獸飛鳥入紫宮者，客喜。○蒼白氣出紫宮，其禍除。氣或入長垣，胡人起。

雲氣犯北極二十四

《荊州》曰：蒼白氣入天樞中，天子憂疾；出天樞，其禍除。○赤氣出天中，兵起，車騎橫滿野。○郗萌曰：黃白氣入天樞中，天下兵起[2]；出樞，天子賜諸侯王。○《荊州》曰：黑氣入天樞中，大人憂。

雲氣犯鉤陳二十五

白氣入鉤陳中，大司馬憂喪；出鉤陳，君破將憂。○赤氣入鉤陳中，內亂，大司馬戮死；出鉤陳，大戰，將有功。○黃白氣入鉤陳中，天子立大司馬；出鉤陳，不戰，兵在外者罷。黑氣入鉤陳中，大司馬溺軍；出鉤陳，其禍除。

雲氣犯石氏外官二

雲氣犯魚星一

郗萌曰：赤氣出魚星，兵大起，車騎滿野。○黃氣出魚星，天子用事起

---

① 人主有憂：稽瑞樓本"人"前有"若"字。
② 天下兵起：稽瑞樓本"兵"後有"大"字。

兵；入魚星，兵罷。

雲氣犯天倉二

郗萌曰：蒼白氣入天倉，歲不熟；出天倉，其禍除。○赤氣入天倉，兵內起，氣波者大旱，火大起；出天倉，粟以兵出。○黃白氣入天倉中，歲大熟。

雲氣犯羽林軍三

郗萌曰：蒼白氣入羽林軍之南，后有憂；入其北，諸侯有憂；出羽林軍，其禍除。○赤氣出羽林軍東，后起兵；入其西，太子起兵；入其北，諸侯起兵。出羽林，兵隨之。○黃白氣出羽林南，后有所獻；出其北，太子有所獻。○黑氣入羽林南，天子惡之；入其西，太子忌之；入其北，諸侯慎之。

雲氣犯天廩四

郗萌曰：蒼白氣入天廩中，有大蟲；出天廩，其禍除。○赤氣入天廩中，大旱；出天廩，天子用兵出粟。○黃白氣入天廩中，歲多粟；出天廩中，天子出粟饗民。○黑氣入天廩中，水殺人。

雲氣犯天苑五

郗萌曰：蒼白氣入天苑中，牛馬野禽獸多病；出天苑，其禍除。○赤氣入天苑中，牛馬多傷；出天苑，牛馬以兵起出者。○黃白氣入天苑中，牛馬野禽獸蕃息；出天苑，牛馬多以令出者。○黑氣入天苑中，牛馬多死；出天苑，其禍除。

雲氣犯天弓六

郗萌曰：青氣出入天弓，不出一年，西胡來欲盜中國，若侵地，不出三年，天下煩擾。

雲氣犯厠星七

郗萌曰：蒼白氣入天厠中，天子有陰病；出天厠，其禍除。○《漢書・天文志》曰：哀帝建平元年，有白氣從地至天，出參下貫天厠，廣如一匹布，長十餘丈，哀帝陰病候。○郗萌曰：赤氣入天厠中，內兵起；出天厠，其禍除。○黃白氣入天厠中，天子有喜，有奇物見者；出天厠，亦喜①。○黑氣入天厠中，

---

① 亦喜：稽瑞樓本“喜”後有“慶”字。

大人憂,出天厠,其禍除①。

雲氣犯玉井八

郗萌曰:青氣從參下入玉井中,不出三年,不飲食其井。

雲氣犯甘氏中官三

雲氣犯紫宮内座一

《荆州》曰:黄白氣狀如杯椀正圓②,入紫宮座,左右諸臣有璧玉喜。

雲氣犯五帝内座二

《荆州》曰:有赤青氣出五帝下,幸臣中,不出六十日,近臣謀君。不明者不成③;明大者,天下大亂。

雲氣犯天潢三

郗萌曰:蒼白黑氣入五潢中,有死喪憂;出五潢,其禍除。○赤氣入五潢中,兵内起;氣波者,兵庫燒;出五潢,兵出戰。○黄氣入,若出五潢中,天子有喜,安和無兵,有兵亦罷。

雲氣犯咸池四

郗萌曰:蒼白氣入咸池中,魚多飛亡;出咸池,其禍除。○赤氣出咸池中,旱。○黄白氣入咸池中,天子有喜;出咸池,有神魚見。○黑氣入咸池中,大水出;出咸池,其禍除。

雲氣犯甘氏外官四

雲氣犯折威一

郗萌曰:蒼白氣入折威中,大臣爲亂,兵起,天子失;出折威,其禍除。赤氣入折威中,大臣爲亂,天子出兵。

黄白氣入折威中,有來和親者,天子有喜;出折威,天子有德令。○黑氣

---

① 其禍除:稽瑞樓本無"其"字。
② 黄白氣狀如杯椀正圓:稽瑞樓本"圓"作"員"。
③ 不明者不成:稽瑞樓本"不明"前有"氣"字。

入折威,天子惡之;出折威,其禍除①。

　　雲氣犯蒭藁二

　　郗萌曰:赤氣入天積中,有火之憂;出天積中,天子用火出散貨②。○黄白氣出天積中③,天子自喜,多出貨財;出天積中,天子用喜出貨財。

　　大唐開元占經卷第九十六

大唐開元占經卷第九十七

猛將軍陣勝敗雲氣占

將軍氣一

　　《兵書》曰:猛將之氣如龍虎,兩軍相當,若氣發其上,則有猛將。○京房曰:猛將氣如獸,在殺氣中,猛將欲行動,先發其氣;若無行動,亦有暴兵起。○《兵書》曰:猛將氣勃勃如火烟之狀。○京房曰:猛將氣白如粉沸。○猛將之氣如火光之狀,夜照人。猛將之氣白赤氣繞之。猛將之氣如山林竹木④。○猛將之氣紫黑如門上樓,上黑下赤,狀如黑旌。○《抱朴子》曰:猛將之氣如火,大勢張弩。○京房曰:猛將之氣如埃塵,頭尖而卑,本大而高。○兩軍相當,敵軍上氣如倉困正白,見日愈明,猛將之氣不可擊。敵上氣黃白潤澤者,將有威德,不可擊。○氣青白如膏,將勇。大戰,前白如卑,後青如高,將弱士勇。○敵上氣前大後小,將怯不明。○敵上氣黑中,赤氣在前者,將精悍不可當。○敵上氣青而疎散者,將怯弱。○軍上氣漸漸如雲,變作山形,將有深謀,不可擊;若在吾軍,速戰,大勝。敵上氣如蛟龍向人,此是猛將之氣,不可當;若在吾軍,戰必大勝。

---

① 其禍除:稽瑞樓本無"其"字。
② 天子用火出散貨:稽瑞樓本"火"作"大"。
③ 黄白氣出天積中:稽瑞樓本"出"作"入"。
④ 猛將之氣如山林竹木:稽瑞樓本"氣"作"象","林"前有"如"字。

軍勝雲氣二

郗萌曰：軍上氣如堤如坂，前後磨地，此軍士衆強不可擊，若在吾軍，可戰，必勝。○京房曰：軍上氣大光，將軍勇，士卒猛，好散戰，不可擊；在吾軍，速戰，大勝。○軍上氣如山，山上若林木，將士驍勇，不可與戰，若在吾陣，戰必大勝。○《抱朴子》曰：軍上氣如塵埃，粉沸，其色黃白如旌旗，無風而揚揮指敵，此軍將欲勝，不可戰。○京房曰：有雲如三匹帛，廣前後大，軍行好。○《抱朴子》曰：敵上有白氣粉沸如樓，緣以赤氣者，兵銳不可擊；在吾軍，戰必大勝。○京房曰：營上氣黃白色，重厚潤澤者，勿與戰。○兩敵相當，有氣如人持斧向敵，戰大勝。○兩敵相當，上有氣如蛇舉首向敵者，戰勝。○敵上氣如匹帛者，此雍軍之氣，不可攻；若在我軍，戰必大勝。○《易雲氣占》：望敵氣如覆舟，不可攻；若在我軍，戰必大勝。○敵上有雲如牽牛，未可擊①。○京房曰：兩軍相當，有白氣出似旌旗在軍上，其軍不可攻。○《易雲氣占》：遙望軍上氣如鬥雞，赤白相隨，在氣中，得天助，不可擊。○京房曰：軍上發黃氣，將士精勇，不可擊；若在吾軍，可用戰。○軍營上有青黃氣，上達于天，亦不可攻。○凡軍營上有五色氣，上與天連，此天應之軍，不可擊；其氣上小下大，其軍士日增，益士卒。○軍上氣如堤，以覆其軍上，前赤後白，此勝氣；若覆吾軍，急往擊之②，大勝。○夫氣銳黃，白團團而澤者，敵將勇猛，且士能強戰，不可擊。○《抱朴子》曰：雲如日月，赤氣繞之，如日月暈狀有光者，所見之地大勝，不可攻。○《易雲氣占》：敵上氣上如雲下如霧，中天而至及軍上，恒有氣不變者，堅固難攻。○京房曰：凡雲氣有獸居上者勝。○《抱朴子》曰：軍上氣如塵埃，前下後高者，將士精銳不可擊③。○京房曰：敵上氣如乳獸伏者，難攻。○《易雲氣占》曰：軍上恒有氣者，其軍難攻。○軍上氣如華蓋者，勿與往戰。○京房曰：有雲如烏，其狀一云去。如飛，所見國戰勝，一云不勝氣也。○有雲如烏，其出如蚩，其國戰不勝。○雲如旌旗如綌，向人者，勿與戰。○兩軍相當，上有雲如飛鳥，徘徊其上，來而高者，兵精銳不

---

① 未可擊：稽瑞樓本"擊"作"繫"，形近而誤。

② 急往擊之：稽瑞樓本"擊"作"急"。

③ 將士精銳不可擊：稽瑞樓本"將"前有"若"字。

可擊。○黑氣出，有赤氣臨我軍，敵我强弱，弱能破强，小能擊大，大戰大勝，小戰小勝。○軍上氣如五馬，頭低尾仰，與戰。○軍上氣如杵形，勿戰。○京房曰：有赤氣在前者，敵人精悍不可當。○有氣如引素，如陣前銳，或四黑色，有陰謀；青色，有兵；赤色，有反；黄色，急去。

軍敗氣三

郗萌曰：有氣上黄下白，名曰喜氣，所臨之軍欲求和退；若氣出北方，求退向北，其衆死散；向東則不可信，衆能爲害；向南，將死。○京房曰：敵上氣囚廢枯散，或如馬肝色，爲將敗；又或如死灰色，亦爲將敗。○敵上氣類偃蓋，爲將敗。○敵上氣類偃魚，爲將敗。○軍上氣乍見不見，如霧起，此衰氣，可擊；上大下小，士卒日減。○《易雲氣》曰[1]：軍營上十日無氣，發則軍必敗；而有赤白氣乍出則滅，外聲欲戰，其實欲退散。○京房曰：黑氣如壞山墮軍上者，名曰營頭之氣，其軍必敗。○軍上氣昏發，連夜照人，則軍士亂散。○軍上氣半而絕，一敗；再絕，再敗；三絕，三敗。在東發白氣者，災除。○軍上氣中有黑雲如牛形，或如猪形者，此是敗軍之氣，其軍必敗。○敵上有雲氣如雙蛇，疾往伐之，大勝。○敵上有雲氣似毒蛇，疾往伐之，大勝；一云似丹蛇。○敵上有雲氣，雲中有似雙蛇，一云似毒蛇。絞日急往伐之，勿疑，必大敗。○軍上氣如粉如塵，勃勃如烟，欲敗散。○軍上氣五色雜亂，東西南北不定者，其軍欲敗。○軍上氣如群羊猪在氣中，此衰氣，擊之必勝。○軍上有赤氣炎降天[2]，則將死衆亂。○彼軍上有蒼氣，須臾散去，擊之必勝；在我軍上，須堅自守。○軍上有黑氣如牛形，或如馬形，從氣霧中漸漸入軍，名曰天狗下食血，則軍破。○《兵書》曰：軍上氣如群鳥亂飛，衰氣也，疾往擊之，大勝。○京房曰：別有氣如尾在氣中，臨軍欲降下，則軍中人與賊通，宜備之。○望彼軍上氣如懸衣，如人相隨，擊之可得。○望彼軍上氣芬芬如擊蓬者，急擊之。○望彼軍上氣色如楊灰[3]，敵退去；蒼黑形者，士卒飢。○兩軍相去十里

---

[1] 易雲氣曰：稽瑞樓本“氣”後有“占”字。
[2] 軍上有赤氣炎降天：稽瑞樓本“氣”後無“炎”字。
[3] 望彼軍上氣色如楊灰：讀未見書齋本“色如”作“如色”，據稽瑞樓本改，“楊”作“揚”。

以内①,三里以外。○望彼軍上氣高而前白後青者,此敗軍之氣,擊之可得。○雲如覆船車蓋者,其軍必敗。○雲如人頭臨營,戰不勝,流血積溝渠。○敵上氣如群羊、如驚鹿,必退走之徵,急擊之,大勝。○雲如卷席匹布亂穰者,皆爲敗徵,可攻而擒。○《易雲氣》曰:雲氣蓋道蔽蒙晝冥者,請飯不暇釋,炊不暇熟,急去。○京房曰:有雲如雞兔臨營者,軍敗走。○《抱朴子》曰:軍上氣如卑樓狀,將軍移軍必敗。○《兵書》曰:敵上氣如人臥,無手足,敗。○京房曰:敵上氣似敗車及徊亂不起者,敗。○敵上氣如繫牛者,爲敗氣。○敵上氣如雙蛇如飛鳥者,爲敗氣。○《兵書》曰:敵上氣如決堤垣者,爲敗氣。○《兵書》曰:敵上氣如壞屋者,爲敗氣。○敵上氣如人相揖爲,敗氣。○敵上氣如人無頭,爲敗氣。○敵上氣如驚鹿相逐,爲敗氣。○敵上氣如兩雞相向,爲敗氣。○降人氣如人五五十十,皆叉手低頭,又如人叉手相向。○京房曰:白氣如群鳥趨入,屯營連繫百餘里,不絕而徘徊須臾不見者,當有他國來降。○氣如黑山以黃綠者,欲降服。○敵上氣清而高漸黑者,將欲死。○敵上有白雲如山,不可説;雲如人頭者,是將軍失衆兵②。○散軍之氣如燒生草之烟,前雖鋭,後必退,得歲月便擊之,必勝。○黑氣臨營,或聚散如鳥宿,敵人畏我,心意不定,終必逃,皆逼之,大勝;若在吾軍,善須安撫。

城吉氣四

郗萌曰:白氣從城中南北者,不可攻,不可屠。○京房曰:城中有黑雲如星,名曰軍精,急解圍去,有突兵,客敗。○城上白氣如旌旗者勝,若赤,坤其鋭不攻③,赤雲臨城,有喜慶。○黃雲臨城,有大喜慶。○赤青色從城中南北出者,城不可攻。○雲青如牛頭角干人者,城不可屠。○城中氣出東方,其色黃,此天一,城不可伐,伐者死。○白氣從城中出,氣從城中北入,反而還者,軍不得入城。○城上氣如火烟,主人欲出戰,其氣無極者,不可攻。○城上氣如雙蛇者,難攻。○城上氣若前高後卑,攻之可拔;若後高前卑者,

---

① 兩軍相去十里以内:讀未見書齋本"十"作"千",據稽瑞樓本改。
② 是將軍失衆兵:稽瑞樓本"衆兵"作"兵衆"。
③ 坤其鋭不攻:稽瑞樓本"鋭"作"税","不"後有"可"字。

不可攻。○赤氣如杵形，從城中向外者，内有兵突出①，主人戰勝，不可攻。○城上有雲分爲兩彗狀，攻不可得。○其城上氣睹不相見，不可攻。○有赤氣從城中出者②，内兵勝，宜備之。○凡攻城，有諸氣從城中出入吾軍上者，敵家氣也。○濛氣繞城不入者，外兵不得入③。

城屠雲氣五

郗萌曰：赤氣在城上，黄氣在四面繞之，城中大將死，城降④。○京房曰：城上赤氣如飛鳥，城可攻，衆擊之，則破走。○城上赤氣如敗車，城可攻，攻必破，流血。○城上無雲氣，士卒必敗⑤。○城營中赤黑氣如狸皮班及赤者，共亡破，將敗。○城上氣如死灰者，色及上赤而下土色者，可攻；攻城圍邑，其氣如灰，城可屠；氣出而覆其車上者，士多病。○攻城圍邑，氣出復入者，人欲逃背；攻城圍邑，氣聚如樓，出見于外者，攻之可得。○望城中氣起而正上赤，可屠城。營上有雲如衆人頭，赤色，下多死喪流血。○攻城圍邑，其上氣如灰，一云炎。城可屠。氣出而北，城可剋；其氣出，復入城中，人欲逃亡；其氣出而東以南，城可攻；其氣出向城西，欲降；其氣出而覆其軍，必病；有白氣如蛇來指敵城者，急攻之，小緩則失；從其城來指我營者，宜急固守。○已攻城，有白氣繞城而入城者，急攻可得。○《兵書》曰：雲氣如雄雉，或如雄雞臨其城，必降。○京房曰：濛氣圍城而入城者，外勝，得入。○有氣從外入者，欲盜入攻城。

伏兵雲氣六

京房曰：軍上有黑氣渾渾圓長，赤氣在其中，下必有伏兵，不可擊。○軍當欲戰，或長相守，彼軍上有白氣，粉沸起如樓狀，其下必有藏兵萬人，不可輒擊。○行軍徑出林坑谷之間，當善防之，既是伏兵之地，而上有氣者，

---

① 内有兵突出：稽瑞樓本“内”後無“有”字。

② 有赤氣從城中出者：稽瑞樓本“城”後無“中”字。

③ 外兵不得入：稽瑞樓本“入”後有“不可攻”三字。

④ 城降：讀未見書齋本“城”後無“降”字，據稽瑞樓本補。

⑤ 士卒必敗：稽瑞樓本“敗”作“散”。

不疑。雲絞綿相連及高草數尺者，車騎爲伏兵；雲如布席之狀及高草五尺許，此以士卒爲伏兵。○《兵書》曰：伏兵之氣幢節狀在烏雲中。○《抱朴子》曰：伏兵之氣如赤杵在烏雲中。○京房曰：伏兵之氣如烏人在赤雲中。氣在吾軍上止，須臾入往敵軍上，搖動無定者，且堅住，勿先動。○黑氣出營南，賊逃我，後有伏兵，謹候察之，有覆之無遺。○兩軍相當，察赤氣者，伏兵之氣。若前有赤氣，前有伏兵；若後有赤氣，後有伏兵；左右亦如之。察審則知伏兵所也。軍上有烏氣，色中有赤氣，必有伏兵，不可攻。○前有烏氣，後有白氣，必有伏兵，不可攻。○有雲如山岳在外，有伏兵。

暴兵雲氣七

郗萌曰：白氣如瓜蔓連結部隊，須臾罷而復出，至八九來而不斷，急賊卒至，宜防固之。○白雲如仙人衣，千萬連結，部隊相逐，罷而復興，如是八九者，當有千里兵來，視所起備之。○黑雲從敵上來之我軍上，欲襲我。敵人告發，宜備不宜戰，敵從而擊之，必得小勝。○天色蒼荒而有此氣，依日支干數，內無風雨，則所發之方必有暴兵起，日剋時凶，時剋日消散①，此氣所發之方，當有使人告急，一人來則氣一條，二人來則二條，三人來則三條。若敵滿一方，則衆來期主。依支干數數，內有風雨則休。○敵欲來者，其氣上有雲，下有雾，中而下，敵必至。○《兵書》曰：雲氣如旌旗，賊兵暴起。○京房曰：暴兵氣如人持刀楯。○雲如生人赤色，所臨城邑有卒兵至，驚怖須臾去。○赤氣如人持節，兵來未息也。○雲如方虹，有暴兵。赤雲如火者，所向兵至②。

戰陣雲氣八

京房曰：氣青白如膏，將勇大戰。○大戰氣如人無頭，如人死卧。○敵

---

① 時剋日消散：稽瑞樓本"日"後有"自"字。
② 所向兵至：稽瑞樓本"至"後有"即去"二字。

上氣如丹蛇，赤氣隨之，必有大戰殺將①。四望無雲，見赤氣如狗犬狀，其下有流血。○初出軍日，天氣昏濛，雲氣陰沉寒剋者，必戰；清陽溫和，風塵不動，不見敵亦不戰；有青氣見于軍之王相上者，當城交戰，不見者不戰。○赤氣屈旋停住者，其下有兵流血。○赤氣如人形無頭者，大戰流血。○雲隴者，兵必大戰驚，形如耕隴。○日旁氣或相交，主軍不和。○日旁氣貫穿，主軍中不和。○有白氣若虹交見者，從上擊下；無軍而見者，下必流血。○兩軍相當，必交戰。

圖謀氣九

郗萌曰：白氣群行徘徊結陣來者②，爲他國人來欲圖人，不可應。視其所往，隨而擊之，必可得。○京房曰：黑氣臨我軍上如車輪行，敵人深入，謀亂我國，臣與敵通，鈎引外臣，必行罰告。○黑氣游行中含五色，臨我軍上，敵必謀合諸侯而伐我國，諸侯反謀，軍自敗。

軍吉凶雲氣十

郗萌曰：天有黃氣入營者，兵和解。○京房曰：天有白氣入軍營者，兵強。○赤氣如傘蓋覆車上，千里内，戰有慶；千里外憂。○黃氣臨營，西向戰，凶；北向戰，吉。○黑氣入營，士卒疾病，急移營。○黑氣如幢，出軍營中，上黑下黃，敵欲來③，戰而不攻。○赤氣隨日出，軍行有憂；隨日没，外有告急者。或曰天子檄告敵，或危兵不行。○赤氣漫漫血色者，流血之象。○何知賊得不④，赤氣隨之。赤氣相滅，爲賊可得；若獨行無黑氣隨者，賊不可得。○黑氣如人頭在營上，敵人有所獻，且求降，許之必戰⑤，戰功雖成，士卒多死。○初出軍，行師假令，向東伐而有白雲西來，因隨而擊之；若有赤氣雲東來逆軍者，敵隊軍當敗急且屯守，他方效此。○黑氣如積山在我軍上，敵來

---

① 必有大戰殺將：稽瑞樓本“必”後無“有”字。
② 白氣群行徘徊結陣來者：稽瑞樓本“氣”前無“白”字。
③ 敵欲來：稽瑞樓本“來”後有“求”字。
④ 何知賊得不：稽瑞樓本“何知”作“知何”。
⑤ 許之必戰：稽瑞樓本“之”後有“不許”二字。

襲我,必堅守連日,敵心離,離而復戰,必大勝。○若對敵在東,白雲來去,而有雲又東來相逆,須其過去;若雲既去,去而有風隨之,所謂龍獸導軍,在敵在我,皆大勝。雖從雲而風逆者,亦不可戰。若有雲橫來截者,兩軍不合急先伏止,不戒有敗將。○黑氣隨行,中含黃氣,在我軍有急令徵,兵不逮戰,士卒懼,人有逃心,罷軍急①。○兩軍相當,彼軍上氣赤狀如匹布,廣長數十丈,其下色黃白,必有背叛之軍昏見,臣佐夜見,后主明見,在兵宜備之。○被圍平日,仰視圍上氣鬱鬱如火芒勢翕然者,方有救至,無則無救。○軍行有白氣如猪者,軍大驚,宜備之。雲氣如雉兔臨軍營,軍中士死亡②。○天有赤氣入營者,兵暴驚。○天有青氣入營者,兵弱。○天有黑氣入營者,兵相殘。○天有雲如蛟龍,所見處將軍失魄。○《兵書》曰:凡遇四方盛氣無向之戰,甲乙日青氣在東方,丙丁日赤氣在南方,庚辛日白氣在西方,壬癸日黑氣在北方,戊己日黃氣在中央,四季戰當順此日氣,吉;逆之,必敗。甲乙日平旦所向,白雲不可攻;丙丁日所向,有烏雲不可攻;他效此。○赤氣如火光者,叛其君;赤氣加西方者,客勝;加北方者,客敗;加東方者③,兩解不鬥;加南方,軍還,天下安,無兵。○黃氣加東方者,主人大鬥,客大破;加北方者,客勝,他效此。○凡天見五色雲氣,謂東西南北至子午卯酉,百步千步,一丈十丈數百千丈;或如車道,長百丈千丈。日辰剋者,大鬥;不相剋者,寄居憂深。○王氣所臨,有天人而爲兵強。○相氣所臨,爲戰勝,將吏有功。○死氣所加者,死喪病疫飢饉破敗。○囚氣所臨,爲被圍降敗。④　○休氣所臨,爲兵罷無功,士卒亡散。

九土雲氣十一

《史記》曰:自華山已南,氣下黑上赤;嵩高、三河之郊,氣正黃;常山已北,氣下黑上青;勃、碣、海、岱之間,氣皆黑;江、淮之間,氣皆白;北夷之氣如群畜穹廬;南夷之氣,類舟船幡旗;海旁蜃氣類樓臺;廣野氣成宮闕。○《兵

---

① 罷軍急:稽瑞樓本"急"作"吉"。
② 軍中士死亡:稽瑞樓本"軍"後無"中"字。
③ 加東方者:稽瑞樓本"方"後無"者"字。
④ 讀未見書齋本卷九七自此以下全脫,據稽瑞樓本補。

書》曰：勃海之氣如龍，五色；東海氣如鱉；渭水氣如蜃如白狼尾；恒山氣如牛，河伯氣如引布；漢江氣如杼；匈奴氣如野豕；北夷氣如牛羊；西夷氣如屋；東夷氣如樹木。

　　大唐開元占經卷第九十七

Benjamin Brose. *Patrons and Patriarchs: Regional Rulers and Chan Monks during the Five Dynasties and Ten Kingdoms*

（Honolulu：University of Hawai'i Press，2015）

張 琪

（復旦大學歷史學系）

Benjamin Brose 博士長期關注禪宗與五代政權之間的關係，本書便是以其博士論文"Buddhist Empires：Saṃgha-State Relationship in Tenth-Century China"（斯坦福大學，2009 年）的前四章爲基礎增改而成。作者後來發表的"Credulous Kings and Immoral Monks：Critiques of Buddhists during the Five Dynasties and Ten Kingdoms"亦與這一主題相關。[1]

作者在學術史回顧中首先對五代十國的歷史定位、禪宗的崛起、唐宋佛教的斷裂抑或繼承等傳統議題作了充分的梳理和反思。他指出，在中國傳統史家的書寫中，"五代十國"這一稱呼本身便帶有對"唐宋之間混亂期"的輕視，而相對於被視爲正統的"五代"，同一時期的南方政權則處於更加邊緣的位置。對五代的這種輕視直至 19 世紀晚期纔有所改變。彼時日本漢學界開始將西方史學的分期法投射到中國史研究中。那珂通世率先提出五代是中國從中古轉向近代的分水嶺，這一觀點被内藤湖南發揮爲著名的唐宋變革論，此後又進一步影響了 20 世紀的中國佛教史書寫。比如宮崎市定以宋代乃近代中國之開端爲前提，將新儒家對佛教的勝利與古希臘傳統在意大

---

[1] Benjamin Brose, "Credulous Kings and Immoral Monks：Critiques of Buddhists during the Five Dynasties and Ten Kingdoms," *Asia Major* 27.1, 2014, pp.73－98.

利的復興對舉。在宮崎之前，胡適也曾提出，與西方的文藝復興類似，中國向理性主義和人文主義的轉變也伴隨着宗教的逐漸消亡。因此胡適將中國從中古向近代的轉變描述爲走出佛陀時代、進入“中國文藝復興”即北宋新儒學的過程。在這一過程中，禪宗的崛起重申了中國傳統價值觀，從内部破壞了主流佛教，爲新儒學戰勝佛教開闢了道路。但這一觀點隨即遭到日本禪宗史學者的反對。大卓貞太郎鈴木、宇井伯壽、鏡島元隆、柳田聖山等學者皆認爲，禪宗本身就是宋代的主流佛教，禪僧們掌握了重要的政治和經濟權力，并與統治階級建立起密切的關係。但也正是這種爲朝廷代言的身份使禪宗失去生命力，最後走向僵化。儘管禪宗破壞主流佛教説與主流佛教腐蝕禪宗説針鋒相對，但這兩種觀點實際上具有某種内在一致性，那便是認爲唐代是佛教最輝煌的時期，晚唐之後佛教便逐漸式微。而近年來的禪宗史研究揭示了以往的認識盲點，其中最重要的突破，是將研究重點從禪宗教義和實踐在唐代的起源和發展轉向宋代禪宗的制度化和標準化。學者們認爲，如今我們所熟悉的禪宗傳統——如燈録、語録和公案的編撰、禪僧占領大部分官方寺院的教職、獲得政治和經濟特權，都是北宋政治大一統、文化鞏固和哲學創新的結果。若考慮到宋代禪宗文學、實踐和制度對於禪宗獨特身份構建的影響，則禪宗作爲自覺的宗派運動應當理解爲宋朝的產物。

　　不過，這些研究在扭轉了我們對禪宗史理解的同時，又强化了五代十國作爲“文化停滯期”或“地下發酵期”的觀點。[1] 以往被視爲唐以後衰落期的五代，現在又用來襯托宋帝國的成就。關於五代的新近研究則更强調這一時代的獨立性，揭示了五代十國的經濟、政治、軍事和文化遺産在宋帝國制度構建中發揮的作用。在這一學術背景之下，作者提出包括禪宗文學、寺院制度和政治特權在内的各種宋代禪宗傳統，實際上發展和成熟於五代的南方政權，而推動禪宗發展的“最初力量”則是各政權統治者的“庇護實踐”。[2]

　　本書利用了大量僧傳，重點關注在閩、南唐和吳越三個南方政權庇護下

---

[1] Benjamin Brose, *Patrons and Patriarchs: Regional Rulers and Chan Monks during the Five Dynasties and Ten Kingdoms*, University of Hawai‘i Press, 2015, p.6.

[2] Benjamin Brose, *Patrons and Patriarchs: Regional Rulers and Chan Monks during the Five Dynasties and Ten Kingdoms*, p.7.

的禪僧,考察他們與各個南方政權之間的關係,這些禪僧大部分是雪峰義存和玄沙師備的法裔。就内容分布而言,前兩章針對唐末政治劇變及其對南方的影響提供了背景式的俯瞰,第三至五章對五代政權與禪宗的關係進行具體的論述,第六章則將五代十國南方的歷史綫索與宋代的變化相連。

　　第一章以唐朝的衰落和南方各個政權的形成爲主題,首先將考察的時間限定在黄巢亂後。作者認爲儘管黄巢亂後唐廷仍存續了一段時間,但881年唐朝放棄了對大部分地區的控制,標志着其實際統治的終結。南方經濟的發展以及北人的南下,爲南方割據政權的確立和發展帶來了契機,區域政權的創立者大量招攬曾經爲唐廷服務的官僚和宗教人士以增强政治權威。這一過程對南方區域佛教文化產生的影響便是第二章討論的主題。

　　第二章的論述建立在對兩個傳統議題的回應之上。如上所述,儘管對宋代佛教的研究已經推翻了唐後佛教衰落論,[1]但學界仍認爲會昌毁佛對唐代精英佛教造成了巨大的破壞;在傳統的主流佛教被破壞之際,禪宗憑藉更爲直接、頓悟的覺醒方式,經受住了分裂時代的考驗而快速崛起。作者則指出,佛教在會昌之後實際上得到了迅速的恢復,會昌以前服務於唐廷的精英僧侣如知玄等人,在宣宗以及之後的宫廷佛教中仍具有崇高的宗教和政治地位,這些人所倡導的佛經注疏等長安佛教傳統并没有被武宗所中斷。不過,長安作爲帝國佛教中心的地位爲黄巢叛亂所終結,南方政權吸納了大量南逃的宗教精英,長安的佛教制度和傳統也隨之被移植到了成都、杭州等南方主要城市。其中以吴越最爲典型。吴越早期的佛教文化頗爲多元,僧侣們精通《法華經》、彌勒經典、瑜伽行派、華嚴學説等不同的文本和實踐,但隨着長安南山律師玄暢的法裔元表和希覺南來,南山律宗逐漸占據了最主要的位置。慧則的弟子希覺指導過贊寧、皓瑞和法眼文益等吴越禪宗、天台宗和律宗的大師,這些不同派别的吴越僧人實際上共享了以律宗爲基礎的佛

---

[1]　作者在他的另一篇文章"Credulous Kings and Immoral Monks：Critiques of Buddhists during the Five Dynasties and Ten Kingdoms"中利用大量正史材料來反駁唐末佛教衰落論。作者指出,雖然五代到宋的教外文獻有許多批評唐末五代僧侣生活糜爛、腐蝕國家政權的聲音,但這恰恰説明了僧侣和寺院數量的增加,以及他們掌握的政治和經濟特權,尤其是在東南地區。

教傳統。長安淪陷後一度中斷的南山律宗傳統在吳越得到了重建,吳越也成爲南山律宗的新中心。而人口較少、經濟欠發達的江西和福建地區,雖然對北方精英的吸引力較低,但自中晚唐以來便是禪僧的淵藪。在統治者扶持本地僧侶的政策下,原本處於邊緣的禪宗開始進入權力中心,禪僧與地區統治者的庇護網絡最初便在這些地區形成。控制洪州的鍾傳支持洞山良價,占領福建的王氏則與福建北部的本地禪宗結盟,導致晚唐在這兩地興盛一時的洪州禪日趨消亡,這顯示出僧侶團體和禪宗法系興衰與庇護者的緊密聯繫。

　　第三至五章分別考察了閩、南唐、吳越的主要禪宗世系與政權的關係網絡。第三章追溯了閩地最重要的禪宗世系——雪峰義存世系的起源和發展。作者指出,儘管義存跟隨芙蓉靈訓學習多年,但爲了塑造雪峰禪有別於閩地其他僧團的獨立身份,義存弟子在對義存生平的重述中有意突出德山宣鑒、淡化芙蓉靈訓,以此削弱雪峰禪與洪州宗的關聯。雪峰義存法系與閩王室建立了持久的聯盟:占據閩國官方寺院的主要職位、擔任國師、編纂法譜,同時蓮花永興禪寺安置了王審知、王延政的遺體,具備了王室祠堂的性質。① 可以說後世禪宗最重要的特徵,在10世紀初閩政權庇護下的雪峰義存法系中已經齊備。義存的弟子中最有影響力的是玄沙師備。儘管在禪宗宗譜中,義存和師備沒有任何競爭或敵對的迹象,但在義存其他弟子和師備法裔的傳記中,師備的學説總是被拿來與義存對比。這表明義存與師備各自的弟子正在形成對立的派系,作者推測這種分裂很可能源於義存和師備各自的支持者在政治上的決裂。鼓山神晏和玄沙師備雖然都是義存的弟子,但實際上代表了不同的分支。作爲國師的神晏是當時福州最有權力的禪僧,他的數代弟子都保持了對鼓山涌泉寺的控制。而師備儘管有六位弟子被任命爲撫州附近寺院的住持,但在寂照之後,其祖庭卧龍山安國寺的控制權就轉移到了雪峰義存的嫡系弟子弘瑫一支手上,這或許是鼓山神晏一支排擠義存其他支系(尤其是師備)的

---

① 關於禪僧在國家的祖先祭祀中扮演的角色,作者在其博士論文的第五章"Appeasing the Ancestors"中有更詳細的論述,可參看。

結果。不過,鼓山神晏與王室的緊密關係在閩政權覆滅時終成負擔,而那些處於邊緣的世系則幸存下來并在南唐和吳越得到進一步發展,這正是第四章主要考察的內容。

　　一方面,義存和師備的法裔離開閩地,來到南唐尋求庇護,另一方面,李氏也從福建和浙江地區招募僧侶,代替舊吳國的曹洞宗僧侶,寺院主導權從曹洞宗向義存和師備法系的轉移,幾乎與政治權力的更替同時發生。南唐沒有繼承吳國的僧侶,而是采用了閩地的佛教系統。因此閩地禪宗的許多特點,如特定的禪宗世系和皇室之間的密切關係、對官方寺院的占據、在皇室祖先崇拜中的作用,以及不同佛教文學形式的發展,在南唐都得到了更充分的發展和更明顯的體現。南唐統治者支持雪峰義存和玄沙師備的三支直系法裔,即雲門文偃、鼓山神晏和羅漢桂琛。雲門文偃的弟子清凜、法眼文益的法孫道齊和棲賢澄湜進行了燈錄和語錄的搜集和編纂。鼓山神晏的弟子冲煦慧悟先後擔任金陵長慶道場、洪州開先院和金陵報恩禪院的住持,這三處院場都具有供奉皇室祖先的功能。羅漢桂琛的弟子則占據了最多的官方寺院,其中以法眼文益一系最具影響力。法眼文益及其弟子的傳記揭示了這些僧侶廣博的學識和廣泛的興趣,他們重視經典和注疏,尤其對南唐尊崇的《華嚴經》感興趣,同時宣導不拘泥於經典的"方便之門",這種廣泛包容的佛教觀及其與南唐文學傳統和社會風俗的契合是法眼宗吸引統治者的重要原因。

　　相比閩和南唐,吳越的佛教文獻更爲完備,有利於進一步探討禪宗"世系"的意義。第五章指出,與閩地類似,吳越的禪宗派別也經歷了從洪州宗到義存法系的更替,個中緣由同樣在於政權的轉換而非學說的差異。《宋高僧傳》和《景德傳燈錄》都將吳越的禪宗世系追溯到雪峰義存的弟子道怤,不過吳越的第一代和第二代統治者都沒有完全與義存系禪僧結盟,他們也爲其他派別的僧人提供庇護。錢俶統治時期,義存嫡系開始失寵,師備系尤其是法眼文益的弟子開始主導吳越宮廷對佛教的贊助。與法眼文益并沒有改變南唐原有的佛教傳統一樣,法眼宗在吳越的代表——慧明、天台德韶和永明延壽,也提倡包括華嚴宗、天台宗、净土宗、《法華經》崇拜、密教儀軌、禁欲苦修等兼收并蓄的佛教傳統,永明延壽的《宗鏡錄》更試圖將以上不同的佛教文本和傳統交織綜合爲一個體系。法眼宗多樣的宗教實踐意味着正是所謂的"血脉"將他們與其他有着類似佛教實踐的僧團區別開來。在此作者闡述了禪宗"血脉"的意義：禪宗將法脉的"傳遞"視爲無法描述的非實體事物，便於擁有不同佛教傳統的僧人加入這一團體，成爲禪宗某世系的一員。血脉關係并不一定意味着一段有意義的學徒期，更多的時候是有權勢的僧侶對那些同樣想獲得朝廷庇護的初級僧侶的"授權"。法眼宗對吳越國家資助的壟斷吸引了有抱負的僧侶加入這一"血脉"。一個自我延續的系統由此在吳越建立起來：統治者建立并支持一個與其利益相符的僧侶領導層，這些僧侶則與朝廷一起培養下一代僧侶領袖，共同利益保證了這些僧侶的忠誠。禪宗從邊緣化的運動轉變爲受到國家認可和支持的佛教正統的代表，是這一過程的自然結果。不過，禪僧與政權的共生性和互惠性意味着他們與閩、南唐、吳越等統治家族的命運緊密相連，當這些王國臣服於宋朝時，這一政教網絡便瓦解了，新一代的禪僧和統治者也開始尋求新的政教模式。

　　南方的禪宗網絡在宋朝建立後逐漸衰落，臨濟宗開始在佛教舞臺上扮演主要角色，這一歷史圖景在第六章中展開。以往的研究者通常將這種興衰轉換歸結於教義的衝突，如 Albert Welter 便認爲宋代精英拋棄了法眼宗過於折中和廣泛的傳統，轉而支持更激進、在教義上更具有排他性的臨濟宗。對此作者提出，從法眼宗到臨濟宗轉變的關鍵不在於教義或學説的差異，而應於五代—宋的政治格局變動中尋找。五代的北方政權雖然在大部分時間也資助佛教僧侶，但這種資助建立在僧侶個人的家庭背景和成就之上，不像南方那樣支持某一特定的僧侶法系。五代時北方較爲活躍的禪師都是投子大同的弟子，但他們的影響都沒有延續到宋代，宋代異軍突起的臨濟宗在五代其實處於較爲隱晦的位置。臨濟宗以汝州爲中心，至宋朝得到楊億、王曙等多位汝州地方官員的支持。作者認爲，臨濟僧侶與地方官員的關係與上述各南方政權的政教模式十分相似，且這一聯盟中的許多僧人和官員都是南方人，曾與義存和師備的法裔有過接觸。考慮到北宋初年所進行的跨地域文化整合，正如南方的文學藝術和政治文化傳入開封，成爲新帝國文化的一部分，南方的佛教傳統似乎也成爲宋代官方佛教建立的基礎。五代到宋的過渡因此具有連續性,法眼宗可能只是因爲與南方政權的關係過於緊密而無法得到新政權的青睞。雖然宋朝没有延用五代南方的僧侣關係網絡,但從五代到宋,政教關係和宮廷佛教文化并没有發生根本性的變化。

與唐代政教關係研究的豐厚成果相比,對五代十國相關方面的研究仍顯欠缺。就禪宗史而言,政治和社會的視角更是長期被掩蔽,從這一點上看,本書的重要性不言而喻。作者不僅對日本和英文學界的相關研究作了系統的學術史回顧,而且在史實建構上描繪出特定世系(尤其是義存和師備)的禪僧與東南統治者的關係網絡,更爲重要的是提供了一個解釋禪宗崛起和宋代禪宗傳統的模式。作者認爲,禪宗在五代十國的南方成功的原因并不在於教義或宗教實踐的獨特性,而是唐亡以後政治和地理因素重組的結果,禪宗與南方政權的庇護模式亦爲宋朝所繼承。因此,宋代禪宗的種種文學傳統和制度性特點,如通過燈録和語録凸顯的排他性世系、特定世系與統治者持續的庇護關係、控制大多數官方寺院等等,實際上孕育於五代的東南政權之中。站在唐宋變革論的延長綫上,作者從禪宗傳統的角度指出,五代與宋更多的是延續而非斷裂。

對於佛教研究來說,教内文獻和世俗文獻的書寫立場常常是對立的,前者多褒崇溢美,後者多批判佛教對政權的危害。本書注重内典和外典的對讀互證,所利用的教内文獻以《祖堂集》《景德傳燈録》和《宋高僧傳》爲主,世俗文獻則包括正史、文集、碑銘、地方志和寺志等等。作者在爬梳衆多禪僧事迹的基礎上,描摹出禪僧們的社會關係網絡和區域佛教地圖,做了大量的文獻工作。儘管如此,仍不得不承認占據本書材料很大比重的《祖堂集》和《景德傳燈録》都帶有明顯的意識形態色彩,兩者皆由雪峰義存的法裔編纂,《景德傳燈録》更是經過北宋官方學者的删削校訂。主體材料的單一性使得作者的考察只能局限於以雪峰義存和玄沙師備爲主的、獲得官方支持的禪僧。

如上所述,本書一個明顯的優點在於作者對相關學術史的詳盡掌握和批判性繼承,如第二章指出,唐朝的精英佛教傳統實際上在五代的南方得到了延續,對"唐以後佛教衰落說"進行了補充和修正,這一結論大體可以成

立。但就本書的整體預設而言,作者在緒論中便指明本書要解釋禪宗史上
兩個互相聯繫的問題,一是作爲唐代佛教“暗流”的禪宗如何在北宋成爲影
響力最大的佛教派別,二是北宋早期的禪宗制度和傳統在多大程度上來源
於五代十國的東南地區。這兩個問題的内在理路都還有進一步考慮的餘
地。首先,就北宗禪在中唐以前受到的榮寵和中晚唐南方禪宗的擴散發展
而言,很難認爲唐代的禪宗只是一股“暗流”。其次,從後文的論述來看,
作者將某一宗派的影響力等同於其與政權聯繫的緊密程度,亦即禪宗在宋
代得到了統治階級最多的資助,所以它是影響力最大的佛教派別。在這一
邏輯下,作者實際上將“禪宗”等同於“受到統治者資助的禪宗派別”。於
是在五代,“禪宗”被等同于洪州宗、義存禪,在宋代則被等同於臨濟宗,而
游離於統治階級之外的、爲地方士族乃至更廣大的中下層民衆所支持的其
他禪宗宗派便被忽視了。作者提出的第二個問題有其學術史背景,即近年
來西方學界對五代歷史作用的重新審視,認爲宋朝在許多方面繼承了五代
十國的制度和文化遺産。明晰這一背景,似乎會覺得作者是想從佛教史角
度爲這一觀點增添新的注脚,頗有“理論先行”的嫌疑。由此也產生了“禪
宗傳統”從閩地產生,再轉移到南唐和吳越,最後爲宋代所繼承這一看似
完美的叙事綫索。顯然,這一結論必須建立在對五代北方佛教的詳細考察
之上,但本書對此僅用一章帶過,仍嫌不足。在擁有無數種可能性的歷史
進程中,這一模式又是否真的如作者所說如此穩定、連續地傳承,不同政權
的統治者又是否能意識到這樣一種模式的存在并主動地利用它,都是十分
值得懷疑的。

　　此外,作者過於强調禪宗派系興衰與政權之間的關係,使其論述有時
顯得捉襟見肘、自相矛盾。如本書的一個重要觀點是,在南方政權創建初
期,福建和江西等地由於吸引不到更多代表唐朝佛教傳統的北方宗教精
英,只能依賴原先蟄伏於當地的禪僧,從而使禪僧從邊緣進入地區政治的
中心。這一觀點存在兩個問題,一是福建并不缺少擁有唐朝佛教傳統的僧
人,如黃滔《華嚴寺開山始祖碑銘并序》所記的行標法師。[1] 行標出生莆

---

[1] 黃滔:《莆陽黃御史集 3》,上海: 商務印書館,1936 年,第 309—313 頁。

田,少出家於玉澗寺(即後來義存出家的寺院),長於《涅槃經》,元和年間,得到憲宗賞識,曾爲功德使。後歸玉澗寺,又先後得到刺史"琅琊王公"(王固)和"河東薛公"(薛凝)的崇奉,爲其建華嚴寺。雖然行標法師已於咸通六年圓寂,但其徒"三十人,皆肅肅可觀,不忝師門",若王氏真的想招攬曾服務於唐廷的僧人來增強政治權威,那麼行標的弟子們應當是很好的資源。二是江西、福建等地的禪僧晚唐時便已與地方領導者建立起密切的聯繫,如韋宙、陳岩之於洪州宗,鍾傳之於曹洞宗,并非至五代纔進入南方政權中心。洪州宗在唐末的福建和江西仍有很大的影響力,這從雪峰義存多次就學於芙蓉靈訓便可見一斑。但對於閩地統治者爲何選擇義存而捨棄了洪州宗,作者并沒有給出解釋。至於吳越政權中義存法系對洪州宗的取代,作者則認爲與兩者的學說無關,而是由於吳越統治者想要遠離某種唐朝傳統,凸顯政權的獨立性,但在第二章中作者却指出吳越和後蜀招攬曾爲唐廷服務的僧人,是爲了增強政權的合法性。可見作者實際上并沒有解釋清楚爲何統治者選擇的是禪宗而不是其他派別,爲何選擇的是雪峰義存而不是其他世系。

又如作者在第三章中認爲義存與師備僧團群體的分裂很可能源於義存和師備各自支持者的政治立場不同。其推測僅建立在王延彬與慧棱的例子上,即認爲王延彬邀請慧棱及其弟子道匡到泉州,試圖建立獨立於福州的義存世系,以與王審知、王延鈞對抗。且不論作者對王延彬與慧棱的分析是否有過度推求之嫌,就生前皆受到王審知支持的義存和師備而言,并沒有材料表明在他們死後,他們各自的弟子爲閩王室不同支系的成員所支持。實際上,從鼓山神晏試圖讓羅漢桂琛放棄師備而加入義存法系,以及師備和義存"血脉殊異"的敘述來看,這兩支法系分離的原因或許還是得從僧團內部的矛盾與各自發展需求,以及義存和師備禪法的差異當中尋找。

限於本書主題,作者并沒有關注教義學說、士大夫群體心理、社會風氣變化以及道教等因素對禪宗發展的影響。但誠如作者所説,禪宗的崛起是唐—五代—宋歷史轉型中的一部分,因此只關注獲得官方認可的禪僧及其與政權之間的關係網絡難以呈現該議題的複雜性和多面向。另外,書中還有一些小瑕疵，如以宋太宗爲太祖之子，[1]多處將 wei（潙）拼寫成 gui 等。但總體而言，此書向我們展示了從政治和社會轉變的角度探討禪宗史的一次嘗試，提出了許多值得進一步探討的議題，仍然值得一讀。

---

[1] Benjamin Brose, *Patrons and Patriarchs: Regional Rulers and Chan Monks during the Five Dynasties and Ten Kingdoms*, p.114.

天变地异はどう語られてきたか：
中国・日本・朝鮮・東南アジア

（串田久治 編，青野正明、青山亨、一色哲、串田久治、佐々充昭、邢東風、辻高広、細井浩志、深見純生 著，東京： 東方書店，2020 年，2420 日元）

龔麗坤

（京都大學文學研究科博士課程後期）

　　該書是"天變地異之社會學（天変地異の社会学）"研究項目（2005 年度—2019 年度）的成果之一，由參加該項目的九名研究者（青野正明、青山亨、一色哲、串田久治、佐々充昭、邢東風、辻高広、細井浩志、深見純正）共同完成，并作爲東方書店"東方選書"叢書的一種，於 2020 年 2 月付梓。"東方選書"是由日本東方書店出版，以普及中國歷史、文化、社會爲務之叢書，自 1979 年始，目前已出有 58 種（截至 2022 年 8 月），本書是其中的第 53 種。"東方選書"系列叢書的特色是由從事相關方向前沿研究的學者撰寫、具有相當的專業性，但語言淺近易懂、論述深入淺出，除了科普的意義之外，對從事相關領域的研究者拓寬研究視野、掌握學術動態，亦有參考價值，故在此加以介紹。該系列的叢書中，亦曾有數種被譯介至國内，諸如橋本敬造《中国占星術の世界》①、沢田勲《匈奴：古代游牧国家の興亡》②、小谷仲男《大月氏：中央アジアに謎の民族を尋

---

① 橋本敬造：《中国占星術の世界》，東京：東方書店，1993 年。中譯本：橋本敬造著，王仲濤譯：《中國占星術的世界》，北京：商務印書館，2012 年。
② 沢田勲：《匈奴：古代游牧国家の興亡》，東京：東方書店，1996 年。中譯本：沢田勲著，王慶憲譯：《匈奴：古代游牧国家的興亡》，内蒙古人民出版社，2010 年。

ねて》①等，在此不一一贅述。

　　由於“天變地異之社會學”研究項目參與者的專門領域在時段、地域以及學科上有着較大的差異，該書不同於單一文獻學者抑或是歷史學家的專著，其内容涵蓋社會學、語言學、宗教研究、地域研究等諸領域，時代從中世紀之前一直跨越到現代，較普遍的中古史及社會文化史著作而言，更爲注重對現實社會的觀照。另一方面，本書雖然各章由不同學者負責撰寫，但討論的核心問題是一致的，即“人們對災異的感受、論述及思考”。在這一大問題下，各章互有聯繫、連貫性較强，多面而生動，書末附有研究班研討紀要，并非僅僅簡單羅列在同一題目下，關聯性較低、結構鬆散的“論文集”。

　　該書的核心詞是“天變地異”，天有異象（日食、月食、彗星、行星異動、隕石、極端天氣等），即爲“天變”，而“地異”則主要涵蓋地震、山崩、河川泛濫、乾旱、疫病流行等，往往也被稱作“地變”。“天變”與“地異”并非涇渭分明，在中古時期的文獻中，時常能看到兩者被混同書於一卷或一書的情況，譬如在敦煌文獻中，就有將“天變”的内容編入記錄“地異”的《地鏡》殘卷中的情況。② 在東亞諸國之中，從文獻、口述傳統所留存下來的關於“天變地異”的記載與逸話，除了具有文獻學、社會學等極爲專門的學術價值之外，對今人面對自然、世界的觀念亦有啓發，這也是該研究團隊將這一學術研究成果進行修改，使其不僅僅能爲學界所接受，也可以爲普通人所接受，作爲“東方選書”的一種出版的理由。

　　以下對各章内容進行簡要介紹和評述。

　　該書除前言、後記及座談會紀要以外，主要由三部分構成：一、宗教與天變地異；二、王權與天變地異；三、外來者與天變地異。每一部分又由三節以及卷末小結組成。以下依照上述順序，對本書内容進行簡要介紹與評述。

　　第一部分“宗教與天變地異”：1. 失政招來天變地異：儒教（串田久

---

① 小谷仲男：《大月氏：中央アジアに謎の民族を尋ねて》，東京：東方書店，1999 年。中譯本：小谷仲男著，王仲濤譯：《大月氏：尋找中亞謎一樣的民族》，北京：商務印書館，2017 年。

② 詳參佐佐木聰《〈禮緯含文嘉·精魅篇〉的辟邪思想與鬼神觀》，《復旦學報》2014 年第 5 期，第 10—18 頁。又同氏《從術數文獻來看的寫本文化與博物學：以天文五行占書〈禮緯含文嘉〉爲中心》，《金澤學院大學紀要》第 21 號，2023 年，第 184—194 頁。

治）；2."大地震動"是爲吉祥之兆（邢東風）；3. 地震乃神之徵乎：伊斯蘭教的信仰與災害（青田亨）；卷末小討論：基督教中對天變地異的預言與希望（一色哲）。

　　第一節"失政招致的天變地異（儒教）"，其作者和內容都是國內學界較爲熟悉的：本章作者串田久治，亦是"天變地異之社會學"項目的主持者以及本書主編，曾任大阪大學助手，愛媛大學講師、助教授、教授，大阪府立大學教授，主要研究方向爲中國古代社會思想史，其關於星占，尤其是上古至中古熒惑（火星）與"謠言"的研究內容較早就被譯介至國內。有關其進路，其自述稱其"致力於探討'人的存在''異文化的理解''思考亞洲'以及有益社會的中國學等課題"，這一進路與傳統專注於書齋的文獻學者或有不同，也可以從中得見本書的出發點。關於天變地異與儒教的關係，作者主要從以下諸方面展開：陰陽五行思想（作者稱之爲儒教的自然觀），天變（中國傳統的天文觀測與占星術），天變地異與政治的關係，熒惑、童謠與預言，地異（水害與地震），傳統自然觀對天變地異的反發。出於作品的普及性，作者對鄒衍"陰陽五行論"（第 6 頁起）的內容和發展作一簡要疏理，并附上了詳細的圖解。其中，作者特別討論了熒惑、童謠及預言之間的關係，這也是作者數年研究的成果，更爲詳細的學術論著亦可參見氏著《中國古代の"謠"と"予言"》①、《王朝滅亡の予言歌——古代中國の童謠》②，最後，作者認爲，儒教的這種"天道福善禍淫"的自然觀，或許今人可以以其是"非科學"的而一笑置之，但實際上更爲重要的是，目前而言，人類與自然界特別是自然災害的觀念與認識，也只能是把它當作"自然的一種型態"而被動接受，與此同時，面對更爲嚴重的環境污染等問題，或許從藉助傳統文獻中"福善禍淫"的災異觀，反思當今社會的所作所爲，也是一種現實面向的進路。

　　第二節"'大地震動'是爲吉祥之兆"，其作者爲目前任教於愛媛大學法文學部的華裔學者邢東風，邢教授曾經長期任教於中國人民大學，專研漢傳佛教思想史，亦爲國內學界所熟知。這一節主要是藉漢譯佛經中的文本，闡

---

① 串田久治：《中國古代の"謠"と"予言"》，東京：創文社，1999 年。
② 串田久治：《王朝滅亡の予言歌——古代中國の童謠》，東京：大修館書店，2009 年。

釋佛教對“地震”的看法。文中提到佛教對地震的看法主要有兩種：八因緣（主要見於《長阿含經》《大般涅槃經》等）、三因緣（《中阿含經》《般泥洹經》），這兩者的共同點在於，均認爲地震的發生是兼具自然原因（風力作用）和宗教因素，即受攝於佛與菩薩的“法力”、僧侶與天神的“神通力”所致。此外，佛典中對於地震的不同種類有着十分詳細的分析，即所謂的“六種震動”與“十八相動”（詳參本書第46至52頁）。與儒教相比，佛教對地震的觀念主要是“救贖”而非“福善禍淫”，這對原本的儒教世界而言，毫無疑問是一種嶄新的觀念。

　　以上兩節均是立足於傳統文獻，對東亞漢字文化圈對於天災地異的態度作一解析。第三節“地震乃神之徵？”則主要立足於現實社會，對當今世界中仍存在且較爲普遍的一種宗教觀念作一解析。本節作者爲東京外國語大學教授青山亨，主要研究方向爲古爪哇語文學、東南亞宗教史以及社會史，青山教授也是今年新出版的“岩波講座世界史”第四卷的作者之一，同時也是普爾巴扎拉卡（Poerbatjaraka）①所著 Kepustakaan Djawa（《古典爪哇文學入門》，原文爲印度尼西亞語，暫無中譯本，日譯本題名爲“プルボチャロコ著《古典ジャワ文学史入門》”，以連載的形式刊登在《東京外大東南アジア学》雜志上）的譯者之一。本節主要以2004年印度洋大地震對印尼亞齊州（Aceh）的政治、信仰以及社會變遷爲切入點，討論一神教爲主的社會環境中（亞齊州是印尼唯一一個實施伊斯蘭教法的省份，同時也因爲信仰與歷史的特點，在2004年印度洋大地震發生之前，一直是分離主義者極度活躍的地區，而上述印度洋大地震的發生，却也成了跨越不同族群對立、進行政治變革的契機，詳見本書第60至63頁），當地社會對地震異乎現代社會普遍理性主義觀念的態度。對於伊斯蘭教、天主教等一神教而言，災害乃是神對世人的罪的譴責，而與天主教漸漸接受了“理神論”的觀點（即近代理性主義的價值觀）不同，伊斯蘭教對災害的態度仍然相當保守，因此，直至2018年9月蘇

---

① Poerbatjaraka（1884—1964），爪哇文獻學家，其生平參見 Pigeaud, Th.（1966）。In memoriam Professor Poerbatjaraka, *Bijdragen tot de taal-, land- en volkenkunde/ Journal of the Humanities and Social Sciences of Southeast Asia*, 122（4）, 405‒412.

拉威西島地震，仍有保守派毛拉對此發布以“天譴論”爲主要論調的傳教視頻，且由於網絡傳播的特質，播放次數高達一百萬，在如今的數字化社會中，這樣的言論反而得到了比前現代更爲廣泛的傳播，不得不加以重視。而作者認爲，天主教及伊斯蘭教等一神教的教義中，對自然災害也有着積極的一面：宗教信仰給受災的苦難加上了宗教的意義，同時，由於對神的全方面的信賴，反而給了幸存者越過災難、重建未來的力量，此外，宗教中特別強調幫助他人的倫理化義務，也使得宗教團體對救災及重建事業具有極爲積極的態度。或許正是因爲在全球化的背景下，人口遷徙、商業貿易的頻繁，人們不得不對遠在異鄉的文化與信仰加以瞭解和認識。而這也需要研究冷僻地域文獻與歷史的學者走出書齋，對這一類異文化進行祛魅。

　　該書第二部分“王權與天變地異”的構成與第一部類似，前兩篇分別是從醫療史以及歷史文獻學的角度講述災異對古代東北亞王權的成立與更替產生的影響，即 1. “日本”的誕生與疫病的發生（細井浩志）；2. 朝鮮的天變地異與預言：讖緯書《鄭鑑録》所描繪的烏托邦（佐々充昭），第三節亦是偏向社會學和現實觀照，講述爪哇島火山噴發的故事，即 3. 南海、北山沸騰（深見純生），最後的卷末小討論則是：從災異説到預言（串田久治）。

　　第一節“‘日本’的誕生與疫病的發生”，作者爲活水女子大學教授細井浩志，其主要研究的方向是日本古代曆算與宇宙構造論、陰陽道。本節則主要叙述了 8 世紀左右，隨着交通路綫和方式的發展，日本列島開始了瘟疫的大流行（在原文中，作者使用了“パンデミック”，即英語 pandemic 一詞，主要指的是某種傳染病的大範圍爆發，一般也翻譯作瘟疫或大流行，近來由於 Covid‑19 的流行，關於 pandemic 的歷史也成爲較熱門的討論話題①）。而由於瘟疫所產生的排外意識，一體兩面地也使得“日本國”的自我意識生成。從 3 世紀起，隨着牛馬的傳來以及日本列島各地豪族與大王的往來密切，如《日本書紀》《魏志・倭人傳》等史料中，零星出現關於疾病傳播的記載。伴

---

① 譬如 2019 年出版的 *Psychiatry of pandemics* 一書，甫一出版即受到大量的引用，Huremović，Damir，ed. *Psychiatry of pandemics: a mental health response to infection outbreak.* Springer，2019。而又如曾獲得普利策獎的討論文明接觸與環境影響的文明史科普著作 Jared Diamond 的《槍砲、病菌與鋼鐵》（*Guns，Germs and Steel*），近兩年來也再次成爲暢銷書。

随着文明交流而來的疾病傳播,同時本身也染上了一種“來自異土之毒氣”
的特質。直至8世紀,在日本的貴族之間爆發了傳染病的大流行,以至於天
平七年(735)的天花傳播,直接對當時的政府造成了毀滅性的打擊,五位以
上的貴族近四成病殁的同時,出於祛除瘟疫之目的,也直接促成了東大寺大
佛的建造。而至於9世紀,有關外來的傳染病流行而產生的排外意識,同時
促成了日本的自我意識誕生,幾乎同時,在朝鮮半島上,“朝鮮”國家的自我
意識也誕生了。由此可以得見,作爲地災的瘟疫流行,實際上促成了政權與
族群的自我認同。第二節“讖緯書《鄭鑑録》所描繪的烏托邦”,作者立命館
大學文學部教授佐々充昭主要的研究方向爲韓國宗教研究以及現代韓國文
化研究。本節所叙述的《鄭鑑録》也是一部誕生於民怨之下,反抗李氏王朝
統治,被定性爲“妖書”而加以禁絶的讖緯書,其内容較七緯等書而言,更接
近流傳於民間的“推背圖”。一直至日據時代,朝鮮史研究者細井肇纔將《鄭
鑑録》公開出版(1923年,自由討究社),實際上,此書至20世紀初,已經有多
種異本存在。《鄭鑑録》初出年代不詳,首次出現在文獻中是在朝鮮英祖十
五年(1739),《承政院日記》中,將《鄭鑑録》記爲“讖書秘記之類”。比起儒
教傳統的讖緯書(七緯等),這部書的性質實際上不是對災異的解説,而是對
王朝命運的預言——預言朝鮮王朝的滅亡,構築理想中的王朝。這部書在
民間的影響一直持續到近代,以至於在二戰後韓國數次對於遷都問題的討
論,其在民間都引起了基於《鄭鑑録》的神秘學討論。第三節“南海、北山沸
騰”,作者深見純生教授亦是研究東南亞(尤其是印尼歷史)的專家,其主要
着眼點在地域研究上。在爪哇當地民間信仰中認爲是守護精靈所居住的南
海、北山在2006年發生的爪哇地震中同時“沸騰”,以及在其前後一系列的
“天災地異”,最終促成了蘇丹作爲統合當地傳統信仰的、神格化的象徵,似
乎以一種“逆流”的方式,重新活躍在已經全面民主化的21世紀。

　　第三部分“外來者與天變地異”由三部分組成:1.“琉球—冲繩”的海上
“來客”與天變地異之“記憶”(一色哲);2.殖民統治是否成爲天變地異的替
代品:近代朝鮮王朝交替預言的變化(青野正明);3.天變地異是否爲天子
之責? 康熙帝的地震觀與歐洲傳入的科學知識(辻高広);4.印度尼西亞的
外來者。

　　第一節"'琉球—冲繩'的海上'來客'與天變地異之'記憶'"，作者爲帝京科學大學醫療科學部醫療福祉學科教授一色哲，本節内容可以與第二部分第一節日本中世紀面對外來文化、外來者，塑造自我認同的内容相對讀。琉球王國從 17 世紀以來即受到薩摩藩的侵擾，乃後又在明治時代受到所謂的"明治處分"，而在第二次世界大戰末期，其土地更是直接被戰火波及，戰後，冲繩又被美軍統治了二十七年。作者主要討論的"來客"，主要是作爲異民族支配者的美軍。第二節"殖民統治是否成爲天變地異的替代品：近代朝鮮王朝交替預言的變化"，作者爲桃山學院大學國際教養學部教授青野正明，青野教授研究的主要方向是日本殖民朝鮮時期，朝鮮的民間宗教，譬如天道教、金剛大道等，這一類的宗教團體及運動被當時的殖民政府標記爲"類似宗教"，被當局以妨害社會安定等名義進行壓制。之後，當時的日本政府又出台了一系列關於宗教的"正邪判斷"的標準來界定當時的各種民間宗教活動，并受到以雞籠山爲中心的韓國民間宗教團體的劇烈反彈。本節接續了上一部分第二節關於《鄭鑑録》的討論，繼續對日本殖民時代朝鮮神秘學的發展與變化進行討論。第三節"天變地異是否爲天子之責：康熙帝的地震觀與歐洲傳入的科學知識"，作者爲桃山學院大學準教授辻高広。本節主要叙述清前期統治者對西方科學知識的接受，有關這一部分的内容也是近年國内學界的熱點話題之一。這一話題是圍繞着中國古代帝王面對災異而發出的"修省詔"展開的，作者對康熙帝於康熙四年、十八年、二十六年的三份罪己詔作了詳細的解析。明末以來，大量的天主教士來華，也將西方的"近代"知識帶入了中國，其中也包括對災異的態度，本節主要討論的就是西方近代的"科學"理論，對統治者康熙帝造成了一定影響，從南懷仁《坤輿圖説》、龍華民《地震解》以及高一志《空際格致》等一系列西方傳教士所著漢籍中，可以得見這種影響，并對這一學説進行更深層次的研究。康熙帝在接受了部分以實證爲核心的方法之後，對於災害的態度也變得更爲積極，除了罪己之外，也開始考慮系統性的防災措施，這無疑是行政理念近代化的一個表徵。

　　本書最後的討論會紀要，用逐字稿的方式記録了 2019 年 3 月 2 日"天變地異之社會學"研究班的討論内容，對研究項目展開的契機、天變地異具有的兩面性、天變與地異的範疇、災後的態度、佛教的地震觀以及讖緯説的展開與多樣性進行了熱烈的討論，最後落脚於天變地異的"國際化"與"人禍"的話題上。其中的大部分觀點，在前文的論述中已經展開，值得關注的是研討會紀録的這種形式。筆者認爲，這種紀録的形式，對於回顧合作研究的進程，對合作研究的内容進行反思，或許是具有一定作用的。

　　當然，本書作爲一部跨時段跨地域頗廣的著作，不可能面面俱到，以筆者本人的知識而言，就有一些值得商榷的問題，僅舉一點：該書第13頁中，作者提到"填星（土星）"和"太白（金星）"在傳統中國星占學中均爲凶星，這一點與《開元占經》等傳統星占學著作的理論是相悖的。類似的"微瑕"還有若干處，考慮到本文的主要目的是介紹一種新的研究觀照與合作研究的範式，又限於篇幅，不再一一列出。

《中古中國研究》簡介與稿約

　　《中古中國研究》以推動"中古中國知識·信仰·制度整體研究",建設國際共同研究的重要平臺爲己任,發表具有原創性的學術論文、研究報告、史料、札記、書評和綜述等。

　　《中古中國研究》以中國中古時代的文化和歷史爲主要研究範疇,内容涵蓋政治、經濟、族群、法律、社會、宗教、藝術、文學、語言、地理、考古等多個方面,有關新史料與方法論探討的佳作,尤爲歡迎。稿件請用中文或英文撰寫,如係其他文字稿件,請授予本刊中文首發權,由我們聘請專家翻譯爲中文發表。

　　《中古中國研究》歡迎各方面的自由投稿;也依托於不定期組織的宗教史、藝術史、知識社會史、歷史書寫、博物學、寫本文化、絲綢之路等專題研討會、工作坊,"成均國學講壇"和"中古文史之學習明納",約請專家、學者參與研究,組成專稿。

　　《中古中國研究》一經出版,將向作者寄贈樣刊 2 册與論文抽印本 20 册;中國大陸地區作者,酌付稿酬。

　　來稿務必參照所附"稿件書寫格式",以紙版與電子版兩種形式,并附作者簡歷與詳細的通信地址、電子郵件或其他聯繫方式,賜寄至以下地址(收到即發回執):

余欣

310058　浙江省杭州市餘杭塘路 866 號

浙江大學紫金港校區成均苑 4 幢 1217 室

電話: 0571 - 88273353

E-mail: asieyu@ zju.edu.cn

《中古中國研究》編委會

Medieval China

Medieval China is an academic journal devoted to research on the middle age of China, covering politics, economy, ethnics, law, society, religion, arts, literature, languages, geography and archaeology, perspectives on new materials and methodological constructions are especially focused on.

The journal published annually by the Zhongxi Book Company, Shanghai, aims to enhance and upgrade the academic level of the interdisciplinary research to encompass all scholarship on medieval China, or closely related. The journal published those research papers based on original studies and research reports, book reviews. Papers in Chinese and English are appreciated and papers in other languages are also welcomed, but we hope they have not been published before in any form and the editorial department will have the papers, should they be accepted, to be translated into Chinese by translators we specially select.

Submissions are welcomed and *Medieval China* will publish papers which are presented at various lectures, seminars, forums or conferences related to the studies of the history of religion, art history, natural history, social history of knowledge, historical writing, manuscript culture and Silk Road, organized by the Center for the Studies in Medieval China. And we will also invite scholars to participate in research projects initiated by the Center and we may publish their research papers on the studies of specific fields.

When a paper is published in the journal, two copies of the issue of the journal and 20 copies of the paper in offprint form will be sent to the contributor.

All contributions sent to the editor should be in both print and electronic versions, and a brief bibliographic note and communication address in any form of the author are required. And contributors should refer to the Information for Contributors before they send their contributions to the editor.

Communication concerning editorial matters should be addressed to:

Prof. YU Xin

Zhejiang University

Institute for Ancient Books

1217 Chenjun Yuan Building No.4

866 Yuhangtang Road, Hangzhou 310058, China

Tel: 0571 - 88273353

E-mail: asieyu@ zju.edu.cn

稿件書寫格式

一、《中古中國研究》將以繁體中文和英文兩種文字發表。來稿請使用與方正系統排版相容的 WPS、Word 等軟件，以 A4 幅面列印。稿件根據研究需要，字數不限。

二、一律使用新式標點符號，除破折號、省略號占兩格外，其他標點均占一格。中文書刊與論文題目均用《》括示，此點尤請海外作者注意。

三、第一次提及帝王年號，須加西元紀年，西元前紀年加"前"字，如：大中二年（848）、建平元年十二月甲子（前 5 年 1 月 15 日）；第一次提及外國人名，須附原名。中國年號和古籍卷、葉數，用中文數字表示，如天寶三載、《舊唐書》卷一四一《杜佑傳》、《開元占經》卷五葉二三正；其他西曆和期刊卷、期、號、頁等均用阿拉伯數字。引用敦煌文書與藝術品，用 S.、P.、Ф.、Дх.、BD、EO、MG、大谷等縮略語加阿拉伯數字形式。

四、注釋一律采用頁下注腳方式，每頁重新編號。注釋號碼用阿拉伯數字表示，作①、②、③……，再次徵引，用"同上，第ＸＸ頁"、"同注Ｘ，第ＸＸ頁"或"同注Ｘ，ＸＸ文，第ＸＸ頁"格式，不用合并注號方式。

五、徵引簡帛、敦煌吐魯番文書、墓志碑銘、造像記等出土文獻、石刻史料及其他古寫本、畫像題記，文中俗字、異體字一般徑改爲通行繁體，確有必要保留者，出注説明。徵引梵文、巴利文及于闐文、粟特文、藏文、回鶻文等民族語文資料，須以拉丁字母轉寫的形式，并附譯文。參考前人録文、轉寫、翻譯，務須註明出處。

六、引用古籍，應標明著者、版本、收藏地（若有）、卷數、頁碼；引用中日文專書及新印古籍，應標明著者、章卷數、出版地、出版者及出版年代、頁碼；引用中日文期刊論文，應標明期刊名、卷次、年代、頁碼。如：

1. 一條兼良：《公事根源》，慶長壬子年（1612）寫本，京都大學附屬圖書館平松文庫藏,卷二葉一五背。

　　2. 義净:《南海寄歸内法傳》,王邦維校注,中華書局,1995 年,第 108 頁。

　　3. 宿白:《中國石窟寺研究》,北京:文物出版社,1996 年,第 86 頁。

　　4. 葉静淵:《〈中國農業百科全書・蔬菜〉卷中有關蔬菜歷史的校勘記》,《中國農史》1992 年第 3 期,第 112—113 頁。

　　5. 竹村則行:《開元天寶遺事の傳本について——日本傳存の王仁裕自序をめぐって》,《文學研究》第 102 號,2005 年,第 61 頁。

　　引用西文論著,依西文慣例,書刊名用斜體,論文加引號。如:

　　1. Kenneth J. DeWoskin. *Doctors, Diviners, and Magicians of Ancient China: Biographies of Fang-shih*, New York: Columbia University Press, 1983, pp. 33–35.

　　2. Jean-Pierre Drège, "Les caractères de l'impératrice Wu Zetian dans les manuscrits de Dunhuang et Turfan", *Bulletin de l'École française d'Extrême-Orient*, 73, 1984, pp.339–354.

　　以上引用,再次出注時,可以省略版本、出版者、出版年代、期刊名、年代卷次等項。

　　七、中文論文須附英文題目及摘要(120—200 words);英文論文須附中文題目及摘要(300—500 字)。

　　八、文末請附作者工作(學習)單位及個人簡介(200 字以内)。

　　九、附有圖版的論文,請作者提供高清圖像(300 dpi 以上),并請自行聯絡解決版權問題,將書面授權提交給出版社。